KB210051

2025
결국은
부동산

2025 결국은 부동산

Real Estate Insights

20인의 멘토가
알려주는
부동산 인사이트

올라잇
칼럼니스트
20인 지음

일인일북

2025년 투자의 기회를 찾는다면 결국은 부동산

2024년, 부동산 시장은 끊임없이 변화하는 파도 속에서 많은 이에게 도전과 기회의 장을 열어주었습니다. 그 중심에 있었던 『2024 결국은 부동산』은 부동산 무크지 올라잇의 업그레이드 버전으로, 한 해 동안 독자들의 큰 사랑을 받았습니다. 책을 기획하고 칼럼니스트들과 함께 준비하면서 느낀 기쁨과 뿌듯함은 이루 말할 수 없습니다.

2025년을 앞둔 지금, 시장은 다시 한번 큰 변화를 맞이할 것입니다. 『2025 결국은 부동산』에 대한 독자들의 기대에 부담감을 느끼기도 했습니다. 하지만 이번에 참여한 최고의 부동산 전문가 20명의 글 덕분에 마음이 한결 편해졌습니다. 그들의 깊이 있는 분석과 전략을 담은 이번 책이 시장에서 강력한 무기가 될 것임을 확신하기 때문입니다.

2025년 부동산 시장을 준비하는 여러분을 위해, 이 책은 전년보다 한층 더 업그레이드된 내용을 자신 있게 제공합니다. 각 분야 최고의 전문가들이 제시한 통찰을 통해 다가올 시장 변화에 대비하고, 이를 기회로 삼는 법을 배울 수 있을 것입니다. 2025년 시장은 준비된 자만이 기회를 얻을 것이며, 이 책은 그 준비를 위한 최적의 가이드가 될 것입니다.

2025년 부동산 시장을 미리 읽다

책의 첫 번째 파트에서 필자는 '트럼프 2.0 시대, 부동산 시장에 미치는 영향'에서 미 대선 결과가 우리나라 부동산 시장에 미치는 영향을 분석합니다. 아기곰은 '2025년 부동산 시장은 어디로 흘러갈 것인가'를 주제로 다가올 시장의 큰 흐름을 설명하며 향후 투자 방향을 제시합니다. 또한 트루카피는 '2026년을 생각한다면, 지금 어디를 사야 할까'에서 장기적인 시각에서의 투자 전략을 다룹니다. 신현강(부룡)은 '다가올 2025년 투자 시장, 이제는 이렇게 접근하자'에서 변화하는 투자 패러다임에 맞춘 새로운 접근 방식을 제안합니다. 강연옥(플팩)은 '한국은행 기준금리 인하, 약일까 독일까'라는 주제로 금리 변화가 시장에 미칠 영향을 분석합니다.

양극화된 매매 시장에서 살아남는 법

두 번째 파트에서는 양극화된 매매 시장 속에서 살아남기 위한 투자 전략을 제시합니다. 허미숙(앨리스허)는 '얼죽신(얼어 죽어도 신축) 열풍은 2025년에도 계속될 것이다'에서 신축 아파트의 지속적인 수요와 투자의 중요성을 강조합니다. 김제경(투미부동산컨설팅)은 '공사비 평당 천만 원 시대가 온다'에서 재건축·재개발의 사업성을 따져보는 방법을 소개합니다.

김종율(옥탑방보보스)는 '2025년 눈여겨봐야 할 DT, DI 후보지 분석'에서 신도시와 개발 예정지를 분석하며 투자 기회를 찾는 법을 제시하고, 김윤수(빌사남)는 '2024년 빌딩 시장 전망 및 투자 전략'에서 실제 데이터 기반으로 미래를 예측하는 인사이트를 제공합니다. 김서준(토미)는 '격차의 시대, 5세대 투자법'에서 부동산 투자에서 격차를 줄이는 전략을 제시합니다.

격동하는 시장 속에서 기회를 잡는 법

세 번째 파트에서는 격동하는 시장에서 기회를 잡는 법을 다룹니다. 정숙희(열정로즈)는 '2025년 서울 청약시장 대응과 준비'에서 청약 시장의 변화를 읽고, 준비하는 방법을 설명합니다. 박상용(플대표)은 '2025년, 오를 수밖에 없는 아파트 선정하는 방법'에서 앞으로 가격이 오를 지역과 아파트를 선정하는 팁을 제공합니다.

박재석(온짱)은 '소액 경매 물건의 위대한 단기 수익률'에서 소액으로 경매 물건에 투자해 수익을 내는 방법을 소개하고, 정민우(달천)는 '2025년, 아파트보다 다가구주택 경매에 주목하라'에서 다가구주택 경매의 가치를 강조합니다. 홍성일(홍소장)은 '상가 투자하기 좋은 곳? 노원구의 변화로 살펴보기'에서 특정 지역 분석을 통해 실질적인 투자처를 찾는 법을 제시합니다.

미래를 준비하는 부동산 접근법

마지막 파트에서는 미래를 대비하는 부동산 접근법을 다룹니다. 노윤정(백승)은 '2025년 한국 부동산, 일본을 교훈 삼다'에서 일본 부동산 시장의 사례를 통해 한국의 미래를 전망합니다. 양안성(시루)은 '농촌체류형 쉼터로 본 2025년 토지 투자 전략'에서 농촌과 토지 투자에 관한 새로운 가능성을 탐구합니다.

박민수(제네시스박)는 '부동산 절세, 2025년 상반기를 주목해야 하는 이유'에서 2025년에 꼭 챙겨야 하는 절세 전략을 소개하며, 이장원(두꺼비세무사)는 '보통의 세금, 상속세 정말 개편될까?'에서 세법 개편을 맞아 절세를 준비하는 방법을 설명합니다.

2025년을 위한 최고의 선택!

2025년 부동산 시장은 여전히 큰 변화를 예고하고 있습니다. 이 책은 부동산 전문가 20명의 통찰을 직접 접할 수 있는 귀한 기회를 제공합니다. 그들의 분석과 예측은 여러분이 시장을 준비하고 활용하는 데 중요한 자산이 될 것입니다. 2025년 시장은 변화 속에서 기회를 포착하는 자에게만 보상을 줄 것입니다. 이번 책이 여러분이 기회를 잡는 데 도움이 되길 바랍니다.

2025년도 결국은 부동산입니다.

스마트튜브 부동산조사연구소

김학렬 소장

차례

PART 2 양극화된 매매 시장, 살아남기 위한 투자 전략

PART 3 격동하는 시장에서 투자의 기회를 잡는 법

PART 4 미래를 준비하는 부동산 접근법

PART 1

2025년 부동산 시장의 변화를 읽어라

트럼프 2.0 시대, 부동산 시장에 미치는 영향

빠숑 김학렬

- 스마트튜브 부동산조사연구소 및 스마트튜브 경제아카데미 대표
- 대한민국 대표 부동산 채널인 '빠숑의 세상 답사기' 운영자
- 저서 『서울 부동산 절대원칙』, 『인천 부동산의 미래』 등
- 블로그(blog.naver.com/ppassong)
- 유튜브 '스마트튜브(스튜TV)'

트럼프 대통령 당선은 한국의 부동산 시장에 긍정적인 영향을 미칠 가능성도 있습니다. 그의 경제 정책이 글로벌 금융 환경에 새로운 흐름을 가져오면서, 국내 부동산 시장에 유리한 조건이 조성될 수 있기 때문입니다.

트럼프 대통령 당선이 한국 부동산 시장에 긍정적인 영향을 줄 수 있는 요인들을 살펴보겠습니다.

트럼프 당선이 시장에 미치는 영향

■ 낮은 금리 유지로 인한 투자 환경 개선 ■

트럼프의 경제 정책은 대체로 성장과 경기 부양에 초점을 맞추고 있습니다. 만약 미국이 내수 성장을 위해 금리 인하를 고려하거나 낮은 금리를 유지한다면, 한국도 이에 영향을 받아 금리 인하나 동결을 선택할 가능성이 큽니다. 금리가 낮아지면 국내 부동산 시장에서 대출이자 부담이 줄어들어, 자가 구매와 부동산 투자 활동이 더욱 활발해질 수 있습니다. 이는 투자심리를 자극해 부동산 거래와 매매 수요가 늘어날 가능성을 열어줍니다.

■ 글로벌 자금 유입 가능성 증대 ■

트럼프 대통령 당선은 미국을 넘어 전 세계적으로 자산 가치 상승을 이끌 가능성도 있습니다. 미국 내 규제 완화와 대규모 경제 부양책이 시행되면 글로벌 자산 시장으로 자금이 활발하게 유입될 수 있습니다. 한국 부동산 시장 역시 안전 자산으로 주목받으며 자금 유입이 늘어날 가능성이 큽니다. 특히 안정적인 수익을 원하는 글로벌 투자자들이 한국의 고급 주거지나 상업용 부동산에 관심을 가질 수 있으며, 이는 국내 부동산 가격 상승을 기대할 수 있는 요인으로 작용합니다.

■ 환율 안정과 수익성 증가 ■

트럼프 대통령은 달러 강세를 유도할 가능성이 있습니다. 달러가 강세를 유지하면 원화 대비 환율이 상승하게 되고, 한국 부동산에 대한 해외 투자 매력이 높아지면서 해외 자금 유입을 촉진할 수 있습니다. 달러 가치가 높아질수록 원화로 환산한 국내 자산의 가치도 상승하므로, 한국 부동산 시장에서 수익성 증대가 기대됩니다. 특히 외국인 투자자들에게는 한국 부동산이 상대적으로 저렴하게 느껴질 수 있어 투자를 늘릴 가능성도 커질 것입니다.

■ 한미 관계 안정으로 인한 투자심리 개선 ■

미국과 한국의 경제 협력 관계가 긍정적인 영향을 받을 가능성도 있습니다. 한미 관계가 안정적으로 유지되면 한국 경제에 대한 신뢰가 높아지고, 이는 부동산 시장에도 안정적인 투자심리를 불러일으킬 수 있습니다. 한국은 미국과 강한 경제적 연계를 유지하면서도 비교적 안전한 투자처로 인식되어왔기 때문에, 국제 관계의 안정은 한국 부동산 시장에 긍정적인 분위기를 조성할 수 있는 요인으로 작용할 것입니다.

■ 신규 부동산 개발과 도시 재생 프로젝트 활력 ■

트럼프의 정책이 인프라 및 도시 재생 사업에 집중된다면, 한국에서도 정부 주도의 도시 재생 프로젝트가 더욱 활기를 띨 수 있습니다. 미국이 도시 재생을 강화하는 정책을 펼치면 한국도 이에 자극받아 장기적인 관점에서 도시 재생과 신규 개발 사업에 더 많은 투자를 유도할 가능성이 큽니다. 이러한 정부 지원과 규제 완화는 중장기적으로 부동산 시장에 긍정적인 영향을 미치며, 개발 과정에서 새로운 투자 기회가 생길 수도 있습니다.

이처럼 트럼프 대통령이 당선되면서 한국 부동산 시장에 긍정적인 영향을 미칠 다양한 요인이 만들어졌습니다. 낮은 금리 환경, 글로벌 자금 유입, 환율 상승에 따른 수익성 증가는 모두 국내 부동산 시장의 매력도를 높입니다. 또한 한미 관계의 안정성은 글로벌 투자자들에게 신뢰를 심어주며, 도시 재생과 신규 개발 프로젝트의 활성화는 부동산 가치를 상승시킬 것입니다.

결론적으로 트럼프 대통령 당선은 한국 부동산 시장에서 안정적인 수익 창출의 기회를 제공는 긍정적인 신호로 작용할 가능성이 큽니다.

다가오는 2025년 부동산 투자 전략

2025년 부동산 시장은 경제적·정책적·기술적 요인이 복합적으로 작용하면서 국지적 변동성과 맞춤형 전략이 중요해질 것입니다. 수도권과 일부 지방 간 가격 격차가 심화되고, 주택 공급 감소, 정책 규제, 금융 환경 변화 등이 복합적으로 영향을 미칠 것입니다. 다가오는 2025년, 실수요자와 투자자를 위한 구체적인 부동산 시장 전략을 살펴보겠습니다.

■ 2025년 부동산 시장 전반 전망과 핵심 변수 ■

2025년 부동산 시장은 수도권과 지방의 차별화된 흐름, 금융 규제 및 정책 변화, 인프라 확장에 따른 교통 호재가 주요 변수로 작용할 것입니다. 특히 대도시와 수도권 일부 지역에서는 상승세가 예상되지만, 지방은 지역별로 차이가 날 전망입니다. 주요 변수를 정리하면 다음과 같습니다.

금융 정책: 금리 인하 가능성은 있지만, 대출 규제는 여전히 강하게 유지될 가능성이 큽니다. 대출 한도가 축소되고 금융기관의 심사가 강화될 예정이므로, 실수요자 중심의 투자 전략이 필요합니다.

주택 공급: 수도권의 공급이 감소하며 주택 수요와 가격에 압박을 줄 것입니다. 반면 지방은 공급 과잉으로 인해 가격이 정체되거나 하락할 가능성이 있습니다.

SOC 예산 축소와 공공 수주 감소: 공공 부문 투자 감소로 민간 투자가 건설 경기의 주요 동력으로 작용할 전망입니다. 민간 건설사들의 프로젝트 추진에 따라 부동산 시장의 변동성을 커질 수 있습니다.

▪ 수도권과 지방의 차별화된 투자 전략 ▪

2025년 부동산 시장의 큰 특징은 지역별 차별화입니다. 수도권의 인기 지역은 여전히 상승세를 보일 가능성이 크며, 지방은 특정 도시나 산업 발전 지역을 중심으로 선택적 투자 전략이 필요합니다.

수도권 투자 전략

교통 호재 활용: 수도권의 GTX-A, B, C 노선과 서울 지하철 연장 등 교통 인프라 확장 지역은 주거지로서 매력이 커짐에 따라 가격 상

승 예상됩니다. 예를 들어 군포, 부천, 용인 등 GTX 역세권 주변은 수요가 집중될 것입니다.

재건축·재개발 지역 선점: 서울의 1기 신도시(분당·일산·산본 등)와 노후 주거지는 리모델링과 재건축이 활발하게 추진될 전망입니다. 장기적인 투자 가치가 높아 실수요자와 장기 투자자에게 적합한 투자처로 보입니다.

아파트 vs. 오피스텔: 여전히 아파트에 대한 수요가 높지만 가격 부담이 커지면서, 상대적으로 저렴한 오피스텔로도 관심이 쏠리고 있습니다. 특히 소형 오피스텔은 월세 수익률이 높아지고 있어, 임대 수익을 목적으로 하는 투자자에게 유리합니다.

지방 투자 전략

산업단지 인접 지역 선별: 반도체, 바이오, 전기차 등 첨단 산업단지가 들어서는 지역은 인구 유입과 상권 활성화로 인해 주거 수요가 증가할 가능성이 있습니다. 예를 들어 용인 반도체 클러스터 인근은 지속적인 개발과 인프라 확장이 기대되는 지역입니다.

주택 수요와 공급 조화가 중요한 중소 도시: 지방 중소 도시는 주택 공급 과잉 문제를 해결하지 못한다면 가격 하락이 지속될 위험이 있습니다. 따라서 지방 대도시나 고소득 일자리 유입이 활발한 지역을 중심으로 선택적 투자가 필요합니다.

관광·문화 인프라와 연계된 투자: 지방에서 관광지나 문화산업단지와 연계된 지역은 장기적으로 외지인 수요가 증가하며, 이로 인해 소형 임대형 부동산의 수익률 상승이 기대됩니다.

■ 금리 인하와 금융 시장 변화에 따른 전략적 대응 ■

2025년에는 기준금리 인하 가능성으로 인해 대출 비용이 감소하면서 자금 조달 부담이 다소 완화될 전망입니다. 그러나 대출 규제는 여전히 강력하게 유지될 가능성이 있어, 금융 접근성이 다소 제한될 수 있습니다. 금융 규제 환경에서의 전략을 알아보겠습니다.

신용도 관리: 대출 심사가 강화됨에 따라 자산 포트폴리오와 신용도 관리가 필수입니다. 현금 흐름과 신용점수를 꾸준히 관리함으로써, 대출 심사에서 유리한 조건을 확보하는 것이 중요합니다.

비은행 금융 활용: 은행권 대출이 제한적인 상황에서는 비은행 금융기관을 활용한 투자 전략도 고려해볼 만합니다. 비은행권은 상대적으로 완화된 규제를 적용받을 수 있어 유리한 조건을 찾아 자금을 확보하는 것이 가능합니다.

월세 수익형 투자: 금리 인하로 예금 이자가 감소하면서 수익형 부동산(상가·오피스텔 등)의 수익률이 가지는 매력이 클 수밖에 없습니다. 안정적인 월세 수익을 기대할 수 있는 상가, 오피스텔, 꼬마빌딩에 대한 관심이 높아질 것입니다.

■ SOC 예산 축소와 공공 수주 감소에 따른 대응 전략 ■

공공 부문에서 SOC(사회간접자본) 예산이 축소되고, 이에 따라 공공 수주가 감소할 전망입니다. 이에 따른 영향과 대응 전략이 필요합니다. 주목해야 할 것은 민간 주도의 프로젝트와 스마트 건설 기술입니다.

민간 투자 활성화: 정부의 공공 수주 감소로 인해 민간 주도의 개발 사업이 중요해지고 있습니다. 특히 민간 자본을 활용한 주택 공급과 상업용 부동산 개발이 더욱 활발해질 전망입니다.

스마트 건설 기술 활용: 첨단 기술을 도입한 스마트 건설과 디지털 혁신은 건설 비용 절감과 생산성 향상에 높일 것입니나. 스마트 기술을 적용하면 공사비 절감과 기간 단축이 가능해져, 보다 높은 수익성을 기대할 수 있습니다.

리모델링과 리노베이션 증가: 신규 개발보다는 기존 건축물의 리모델링과 리노베이션이 늘어날 가능성이 큽니다. 주거 단지와 상업시설의 리모델링은 비용 절감 효과가 있어, 기존 시설을 최대한 활용한 사업이 활성화될 것으로 보입니다.

■ 2025년 시장별 세부 전략 ■

주택 시장 전략

서울과 수도권 역세권 중심의 아파트: 교통 인프라가 확장되는 역세권 지역은 가치가 상승할 것입니다. 특히 장기 거주 수요가 있는 지역에서는 자녀 교육 여건과 생활 인프라가 잘 갖춰진 아파트를 선별하는 것이 중요합니다.

신축 아파트와 재건축 아파트: 새 아파트 공급이 제한된 상황에서는 신축 아파트와 재건축 단지를 선호할 것입니다. 특히 재건축 가능성이 높은 아파트는 시간이 지날수록 가치가 상승할 것이기에 투자자와 실수요자 모두에게 매력적일 것입니다.

상업용 부동산 투자 전략

공실률이 낮은 중심 상권 투자: 소비 트렌드 변화와 상업시설의 다변화로 인해, 핵심 상권에 위치한 상업용 부동산의 가치가 더욱 높아질 것입니다. 특히 강남권, 마포구 홍대와 망원동 등은 공실률이 낮아 안정적인 투자처로 평가됩니다.

수익형 오피스텔과 소형 상가 투자: 아파트 가격 상승과 공급 부족으로 인해 소형 오피스텔과 상가의 임대 수요가 증가할 것으로 보입니다. 이들 상품은 상대적으로 초기 투자금이 적고, 꾸준한 월세 수익을 기대할 수 있어 중장기적으로 안정적인 수익을 제공합니다.

산업단지와 신도시 개발 연계 투자 전략

첨단 산업단지 주변 주거지: 용인 반도체 클러스터와 같은 첨단 산업단지 근처는 고소득 인구의 유입이 예상되므로 주거 수요가 증가할 가능성이 큽니다. 이러한 지역은 직주근접을 원하는 고소득 근로자들의 수요가 집중되며, 인프라 확장과 함께 부동산 가치 상승이 기대됩니다.

신도시와 자족형 도시: 자족형 신도시 개발이 이루어지는 지역은 인구 유입에 따른 부동산 가치 상승을 기대할 수 있는 장기 투자처로 주목받고 있습니다. 주거, 상업, 산업 기능이 혼합된 자족형 도시가

각광받을 것입니다

■ 미래 대응 및 리스크 관리 ■

2025년 부동산 시장은 다양한 경제적 요인과 정책 변화로 인해 복합적인 변동성을 보일 것입니다. 자산 포트폴리오를 분산하고 시장 변동성에 유연하게 대응할 수 있는 전략이 필요합니다. 변동성에 대비해 투자 자산을 다각화하고, 단기 변동성과 장기 트렌드를 구분해 신중한 결정을 내리는 것이 리스크를 최소화하는 핵심이 될 것입니다.

포트폴리오 다각화: 주거용, 상업용, 수익형 부동산 등 자산 유형을 다각화해 리스크를 줄이고, 다양한 수익 창출 방안을 마련해 안정적인 수익 구조를 구축해야 합니다.

단기 변동성과 장기 트렌드 구분: 단기적인 시장 변동성에 따른 투자와 장기적 경제성장 및 인프라 확장 트렌드를 구분해 투자 결정을 내려야 합니다.

정책 변화에 대한 유연한 대처: 정책 변화가 시장에 미치는 영향을 분석하고, 예상하지 못한 규제나 대출 제한이 생길 경우를 대비해 대안 자산을 준비하는 것이 중요합니다. 유연한 대응 전략을 통해 정책 리스크를 최소화하고, 투자 안정성을 도모할 수 있습니다.

결론적으로 2025년 부동산 시장에서는 지역별, 용도별, 투자 목적별로 차별화된 접근이 필수입니다. 수도권의 교통 호재 지역과 재개발 가능 지역은 안정적이면서도 상승 여력이 높은 투자처로 평가되며, 지방에서는 특정 산업단지와 신도시 개발지 인근이 유망한 투자처가 될 것입니다. 금리 인하와 금융 규제 환경을 고려한 신중한 자금 운용 전략과 함께, 공공 수주 감소에 대응한 민간 중심의 부동산 개발이 중요해질 것입니다.

지역별, 상품별 부동산 투자 전략은 『2025 결국은 부동산』에 참여한 대한민국 최고의 전문가들이 제시하는 구체적인 제안을 참고한다면 효과적인 투자 결정을 내릴 수 있을 것입니다.

2025년 부동산 시장은 어디로 흘러갈 것인가

아기곰

- 부동산 칼럼니스트
- 국내 대표 실명 부동산 커뮤니티 아기곰 동호회 운영자
- 저서 『아기곰의 재테크 불변의 법칙』

세상사가 복잡다단하기에 집값에 영향을 끼치는 요소는 상당히 많을 수밖에 없다. 이들 모든 요소를 전부 고려할 수도 없지만, 고려해야 할 변수가 많다면 그만큼 결정도 어려운 법이다. 어떤 변수는 상승을 가리키지만 다른 변수는 하락 쪽으로 시선이 향하기 때문이다.

이런 이유로 집값에 영향을 끼칠 요소 중에서도 경중을 따지는 것이 중요하다. 그중에서 가장 중요한 것을 3가지만 꼽자면 유동성, 수요와 공급이다.

$$\text{시세} = \frac{\text{유동성} \times \text{수요}}{\text{공급}}$$

집값에 영향을 끼치는 요소 1
유동성

유동성은 시장에 자금이 얼마나 공급되었는가를 알 수 있는 지표다. 유동성을 나타내는 여러 지표 중에서도 광의의 통화를 의미하는 M2 기준으로 전년 대비 통화량 증가율이 얼마나 높은지 아는 것이 중요하다.

지난 20년(2004~2023년) 동안 연평균 통화량 증가율은 7.6%다. 그러므로 어느 시점의 통화량 증가율이 7.6%보다 높으면 시중의 자금 사정이 좋다는 뜻이고, 그보다 낮으면 시중 자금 사정이 나쁘다는 뜻이다.

시중 자금 사정이 좋으면 자연스럽게 부동산 시장으로 흘러 들어오는 자금이 늘어나기 때문에 집값이 오르게 된다. 가장 최근 자금 사정이 좋았던 때, 다시 말해 전년 대비 M2 증가율이 7.6%를 넘었던 때는 2019년 11월부터 2022년 7월까지 33개월이다. 이 기간 월평균 M2 증가율은 10.3%로 역대 평균치 7.6%를 훌쩍 넘는다.

그러면 이 기간 집값은 얼마나 올랐을까? KB국민은행 통계 기준으로 전국 아파트 매매가는 33.9%나 올랐다. 이 시기 직전 33개월, 그러니까 2017년 2월부터 2019년 10월까지 기간 중 전국 아파트 매매가 상승률이 3.4%에 그쳤던 것을 감안하면 시중에 여유 자금이 넘치는지 아닌지에 따라 집값 상승률이 10배 정도 차이가 난다는 것을 알 수 있다.

I M2 증가율과 집값 상승률 비교 1

기간 (33개월)	월평균 M2 증가율(%)	아파트 매매가 상승률(%)				
		전국	수도권	지방소재 5개 광역시	기타 지방	서울
2017.02~2019.10	6.1	3.4	9.7	0.8	-7.6	21.0
2019.11~2022.07	10.3	33.9	43.2	26.6	21	34.9

집값 상승률이 저조했던 직전 33개월(2017년 2월~2019년 10월) 중의 평균 통화량 증가율은 6.1%로 역대 평균치인 7.6%를 밑돈다. 시중에 돈이 마르니 집값이 약세를 보일 수밖에 없었던 것이다.

결국 집값과 통화량 증가율은 매우 밀접한 관계가 있다는 것을 알 수 있다. 하지만 두 기간의 특징을 비교해보면 큰 차이가 나타난다.

통화량 증가율이 역대급으로 높았던 시기에는 상승률에 약간의 차이는 있더라도 수도권과 지방 모두 집값이 크게 올랐다. 반면 통화량 증가율이 역대 평균치보다 약간 낮은 경우에는 지역별 차별화 현상이 두드러진다.

시중 자금이 한정되어 있어 상승 가능성이 있는 투자처에는 자금이 몰리지만, 그렇지 않은 곳은 철저히 외면받는다. 그러다 시중 자금이 더 부족해지면 지역에 상관없이 집값이 하락하는 경향을 보인다. 지난 2년간 주택 시장에서 나타난 현상이다.

2022년 8월부터 2024년 5월까지 22개월간 평균 통화량 증가율은 4.1%에 그쳤다. 이렇게 긴 기간 동안 통화량 증가율이 낮았던 것

M2 증가율과 집값 상승률 비교 2

기간	월평균 M2 증가율(%)	아파트 매매가 상승률(%)				
		전국	수도권	지방소재 5개 광역시	기타 지방	서울
2022.08~2024.05	4.1	-11.2	-13.3	-12.0	-6.4	-10.4
2024.06~2024.08	6.2	0	0.6	-0.8	-0.3	1.6

은 처음이다. 이 기간 집값도 약세를 보일 수밖에 없었다. 매수자들의 자금 사정이 극도로 나빴기 때문이다. 시중 자금이 부족했던 이 시기에는 지방뿐만 아니라 수도권 집값도 크게 하락할 수밖에 없었다.

다행히 최근에는 시중 자금 사정이 점차 나아지고 있다. 5월에 5%대에 그쳤던 M2 증가율이 6월에는 6.1%, 7월에는 6.2%로 점차 개선되고 있다. 물론 역대 평균치인 7.6%를 넘지는 못하지만, 시중 자금 사정은 바닥에서 벗어나고 있는 모습이다.

이에 힘입어 수도권을 중심으로 집값이 살아나고 있다. 특히 서울 아파트 매매가는 2024년 6월부터 8월까지 세 달간 1.6% 상승했다. 여전히 하락세를 면치 못하고 있는 지방 주택 시장과는 큰 차이를 보인다. 앞서 언급한 2017년 2월부터 2019년 10월 사이에도 지역별 차별화가 나타났던 것처럼, 이번에도 비슷한 현상이 일어나고 있다.

2025년에는 경제가 점차 회복됨에 따라 통화량 증가율이 현 수준보다 높아질 것으로 예상된다. 하지만 급격한 회복은 아니기 때문에 당분간은 현재 수준에서 약간 상향된 정도에 머무를 가능성이 크다.

이는 주택 시장에서 무차별적인 상승장이 펼쳐지기보다는 지금처럼 지역별 차별화된 장세가 지속될 것임을 의미한다. 다시 말해 시중 자금이 저가 시장이나 지방 부동산 시장까지 충분히 달굴 만큼은 아니라는 뜻이다.

집값에 영향을 끼치는 요소 2
수요

이번에는 집값에 영향을 끼치는 3대 요소 중 '수요'에 대해 살펴보자.

수요는 크게 실수요와 투자 수요로 나뉜다. 실수요는 그 지역에 살고자 하는 사람이 많이 늘어나는지, 적게 늘어나는지, 아니면 오히려 줄고 있는지에 따라 영향을 받는다.

우리나라 인구는 조금씩 줄어들고 있지만, 모든 지역이 동일한 비율로 감소하는 것은 아니다. 가장 인구가 많이 줄어든 지역은 지방 소재 5개 광역시(부산·대구·광주·대전·울산)다. 2016년 12월부터 2024년 8월까지 8년이 채 안 되는 기간 이들 지역의 인구는 5.4% 감소해 약 55만 명이 줄었다. 반면 수도권 인구는 같은 기간 동안 1.8%

증가해 약 46만 명이 늘었다.

지방 대도시의 인구는 지속적으로 줄어드는데, 수도권 인구는 왜 늘어나는 것일까? 지방 사람들이 자녀를 적게 낳고, 수도권 사람들이 자녀를 많이 낳아서일까? 그렇지 않다. 수도권 인구가 늘어나는 이유는 자연적 증가보다 사회적 증가 때문이다. 즉, 지방 사람들이 꾸준히 수도권으로 이사를 오기 때문이다.

그렇다면 지방에서 수도권으로 이사하는 이유는 무엇일까? 한강이 보이는 곳에서 살기 위해서도, 용산가족공원 근처에서 살기 위해서도 아니다. 지방에는 적고 수도권에는 많은 양질의 일자리를 찾아 이사하는 것이다.

국세청 자료에 따르면 2022년 말 기준 서울에 거주하는 근로자의 평균 연봉은 4,937만 원인 데 반해, 부산에 거주하는 근로자의 평균 연봉은 3,824만 원에 불과하다. 비슷한 시간을 일하고도 임금을 23%나 적게 받는 것이다. 이는 부산 근로자의 생산성이 떨어지기 때문이 아니라, 부산에 높은 임금을 주는 일자리가 상대적으로 적다는 의미다.

서울을 중심으로 한 수도권에는 대기업이나 금융회사의 본사가 많지만, 부산에는 규모가 작은 중소기업이나 영세기업이 많기 때문이다. 2023년 통계청 자료에 따르면 종업원 수 300명 이상인 사업장의 평균 연봉은 4,795만 원인데, 4인 이하 사업장의 평균 연봉은 2,176만 원에 불과하다. 같은 시간을 근무해도 임금이 두 배 이상 차이 나는 것이다.

이런 현실에서 직장을 구하려는 사람들이 할 수 있는 선택은 지방보다는 수도권에서 일자리를 찾는 것이다. 이러한 이유로 지방에 거주하던 사람들이 수도권으로 이사하고 있다.

문제는 이렇게 일자리를 구하는 사람들이 주로 젊은 층이라는 점이다. 이들은 주택 신규 수요에 해당한다. 즉, 집을 새로 마련해야 하는 사람들이 지방을 떠나 수도권으로 몰리고 있는 것이다. 이런 흐름으로 인해 수도권과 지방의 집값 차이는 점점 더 벌어지고 있다.

지방 인구가 줄어들기 시작한 2016년 12월부터 현재까지의 지역별 집값 상승률을 비교한 표를 보자. 수도권 아파트 매매가는 37%나 상승한 반면, 지방 소재 5개 광역시는 11.4% 상승에 그쳤다. 상승

지역별 집값 상승률(2016년 12월~2024년 8월)

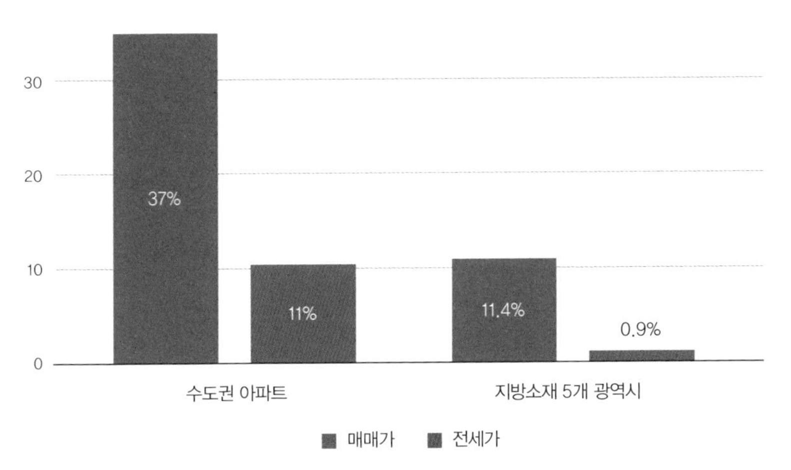

자료: 국민은행

률이 수도권의 1/3에도 미치지 못한 것이다. 100% 실수요를 반영하는 전세 시장의 상황은 더 심각하다. 수도권 전세가는 11% 상승한 반면, 지방 소재 5개 광역시는 0.9% 상승에 불과해 1/10 수준에도 못 미쳤다.

결론적으로 지방은 실수요가 줄어들고 있고 수도권은 실수요가 꾸준히 늘어나고 있어, 두 지역 간 집값 차이는 점점 더 벌어지고 있다. 문제는 이런 현상이 단기간에 호전될 가능성이 적다는 점이다. 그렇다면 앞으로도 수도권과 지방의 집값 차이는 계속 벌어질까?

장기적인 시각에서 보면, 상급지와 하급지의 집값 차이는 벌어졌다가 줄어들기를 반복한다. 상급지가 먼저 상승하면 하급지와의 가격 차이가 벌어지고, 그로 인해 하급지가 상대적으로 저렴해 보이기 때문에 투자 수요가 몰린다. 그러다가 상급지와의 차이가 줄어들면 하급지 집을 팔고 상급지로 갈아타려는 수요가 증가하면서 가격 차이는 다시 벌어지게 된다.

그런데 이러한 현상은 시장의 기능이 제대로 작동하는 경우로 한정된다. 과거에는 시세차익을 노리고 하급지의 상대적으로 저렴한 주택을 매수하던 투자자들이 있었지만, 현재는 법적 규제로 인해 그들의 움직임이 제한되고 있다.

예를 들어 취득세의 경우 무주택자나 1주택자가 집을 사면 국민주택 규모의 주택은 매수가격의 1.1%, 국민주택 규모를 초과하는 대형 주택은 1.3%의 취득세만 부담한다. 하지만 3주택 이상의 다주택자가 추가로 집을 매수하면, 주택 규모에 따라 12.4~13.4%의 취득세를 내야 한다.

여기에 부동산 수수료(매수+매도) 등을 더하면 거래 비용으로 집값의 15% 이상이 든다. 다주택자가 집을 사는 순간 집값의 15%에 해당하는 손실이 발생하는 셈이다. 집값이 15% 오르더라도 겨우 본전인 상황이다.

이뿐만이 아니다. 종합부동산세(종부세)도 투자자에게 불리하게 작용한다. 종부세는 순자산이 아닌 총자산에 부과되기 때문이다. 10억 원의 여유 자금을 가진 투자자가 서울에서 10억 원의 전세를 끼고 20억 원짜리 집을 사더라도, 공시가는 그보다 낮기 때문에 부부 공동 명의로 하면 종부세는 한 푼도 나오지 않는다.

하지만 이 사람이 갭이 적은 5억 원짜리 아파트를 4억 원의 전세를 끼고 산다면 총 10채를 살 수 있다. 1채에 1억 원밖에 투자금이 들지 않기 때문이다. 그러나 이 경우 순자산은 10억 원이지만, 총자산은 50억 원(=5억 원×10채)이 된다. 종부세는 순자산 10억 원이 아닌 총자산 50억 원에 대해 부과되므로, 상당히 많은 세금이 나올 수밖에 없다.

게다가 종부세율 자체도 다주택자에게 더 높은 세율이 적용되기 때문에, 같은 총자산이라도 다주택을 보유한 사람이 무조건 불리하다고 할 수 있다.

결국 현행 세법하에서는 수도권과 지방의 집값 차이가 벌어지더라도, 과거처럼 투자자들이 적극적으로 나서기 어려워 (실수요가 줄어들고 있는) 지방 주택 시장은 상당 기간 약세가 예상된다.

한국은행에 따르면 2024년 8월 기준 주택가격전망 소비자 심리지수는 118이다. 이 지수가 100을 넘으면 1년 후에 집값이 오르리라 전망하는 사람이 많다는 뜻이다. 2008년 7월부터 조사한 194개월 중 118을 넘은 적은 31개월밖에 되지 않은 것을 감안하면 주택 상승을 점치는 사람들이 대다수라는 것을 알 수 있다.

흥미로운 점은 서울의 CSI(소비자 심리지수)가 122인 반면, 지방이 대다수를 차지하는 6대 도시는 117이라는 것이다. 서울보다 다소 낮기는 하지만, 역대급 심리지수를 기록 중이다. 이는 지방 사람들도 집값이 떨어질 것으로 생각하지 않는다는 뜻이다.

지방 사람들도 1년 후 집값이 오를 것이라고 대다수가 믿고 있지만, 지방 집값이 여전히 하락하는 이유는 무엇일까? 이는 지방 사람들조차 집값이 오르더라도 지방이 아닌 수도권이 오를 것으로 생각하기 때문이다.

이러한 이유로 지방에 거주하는 일부 자산가들 역시 지방에 추가로 투자하기보다는 수도권으로 상경 투자하는 형편이다. 왜곡된 세법이 시장을 양극화로 몰아가고 있다. 실수요자는 본인이 거주하는 곳에 집을 사야 하지만, 투자자는 철저히 수익을 따라 움직이기 때문에 세제상 불이익을 감수하며 지방에 투자하려는 사람은 점점 줄어들고 있다.

그러면 지방 주택 시장은 언제 살아날까? 지방 주택 시장이 살아나는 시기는 두 가지 조건이 실현되는 시기다. 다주택자에게 불리한 현재의 세법이 개정되는 시기와 시중의 유동 자금이 평년 이상으로 흘러넘치는 시기다. 그러나 첫 번째 조건은 국회 다수를 차지하고 있는 더불어민주당의 입장이 바뀔 가능성이 낮아, 법률 개정 가능성은 극히 낮다고 볼 수 있다.

따라서 남은 희망은 내수 경제가 활성화되어 시중에 유동 자금이 흘러넘치는 상황이 되는 것뿐이다. 앞서 언급한 대로 2019년 11월부터 2022년 7월까지 33개월 동안 지방 인구가 줄고 있었음에도 집값이 크게 오른 것은 시중 자금 사정이 좋았기 때문이다.

집값에 영향을 끼치는 요소 3
공급

마지막으로 집값에 영향을 미치는 요소 중 하나인 공급 문제를 살펴보자.

공급 이슈는 크게 두 가지를 살펴보면 된다. 첫째는 현재 지역의 재고가 지역의 수요에 비해 적은지 많은지를 따져보는 것이고, 둘째는 향후 추가로 공급될 물량이 어느 정도인지를 확인하는 것이다.

2024년 7월 말 기준으로 우리나라 아파트 미분양 물량은 7만 1,822채로, 가구 수 2,391만여 가구와 비교하면 미분양 물량은 가구 수 대비 약 0.3%에 해당한다. 즉, 가구 수 1만 가구당 약 30채 정도의 미분양 아파트가 있는 셈이다.

이 비율이 전국 평균보다 높은 지역은 수요에 비해 공급이 많은

1만 가구당 미분양 현황

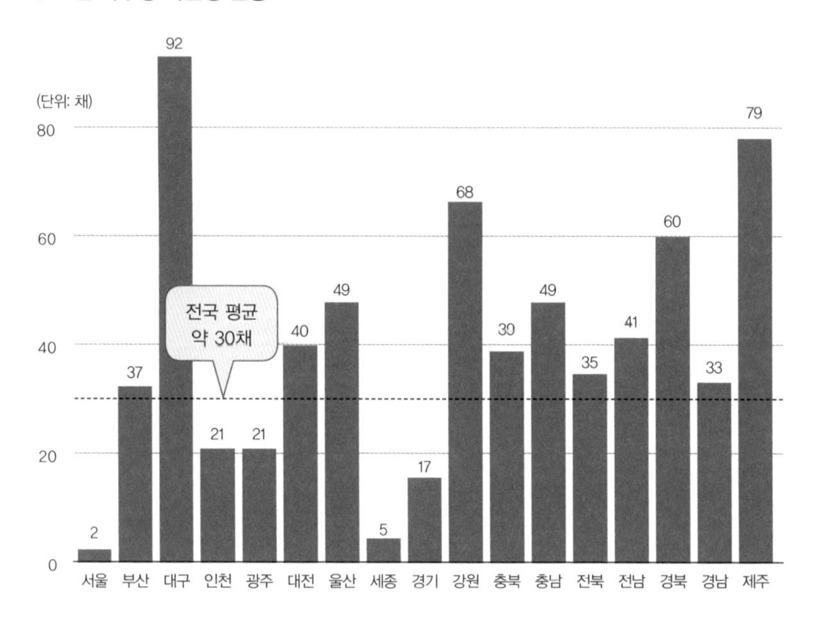

자료: 국토교통부(2024년 7월 말 기준)

지역이며, 반대로 낮은 지역은 수요에 비해 공급이 적은 지역이라고 해석할 수 있다.

이 기준에 따르면, 현시점에서 수요에 비해 공급이 부족한 지역은 서울, 세종, 경기, 광주, 인천 5개 지역이다. 반면 수요에 비해 공급이 상당히 많은 지역은 대구, 제주, 강원, 경북, 울산, 충남 6개 지역이며, 수요에 비해 공급이 약간 많은 지역으로는 전남, 대전, 충북, 부산, 전북, 경남 6개 지역이다.

수요에 비해 공급이 부족한 지역은 어느 정도 추가 공급이 이루어져도 집값에 큰 영향을 주지 않지만, 이미 공급 과잉 상태인 지역은 추가 공급이 이루어지는 경우 집값 시세 유지에 큰 부담이 될 수 있다.

이런 측면에서 추가 공급 여부가 중요한 이슈라고 할 수 있다. 다행스럽게도 2025년 이후 주택 공급은 과거에 비해 크게 줄어들 전망이다.

2019년부터 2021년까지 3년 동안 수도권에서는 월평균 2만 3,844채의 주택이 착공되었고, 지방에서는 이보다 적은 2만 295채가 착공되었다. 아파트의 경우 착공에서 입주까지 약 3년이 소요된다는 점을 감안하면, 이 물량은 2022~2024년 사이에 입주하는 것을 의미한다. 특히 2021년에 착공된 물량, 즉 2024년 입주물량이 많았음을 알 수 있다. 2022~2024년 사이에 주택 시장에 공급이 많았기 때문에 집값이 약세를 보인 것이다.

그런데 2025년부터는 지금과는 전혀 다른 양상이 펼쳐질 것이다. 2022년의 착공 물량은 직전 3년(2019~2021년) 평균에 비해 수도권은 35%, 지방은 19% 정도 줄어들었다. 한 해만 반짝 줄어든 것이 아니라, 2023년에는 더 심해져서 수도권은 58%, 지방은 50%가 감소했다. 2024년이 아직 끝나지 않았기 때문에 약간의 변동이 있을 수 있지만, 현재 추세로 볼 때 수도권은 52%, 지방은 55%의 착공 감소가 예상된다.

이는 2025~2027년 사이에 입주물량이 상당히 줄어들 것임을 의미한다. 이미 공급이 많은 지역에서는 이러한 공급 절벽 현상이 큰

| 지역별 월평균 착공 실적

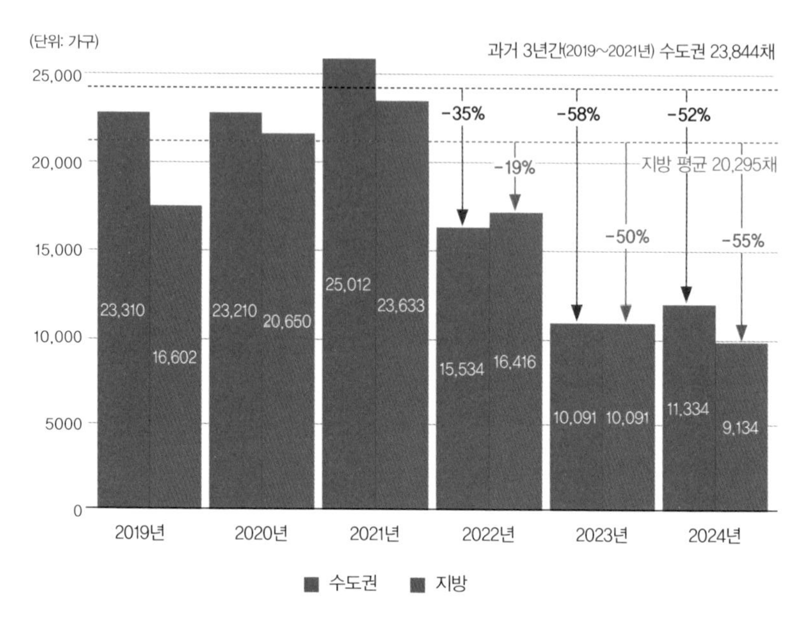

자료: 국토교통부

의미가 없을 수 있지만, 공급이 적었거나 그리 많지 않았던 지역에서는 이러한 공급 절벽이 집값에 큰 영향을 줄 것으로 보인다.

이런 공급 문제를 해결하고자 정부가 8.8 대책을 내놓았지만, 이는 앞으로 공급을 늘려보겠다는 것이지, 타임머신을 타고 2022년으로 돌아가 공급을 늘리겠다는 이야기는 아니다. 즉, 현재 주택 시장은 공급 부족 상태는 아니지만, 2025년부터 최소한 3년간은 공급 부족을 넘어 공급 절벽 현상을 피할 방법이 없다.

2025년에는 수도권부터 공급 부족이 시작되고, 지방은 2026년부터 공급 부족 시기에 돌입할 것으로 예상된다. 물론 지역별로 영향은 다를 수밖에 없는데, 이는 앞서 언급한 지역별 미분양 재고로 가늠할 수 있다.

이상으로 집값에 가장 큰 영향을 미치는 3대 요소인 유동성, 수요, 공급을 중심으로 2025년 이후의 주택 시장을 살펴보았다. 요약하자면 다음과 같다.

1. 유동성이 과거 급등기만큼 풀리지 않았기에 상급지만 오르는 지역별 차별화 현상이 나타나고 있다.
2. 수요 측면에서는 투자심리가 크게 회복되어 역대 평균치를 넘어서지만, 다주택자에게 불리한 부동산 세제로 인해 다주택자들이 시장에 진입하지 못하고 있다. 이는 실수요가 줄어들어 투자수요에 기대야 하는 지방 부동산 시장에 큰 악재로 작용하고 있다.
3. 2024년까지는 공급 과잉으로 집값이 약세를 보였지만, 2025년부터는 수도권, 2026년부터는 지방도 공급 부족 시기로 진입하면서 집값을 자극할 가능성이 있다. 수도권처럼 기존에 공급이 부족한 지역에서는 공급 절벽 현상이 집값에 큰 영향을 미치겠지만, 공급이 많았던 지역에서는 상쇄 효과로 이 영향이 크지 않을 것으로 보인다.

이러한 점들을 고려할 때, 적어도 2025년 상반기까지는 수도권

강세, 지방 약세 현상이 지속될 가능성이 높다. 그러나 2025년 하반기부터는 일부 지방 지역에서 반등을 모색하는 움직임이 나타날 것이며, 지방 집값이 본격적으로 반등하는 시기는 2026년 이후로 예상된다.

결국 수도권과 지방 간의 양극화 현상을 단기간에 완화하려면 정치권의 생각이 바뀌어야 한다. 그렇지 않다면 내수 경기가 호황을 맞이할 때까지 기다릴 수밖에 없을 것이다.

2026년을 생각한다면, 지금 어디를 사야 할까

트루카피

- 일전 외국계 광고회사 임원
- 현 도서출판 트루카피 에디터
- 동국대학교 겸임교수

최근 많은 분이 부쩍 관심을 가지는 것이 있습니다. 바로 2026년 입주물량입니다. 입주물량이 매우 적어 2년 뒤에도 가격 상승이 예상된다는 이야기가 많은데, 과연 얼마나 적은지 지금 어디에 투자하는 것이 유리할지 궁금해하시는 것 같습니다.

결론부터 말씀드리자면, 2026년 입주물량은 현 정부 들어 예정치가 더욱 크게 감소해 서울의 경우 1만 세대를 넘기지 못할 수도 있습니다. 원래 2026년 입주예정이었던 재개발·재건축 사업지들이 사업 지연이나 공사 속도 문제로 인해 2027년 혹은 그 이후로 입주 일정이 크게 밀리고 있기 때문입니다.

2024년도 거의 후반에 접어든 시점에서 2026년 물량은 확정되었다고 봐도 무방합니다. 철거되었으나 착공되지 않은 사업지가 지금 당장 공사를 시작한다 해도 공사 기간(약 30개월 이상)을 고려하면 2026년 이내에 입주할 가능성은 낮기 때문입니다. 이제 그 물량을 확인하고, 2026년에 가장 유리한 지역이 어디인지 따져보겠습니다.

❙ 전국 입주물량

선택지역	2019	2020	2021	2022	2023	2024	2025	2026	2027	미정
서울시	45,730	45,703	26,792	20,751	23,058	23,825	22,962	8,099	28,454	55,360
경기도	107,227	88,967	90,140	83,585	95,453	102,835	58,144	50,905	83,681	88,739
인천광역시	14,196	16,193	17,291	38,740	42,623	25,244	23,051	11,095	16,697	28,217
부산광역시	25,558	25,279	17,842	22,920	21,616	14,407	10,638	10,270	21,030	37,503
대구광역시	6,058	13,336	16,761	19,626	34,490	24,207	10,192	6,644	12,548	27,788
광주광역시	9,901	10,524	4,567	13,237	3,664	7,670	4,297	12,586	7,374	22,070
대전광역시	2,955	6,331	6,288	8,850	3,370	9,969	10,899	5,274	15,036	20,624
울산광역시	10,192	1,750	851	3,297	8,786	3,925	4,215	3,502	3,022	11,917
세종시	8,829	4,062	7,668	2,157	1,453	3,616	1,035	301	850	0
강원도	18,122	9,369	10,251	3,930	4,690	10,164	9,075	7,505	3,142	3,919
충청북도	10,641	8,364	6,323	4,751	9,368	16,873	12,102	7,076	12,747	11,559
충청남도	7,196	8,486	6,209	14,007	21,405	18,078	13,189	9,662	12,361	17,048
전라북도	8,325	7,702	4,661	6,789	5,990	6,455	9,784	5,732	4,827	4,133
전라남도	6,597	10,939	6,295	6,772	7,744	10,979	8,035	4,542	3,097	8,259
경상북도	14,907	11,769	6,918	332	11,339	21,900	12,340	3,986	8,276	13,639
경상남도	39,421	12,374	8,003	5,498	14,180	17,967	17,967	4,706	8,711	17,122
제주도	947	530	736	111	1,492	1,276	1,276	1,605	728	1,713

* 이번 입주물량은 아직 부동산 사이트에서는 물량으로 잡히지 않은 후분양 물량까지 감안해 계산

역대 최저가 될 수도 있는 2026년 입주물량

2026년 예정 입주물량은 광주광역시를 제외한 모든 곳에서 최근 몇 년간 중 최저치를 보이고 있습니다. 수도권의 경우 2026년 입주물량은 약 7만에 불과해 경기도 한 해 평균 입주물량보다 적을 전망입니다. 다만 2027년은 물량이 적지 않은 편이며, 미정으로 잡힌 곳 중 일부가 2027년에 완공될 수 있어 예상보다 물량이 늘어날 수 있습니다.

서울의 경우 2026년 1만 이하 입주물량이 예상됩니다. 이는 아파트가 귀했던 1981년 이후 46년 만의 일입니다.

수도권 합계 물량이 7만 선으로 내려간 것은 하락장을 막 벗어나던 지난 2013년 이후 13년 만의 현상입니다.

수도권 입주물량

지역	2019	2020	2021	2022	2023	2024	2025	2026	2027
수도권 합계	167,153	150,863	134,223	143,076	161,134	151,904	104,157	70,099	128,832

연간 서울 입주물량

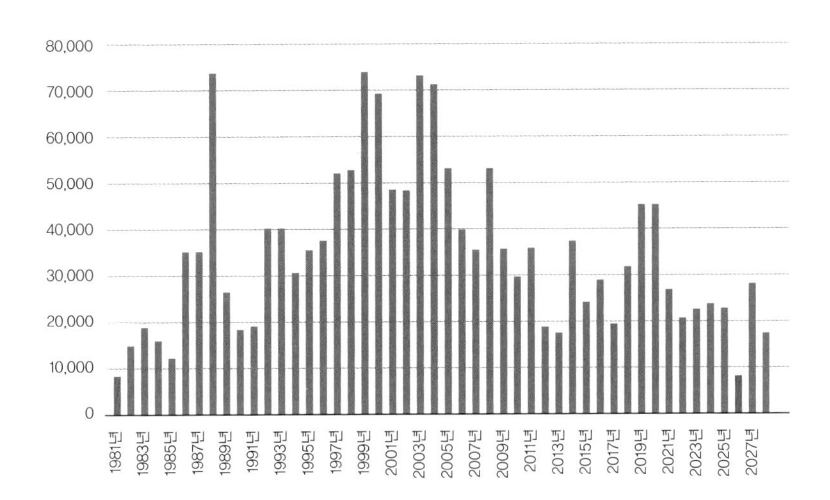

연간 수도권 합계 입주물량

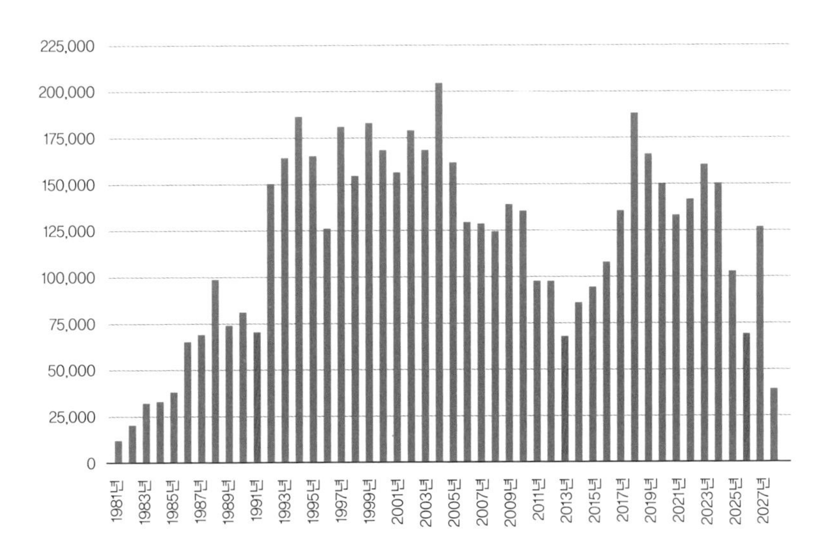

미정으로 잡힌 곳들은 어떤 곳들인가

대부분이 재건축·재개발 정비사업장입니다. 시공사와 갈등을 빚으면서 공사가 연기되거나 사업 속도를 내지 못하는 곳들입니다. 또한 노량진 재개발처럼 사업 진행은 잘 되고 있지만, 원래 계획대로라면 2026년 이전에 입주했어야 할 곳들이 이제서야 착공하거나 이주하는 경우도 있습니다.

정비사업장 중 미정인 사례

지역			단지/구역명	현상태	세대수
서울	송파구	가락동	가락프라자재건축	미정	1,068
	동대문구	제기동	경동미주재건축	미정(2027년 추정)	351
	성동구	금호동 2가	금호 16구역	미정(2029년 추정)	595
	동작구	노량진동	노량진 4구역	미정(2028년 추정)	844
			노량진 5구역	미정	727
경기	광명시	광명동	광명 11구역	미정(2028년 추정)	4,291
		철산동	광명 12구역	미정(2028년 추정)	2,045

미정으로 잡힌 곳 중 상당수는 2027~2029년 사이에 입주할 것으로 예상합니다. 따라서 미정이 많은 곳은 해당 시기 물량이 현재 예측보다 증가할 수 있다고 보아야 합니다.

어쩌면 2026년이 최대의 기회가 될 수도권

서울은 사실 적정물량 의미가 크게 없습니다. 하지만 이렇다 할 물량 공급이 없는 상태로 2021년부터 5년을 지나고, 40년 만에 공급 1만 세대 이하를 기록하게 되는 2026년에는 급격한 금리 인상만 없다면 상당한 전세가 상승이 예상됩니다.

그러나 2027년은 물량이 적지 않으며, 미정물량이 2028년부터 공급된다면 적지 않은 수준의 공급이 한두 해 더 이어질 것으로 보입니다.

서울 입주물량

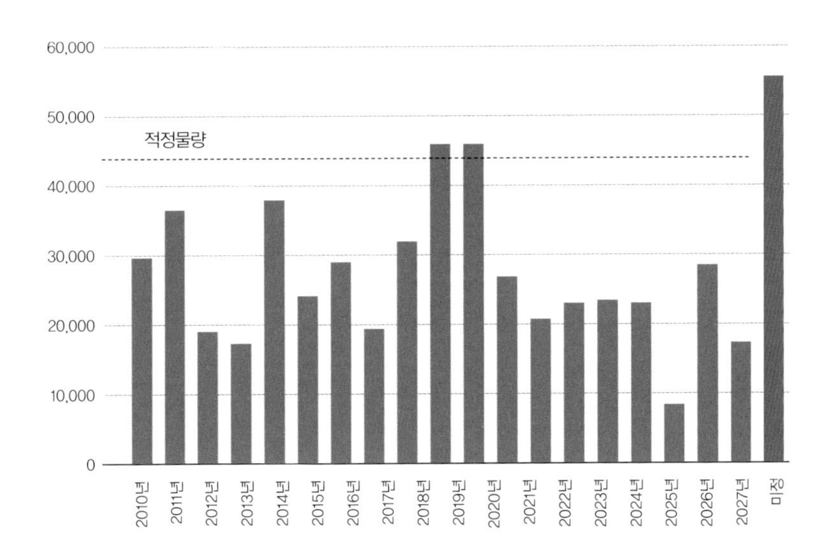

| 경기 입주물량

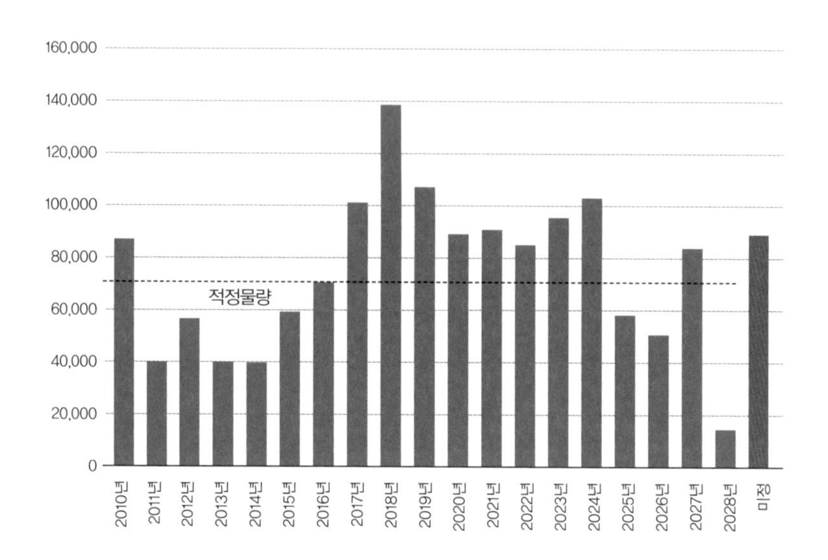

인구가 해마다 증가하는 경기도도 적정물량 의미는 크지 않습니다. 그러나 2025~2026년으로 이어지는 과소공급 국면은 지난 2014년경 갭투자가 시작된 시기처럼 전세 상승이 광범위하게 나올 가능성이 큽니다.

인천 입주물량

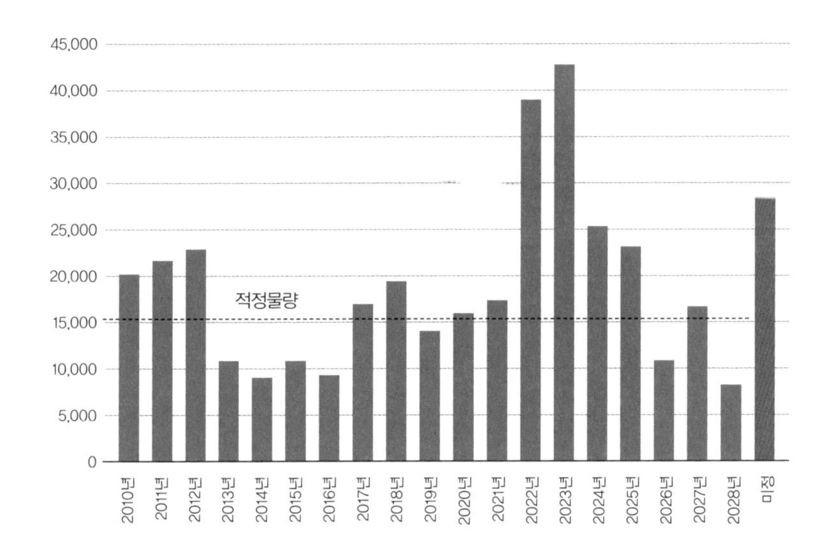

인천은 2025년까지 과다공급기이나 2026년엔 과소공급기로 접어들게 됩니다. 누적공급 부담이 있기는 하지만, 하나의 바다처럼 연결된 수도권이기 때문에 수요는 그나마 물량 여유가 있는 인천으로 밀려들게 될 것입니다. 3년 연속 과다공급인 지금도 인천의 전세물건은 많지 않습니다.

수도권 합계

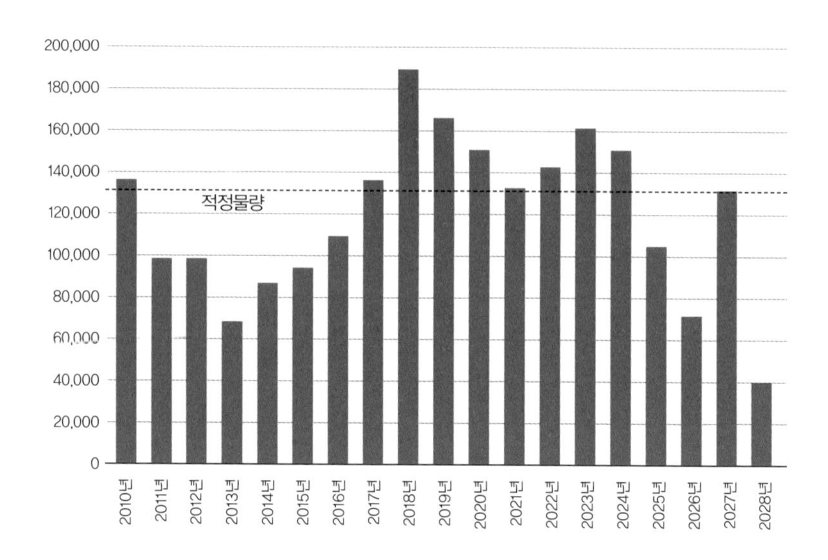

수도권 전체를 더해서 보면 2024년까지의 물량은 적지 않은 편이었습니다. 그러나 2025년부터는 과소공급기로 접어들며, 2026년은 지난 2013년 이래 가장 공급이 적은 해가 됩니다. 현재 정부가 주택공급을 서두르고 있으며, 특히 재개발·재건축 진행 속도를 빠르게 하려는 움직임을 보이고 있어 2027년 이후의 공급 상황은 지금 예상보다 악화될 가능성도 있습니다. 그러나 분명한 것은 2025년부터 수도권 공급이 줄고, 2026년에는 전례 없는 공급 부족 시기가 도래한다는 것입니다.

2026년 이후,
3기 신도시 입주물량은?

아래 사진은 3기 신도시 중에서도 가장 진척이 빠르다는 계양A2블록의 2024년 상반기 현장 모습입니다. 터를 닦아 놓고 필지 분양도 했지만, 이 상태에서 정부가 예정한 2026년 2월까지 747세대 아파트가 들어서기는 난망합니다. 적어도 30개월의 공사 기간이 필요할 것이고, 이를 감안하면 계양A2블록의 입주 가능 시기는 2027년으로 보는 것이 타당합니다. 이렇게 사전청약을 받은 3기 신도시 필지들을 보면 처음에 정한 기한 내에 입주할 곳들이 많지 않아 보입니다.

2024년 상반기 계양A2블록의 현장

❙ 사전청약을 받은 3기 신도시 단지와 정부가 발표한 입주예정 시기

지역	입주예정 (정부 발표)	세대수
인천계양 A2BL	2026.02	747
인천계양 A-3	2026.02	538
인천계양 A9	2028.11	477
인천계양 A17	2028.12	463
인천계양 A6	2029.01	672
합계		2,897
부천대장 A5	2027.11	952
부천대장 A6	2027.11	688
부천대장 A7	2027.11	473
부천대장 A8	2027.11	392
합계		2,505
고양창릉 S6	2027.07	430
고양창릉 A4	2027.10	900
고양창릉 S5	2027.10	759
고양창릉 S3	2029.01	956
고양창릉 S1	2029.02	494
고양창릉 S4	2029.02	1,024
합계		4,563
하남교산 A2	2027.03	1,115
하남교산 A5	2030.01	492
하남교산 B2	2027.04	587
합계		2,194

지역	입주예정 (정부 발표)	세대수
남양주왕숙 2 A1	2026.12	803
남양주왕숙 2 A3	2026.12	686
남양주왕숙 2 A6	2028.07	468
남양주왕숙 2 A4	2028.12	787
합계		2,744
남양주왕숙 1 A24	2027.03	592
남양주왕숙 1 B17	2027.03	499
남양주왕숙 1 A1	2027.03	597
남양주왕숙 1 A2	2027.03	608
남양주왕숙 1 B1	2027.03	560
남양주왕숙 1 B2	2027.03	587
남양주왕숙 1 A20	2028.12	961
남양주왕숙 1 S12	2029.12	391
남양주왕숙 1 S11	2029.12	961
남양주왕숙 1 A19	2030.01	961
합계		6,302
과천주암 C1	2027.06	1,337
과천주암 C2	2027.06	1,030
합계		2,367

3기 신도시 연도별 입주물량

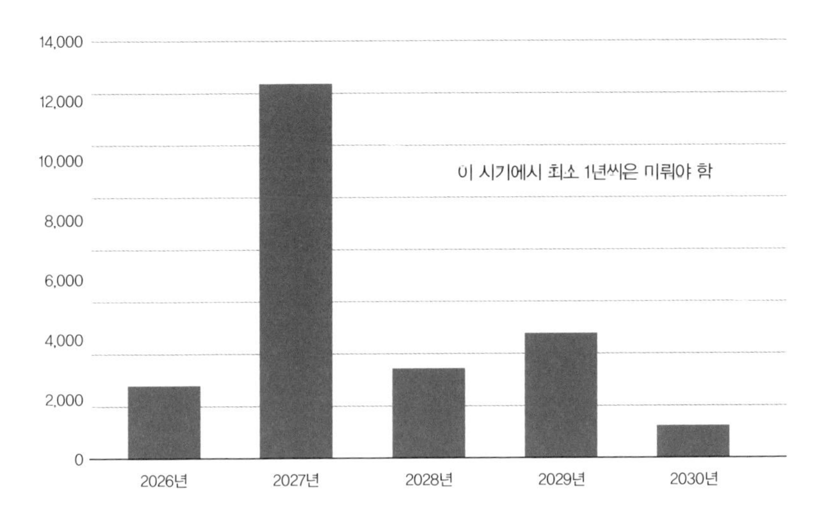

정부가 발표한 입주예정 시기대로 공급물량을 정리해봐도 본격적인 입주는 2027년부터 시작됩니다. 현실적으로는 정부 발표보다 최소 1년씩 더 미뤄서 봐야 합니다. 즉, 빨라도 2028년부터 3기 신도시의 본격 입주가 시작된다고 보는 것이 적절합니다.

지방 광역시 입주물량: 부산, 대구, 울산에 주목

부산은 2024년 후반부터 물량이 감소해 2026년까지 과소구간에 접어듭니다. 따라서 2025년부터는 전세가 회복이 시작될 것으로 예

부산 입주물량

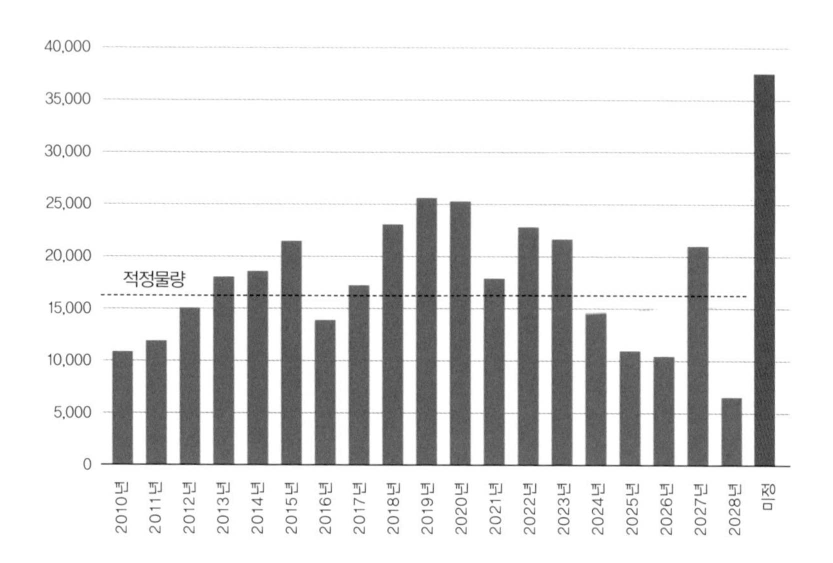

상합니다. 2027년은 공급물량이 다시 많아지며, 현재 부산의 미정물량이 많은데 그중 상당수가 2028년 이후 입주가 가능해 과소공급 구간이 길어질 것으로 보이진 않습니다.

참고로 부산은 전국에서 정비사업 구역 지정 및 조합 설립이 가장 활발한 곳 중 하나입니다. 그러나 2026년까지의 부산은 지난 2년과는 다른 모습을 보여줄 것입니다.

❙ 대구 입주물량

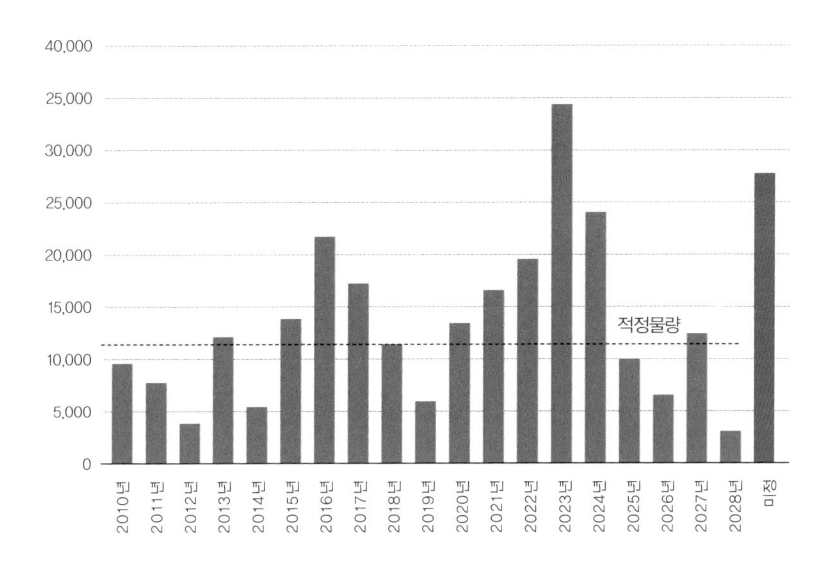

대구는 2024년 마지막 과다공급 기간을 넘기면 부산과 마찬가지로 2026년까지 과소공급 구간에 접어듭니다. 이 시기에는 눌려 있던 전세가가 회복될 것으로 보이며, 현재 3억~4억 원대에 머물러 있는 준신축 30평대의 매매 시세도 다소 상승세를 탈 것으로 예상됩니다.

대구 공급물량에서 유의할 점은 부산과 마찬가지로 미정물량이 많고, 착공에 들어가지 않은 인허가 물량도 많다는 것입니다. 이 점은 2028년 이후 대구 주택시장에 공급 과다를 가져올 우려가 있습니다.

광주 입주물량

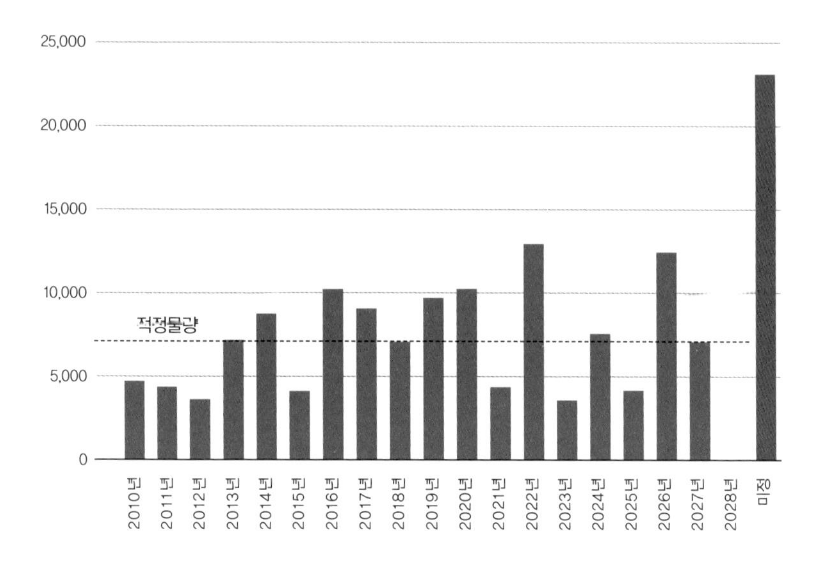

광주는 5대 광역시 중 유일하게 2026년 공급이 많은 곳입니다. 대신 2025년 입주물량이 유독 적은 편이며, 이 때문에 현재 전세수급지수가 인천과 함께 가장 빠른 속도로 반등하는 지역이기도 합니다.

| 대전과 세종 입주물량

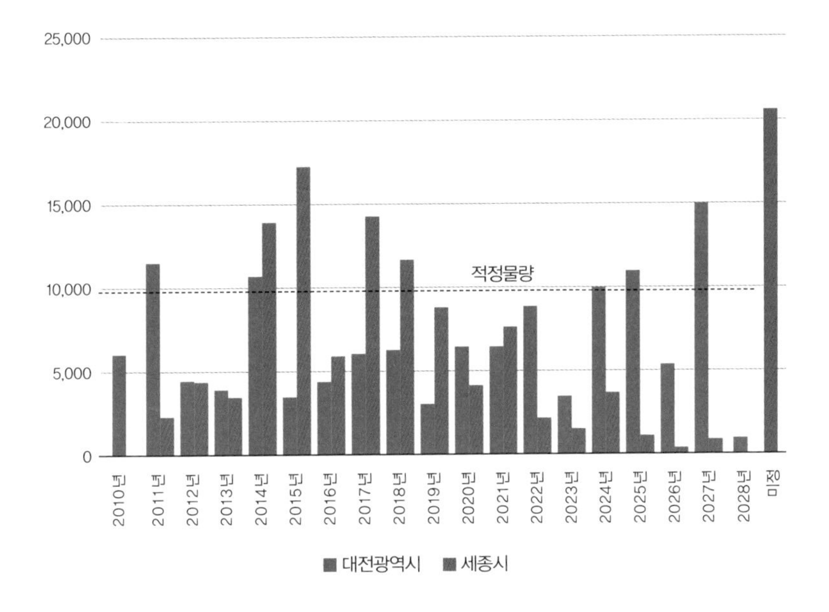

대전은 세종시와 함께 묶어서 보겠습니다. 대전은 2024년, 2025년, 2027년이 과다공급시기이며 2026년에는 공급이 다소 감소합니다. 대전과 세종 중에서는 2025년 이후 공급이 계속 감소하는 세종이 여러모로 유리한 편입니다. 향후 공급시기가 정해질 미정물량도 대부분 대전 물량입니다.

울산 입주물량

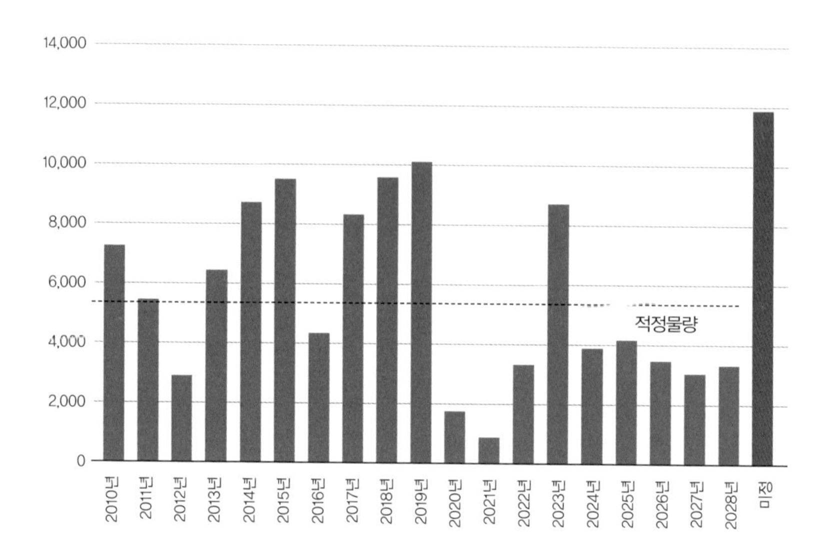

지금도 전세물량이 계속 줄고 있는 울산은 2027년까지 계속 과소공급이 이어질 전망입니다. 미정물량은 남구 재개발과 울주군에서 인허가를 받은 물량들입니다. 이 정도 과소공급 상태에서 울산의 매매가 상승이 예전만 못한 것은 한마디로 다주택 취득세 중과의 영향이라 할 수 있습니다.

| 울산 아파트 매수자 현황

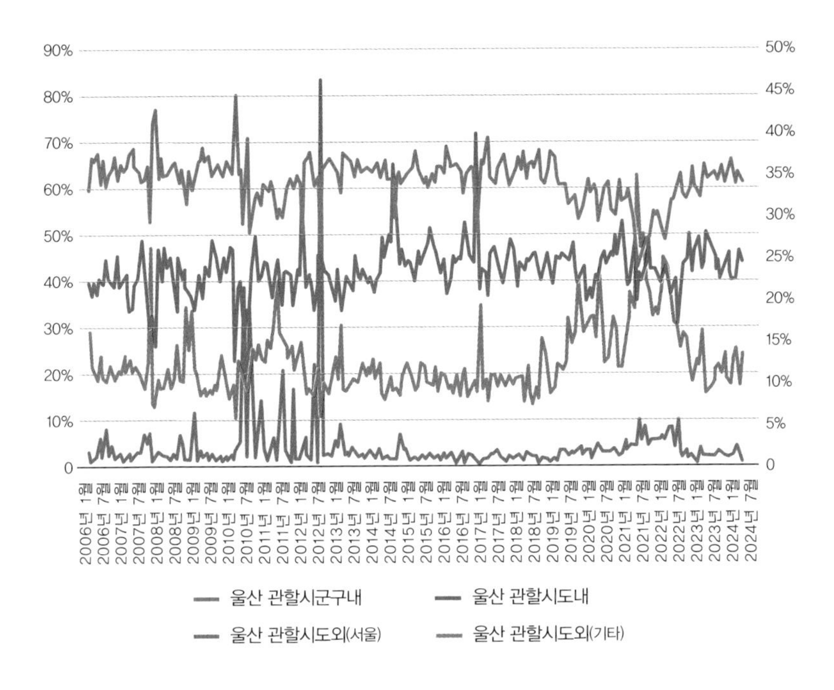

울산 아파트 매수자 현황을 보면 울산 관할 시군구 내, 즉 같은 구 안에서 매수한 비중과 울산 다른 구에서 매수한 관할 시도 내 비중은 2006년부터 2024년까지 큰 변화가 없었습니다. 하지만 울산 외 다른 시도에서 매수한 비중은 변화가 큽니다. 지난 2011년 지방 상승장에서는 서울 매수자의 비중이 컸고, 이번 상승장 흐름에서는 서울 외 다른 지역 거주자의 매수 비중이 컸습니다. 현재 서울과 다른 지역 거주자들의 울산 매수 비중은 취득세 중과 이후 크게 감소한 상태입니다.

정부의 규제 정책 중 취득세에 변화가 발생하지 않는다면, 이 수요의 빈자리를 울산 내에서 메워야 합니다. 이 부분이 쉽지 않아 현재 과소공급 상태에서도 매매 상승의 움직임이 이전보다는 둔한 편입니다. 참고로 지역 내 실수요 비중이 울산보다 큰 부산과 대구는 현재 해운대구, 수성구 등 주거 선호 지역부터 상승 움직임이 나타나고 있습니다.

지방 시도:
공급만 보면 전남북, 경남북이 유리

지난 3~4년간 공급이 많았던 강원도는 2026년도에 과소공급 상태는 아닙니다. 하지만 2027년부터는 공급물량이 줄고, 2028년에는 심각한 공급 부족이 나타날 전망이며, 공급시기 미정물량도 많지 않은 편입니다. 2027년 이후 지방 매수를 고려한다면, 강원도는 반드시 염두에 두어야 합니다.

충북은 2026년 공급이 적지만, 2027년 물량 부담이 큰 편입니다. 2026년 매수를 고려한다면, 가급적 전세물량이 부족한 청주로 좁혀서 볼 필요가 있습니다.

강원 입주물량

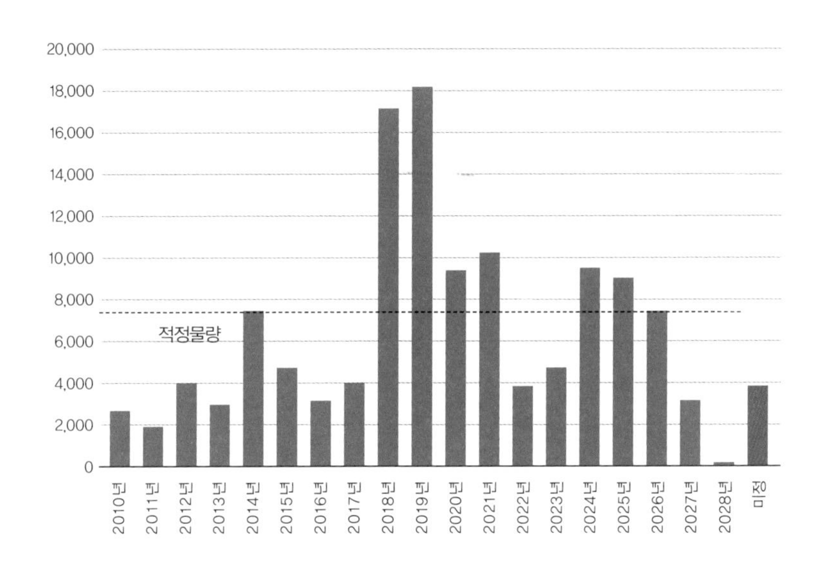

충북 입주물량

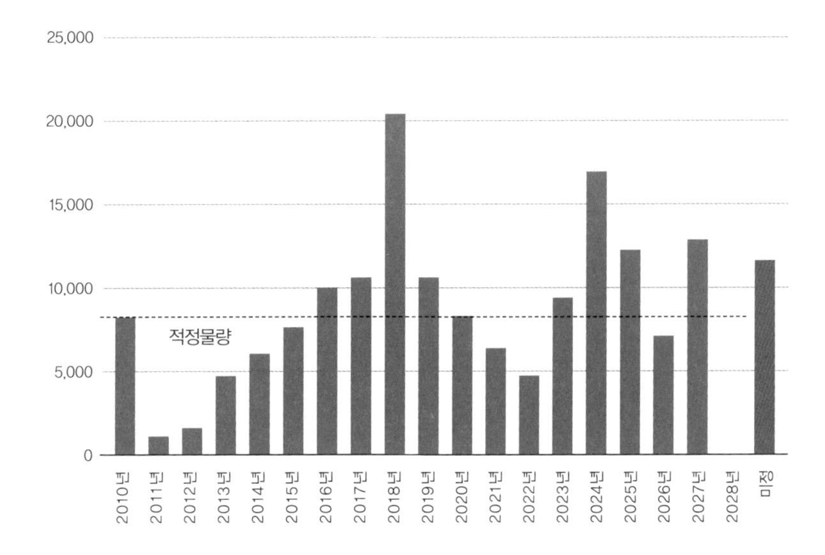

| 충남 입주물량

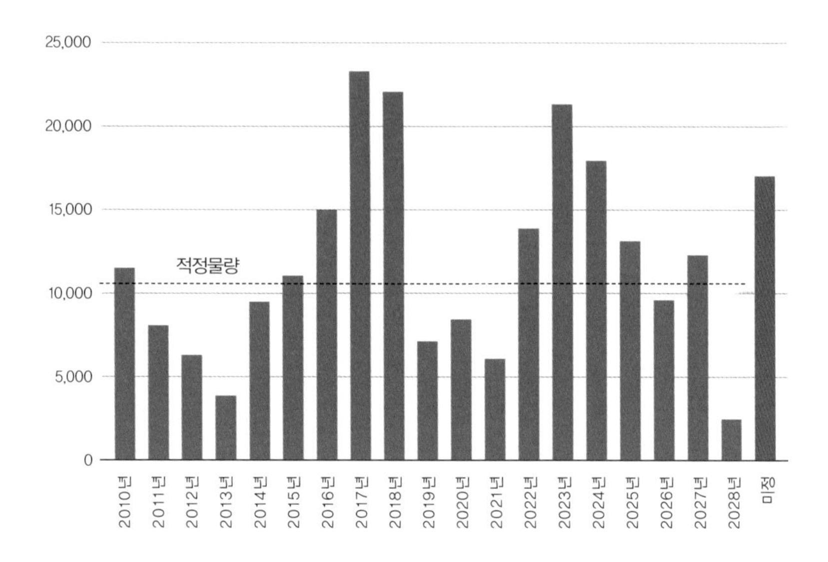

아산, 천안을 중심으로 공급이 쏟아지고 있는 충남도 2026년 공급은 적지 않습니다. 향후 공급시기가 정해질 미정물량도 주로 천안, 아산에 있습니다. 그만큼 천안, 아산의 발전 가능성이 크다는 의미도 되지만, 수도권보다 공급에 훨씬 민감한 지방인 만큼 물량을 차분히 확인하고 진입하는 것을 추천합니다. 물론 아산, 천안에 거주하는 실수요자라면 지금부터 몇 년간이 가장 큰 기회 구간이 될 수 있습니다.

❙ 전북 입주물량

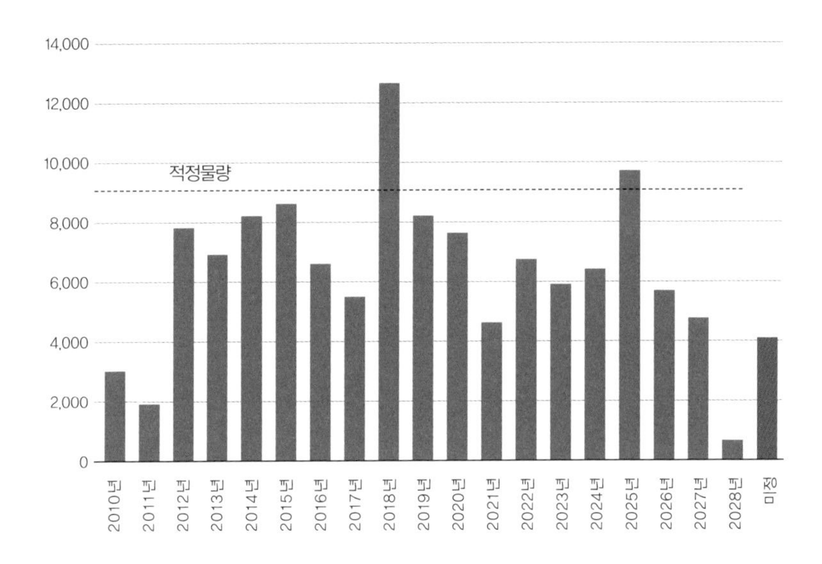

전북은 2025년 한 해 공급이 늘었다가 2026년부터 계속 감소하는데, 한 가지 놓쳐서는 안 될 부분이 있습니다. 2025년 공급물량 대부분이 군산과 익산에 집중되어 있고, 전주는 2025년 예정 물량이 거의 없다는 점입니다. 미정물량도 주로 군산에 있습니다. 앞으로 한동안 공급다운 공급이 중단될 전주에 주목할 필요가 있습니다.

전남 입주물량

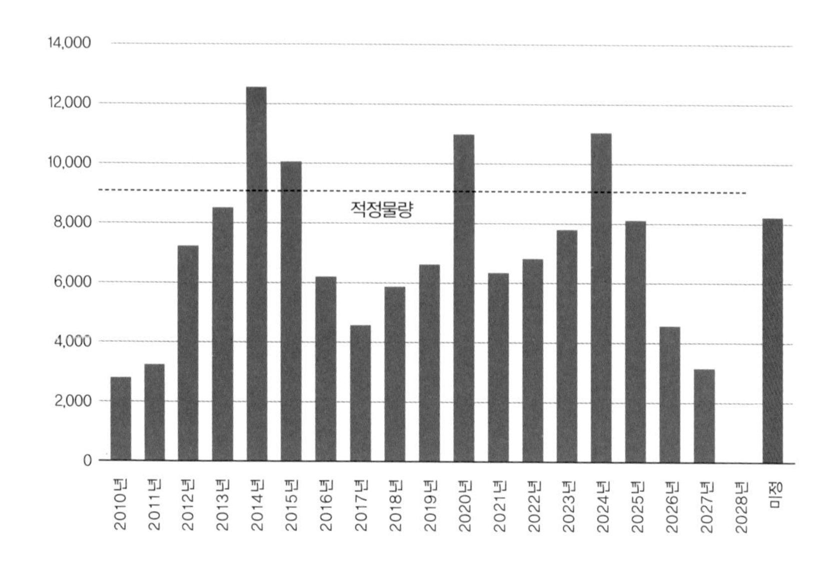

지난 몇 년간 큰 상승폭을 기록하지 못한 전남은 2025년부터 공급이 줄어 2026년에는 상당한 과소구간에 진입합니다. 그중에서도 향후 공급물량과 미정물량이 적은 순천시에 주목할 필요가 있습니다. 공급시기 미정물량은 여수에 다수 있는데, 여수를 방문하면 소호동 옆 소제지구 등 넓게 자리 잡은 택지개발 예정지를 볼 수 있습니다.

경북 입주물량

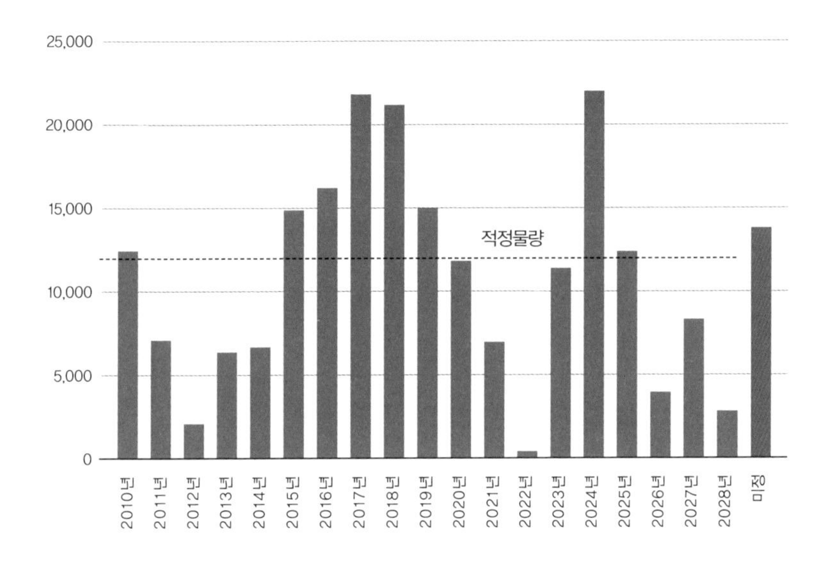

과다공급이 몇 년간 이어진 경북은 2026년에 대구와 함께 드라마틱한 변화를 겪을 것으로 보입니다. 지역별로 보면 구미가 포항보다 조금 먼저 과소공급 구간에 진입할 예정이며, 적어도 경북 전반적으로 2026~2027년 구간은 상당한 공급 부족 시기가 될 것입니다. 다만 공급시기 미정물량이 구미와 포항에 몰려 있어, 이 지역들은 과소공급을 경험한 뒤 다시 과다공급이 이어질 것으로 전망합니다.

❙ 경남 입주물량

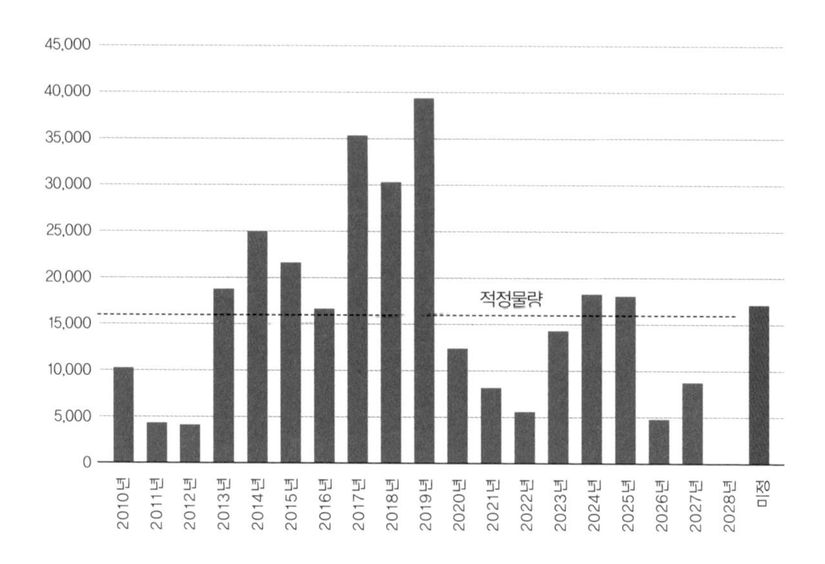

경남은 창원과 김해, 거제 등의 주요 도시 공급물량이 2026년에 크게 감소할 전망입니다. 2027년에도 공급 부족은 계속 이어질 것입니다. 공급시기 미정물량은 창원과 김해에 몰려 있는데, 재개발·재건축이 다수여서 당장 공급이 바로 나올 가능성은 적어 보입니다.

❙ 제주 입주물량

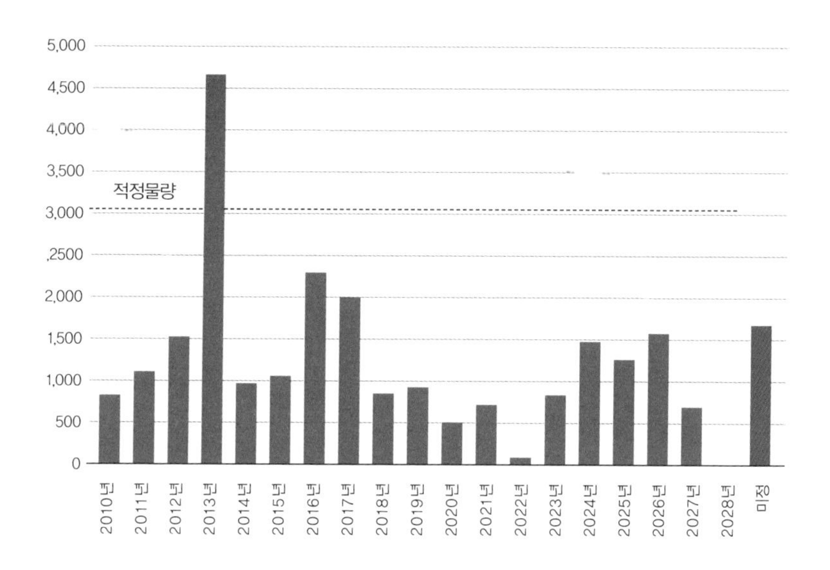

외부 지역 매수자의 비중이 큰 제주도는 적정물량의 의미가 크지 않은 곳입니다. 또한 공급이 적어도 미분양이 이어지고 있어, 지금으로서는 외지인 수요가 어느 정도 뒷받침되어야 매매가도 움직일 것으로 보입니다.

공급물량 측면에서 2026년 전망이 좋은 곳

■ 수도권 및 광역시 ■

제가 중요시하는 것은 절대적인 공급의 많고 적음보다 공급물량의 변화, 즉 공급 낙폭입니다. 공급 낙폭이 큰 곳일수록 시장이 더욱 민감하게 반응하는 경우가 많습니다. 이를 감안할 때, 수도권과 광역

▎ 수도권 및 광역시 공급 낙폭

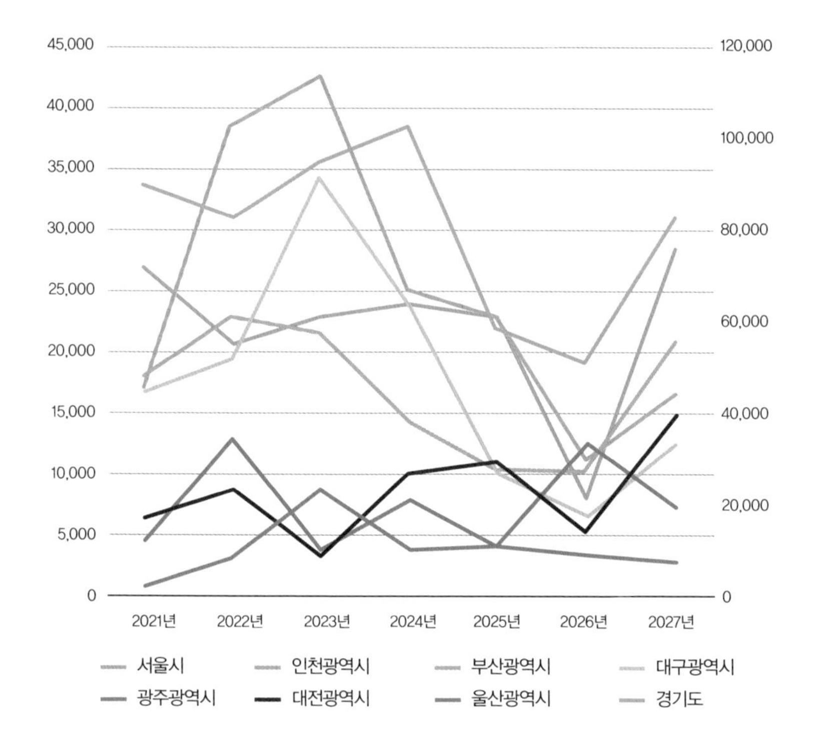

시에서는 공급 낙폭이 큰 대구와 인천, 그리고 덩치에 비해 공급물량이 절대적으로 적은 서울, 꾸준히 물량이 적어 정부 정책이 변할 경우 반응도가 높을 울산이 유망합니다.

■ 지방 시도 ■

지방에서는 공급 낙폭이 큰 세종시와 경남, 경북이 여러모로 다른 지역에 비해 유망합니다. 공급 낙폭이 크면 전세가 회복세도 그

지방 시도 공급 낙폭

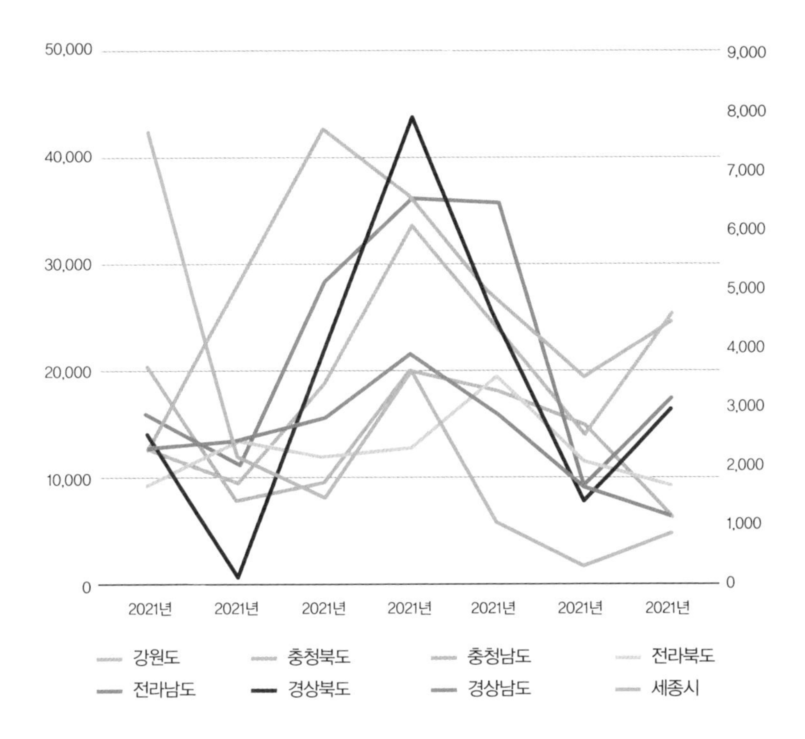

만큼 클 수 있습니다. 이미 전세가가 올라 있는 곳의 추가 상승보다 바닥에 있다가 회복하는 지역의 상승폭이 항상 큰 편이기 때문입니다.

서울만 바라보는 수요자에게 추천하는 지역

강남구

구	2026년까지 입주단지수	입주물량
강남구	1	44

구	동	단지명	입주시기	세대수
강남구	청담동	영동한양빌라가로주택	2024.10	44
	일원동	일원개포한신재건축	2027년(추정)	498
	대치동	디에이치대치에델루이	2027년(추정)	282
	도곡동	래미안레벤투스	2027년(추정)	308
	청담동	청담르엘	2027년(추정)	1,261
강남구	삼성동	삼성98 가로주택해링턴플레이스	미정	118
	논현동	세광연립가로주택정비	미정	41
	역삼동	역삼목화연립가로주택정비사업	미정	37
	청담동	청담건영리모델링	미정	262

1순위는 강남구 신축입니다. 적어도 2026년까지 강남구 입주물량은 거의 없을 전망이며, 2024년처럼 개포 입주로 정체하는 상황은 당분간 보기 힘들 것입니다.

강서구와 양천구

강서구 입주시기	입주물량
2025.09	73
2026.03	450
2027년(추정)	1,074
미정	54
합계	1,651

양천구 입주시기	입주물량
2025.10	50
미정	776
합계	826

그다음은 강서구와 양천구입니다. 인구 56만 명의 강서구와 43만 명의 양천구를 합해 100만 인구에 이르지만, 앞으로 몇 년간 가능한 입주물량은 미정물량까지 더해도 2,500여 세대에 불과합니다. 두 곳과 가까운 김포시도 2024년 중반부터 2026년까지 공급이 없습니다. 조용했던 마곡이 지금 괜히 움직이는 것이 아닙니다.

마포구 및 서대문구

마포구 입주시기	입주물량
2026.01	69
2027.03	239
2027년(추정)	1,101
미정	604
합계	2,013

구	동	아파트명	입주시기	세대수
서대문구	남가좌동	DMC 가재울아이파크(주상복합)	2025.11	283
마포구	용강동	마포하늘채더리버	2026.01	69
서대문구	영천동	경희궁유보라	2026.07	199
마포구	아현동	마포푸르지오어반피스	2027.03	239
서대문구	홍은동	서대문센트럴아이파크	2026년(추정)	827
마포구	공덕동	마포자이힐스테이트	2027년(추정)	1,101
서대문구	북가좌동	북가좌 6구역재건축	2028년(추정)	1,984
마포구	창전동	광흥창역역세권주택	미정	302
마포구	동교동	기린동산빌라재건축	미정	126
마포구	아현동	마포로 3-1지구재개발	미정	176
서대문구	연희동	연희 1구역재개발	미정	1,002

마포구는 2027년 3월까지 이렇다 할 입주물량이 없습니다. 인근 서대문구를 합해 봐도 마포구 수요가 이동할 만한 곳은 경희궁유보

라 199세대와 2028년 입주할 북가좌 6구역 정도에 불과합니다. 당분간 서대문구까지 전세 강세가 예상됩니다.

전세 거래량으로 과소공급 지역 찾기: 서울, 경기

무작정 물량이 적다 많다 하기보다는 그 물량이 어느 정도 소화될 지역인지를 먼저 따져보는 것이 타당할 것입니다. 다음 페이지의 서울 전세 거래물량을 향후 입주물량과 비교한 도표를 보겠습니다.

서울에서는 앞서 거론한 강남, 강서, 양천, 마포구 외에도 도봉, 노원, 송파, 은평구가 추가로 과소공급 지역으로 분류됩니다(구로구는 광명시 물량의 영향으로 제외). 경기도는 일산 서구, 김포, 남양주, 시흥, 안산 상록구, 용인 기흥구, 하남시 등이 전세 거래량 대비 과소공급 지역으로 분류할 수 있습니다. 이 지역의 수요자들은 전세 부족이 앞으로 더 심각해질 우려가 있으므로 미리 대비하는 것이 좋을 듯합니다.

❙ 서울 전세 거래물량(4월, 위)과 향후 입주물량(아래)

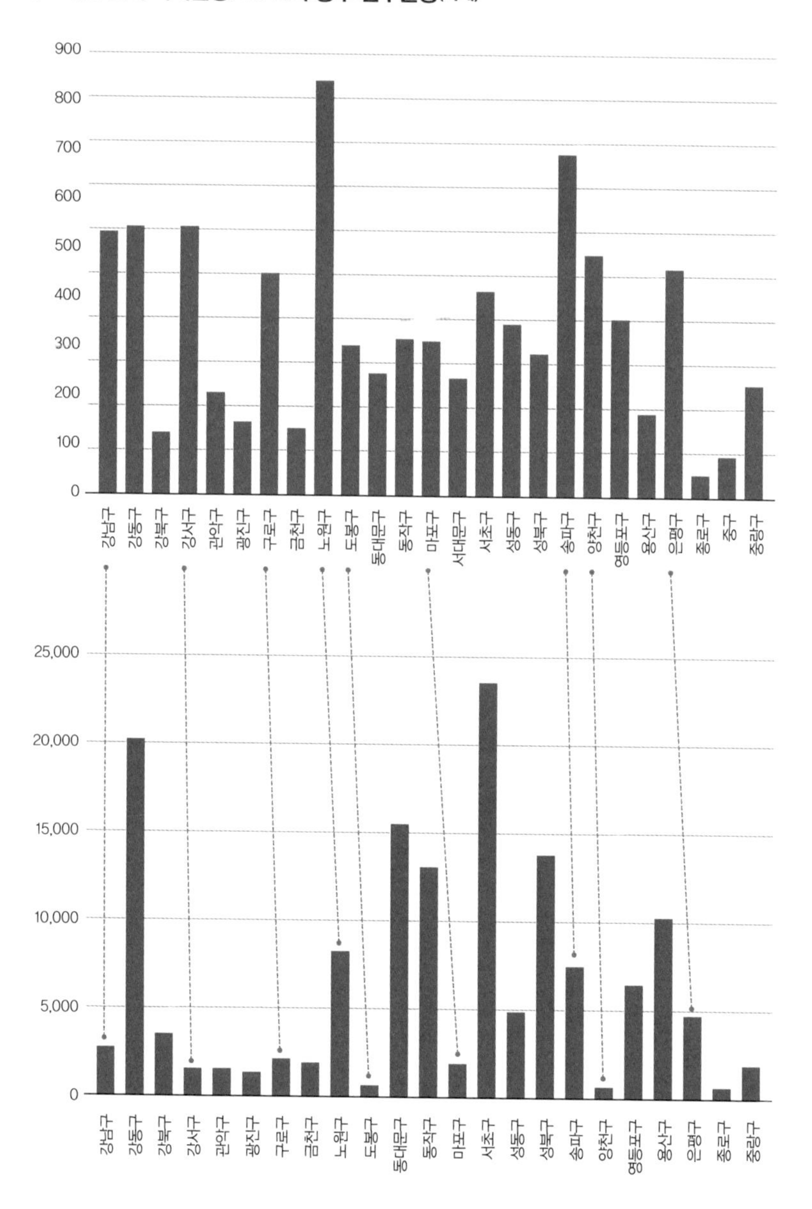

▎경기도 시군구 전세 거래물량(위)과 향후 입주물량(아래, 미정 포함)

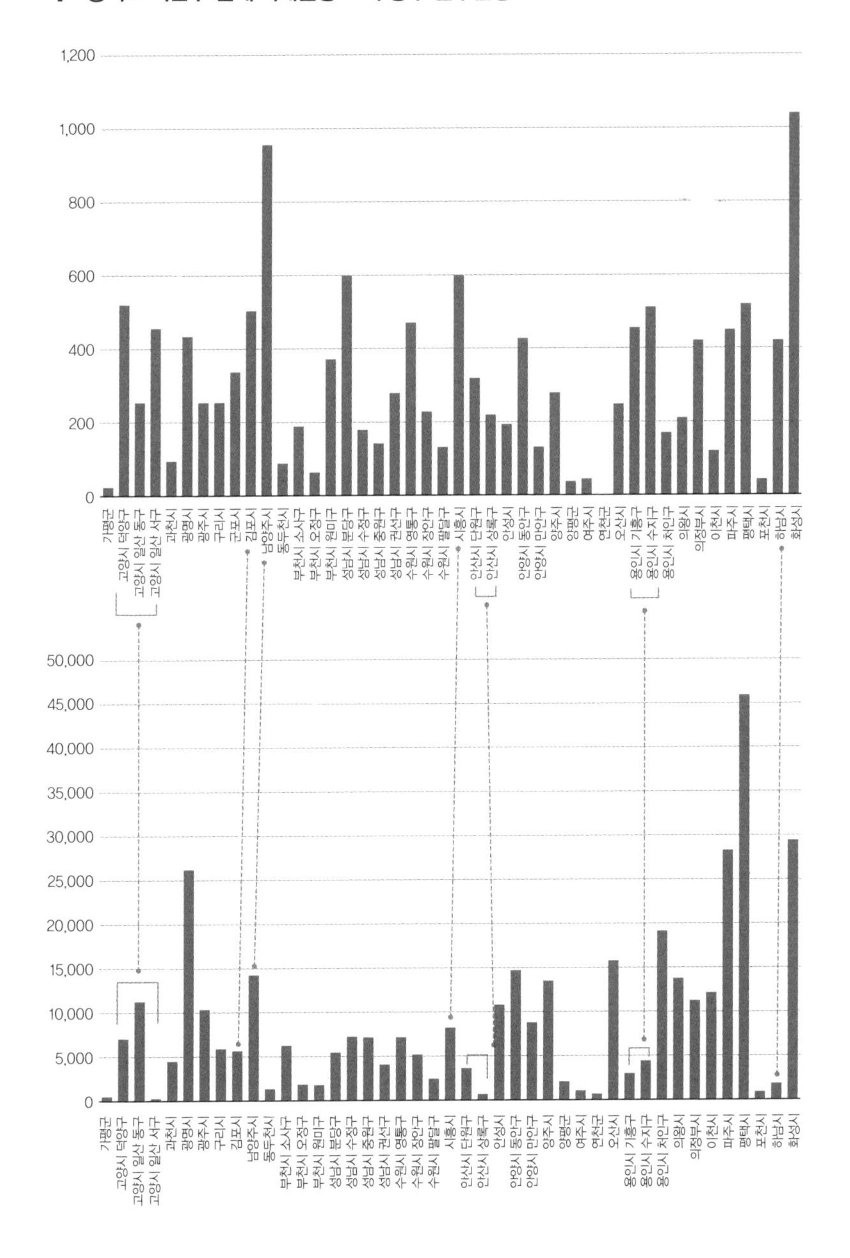

전례 없는 과소공급 속 주목해야 할 것

수급은 수요와 공급으로 구성되어 있습니다. 과거에는 수요가 고정되어 있다고 생각했지만, 최근 들어서는 수요가 유동성에 의해 변동이 심하다는 것을 많은 분이 인식하고 있습니다. 하지만 앞으로 그 변동폭이 얼마나 될지는 쉽게 예측하기 어렵습니다. 그에 비해 공급은 적어도 1~2년, 조금 더 부지런히 공부하면 3~4년 이상을 앞서 예상할 수 있습니다.

공급이 적다고 해서 무조건 시장이 상승하는 것은 아닙니다. 유동성이 줄고 수요가 감소하는 시기에는 과소공급에도 불구하고 시장이 하락한 경우가 드물지 않습니다. 멀게는 지난 2012년의 서울, 가까이는 지난 2022년이 대표적인 예라 할 수 있겠습니다.

그렇다고 공급을 미리 알아두는 것이 무의미한 것은 아닙니다. 공급물량을 미리 파악한 상태에서 수요의 증감을 대입해본다면 우리는 시장의 흐름을 대략적으로 예상할 수 있으며, 특히 전세는 높은 확률로 공급물량을 통해 미래를 짐작할 수 있습니다.

2026년은 서울은 물론 전국적으로 거의 모든 지역이 과소공급되는 시기입니다. 주요 원인은 2022년 이후 시장 침체와 원자재 상승으로 인한 아파트 경기 부진입니다. 시장이 점차 살아나는 지금, 공급을 서둘러 진행한다 해도 2026년 공급을 늘릴 방법은 공사 기간이 짧은 빌라, 오피스텔 등 비주택 정도가 전부입니다. 그래서 정부도 비주택 공급대책을 애타게 발표하고 있는 것이겠지요.

공급 부족이 2027년 이후까지 길게 이어질지는 불투명합니다. 이 글에서 본 것처럼 2027년부터 공급물량이 다시 증가하는 지역도 꽤 있고, 공급시기 미정물량도 시장이 살아나면 분양시장에 등장할 가능성이 있기 때문입니다. 그러나 2026년이 유례없는 공급 부족이 될 것이라는 사실은 변함이 없습니다.

그중에서도 공급이 특히 부족한 서울 강남구, 양천구와 강서구, 마포구, 공급 낙폭이 큰 대구와 인천, 세종, 경남, 꾸준히 물량이 적어 정부 정책이 변화한다면 반응도가 높을 울산에 주목하기를 바랍니다.

다가올 2025년 투자 시장, 이제는 이렇게 접근하자

부룡 신현강

- 부와 지식의 배움터 대표
- 부룡의 부지런TV 운영
- 네이버 부지런 카페(cafe.naver.com /bujilearn)
- 블로그(blog.naver.com/shk7611)

이순신 장군이 전투에서 패하지 않았던 이유

이 글을 읽는 독자 중에서 이순신 장군을 모르는 사람은 아마 없을 것이다. 이렇게 대다수 국민이 존경하는 장군에 대해 수많은 무용담이 전해지지만, 그중에서도 필자가 가장 대단하다고 생각하는 것은 장군이 전투에서 단 한 번도 패배하지 않았다는 사실이다. 수많은 변수가 존재하는 전쟁터에서 도대체 어떤 생각과 전략을 가지고 행동했기에 이런 놀라운 결과를 얻을 수 있었을까?

그 많은 전투 중에서도 사실상 가장 패배 가능성이 높았던 전투를 꼽으라면, 필자는 '명량해전'이라 생각한다. 13척의 배로 133척의 일본군을 상대해 승리한다는 것은 상식적으로 불가능해 보이기 때문이다. 게다가 장군은 당시 심적으로도 상당히 힘든 상황이었다. 얼마 전까지 백의종군이라는 고초를 겪었고, 직전에는 모친상까지 당해 몸과 마음을 추스르기조차 쉽지 않았던 시기였다.

이렇게 어려운 상황에서도 가장 눈에 띄는 것은 장군의 전술적 혜안이었다. 아군의 절대적 열세를 고려해 직접 싸우기보다는 주변 상황을 활용하는 새로운 전략과 전술을 추구했기 때문이다. 그림에서도 보이듯이 비좁은 해협을 선택해 13척의 수군으로 방어선을 구축했고, 이곳의 빠른 조류 흐름을 활용해 133척의 적군을 상대로 효율적인 승리를 거둔 전투가 바로 명량해전이었다.

만약 장군이 과거 한산대첩에서 승리한 경험에 도취해 넓은 바다로 적군을 유인하는 학익진을 사용했다면, 과연 어떤 결과가 나왔을까? 상식적으로 망망대해에서 133척의 적군을 상대했다면, 13척의

명량해전

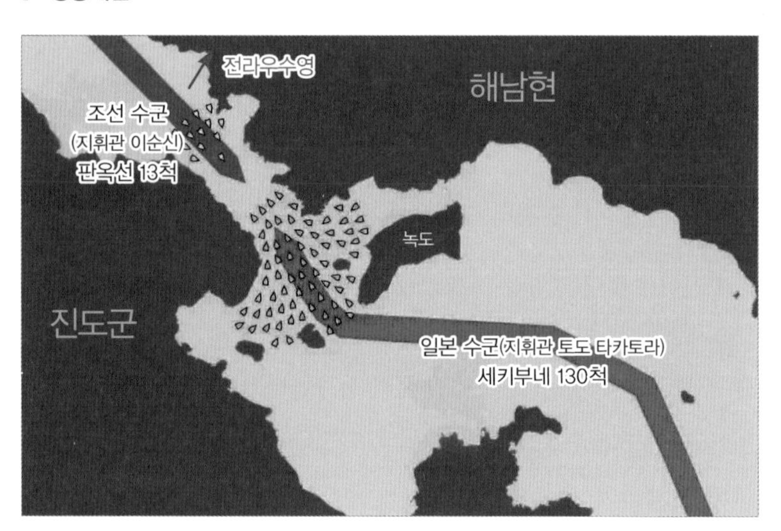

출처: 위키 백과

아군은 적군에게 몰살당했을 가능성이 매우 높다.

결국 장군은 과거의 승리 경험에 취해 그 방법만을 고집하지 않고, 당시 상황에 맞춰 적재적소에 맞는 전략을 활용하려 했기에 오늘날까지도 나라를 지킨 성웅 이순신으로 남아있는 것은 아닐까?

시장 환경이 바뀌었다면 나의 투자 전략을 바꾸자

그렇다면 필자는 왜 여기서 명량해전을 언급했을까? 이는 아무리 뛰어난 장수라 할지라도 승리를 위해서는 당시 상황에 맞는 전략과 전술을 활용하는 것이 승리의 기본임을 강조하고자 함이다.

이 글을 읽고 있는 많은 독자는 현재 '부동산 시장'이라는 또 다른 전쟁터에 참여하고 있다. 그리고 이 전쟁에서 이기기 위해서는 그 시기에 맞는 전략과 전술이 무엇인지 끊임없이 고민해야 한다는 의미다.

그럼에도 불구하고 주변을 돌아보면 과거의 한 번의 승리, 예를 들어 한산대첩 같은 영광에 머무르며 매번 학익진과 같은 동일한 전술을 고집하는 사람이 많다는 느낌이 든다. 물론 지금 활용하고 있는 전술이 얼마 전까지는 효과적이었을 것이다. 그러나 현재 시장이 달라지고 있는데 과거의 전략과 전술이 이번에도 유효할까?

오히려 지금은 '아니다'가 정답이라고 생각한다. 그렇다면 현재 시장의 모습은 과거와 비교해 무엇이 가장 달라졌을까? 우리는 앞으로 무엇을 바꾸고 어떻게 대처해야 이길 수 있을까? 이제부터 바로 이에 대한 이야기를 시작해보려 한다.

지난 상승장인
2020년과 2024년의 다른 점

■ 과거와 다른 현재 시장의 모습 ■

2024년 현재 부동산 시장에 남아 있는 사람들을 보면 크게 세 가지 부류로 나뉘는 것 같다. '이번 상승장에 성공한 사람들', '성공한 사람을 보며 뒤늦게 뛰어드는 사람들', 그리고 '뒤늦게 들어와 낭패를 본 사람들'이 바로 그것이다.

사실 '이번 상승장에 성공한 사람들'에 대한 이야기는 큰 의미가 없다. 상승장에서는 누구나 투자를 해도 돈을 벌기 때문이다. 문제는 두 번째와 세 번째 부류, 특히 '뒤늦게 들어와 낭패를 본 사람들'이 나타났다는 점이다. 이는 시장 환경이 과거와 크게 달라졌음을 의미한다.

한번 생각해보자. 부동산 가격이 상승하면 부동산에 투자한 사람들은 자연스럽게 돈을 번다. 이렇게 돈을 번 사람들이 많아지면 주변 사람들도 부동산 시장에 관심을 갖게 되고, 투자 수요가 늘어난다. 수요가 늘면 가격이 다시 오르면서 시장에는 '이번 상승장에 성공한 사람들'이 가득해진다.

하지만 이 시기를 지나 '뒤늦게 들어와 낭패를 본 사람들'이 나타났다는 것은 이제 시장이 예전처럼 사기만 하면 오르는 구조에서 벗어났다는 뜻이다. 이는 앞으로 시장 환경 변화에 더욱 민감하게 대응해야 할 시점이 다가왔음을 암시한다. 그러나 여전히 부동산으로 돈을 번 사람들이 많기에 '성공한 사람을 보며 뒤늦게 뛰어드는 사람들' 역시 계속 늘어나고 있다. 그래서 지금 시장에는 이 세 가지 부류의 사람들이 공존한다고 한 것이다.

문제는 이 세 가지 부류가 공존하는 시기가 시장의 변곡점일 가능성이 크다는 점이다. 낭패를 보는 사람들이 늘어나면서 '성공한 사람을 보며 뒤늦게 뛰어드는 사람들', 즉 새롭게 유입될 투자 수요가 점차 줄어들게 된다.

따라서 지금은 이전에 성공했던 투자 전략과 전술을 고집할 때가 아니라, 변화하는 시장 환경에 맞춰 자신의 전략과 전술을 조금씩 수정해야 하는 시기다.

■ 예전과 다른 환경 1: 우리는 지금 돈(구매력)이 많이 부족하다 ■

보통 서울과 수도권이 바닥을 찍었던 시기는 통상적으로 2012~2013년이라고 본다. 그 이후로 시장이 다시 상승세를 보였다는 것이다. KB부동산 기준으로 2012년 당시 서울 아파트의 평균 가격과 2024년 6월 서울 아파트 평균 가격을 비교해보자.

2012년 1월 기준 서울 아파트 평균 가격이 약 5억 4천만 원이었

❙ 서울 아파트 평균 가격 비교

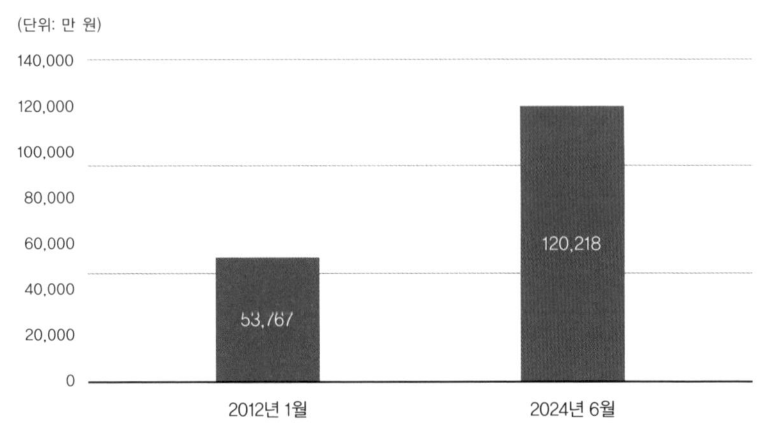

출처: KB부동산

던 것이 지금은 약 12억 원으로 2배 이상 크게 올랐다. 이 시기에 서울 아파트에 투자한 사람이라면 현재 큰 수익을 거두었을 것이다.

그러나 지금 상황을 다시 한번 생각해보자. 과거에 누군가는 5억 원대의 투자금(대출 포함)으로 2배 이상의 수익을 올렸지만, 현재 투자하려는 사람들은 최소 12억 원 이상의 투자금이 필요하다. 여기에 과거처럼 2배 이상의 수익을 기대하려면 앞으로 서울 아파트 평균 가격이 최소 24억 원 이상이 되어야 한다. 이 상황이 과연 쉬울까?

서울 아파트 가격이 많이 오른 만큼 투자 부담도 커지면서, 과거와 비교해 서울 아파트에 투자하려는 수요 역시 상당한 부담을 느낄 수밖에 없다. 실제로 KB은행에서 발표하는 주택 구매력 지수(HAI)를 살펴보면, 2012년과 비교해 구매 부담이 상당히 높아진 것을 확

서울 아파트 평균 구매력 지수 비교

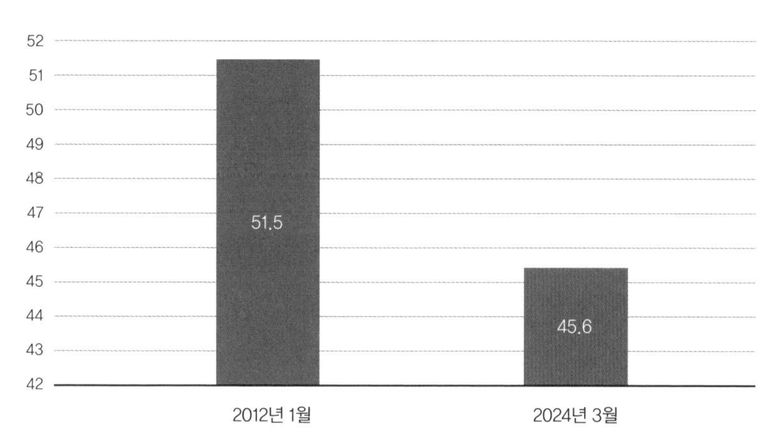

출처: KB부동산

인할 수 있다. 이는 결국 가격 부담에 따른 구매력 감소로 이어질 수 밖에 없다.

주택구매력 지수(Housing Opportunity Index)란 중위 소득을 가진 가구가 금융기관의 대출을 받아 중간가격 정도의 주택을 구입한다고 가정할 때, 원리금 상환에 필요한 금액을 부담할 수 있는 능력을 말한다. 여기서 HAI가 상승하면 주택 구매력이 증가한다는 것이고, 하락하면 구매력이 떨어진다는 의미다.

그래프에서도 보이듯, 서울의 경우 2012년과 비교해 현재 구매력이 크게 떨어져 있는 상태다. 예전처럼 수요가 늘고 가격이 계속 오르는 상황을 기대하기는 쉽지 않은 환경이다. 이런 상황에서 과거의 상승만을 기대하며 시장에 뛰어드는 것은 상당히 위험한 선택일 수 있다. 지금은 과거의 성공 전략이 이번에도 유효할지 다시 한번 생각해봐야 할 때다.

■ 예전과 다른 환경 2: 대출 규제의 강화(유동성 축소) ■

2024년 상반기, 서울 부동산 시장의 분위기는 분명히 크게 상승하고 있었다. 2021년 이후 하락세를 보이던 서울 시장이 반등하기 시작하자, 사람들은 좋은 입지와 신축 아파트에 다시 관심을 보이며, 전고점을 회복하는 지역과 단지들이 크게 늘었다.

이렇게 상승세가 퍼져나가면서 사람들은 다시 한번 좋은 입지와 신축 아파트에 대한 확신을 갖기 시작했다. "역시 좋은 입지와 신축은 다르다."라는 말이 자연스레 나오기 시작한 것이다.

그래서인지 현재 많은 전문가 집단과 부동산 카페 등에서는 "뭐니 뭐니 해도 신축과 좋은 입지에 투자해야 한다."라는 의견이 많다. 그러나 필자는 과거에 이와 비슷한 분위기를 경험한 적이 있어 다소 조심스럽다. 2008년 금융위기 직후 급전직하했던 시장이 다시 반등할 때도, 가장 먼저 상승한 것은 좋은 입지와 신축이었다. 그 시기가 바로 2009년 상반기였다.

과거에도 그랬듯 이후의 상승장에서 좋은 입지와 신축이 제일 먼저 오른 경험이 있기에, 필자도 좋은 입지와 신축에 대한 투자 자체를 반박할 생각은 없다. 장기적으로 보면, 좋은 입지와 신축에 대한 투자는 항상 옳은 선택이었다. 그러나 장기적으로 맞는 방법도 단기적으로는 변동이 있기 마련이다. 지금 시점에서는 특히 주의해야 할

상승세를 보이던 2024년 상반기 서울 집값

오름폭 다소 줄긴 했지만 서울 집값 20주째 상승곡선

한명현 기자 ☆

입력 2024.08.08 17:14 수정 2024.08.09 00:35 지면 A29 가가

이달 첫째 주 0.26% 올라
성동·송파·서초 큰폭 뜀박질

서울 아파트 가격이 20주 연속 뜀박질했다. 수도권 중심으로 집값 상승이 이어지는 가운데 휴가철 매수 문의 감소 등의 영향으로 오름폭은 다소 줄어든 것으로 나타났다.

8일 한국부동산원에 따르면 이달 첫째 주(5일 기준) 서울 아파트값은 한 주 전보다 0.26% 올랐다. 지난주(0.28%)에 이어 상승 폭은 소폭 줄었다. 수도권(0.16%→0.16%)과 지방은 (-0.02%→-0.02%) 등락률 변화가 없었다.

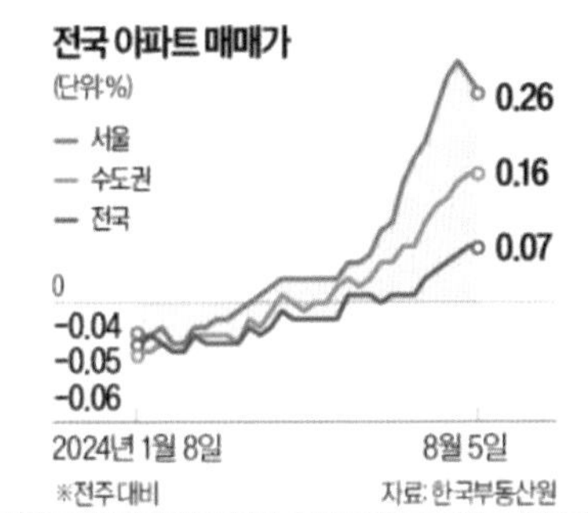

출처: 〈한국경제〉 2024년 8월 8일 기사

부분이 있는데, 그것이 바로 정부의 '대출 규제'라고 생각한다.

그렇다면 이 시기에는 왜 대출 규제를 조심해야 할까? 그 이유는 다음과 같다.

앞서 언급했듯, 상승장 전반에서 좋은 입지와 신축은 잠시 주춤할 때가 있더라도 결국 가장 많이 오른다. 그래서 이번 상승장만을

경험한 사람들에게 '좋은 입지와 신축에 투자해야 한다'는 말이 일종의 절대 공식처럼 받아들여지고 있다. 특히 이번 상승장에서 이 점을 직접 경험하며 좋은 입지와 신축에 대한 확신이 더욱 강해졌기 때문이다. 이런 분위기 속에서 많은 사람이 좋은 입지와 신축에 대한 관심을 쏟고, 뒤늦게 시장에 들어오는 사람들 역시 이들에 대한 투자를 선호하는 경향을 보인다.

그러나 필자는 이들에게 아직 경험하지 못한 부분이 남아 있다고 본다. 바로 이 시점에 들어서면서 정부가 어떤 방식으로 시장을 관리하는지, 그리고 여기서 발생할 수 있는 위험 요소들을 한 번도 보지 못했기 때문이다.

현재 좋은 입지, 대표적으로 서울 아파트의 가격은 이미 크게 오른 상태로 서울 아파트에 대한 구매력은 크게 감소했다. 결국 좋은 입지와 신축을 사기 위해서는 대출 없이는 구매가 쉽지 않다. 이러한 환경에서는 '영끌' 현상이 늘어날 수밖에 없는 것이다.

이때 중요한 점은 '영끌'이 증가하는 시기에는 반드시 정부의 입장과 대응 방식을 주의 깊게 살펴야 한다는 것이다. 정부 입장에서 '영끌' 구매가 증가한다는 것은 일종의 위험 신호다. 이미 가격이 많이 오른 상태에서 대출이 급증하면, 이는 가계부채 증가로 이어지고, 이에 따른 이자 부담과 소비 시장 위축 등 경제 전반에 악영향을 미칠 가능성이 높아진다. 여기에 대외적 변수가 불리하게 작용할 경우 늘어난 가계부채는 시장의 시한폭탄이 될 수도 있다.

따라서 ① 가격이 많이 올라 구매력이 저하된 상황에서, ② 부동산 시장이 다시 과열 조짐을 보일 때, ③ 정부는 가계부채 관리를 위해 '대출 규제'를 강화하는 경우가 많았다.

지난 2009년에도 상황은 비슷했다. 2008년 금융위기 직후 주춤하던 부동산 시장이 2009년 상반기에 다시 활기를 띠고, 좋은 입지부터 과열 조짐을 보이자 정부는 가계부채 관리를 목적으로 대출 규제를 강화하며 시장의 유동성을 관리하기 시작했다.

2009년 당시 상황을 보여주는 뉴스 헤드라인들을 보자.

2009년 당시 기사

한국경제 + 구독

가계부채 402조…방치땐 '채무대란' 올수도

입력 2009.08.19. 오후 6:35 수정 2009.08.20. 오전 9:14 기사원문

매일경제 + 구독

수도권 전역으로 DTI 확대

입력 2009.09.04. 오후 5:45 수정 2009.09.04. 오후 7:42 기사원문

2024년 현재 기사

서울경제 + 구독

금통위 "가계 부채·부동산 점검 필요해"

입력 2024.08.22. 오전 10:57 기사원문

데일리안 + 구독

스트레스DSR 대출규제 강화, 집값 상승세 꺾일까

입력 2024.08.30. 오전 6:09 수정 2024.08.30. 오전 9:09 기사원문

이번 2024년에 들어서며 과거 정부의 모습과 상당히 유사한 흐름이 감지된다. 2024년 상반기, 위축되던 서울 및 수도권 시장이 다시 활기를 되찾고 과열 조짐을 보이자, 정부는 가계부채 문제를 언급하며 예전처럼 대출 규제를 강화해 시장 유동성을 관리하려는 모습을 보이고 있다.

2024년 상반기만 보면 서울의 강세에 따라 추격 매수를 해야 할 것 같은 분위기가 형성되고 있다. 이번에 놓치면 안 될 것 같기 때문이다. 그러나 과거 사례와 함께 보면, 현재 가계의 구매력이 낮아진 상태에서의 가격 상승과 최근 '영끌'의 증가는 가계부채 증가로 이어질 가능성이 크다. 이에 따라 정부의 대출 규제 강화와 이로 인한 투자심리 위축을 불러올 수 있다는 점에서, 앞으로도 지속적으로 조심해야 할 필요가 있다.

2025년 확실히 다가올 시장 변화

■ 명량해전에서 복기해보는 새로운 투자 기회 ■

이순신 장군의 명량해전 상황으로 다시 돌아가 보자. 13척밖에 없는 열악한 환경에서 상대해야 할 적군은 무려 133척에 달하는 일본 수군이었다. 누가 봐도 전력의 열세가 명확했고, 정면으로 맞서 싸운다면 몰살당할 확률이 높았다. 아마 장군은 맞서 싸우기보다는 아군에게 유리한 상황을 기다리는 것이 현명하다고 판단했을 것이다. 그리고 심사숙고 끝에 빠른 물살로 유명한 명량의 울돌목을 선택했으며, 결국 우리가 잘 아는 명량해전을 벌여 13척으로 효율적 승리를 거둘 수 있었다. 이는 주변 상황을 잘 활용하면 절대적 전력의 열세에도 충분히 승리할 수 있음을 보여준다.

지금의 부동산 시장 상황에도 이를 대입해보자. 정부의 강력한 규제는 개인의 힘으로 극복하기 어려운 상대다. 다윗과 골리앗의 싸움처럼 분명한 전력의 열세를 보여준다. 그렇다면 정부와 정면으로 맞서기보다는 조금 더 기다리며 나에게 유리한 상황과 기회를 노리는 것이 현명한 전략일 수 있다. 그렇다면 앞으로 전력의 열세에도 불구하고 투자에 도움이 될 만한 주변 환경이나 상황 변화는 무엇이 있을지 함께 살펴보자.

■ 앞으로 전세가격 상승은 필연이다 ■

필자는 머지않아 우리에게 가장 도움이 될 만한 시장 환경이 바로 앞으로 다가올 '전세가격 상승'이라고 생각한다. 이는 필연적이라고 보며, 이 상황을 잘 활용한다면 현재의 열세를 극복할 수 있는 최적의 수단이 될 가능성이 높다고 본다.

그렇다면 필자가 전세가격 상승을 필연적이라 보는 이유는 무엇일까? 먼저 수도권 전체 입주물량 그래프 추이를 살펴보자. 지난 20여 년에 걸친 수도권 전체 입주물량을 보여주는데, 특히 2011년 이후 입주물량이 크게 줄어들고 있음을 확인할 수 있다. 2024년 이

▎수도권(서울·인천·경기) 전체 입주물량

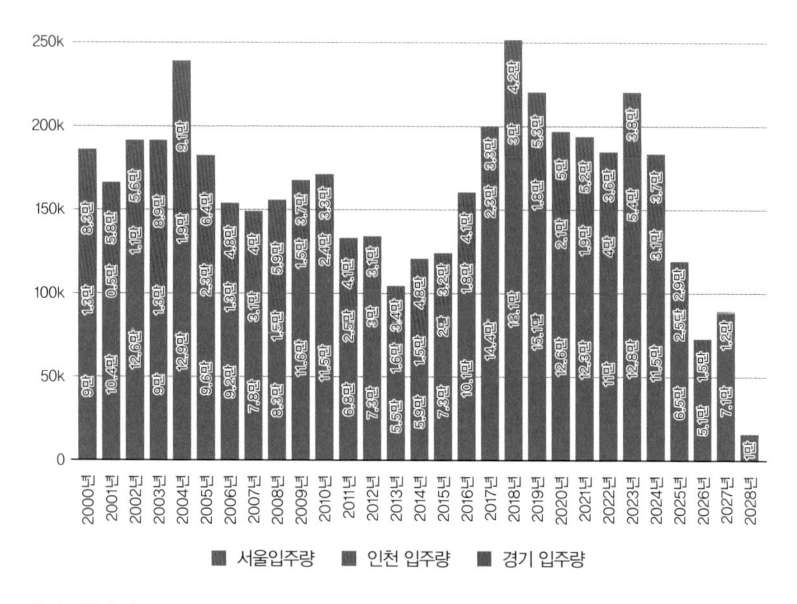

출처: 부동산 지인

후에도 비슷한 추세가 예상된다.

그렇다면 2011년 이후 입주물량이 줄어들던 시기에 어떤 일이 일어났을까? 수도권 매매 및 전세가격 상승률을 확인해보면, 이 시기에 전세가격이 다른 시기보다도 크게 상승한 것이 눈에 띈다(①).

전세가격이 급격히 상승한 당시 상황을 정리해보면 다음과 같다. 정부 규제에 따른 투자심리 위축으로 시장 분위기가 침체되면서, 주택 매입보다 전월세로 거주하는 것이 더 유리하다고 여겼던 시기였다. 2008년 금융위기 이후 부동산 경기가 위축되며 주택 공급 역시

수도권 매매 및 전세가격 상승률

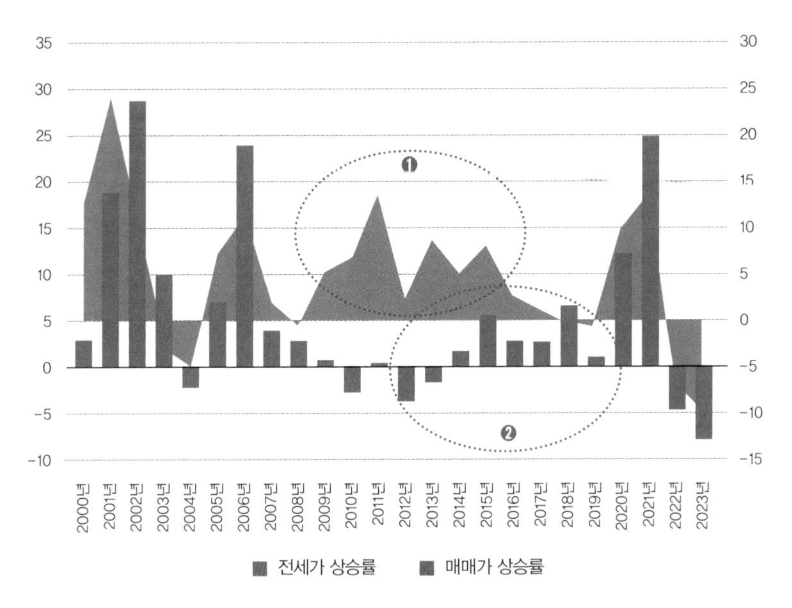

출처: KB부동산 시세 가공

여의찮아 점차 줄어들었다. 이로 인해 전세 수요가 증가하면서 전세가격 상승이 시작되었고, 부족한 입주물량과 맞물려 전세가격 상승폭(①)은 더욱 커졌다. 또한 전세가격 불안이 심화되자 정부는 이를 완화하기 위해 전세 관련 규제 완화책을 내놓았고, 이를 기회로 본 갭투자자들의 수요가 늘면서 매매가격 또한 상승하는 양상(②)이 나타났다. 이 시기 전세가격 상승에서 촉발된 시장 변화로 갭투자가 주요 투자 방법으로 떠오르기도 했다.

현재 2024년 이후 입주물량이 줄어드는 상황에서도 2011년과 유사하게 상황이 흘러갈 가능성이 보인다. 2024년 상반기, 서울과 수도권 아파트의 상승세가 강해지자 정부는 대출 규제 등으로 시장을 억제하고 있다. 만약 이로 인해 투자심리가 위축되고 주택 구입보다 전월세를 선호하는 분위기가 형성된다면, 줄어드는 입주 물량과 맞물려 전세가격 상승이 더욱 뚜렷해질 것이다. 이는 과거 2011년 이후처럼 전세가격 상승에 따른 시장 불안 심화와 전세 관련 규제 완화책을 부를 수 있으며, 결국 매매가격 상승으로 이어질 소지가 크다.

앞서 강조했듯, 2024년 이후 공급 감소는 명확하다. 따라서 정부 규제 강화로 전월세 가격이 오르는지를 지속적으로 체크해볼 필요가 있다. 만약 전월세 시장에 수요가 몰리면서 전세가격이 다시 오른다면, 주택 공급 부족과 맞물려 향후 대응 방향이 보다 분명해질 것이다.

지금 너무 조급할 필요는 없다. 투자의 세계에서는 끊임없이 투자하는 것보다 잠시 쉬어가는 것도 중요한 전략이기 때문이다. 만약 향후 시장이 2011년 이후 수도권 갭투자의 전성기와 유사한 흐름을 보인다면, 그때 투자해도 늦지 않다. 지금보다는 그때가 보다 효율적인 투자의 시기가 될 가능성이 크다.

지방 활성화 대책이 나올 가능성

■ 지방투자? 조금 더 기다려라 ■

지금도 많은 사람이 필자에게 이런 질문을 한다.

지금 지방에 투자하려고 합니다. 괜찮을까요?

그런데 막상 이들의 이야기를 자세히 들어보면 대부분 이런 이야기다.

(제가 돈이 부족해서) 지금 지방에 투자하려고 합니다. 괜찮을까요?

가진 돈이 얼마 없다 보니 소액으로 투자할 수 있는 지방에 지금 투자하려고 한다는 말이다. 부족한 종잣돈 문제도 있고, 전세가율이 높으면 매매가격이 오른다는 이야기를 어디선가 듣고 이런 결론을 내린 것이 아닐까 생각한다.

필자는 이런 이야기를 절대적인 진리로 받아들이는 경향에 대해 안타까움을 느낀다. 이 주장은 100% 사실이 아닌데도, 마치 모든 상황에 적용되는 것처럼 포장된다는 점에서 문제다. 실제 시장을 살펴보면, 전세가율이 높다고 해서 주택가격이 반드시 따라 오르지는 않는다. 오히려 시장 상황에 따라 결과가 달라지는 경우가 더 많다.

중요한 것은 종잣돈이나 전세가율이 아니라, 실제 수요가 많고 향후 가격이 오를 가능성이 높은 지역을 조금이라도 저렴하게 구입할 방법을 찾고 공부하는 것이다.

필자는 현재 지방 투자에 부정적이다. 당분간 지방 부동산이 오를 가능성은 낮다고 본다. 2019~2021년 동안 지방 부동산 투자 열풍이 불었고, 이 시기에 지방에 투자했다가 낭패를 본 사람들이 많다. 최근 몇 년간 역전세난이 이어지면서 가격을 낮춰 매물을 내놓는 사람이 많아졌고, 입지가 좋은 곳조차 거래가 잘 이루어지지 않는 것이 현실이다. 매물이 늘고 가격이 떨어지는 상황에서 매수하려는 수요가 생기기 어렵다.

종잣돈이 부족하다는 이유로 이런 불안정한 시장에 투자하는 것은 언제 오를지 모르는 자산에 투자해 큰돈을 벌겠다는 무리한 시도와 다름없다. 물론 지방 투자를 부정하는 것은 아니지만, 막연히 상승을 기다리며 투자하는 것은 매우 비효율적이다. 결론적으로 지금 당장 지방에 투자하는 것은 추천할 만한 선택이 아니다.

■ 지방 시장 정상화 대책을 보고 들어가자 ■

그렇다면 지방은 앞으로 아예 투자 기회가 없는 걸까? 그렇지는 않다. 당장의 상황은 별로일지라도, 지방 시장에 대한 관심을 완전히 놓을 필요는 없다. 어떤 면에서 지방 시장의 변화 가능성이 있다고 생각했는지 알아보자.

첫 번째, 주택 공급의 주체인 건설사들이 현재 어려운 상황이라는 점이다. 최근 몇 년간 부동산 시장이 침체되면서 건설사들이 큰 타격을 입었다. 건설사가 주택 공급을 담당하다 보니 건설사의 생존 여부가 향후 주택 공급에 큰 영향을 미칠 수밖에 없다. 건설사들이 무너지면 주택 공급이 감소하고, 이는 전세가격과 매매가격의 불안정성을 키우면서 부동산 시장에 혼란을 불러온다. 따라서 정부는 건설사들의 어려움을 외면하기 어렵고, 결국 이들을 지원하게 될 가능성이 크다.

얼핏 건설사를 살리는 것과 지방 시장의 변화 가능성은 도대체 무슨 연관성이 있는지를 이해가 되지 않는다. 일단 이어서 두 번째 이유를 보자. 현재 미분양 물량이 가장 많이 몰려 있는 곳이 지방이기 때문이다. 먼저 미분양 현황 그래프를 보자.

| 미분양 현황

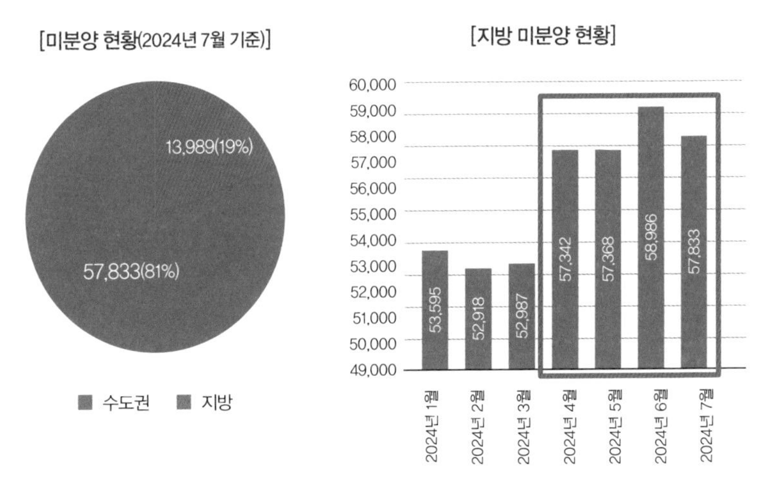

출처: 국토교통부 통계누리 월별 미분양 현황 가공

그래프를 보면 전체 미분양 물량 중 약 81%가 지방에 집중되어 있으며, 2024년 상반기 동안 지방 미분양 물량이 급격히 증가한 모습을 확인할 수 있다. 이는 현재 지방 부동산 시장의 침체가 심화되고 있으며, 이로 인해 건설사들의 부실도 더욱 깊어지고 있음을 보여준다. 만약 이 문제를 빠르게 해결하지 못한다면, 건설사들의 주택 공급 부족이 심화되면서 전세가격과 매매가격의 불안정성이 다시 커질 수 있다.

그러나 이 상황을 반대로 해석해볼 수도 있다. 만약 침체된 지방 부동산 시장을 정상화한다면, '건설사 위기'를 극복하면서도 '공급 부족에 따른 전세 및 매매가격 불안'을 막을 수 있다. 그러니 '지방 부동산 정상화 대책'은 정부 입장에서 매우 매력적인 일거양득의 해결책이 될 수 있다.

이러한 이유로 필자는 건설사 위기와 공급 부족 문제를 동시에 해결할 수 있는 가장 효율적인 방안으로 앞으로 '지방 부동산 정상화 대책'이 추진될 가능성이 매우 높다고 보고 있다.

필자가 머지않아 '지방 부동산 정상화 대책'이 나올 것으로 예상하는 또 다른 이유는 2024년 하반기에 시작된 정부의 규제 강화다. 사실 정부는 시장이 안정적으로 흐르기를 원하지 과도한 과열이나 침체를 반기지 않는다. 그러나 2024년 9월, 정부는 서울 및 수도권의 과열을 막기 위해 추가적인 규제 정책을 도입했다.

하지만 어떤 대책이든 부작용이 존재하는 법, 서울과 수도권의 과열을 억제하려는 규제가 결국 지방 시장을 더 악화시킬 위험이 있다는 점이 문제다. 선호도가 높은 서울과 수도권이 규제로 인해 위축될 경우, 상대적으로 취약한 지방 부동산 시장도 악화되어 부동산 시장 전체가 침체될 수 있기 때문이다.

하지만 정부의 목표는 서울과 수도권 시장의 안정이지 지방 시장의 침체가 아니다. 따라서 정부는 침체된 지방 부동산이 더 악화되지 않도록 새로운 대책을 마련할 가능성이 크다. 이러한 맥락에서 필자는 지방 부동산 시장의 규제 완화, 즉 '지방 부동산 정상화 대책'이 곧 발표될 가능성이 높다고 본다.

따라서 지방 시장에 투자하고 싶다면 성급하게 지금 진입할 이유는 없다. 앞으로 발표될 지방 정상화 대책을 확인하고 나서 들어가도 결코 늦지 않을 것이다.

풍선효과보다 이젠 누적효과를 먼저 생각하자

정부의 규제 완화가 예상대로 발표되었다고 가정해보자. 그렇다면 우리는 어떻게 행동해야 할까? 지금 당장 서둘러 투자할 필요는 없다. 소위 정부 정책 발표 이후 나타났던 '풍선효과'가 예전 같지 않을 것이기 때문이다.

과거에는 정부 정책 발표 이후 규제 지역을 피해 규제가 미치지 않는 지역이나 투자 대상을 찾으려는 사람들이 늘면서 풍선효과가 자주 나타났다. 그러나 현재 부동산 시장은 과거와 같은 상승장이 아닌 데다가, 규제가 거의 모든 지역과 투자대상에까지 걸쳐 촘촘하게 적용되고 있다. 규제가 촘촘하다 보니 풍선효과가 발생할 여지가 적어졌다.

이제는 정책의 풍선효과보다 앞으로 규제 완화에 따른 정책의 '누적효과'에 더 주목해야 한다. 정책의 누적효과란 첫 번째 정책 발표 시에는 시장에 큰 영향을 미치지 않더라도, 두 번째, 세 번째 정책이 발표되고 누적되면서 점차적으로 시장에 더 큰 영향을 미치는 현상을 말한다.

주로 상승기에는 규제 강화에 따른 풍선효과가 두드러지지만, 규제 완화 시기로 접어들수록 정책의 누적효과가 나타나는 경우가 많다.

앞서 필자는 '전세가격 상승'과 '주택 공급 부족'을 해결하기 위해 점진적으로 기존 규제가 완화될 가능성이 높다고 언급했으며, 또한 시장 회복을 위한 '지방 부동산 정상화 대책'이 나올 가능성이

❙ 풍선효과와 누적효과

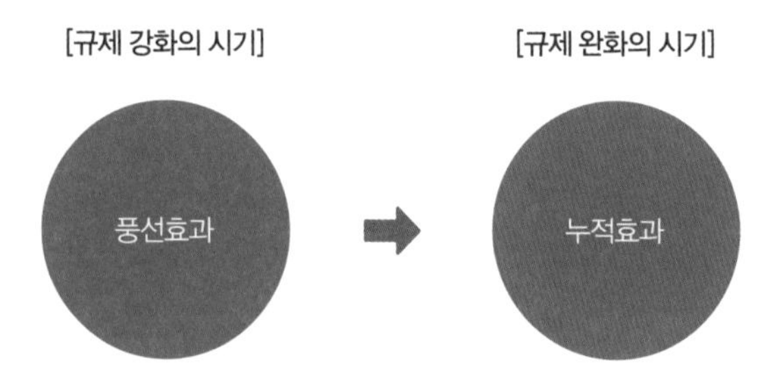

크다고 보았다. 이러한 모든 조치가 결국 규제 완화를 의미한다. 따라서 앞으로는 정책의 풍선효과보다는 누적된 규제 완화가 시장에 미칠 장기적인 영향을 고려해 정책의 누적효과에 더 집중할 필요가 있다.

이 시기에 정책의 누적효과가 더 많이 나타나는 이유는 일반적으로 정부가 규제 완화를 한 번에 대규모로 발표하지 않고, 시장에 미치는 영향을 최소화하려는 목적으로 조금씩 단계적으로 진행하기 때문이다. 만약 규제 완화를 빠르게 진행한다면, 사람들에게 과도한 기대감을 불러일으켜 풍선효과로 인해 시장이 들썩일 위험이 크다. 따라서 이 시기의 규제 완화는 보통 '찔끔찔끔' 이루어지는 경향이 강하다.

이런 이유로 사람들은 기대에 못 미치는 특정 시점의 규제 완화에 실망하며 이후 발표되는 규제 완화에 대해 무관심해지는 경우가 많다. 시간이 흘러 규제 완화가 누적되었음에도 시장에서 그 영향을 인지하지 못하는 상황이 자주 발생한다. 그러나 누적된 규제 완화는 결국 시장에 점진적으로 영향을 미쳐, 가랑비에 옷 젖듯 시장 분위기를 조금씩 바꾼다.

따라서 이 시기에는 개별 규제 완화 발표에 일희일비하기보다는, 최근 발표된 완화 대책이 이전 완화책과 어떻게 맞물려 시장에 영향을 미칠지 꾸준히 확인하는 것이 중요하다.

다음은 2008년 이후 침체된 지방 부동산 시장이 어떤 과정을 거쳐 다시 활기를 되찾았는지를 당시 시간 순서대로 보여주는 기사 제목들이다.

- **지방주택투기지역 전면 해제, 주택수요 살려 지방경제 활성화 기대**(한국경제, 2008.01.03)
- **지방 아파트 전매제한 완화**(한국경제, 2008.04.20)
- **지방 미분양주택 취득세 1%로 경감**(헤럴드경제, 2008.06.10)
- **지방 미분양주택 사면 2년간 양도세 비과세**(연합뉴스, 2008.06.10)
- **입지 좋은 지방 아파트 투자 꿈틀**(파이낸셜뉴스, 2008.06.12)
- **광역시 3억 원 이하 주택 양도세 중과 제외**(연합뉴스, 2008.08.21)
- **장기간 잠자던 지방 3개 광역시 아파트값 꿈틀**(이투데이, 2008.10.01)
- **지방 부동산 시장 기지개 켜나**(아시아경제, 2009.07.20)
- **지방 미분양 시장도 꿈틀, 부산·광주·울산 급속 소진**(한국경제, 2009.09.15)
- **청약제도 대폭 손질 지방 6개월이면 1순위**(연합뉴스, 2009.12.30)
- **지방 중소형 아파트 인기 부활**(파이낸셜뉴스, 2010.08.18)
- **지방 분양시장 살아나나**(세계일보, 2010.10.31)

제목들만 봐도 정부의 규제 완화는 한 번에 이루어지지 않고 차근차근 시간이 지나면서 누적됨이 알 수 있다. 이에 따라 시장 회복도 단번에 이루어지는 것이 아니라, 완화책이 쌓이면서 시간이 지나 좋은 입지부터 점진적으로 회복되는 양상을 보였다. 이것이 바로 정책의 누적효과다.

앞으로도 지방 부동산 시장이 정상화된다면 비슷한 방식으로 규제 완화가 천천히 이루어지고, 시장 회복 역시 좋은 입지부터 시차를 두고 단계적으로 이루어질 가능성이 크다. 그렇다면 지금 종잣돈이 부족하다는 이유로 당장 지방에 투자할 것인가? 아니면 지방 시장 정상화 정책이 누적되면서 나타날 회복 흐름을 보며 적절한 시점을 기다려 투자할 것인가? 다시 한번 자신의 투자 방식을 정리해볼 필요가 있다.

기본에 충실한 자가 승자가 될 것이다

마지막으로 정리해보자. 필자는 2025년 이후에 '전세가격 상승'과 '지방 주택 정상화 대책'이 나올 가능성이 높으며, 앞으로는 규제 강화보다는 규제 완화가 주를 이룰 것이라고 전망했다. 그러나 이 규제 완화는 천천히 진행될 가능성이 크므로, 급하게 투자하기보다는 정책의 누적효과가 시장에 미치는 영향을 주의 깊게 살펴볼 필요가 있다. 이는 기존 상승장에서의 투자 패턴과는 다른 시장 흐름을 의미하며, 우리의 투자 방식 또한 이에 맞춰 달라져야 한다는 뜻이다.

중요한 점은 과거의 투자 방식에만 얽매이지 않고, 다가올 시장 변화를 잘 활용하는 것이다. 필자가 강조한 '전세가격 상승'과 '지방 부동산 정상화 대책'을 염두에 두고, 이러한 변화에 어떻게 대비하고 대응할지 미리 생각하고 준비하면 된다.

다음은 우리가 앞으로 어떻게 생각하고 행동해야 할지 기본적인 방향을 정리한 내용이다.

① 만약 전세가격이 상승하면 우린 어떻게 해야 할까?

- 가장 먼저 전세가격이 상승하면?: 사람들은 전세 갭투자에 관심을 갖게 될 것이다.
- 점차 갭투자에 관심이 늘어나면?: 자연스레 소액으로 투자할 지역을 찾아 움직이게 될 것이다. 물론 입지가 좋은 곳(선호도 높은 곳)부터 시작할 것이다.

정리한 내용은 당장은 아니더라도 나중에 이렇게 움직일 가능성이 높다는 말이다. 그렇다면 앞서 언급했던 것처럼 앞으로 전월세 가격이 계속 오르는지를 꾸준히 체크하도록 하자. 그리고 실제 계속 오르고 있는 것을 확인했다면, 어느 정도 입지도 괜찮고 투자금도 적당한 곳을 찾아 투자하면 된다.

그러나 이번 장에서 배운 '입지의 중요성'을 절대 잊지 말자. 투자금을 우선시해 입지가 애매한 곳에 투자했다가 역전세난을 겪는 상황에 놓일 수 있다.

혹시라도 시장을 지켜보다가 남들보다 늦게 투자하게 될까 걱정된다면, 그 부분은 크게 염려할 필요가 없다. 전월세 가격을 꾸준히 체크하는 것은 이미 시장을 지속적으로 관찰하고 있다는 의미이며,

이는 최소한 일반 대중보다 빠르게 움직일 가능성을 높인다. 결국 일반 대중보다 먼저 시장을 선점하게 되며, 이러한 빠른 움직임이 큰 수익을 가져올 수 있다는 사실을 믿어라.

② 정부가 지방 정상화 대책을 발표하면 우린 어떻게 해야 할까?

- **지방 정상화 대책이 발표되면?: 사람들은 지방 중에서도 가장 먼저 좋은 입지에 관심을 보일 것이다.**
- **지방 투자에 점차 관심이 늘어나면?: 자연스레 여기서도 소액으로 투자할 지역을 찾아서 움직일 것이다. 물론 입지가 좋은 곳(선호도 높은 곳)부터 시작할 것이다.**

과거 지방의 움직임이 이랬듯이, 앞으로도 비슷하게 움직일 가능성이 크다. 그렇다면 앞으로 우리가 주목해야 할 것은 정부의 지방 규제 완화 여부다. 특히 규제 완화가 더디게 진행되더라도 실망하지 말고, 정부가 일관성을 가지고 규제를 점진적으로 완화하는지를 체크하면 된다.

규제가 완화되면 대개 사람들이 입지가 좋은 곳부터 찾기 마련이므로, 가장 먼저 광역시를 공부하자. 지방에서는 광역시가 가장 좋은 입지로 평가되기 때문이다. 종잣돈이 부족해 광역시에 투자할 여력이 안 된다 해도 걱정할 필요는 없다. 광역시 다음으로도 괜찮은 입지들이 있으니 꾸준히 찾아보면 된다. 지방에 관심을 가지면 일반 대중 또한 입지가 좋은 광역시부터 본다는 점을 기억하라. 그리고 자금이 부족하면 그다음 좋은 입지를 찾는 것도 자연스러운 일이다.

이 시점에도 조급할 필요는 없다. 준비된 여러분은 일반 대중보다 빠르게 움직일 수 있다. 다만 여기서도 입지의 중요성을 절대 잊어선 안 된다. 종잣돈에 맞춰 무리하게 투자했다가 애매한 입지에 들어가면, 나중에 역전세난으로 어려움을 겪을 수 있다는 점을 명심하자. 입지가 애매하다고 느껴지면 과감히 포기해도 된다. 시장은 반복되기 때문에 좋은 입지에 투자할 기회는 반드시 다시 온다.

간단해 보이지만 우리에게 꼭 필요하고 기본으로 알아야 하는 내용들이다. 다가올 2025년에는 이 내용을 숙지하고 시장을 관찰하면서 좋은 투자 기회가 다시 오기를 기대해보자.

한국은행 기준금리 인하, 약일까 독일까

플팩 강연옥

- 금융권 경력 10년(우리은행 호치민지점, 기업은행 외환사업부 외환왕 출신)
- 서울머니쇼, 스마트튜브, 부자지도, 월급쟁이부자들, 부동산지인, 아름다운내집갖기, 김종율아카데미, 해안선, 신세계백화점, 시루캠퍼스 등 각종 특강 다수 진행
- (주)씨에스투게더 소속 대출상담사
- 블로그(blog.naver.com/okok617)

부동산 시장의 안정화와 함께 금융시장 안정화를 표방했던 윤석열 정부가 2024년 7월부터 그 스탠스를 바꾸었다. 2024년 하반기에 접어들면서 디딤돌대출, 버팀목대출 등 정책 자금 대출금리도 상향하고 기존 DSR 규제는 더욱 강화해 스트레스 DSR 2단계를 도입함으로써 궁극적으로 대출 한도를 축소하는 결과를 가져왔다. 또한 손쉬운 가산금리 인상이 아닌 은행이 자율적으로 대출 규제를 강화하는 은행별 자율적 대출 규제책까지 주문함으로써 본격적인 대출 규제 시대의 서막을 열었다. 집값 부양을 위해 규제지역의 무주택자에게도 주택가격과 상관없이 LTV 50%까지 소득 범위 내에서 대출받을 수 있게 하고, 생애 최초 무주택자에게는 심지어 LTV 80%까지도 허용하며, 신생아 특례대출 등 정책 대출에서도 아낌없는 금융 지원을 해주었던 모습과는 매우 상반된 행보다.

이는 단순히 수도꼭지를 잠시 잠가 하반기 대출 총량만 줄이겠다는 의지로 보이지만은 않는다. 9월 19일 미국이 -50bp 빅컷을 시행하기 전에, 미국에 의존도가 높은 캐나다와 영국이 먼저 금리 인하를 단행했으며, 유로존의 스웨덴과 스위스도 금리 인하에 나섰다. 이러한 세계 주요국들의 금리 인하 움직임은 한국은행이 긴축 통화정책을 계속 유지할 수는 없다는 뜻이며, 이는 한국은행의 기준금리 인하 압력을 더욱 가중시키는 요인이라 할 수 있다. 더욱이 부동산을 잡겠다는 목적으로 금리 인하를 미루다가는 디플레이션으로 이어질 수 있는 부진한 내수 경기가 한국은행의 발목을 잡을 수 있어, 기준금리 인하는 시간문제로 보인다.

금융여건 완화 시 부동산 시장·가계부채·금융기관에 미치는 영향

2024년 9월 26일 논의된 한국은행의 '금융안정 상황' 보고서에 따르면, "최근 수도권 주택가격이 상승하고 가계부채가 높은 증가세를 보이는 가운데, 미 연준을 포함한 주요국의 금리 인하 결정 등으로 금융 여건 완화 기대가 강화되면서 금융 불균형 축적 가능성에 대한 우려가 커지고 있다."라고 분석했다. 대출금리 하락은 주택 구입 부담 경감 및 매수 심리 강화 등을 통해 주택가격 상승 요인으로 작용할 것이라고 확신하는 것이다. 시장금리가 크게 하락한 2024년 2분기 이후 주택 매매가격은 서울 수도권을 중심으로 상승세를 지속하고 있으며, 서울 일부 지역에 국한되었던 가격 상승세가 점차 서울

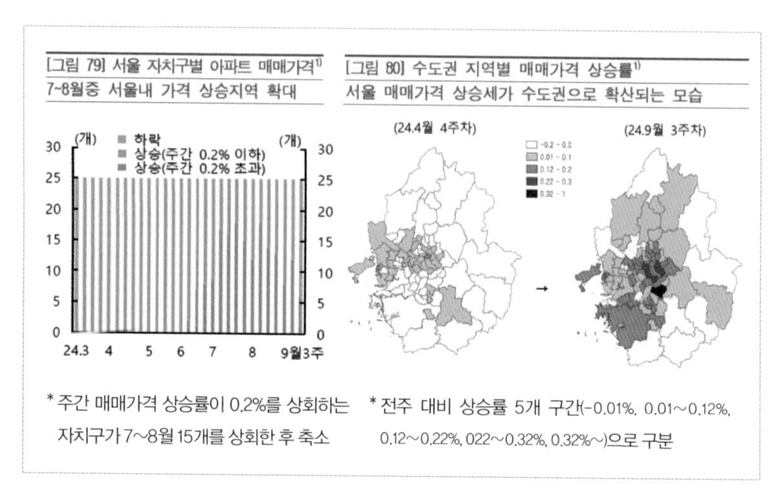

출처: 한국은행

과 인접한 수도권으로 전이된 것으로 보았다.

대출금리가 25bp 하락하면 전국 주택가격상승률은 1년 이후 0.43%p 더 오르고, 특히 서울은 0.83%p로 전국 평균보다 상승폭이 2배가량 커지는 것으로 전망했다.

■ 금리가 인하되면 대출 규제는 더 강력해진다? ■

금리를 인하하면 신규 차주 유입 가능성이 커져 가계부채 규모는 늘어나고, 정부가 우려한 가계부채 증가 속도도 가팔라질 수 있다.

금리를 먼저 인하한 주요국의 금융안정상황 보고에 따르면, 금리 인하로 금융 불안이 야기될 수 있었지만, 동시에 '거시건전성 강화

▎금융안정 상황(2024년 9월)

□ 최근 정책금리를 인하한 주요국은 그동안 통화정책 긴축과 함께 거시건전성 관리 강화 기조가 이어지면서 가계부채 등 민간신용의 디레버리징이 이루어져 왔으며, 특히 금융안정에 대한 우려가 상대적으로 컸던 일부 국가(캐나다, 뉴질랜드 등)는 거시건전성 관리를 강화[그림 90]

[그림 90] 금리인하를 단행한 주요국에서의 최근 거시건전성정책 운용 현황

2022년 이후 차주 또는 금융기관 단위의 거시건전성 관리를 강화하는 움직임

국가		차주(borrower-based) 또는 금융기관(broad-based) 단위 거시건전성정책 조치
캐나다		- 스트레스 금리(금리+2%, 하한 5.25%)를 통한 주담대 적격 여부 평가(21.6월) - LTV 강화(80% → 65%, 23.12월), LTI 도입(금융기관별 450%, 24.4월)
뉴질랜드		- DTI 도입(DTI 6<실수요자>~DTI 7<투자자> 초과차주에 대한 신규대출비중 <20%> 관리, 24.7월)
스웨덴		- 부동산 익스포저 위험가중치 하한(주거용 25%, 상업용 35%) 적용(21.12월, 23.9월)
스위스		- 주담대에 대한 SCCyB(2.5%) 부과(22.9월)
유로 지역	프랑스	- DSR 한도(35% 이내, 22.1월), 주담대 만기(최장 25년) 제한(22.1월) - 경기대응완충자본 규제비율 인상(0.5% → 1%, 24.2월)
	독일	- 주담대에 대한 SCCyB(2%) 부과(23.2월)
	이탈리아	- 신용리스크 위험가중자산에 대한 SCCyB(1%) 단계적 부과(24년말 0.5%, 25.6월말 1.0%) - D-SIB 선정 기준 강화(선정기준 점수 인하: 350점 → 300점, 23.11월)

자료: BCBS 서베이, 각국 중앙은행 및 ESRB

62) 국가별로는 스위스(24.3·6월 –50bp), 유로지역(6·9월 –50bp), 캐나다(6·7·9월 -75bp), 영국(8월 –25bp), 스웨덴(5·8월 –50bp), 뉴질랜드(8월 –25bp), 미국(9월, -50bp) 등에서 금년중 정책금리를 인하하였다(9.20일 기준).

출처: 한국은행

조치' 등을 통해 금융 불안을 해소했다고 발표했다. 여기서 '거시건전성 강화 조치'란 금융 규제, 즉 대출 규제 강화 조치를 의미한다.

캐나다의 경우 한국보다 높은 가산금리를 부여하고 LTV도 기존 80%에서 최대 65%로 낮추었으며, LTI도 도입해 차주의 모든 대출이 금융기관별로 450%를 넘지 않도록 규제하고 있다. 프랑스도 DSR 한도를 최대 35% 이내로 하고 주담대 최대 만기도 25년으로 제한하고 있다.

즉, 이 보고서를 통해 한국은행이 시사하는 점은 이제 금리 인하는 불가피하지만, 이 금리 인하가 주택시장 상승세에 기름을 붓는 격

| 금융안정 상황(2024년 9월)

1. 금융여건 완화에 따른 금융안정 측면에서의 영향 점검

1 금융여건 완화는 그간 누증되어 왔던 부동산PF 리스크를 완화시키고 취약차주를 중심으로 연체율을 하락시키는 등의 긍정적 효과가 기대된다. 이와 동시에 주택가격 상승 및 가계부채 누증 등의 부정적인 영향이 커질 수 있는 점에 유의해야 한다.

2 금리인하 기대 및 거시건전성정책 관리 방안을 함께 고려한 시나리오 분석 결과에서도, 금융여건 완화가 확대될수록 금융불균형 축적 정도를 나타내는 금융취약성지수(FVI)가 상승하지만 거시건전성정책이 강화될수록 FVI 상승세는 둔화되는 것으로 분석되었다.

3 통화정책 기조 변화에 따른 금융불균형 확대 가능성에 대응하기 위해 거시건전성정책을 강화하는 등 조화로운 정책조합(policy mix)을 고려할 필요가 있으며, 특히 최근과 같이 금리인하 기대가 선반영되는 상황에서는 주택시장 안정과 가계부채 관리를 위한 선제적인 거시건전성 관리가 더욱 중요하다.

출처: 한국은행

이 되지 않도록 금융위원회나 금융감독원에서 금융 규제 정책을 알아서 잘해달라는 의미로 해석할 수 있다.

예상되는 금융 규제는 2025년 7월로 예정된 스트레스 3단계 도입을 조기 시행하거나 LTV와 DSR 비율을 낮추는 것, 그리고 LTI까지 도입하는 강력한 대출 규제책 등을 생각해볼 수 있다. 이는 연초에 대출 규제가 자연스럽게 완화되는 것이 아니라, 한국은행의 금리인하가 시행되면 대출 규제가 언제든 더 강력해질 수 있다는 경고이기도 하다.

■ 수도권과 비수도권의 대출은 달리 적용? ■

서울의 전세가격 상승세가 오랫동안 강하게 유지되고 있는 점도 주목해볼 필요가 있다. 전세가격 상승세는 통상 매매가격을 결정짓는 선행 변수로 볼 수 있는데, 전세가격과 매매가격 간 차이가 좁혀지면 전세에서 매매로 전환하는 수요가 늘어날 것이기 때문이다.

문제는 지역별 격차도 크다는 것인데, 한국은행 총재가 강남 3구의 학구열을 걱정할 정도로 서울의 주택가격 상승은 지속되고 있고, 5대 광역시는 여전히 가격 하락을 이어가는 곳이 많다. 이러한 지역 간 비대칭화 현상으로 인해 향후 대출 규제에서도 서울 수도권과 지방을 나눠 달리 적용할 가능성이 있다. 스트레스 DSR 가산금리를 수도권에만 좀 더 가산한 것이 그 시작일지 모른다.

스트레스 DSR은 변동금리 차주의 대출 한도를 줄이기 위해 실질금리에 가산금리를 부여해 대출 한도를 줄이는 제도다. 가산금리가 많이 붙을수록 대출 한도는 줄어드는 형태로, 현재 수도권에서는 1.2%의 가산금리를 적용하고 비수도권에서는 0.75%의 가산금리를 적용한다. 이는 스트레스 하한금리인 1.5%의 80%인 1.2%와 1.5%의 50%인 0.75%를 의미한다. 즉, 스트레스 2단계에서는 하한금리의 50%만 적용하나 수도권에서는 80%를 적용하겠다는 의미다.

예를 들어 연봉 5천만 원인 변동형 차주가 30년 원리금 상환 방식으로 4%의 주담대를 일으켰을 때 스트레스 DSR이 도입되면서 3억 1,500만 원 정도 빌린다면, 스트레스 2단계가 되면서 비수도권에서는 3억 원 정도, 수도권에서는 2억 8,700만 원 정도만 빌릴 수 있다.

스트레스 DSR

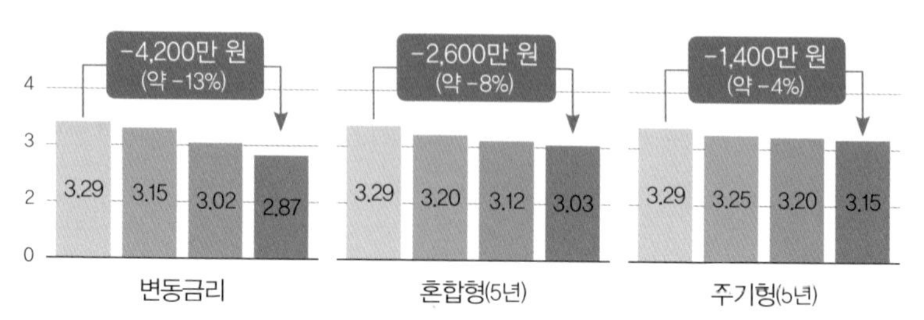

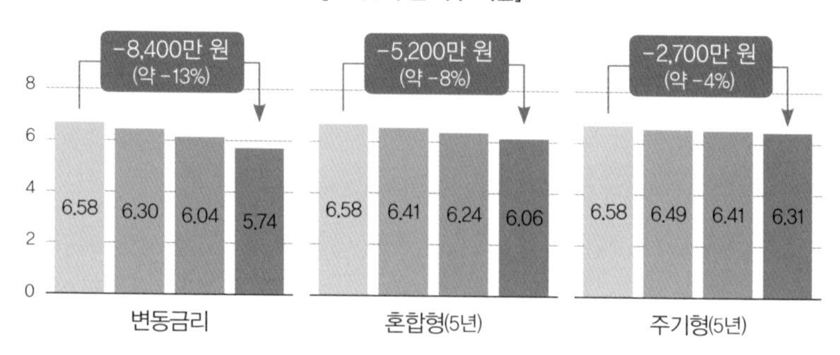

출처: 금융위원회

■ 지역 간 양극화 해소를 위한 지방 다주택자 대출 ■

지금 대출 수요자들은 내 집 마련을 위한 무주택 실수요자와 1주택자의 갈아타기 수요가 대부분이다. 물론 아직까지 다주택자도 비규제지역에서는 LTV 60%까지 DSR 범위 내에서 대출이 가능한 은행도 있지만, 세금 부담이 커 다주택자가 활발히 활동할 수 있는 시장은 아니다. 현금 부자가 아닌 이상 무주택자와 갈아타기 1주택자들은 대부분 대출의 힘이 필요하다.

현재 무주택자는 혼란스러운 대출 규제 속에서도 서민 실수요자 요건만 증빙할 수 있다면, 지금이라도 은행권에서 대출을 받아 내 집을 마련하는 데 거의 제약을 받지 않는다. 즉, 규제지역 LTV 50%, 비규제지역 LTV 70%까지 소득 범위 내에서 대출받아 내 집 마련이 가능하다. 그러나 앞서 언급한 한국은행의 경고대로 이러한 LTV 비율이나 DSR 비율은 하향될 가능성도 크다.

그러나 여기에 대출을 더 틀어막아 1주택 처분 조건으로만 대출을 허용하거나, 유주택자의 대출을 전면 금지하는 것은 일시적으로 수요를 억제하는 단기적인 방책일 뿐, 내 집 마련 욕구를 충족시키거나 높아진 집값을 안정시키는 궁극적인 해결책은 되지 못한다. 오히려 이렇게 오락가락하는 정부 규제로 시장의 불안감이 커지고, 어떻게든 대출을 받아 '똘똘한 한 채'에 집중하려는 시장 상황이 펼쳐질 가능성이 더 크다. 주담대를 틀어막으면 신용대출이 늘어나고, 1금융권을 제한하면 2금융권으로 풍선효과가 일어나는 이유이기도 하다.

대출 규제를 통한 일방적인 수요 억제책은 양극화만 심화시킬 뿐이다. 누구나 살고 싶어 하는 곳에 대한 양질의 공급이 뚜렷이 예정된 바가 없는 상황에서, 다주택자가 원활히 집을 공급하지 못하는 현 상태가 지속된다면 똘똘한 한 채에 대한 수요는 나날이 커질 것이기 때문이다.

지방 부동산을 위축시키지 않기 위해서라도 대출 규제에 지역별

편차를 둘 필요가 있다. 2025년이 되면 스트레스 3단계가 도입될 가능성이 크다. 그러면 모든 대출에 대해 대출 한도가 일괄적으로 줄어들게 된다. 이는 지역별 차등 없이 적용되기에, 차주별로 같은 한도에서 대출을 받을 수 있다면 지방이 아닌 서울 수도권의 똘똘한 한 채로 수요가 집중될 수밖에 없을 것이다.

따라서 지금처럼 모든 대출에 대해 DSR을 일괄 적용하는 대신, 지방에서는 DSR을 강화하지 않고 이전처럼 LTV만 보고 대출이 가능하게 한다면 다주택자를 양성할 수 있다. 전월세를 공급해주는 다주택자가 지방에서라도 활발히 활동할 수 있게 해준다면, 지역 간 비대칭 현상을 어느 정도 완화할 수 있을 것이다.

■ 은행 자율적 DSR 관리 시대가 오히려 기회 ■

스트레스 DSR 2단계가 도입되면서 은행권 주택담보대출뿐만 아니라 신용대출에도 스트레스 금리가 적용되었다. 이로 인해 기존에 받을 수 있었던 한도보다 가산금리가 적용되는 만큼 신용대출 한도가 줄어들었으며, 여기에 은행이 자율적으로 DSR까지 보게 되면서 일부 은행에서는 신용대출 연장 건에 대해서도 DSR을 산출하고 있다. 예를 들어 DSR을 보지 않는 전세자금대출을 받고 있는 차주가 신용대출 연장 시 몇천만 원을 상환해야 하는 상황이 벌어지고 있다. 전세자금대출 금액이 이미 DSR을 많이 차지하고 있어 일부 감액 조건의 신용대출로만 연장이 가능하다는 의미다.

사실 전세자금대출 자체를 받을 때는 DSR을 보지 않았다. 즉, 소득이 부족하더라도 전세대출은 실행해줬다. 그런데 가계부채 관리 방안의 일환으로 금융위원회에서 은행 내 자율적인 DSR 관리를 요구함에 따라 전세자금대출에도 자율적으로 차주별 DSR을 적용하는 은행이 늘어나고 있다. 물론 자율적 규제인 만큼 은행마다 적용하는 범위와 상품, 차주의 조건도 모두 다르다. 이는 은행권의 혼란을 일으키며 금융 소비자의 불편을 초래했다.

하지만 달리 생각해보면 '나에게 대출해주는 은행 한 곳 찾기'에만 성공하면 지금과 같은 시장에서 위기를 기회로 만들 수 있다. 모두가 대출이 안 된다고 포기할 때 나는 대출 가능한 은행을 찾으면 되는 것이다. 위와 같은 상황에서도 신용대출을 꼭 상환 조건 없이 유지하고자 한다면, 전세자금대출의 DSR은 이자 부분만 참고하고 여전히 연봉 이상으로 신용대출을 해주는 은행을 찾아 실행하면 된다.

현 상황에서의 빈틈전략 3가지

■ 빈틈전략 1: 서민 실수요자 요건을 적극 활용하라 ■

현재 정부는 강력한 대출 규제 대상을 유주택자로 규정하고 있는 듯하다. 그러나 다주택자가 아닌 1주택자는 서민 실수요자 요건이 판별되면 예외적으로 대출이 가능하다. 대출이 강화되는 시기에도 서민 실수요자 보호에 대한 정부의 입장은 확고하니, 이를 빈틈 전략으로 활용할 수 있다.

예를 들어 현재 대부분 은행이 실행해주지 않는 조건부 전세자금대출도 임차인이 서민 실수요자 요건을 확실히 밝히면 (물론 은행별로 다르겠지만) 예외 규정을 적용하는 은행에서는 통과될 수 있다. 여기서 '조건부 전세자금대출'이란 조건이 붙는 전세자금대출을 의미하는데, 임대인이 바뀌는 조건으로 받는 전세대출 등을 말한다. 이는 소위 갭투자로 사용된 전세금에 대한 전세대출은 허용하지 않겠다는 것으로, 새로운 임대인이 소유권 이전 조건에 따라 전세입자의 전세보증금으로 잔금을 마련하는 경우를 의미한다.

이는 집값 상승의 원흉으로 지목되는 갭투자를 막고자 하는 정책이지만, 임차인 입장에서는 임대인의 이러한 사정을 고려해 전세를 구해야 하니 여간 번거로운 일이 아니다. 특히 서울처럼 전세가 귀해지는 시장에서는 전세대출이 필요한 임차인이 현금 부자 임차인과의 경쟁에서 밀릴 수 있으며, 결국 월세로 전환되는 상황이 펼쳐질 수도 있다. 따라서 서민 실수요자 서류를 잘 구비해 이를 증명하면, 통과되지 않는 대출도 예외 규정을 적용해 받을 수 있다. 은행은 서류를 중심으로 차주를 판별한다. 즉, 서민 실수요자임을 증빙할 수 있는 서류만 갖추면 예외 규정을 통해 남들이 불가능하다고 하는 대출을 받을 수 있게 된다.

❙ 신한은행 실수요자 인정요건

구분	주요 내용	증빙서류
직장 이전	취업, 이직, 지방발령	인사발령문 등
자녀 교육	자녀 타지역 학교 전학	재학증명, 가족증명
질병 치료	1년 이상 치료가 요양이 필요한 경우	의사 소견서
부모 봉양	60세 이상의 부모 봉양, 부모와 동일지역 거주	주민등본, 가족증명
학교 폭력	학교 폭력으로 인한 학교 전학	징계 처분 등 증빙 서류
이혼	이혼 소송	소송관련 증빙
분양권 취득	행정기관 수용으로 분양권 취득	수용 확인 증빙서류

출처: 신한은행, 2024년 9월 12일 기준

■ 빈틈전략 2 : 은행 규정의 예외 적용과 세 낀 매물을 활용하라 ■

조건부 전세자금대출도 은행 내부 규정상 대출 실행일 '전'일까지 이행되는 건은 취급이 가능하다.

예를 들어 기존 집주인과 전세계약을 맺어 먼저 전세대출을 실행한 후 새로운 집주인이 들어오는 것은 문제가 되지 않는다. 즉, 매수와 매도가 동시에 진행되는 건만 아니면 된다는 뜻이다. 이는 세 낀 매물이 귀해지는 이유이기도 하다. 이미 전세입자가 전세대출을 받고 있는 부분에 대해서는 소급 적용하지 않기 때문이다.

세 낀 매물은 시세보다 낮은 경우가 많아 생애최초 후순위 주담

전세대출 위험 강화 조치

<table>
<tr><th>변경 전</th><th>변경 후</th><th>비고</th></tr>
<tr><td>대출 실행일
조건부* 취급 가능</td><td>대출 실행일
조건부* 취급 불가</td><td rowspan="2">기금상품
제외</td></tr>
<tr><td>신탁등기** 물건지 취급 운영
- SGI, HUG: 취급 불가
- HF: 취급 가능</td><td>신탁등기 물건지 취급 운영
-SGI, HUG, HF: 취급 불가</td></tr>
</table>

* 조건부: 임대인(매수자)소유권 이전 조건, 선순위채권 말소 또는 감액 조건, 주택처분 조건 등. 단, 대출 실행일 '전'일까지 이행 건은 취급 가능

** 신탁등기: 부동산 등기부등본상 신탁 설정되어 있을 경우 취급 불가(공공임대 등 예 외 없음)

대로 세팅하려는 무주택자들에게 선호된다. 전세입자가 있는 상태에서 소득만 충족된다면 생애최초의 경우 은행권에서 LTV 80%까지 최대 6억 원 한도 내에서 대출을 받을 수 있어, 적은 자본금으로도 상급지 입성이 충분히 가능하다.

물론 이 경우 생애최초 후순위 주담대를 실행해줄 은행을 잘 찾아야 한다. 현재 생애최초 후순위 주담대를 실행해주는 은행이 많이 줄어든 것도 사실이지만, 아직 열려 있는 은행에 적극적으로 시도해야 한다. 같은 자본금으로 최상급지에 내 집을 마련하는 사례는 여전히 진행 중이다.

■ 빈틈전략 3: LTI가 도입되기 전 미리 움직여라 ■

DSR 스트레스 2단계 시행으로 수도권에서는 가산금리 1.2%가 적용되어 대출 한도가 줄어들었지만, 향후 금리 인하가 된다면 이 부분은 오히려 상쇄될 수 있는 부분이 된다. 스트레스 DSR은 실질대출금리에 가산금리를 더해 최종 대출금리를 설정하는 방식이기에 금리 인하로 실질대출금리가 낮아지면 가산금리가 붙더라도 그 효과는 미미해질 수 있기 때문이다. 그래서 한국은행 기준금리 인하가 본격화되면 스트레스 DSR이 강화되더라도 큰 타격을 주지 않을 가능성이 있다. 오히려 차주별 DSR 규제이기 때문에 개별 차주의 대출한도는 줄어들지만, 금리 인하로 신규 차주 유입이 늘어 대출 총량은 계속 증가할 것이라고 본다.

그렇게 되면 더 강력한 대출 규제가 나올 수밖에 없을 것이다. 여기서 주목할 개념이 바로 캐나다에서 도입한 'LTI'이다. LTI(Loan To Income ratio)란 대출자가 받을 수 있는 모든 대출 한도를 뜻하며, 이 대출에는 가계대출뿐만 아니라 기업대출도 포함된다. 사실상 DSR을 극복하려는 목적으로 사업자대출을 적극적으로 활용했던 차주도 있었는데, DSR에는 포함되지 않았던 사업자대출이 LTI에 포함되면 향후 대출 시장에 큰 폭풍을 일으킬지 모른다. 기업대출은 가계대출과 달리 기업의 생산성 향상과 향후 사업성을 높게 평가해 지원금 형태로 대출을 해주기도 했으나, LTI가 도입되면 가계대출과 맞물려 기업 성장의 장애 요소로 작용할 수 있다. 물론 실제 대출 규제 시 실사업자에게는 피해가 없도록 하겠지만, 대출만을 활용하려 했던 차주는 대비할 필요가 있다.

LTI 비율이 우리나라에 도입될지, 도입된다면 어떤 방식으로 적용될지는 알 수 없으나 강력한 규제 중 하나인 것은 분명하다. 따라서 향후 사업자대출을 받을 예정인 차주라면 최대한 만기가 긴 사업자대출을 LTI 도입 전에 받아두고, 성실상환 등을 통해 연장에 무리가 없도록 미리 준비해두는 것을 추천한다.

다가올 대출 한파에 미리 대비하라

미국에서 0.5%p의 금리 인하라는 빅컷을 단행함에 따라 한국은행의 금리 인하도 시간문제라는 시장의 기대감이 팽배하다. 마침내 한국은행 기준금리 인하가 단행되어 내 대출금리까지 낮아지더라도, 오히려 그것이 부동산 시장을 요동치게 한다면 그 이후 펼쳐질 본격적이고 강력한 대출 규제가 우리를 기다리고 있을지도 모른다.

기존에 예견된 LTV와 DSR 비율을 낮추는 것 외에도 가장 강력한 규제인 LTI 도입까지 거론되면서 심약한 투자자들을 흔들고 있다. 하지만 다가올 시장 상황을 예측하고 미리 움직일 수 있다면, 늘 그렇듯 시장의 공포는 준비된 자에게 기회가 된다.

이미 한국은행에서도 금리 인하는 당연한 수순으로 생각하고, 그 이후 예상되는 집값 상승에 대한 대비책을 강구하고 있다. 한국은행 기준금리 인하가 과연 내게 독이 될지 약이 될지는 향후 다가올 대출 한파에 적극적으로 대비해두는 현명한 대출 역량의 유무에 달려 있다.

특히 금리 인하가 진행될수록 대출 규제 또한 강화된다면, 상급지 내 집 마련과 갈아타기는 하나의 은행이라도 열려 있는 지금, 하루라도 빨리하는 것이 중요하다. 방법이 없는 것이 아니라 적극적으로 찾지 않아서 보이지 않을 뿐이다.

명심하자. 시장이 기회를 줄 때 그 기회를 적극적으로 붙잡지 않으면 그 기회는 붙잡을 자를 찾아 떠난다.

PART 2

양극화된 매매 시장, 살아남기 위한 투자 전략

얼죽신(얼어 죽어도 신축) 열풍은 2025년에도 계속될 것이다

앨리스허 허미숙

- 대한민국 지역분석 전문가
- 네이버카페 행투네 대표
- 저서 『오늘부터는 오를 집만 보인다』
- 유튜브 '앨리스허TV'

"2024년은 서울 아파트의 해였다!"라고 해도 과언이 아닐 만큼 서울 아파트 시장이 뜨겁게 달아올랐습니다. 지난 부동산 시장을 정리해보며 원인을 찾아보고 다가올 2025년 부동산 투자 방향을 설정해보고자 합니다.

왜 그토록 서울 아파트만 올랐을까

2022년부터 본격적인 부동산 하락기가 시작되면서 2023년까지 대한민국 전역에서 최소 30% 이상 하락한 지역들이 생겨나기 시작했습니다. 지역을 불문하고 거래 절벽 상황이 지속되면서 전세가격이 급격히 하락하자 전세금을 내어주지 못해 발을 동동 구르는 집주인들이 늘어났습니다. 기존 임차인과의 조율이 순조롭게 진행된 세대들은 위기를 잘 넘길 수 있었지만, 전세 만기일에 반드시 이사해야 하는 세입자와의 갈등을 겪거나 역전세금을 마련해야 하는 집주인들은 어쩔 수 없이 매매가격을 크게 낮춰 매도해야 하는 상황에 처했습니다. 손해를 계산해볼 의미도 없이, 매도되기만 하면 좋겠다는 절실함뿐입니다.

부동산 중개소마다 매물은 쌓여가지만 매수자들의 발길은 끊겨버렸습니다. 부동산 중개소에 매수 손님이 있는지 묻는 전화를 할 때마다 매도가격은 하락하게 됩니다. 어떻게든 빨리 팔아야 한다는 조급함에 쫓기다 보니 가격을 더 내리면 매수세가 붙을까 하는 생각이 들 수밖에 없습니다. 누가 더 싸게 파는지를 두고 경쟁이라도 하듯 아파트 가격은 점점 하락을 이어가다가, 이제 '지렁이도 밟으면 꿈틀하는' 가격까지 내려갑니다. 연일 뉴스에서는 아파트 가격 하락 관련 기사만 쏟아집니다.

분양권 시장에도 찬바람이 불고 있습니다. 기존 아파트 가격이 30% 하락한 상황에서, 앞서 지어진 신축 아파트보다 높은 분양가를 받아들이기 어렵기에 미분양 사태가 발생합니다. 선착순 분양 접수를 1차, 2차에 걸쳐 시도해도 완판을 하지 못하는 사업장이 생겨납니다. 서울 아파트 분양권에서도 미분양이 발생하며, '줍줍'이 나오는 기이한 상황을 경험하게 됩니다.

재건축·재개발 정비사업장의 상황은 더욱 심각합니다. 공사비 증액 문제로 시공사와 조합 간에 갈등이 생기며 공사가 중단되는 사태가 빚어집니다. 여기에 금리가 수직 상승하면서 이자 부담은 고스란히 조합원의 몫이 됩니다. 사업 속도는 느려지고 일반 분양가를 올리기에는 부담스러워 정비사업에서 사업성을 나타내는 비례율은 하락할 수밖에 없습니다. "지금 재건축·재개발에 투자하는 것은 어리석은 짓"이라는 이야기가 나올 정도로, 그동안 하늘 높은 줄 모르고 올랐던 정비사업장의 프리미엄이 녹아내렸습니다. 상승장에서는 구하기도 힘들었던 서울의 인기 정비사업장에서도 프리미엄이 10억 원에서 5억 원으로 반토막이 나도 매수세가 붙지 않습니다.

| 재건축·재개발 정비사업장의 공사 중단 모습

출처: 머니투데이

분양권, 신축 아파트, 준신축 아파트, 재건축·재개발 사업장 모두가 동시에 하락한 상황입니다. 이러한 상황 속에서 구축 아파트들은 하락기가 아닌 꽁꽁 얼어붙은 빙하기를 맞이하게 됩니다.

건설 경기가 바닥을 치고 이름난 건설사들도 부도가 코앞이니, 정부에서도 더 이상 손 놓고 있을 수만은 없습니다. 드디어 돈을 풀기 시작합니다. 생애최초 주택자금 대출, 보금자리 대출, 신생아 대출 등 무주택자, 1주택자, 신혼부부들이 저렴한 레버리지를 통해 내 집 마련을 할 수 있는 방안을 제시합니다. 시장에 유동성이 풀리자 무주택자들이 움직이기 시작합니다. 누구나 봐도 "정말 싸다!"라고 느껴지는 급매 물건들부터 팔립니다. 그동안 집을 사지 않고 버티던 무주택자들은 혹여 매수한 가격보다 집값이 더 떨어질까 두렵기 때문에 정말 싸지 않으면 선불리 뛰어들지 않습니다.

여기에서 가장 싸다고 생각되는 지역은 어디일까요? 바로 서울입니다. 유례없는 서울 아파트 가격 폭락을 보았습니다. 서울의 1급지 지역 신축·준신축 아파트들의 하락은, 그동안 꿈조차 꾸지 못했던 이들에게 서울을 감히 넘볼 수 있게 만들었습니다. "이번 기회에 서울 아파트를 살 수 있다면 '영끌'이라도 해야겠어."라고 생각하는 사람들이 점점 늘어납니다. '서울 똘똘한 내 집 마련'이라는 설레는 움직임이 서울 아파트 가격의 반등을 이끌어냅니다.

"지금 나와 있는 매물보다 더 싼 매물이 나오면 연락 주세요!"라며 부동산에 연락처를 남기고 급매물이 나오길 기대해보지만, 급매는커녕 신고가를 갱신해버립니다. "어? 뭐지?" 갑자기 마음이 급해지기 시작합니다. "지금이라도 사야 하나? 아니면 더 기다려야 하나?" 그때라도 과감하게 매수를 결정하는 사람이 있는 반면, 결정장애로 "그때 살걸." 하고 후회하는 사람도 있습니다.

서울 인구는 천만이지만 서울을 갖고 싶은 사람은 5천만이라고 해도 과언이 아닙니다. 실거주 목적이 아니더라도 서울에 똘똘한 내 집 한 채는 갖고 싶은 사람이 너무 많습니다. 나중에 내가 들어가 살거나 자식에게 물려주기 위해서라도, 현재 가진 자금으로 살 수 있는 최고의 투자처를 찾아 서울로 상경합니다.

서울 아파트 쇼핑이 드디어 경쟁을 불러일으키기 시작합니다. 서울 1급지가 오르자 2급지로, 2급지가 오르자 3급지로 수요가 이어집니다. 시간이 지날수록 투자금이 더 필요해지고, 분명 지난달에는 가능했던 투자처가 이번 달에는 이미 멀어져 버립니다. 2022년 11월 7억~8억 원의 투자금으로 개포동 디에이치아너힐즈에 입성할 수 있었던 하락기를 지나, 지금은 마포·성동에서도 10억 원 이상의 투자금이 들어가야 신축 아파트를 매수할 수 있습니다. 이제는 노원구조차 신축 아파트 가격이 12억 원에 이르러, 서울 아파트 가격은 최소 12억 원부터 시작한다고 봐야 합니다.

2022년과 2023년에 서울에서 사야 할 물건들이 정말 많았다는 사실을 2024년에 들어서야 비로소 알게 됩니다. 그 누구도 바닥과 꼭지를 정확하게 예측할 수는 없습니다. 지나고 나서 보니 2021년 가을이 꼭지였고, 2023년 봄이 바닥이었다는 생각이 듭니다.

이렇게 예측이 힘든 이유는 부동산에는 바로 심리가 작용하기 때문입니다. 집을 사고 싶은 마음, 반대로 집을 절대 사지 않겠다는 마음을 예측하는 것은 신의 영역에 가깝습니다. 공급은 사전에 예측하고 대비할 수 있는 반면, 수요는 사람의 심리에 따라 하락장에서는 줄고 상승장에서는 두 배, 세 배로 늘어나게 됩니다.

시작이 무서운 것입니다. "집값이 바닥을 찍었다. 이제는 집을 사야겠다."라는 마음이 들었을 때, 마침 유동성까지 함께 풀리면서

서울 아파트 가격 사례

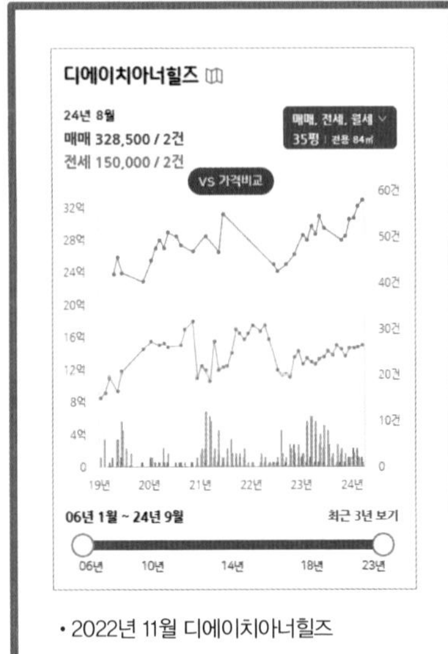

- 2022년 11월 디에이치아너힐즈
- 매매 25억 / 전세 17.5억
- 7.5억 갭으로 매수 가능

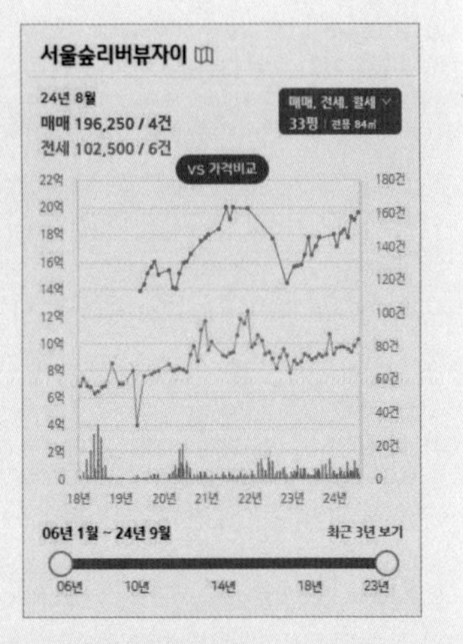

- 2024년 8월 서울숲리버뷰자이
- 매매 20억 / 전세 10억

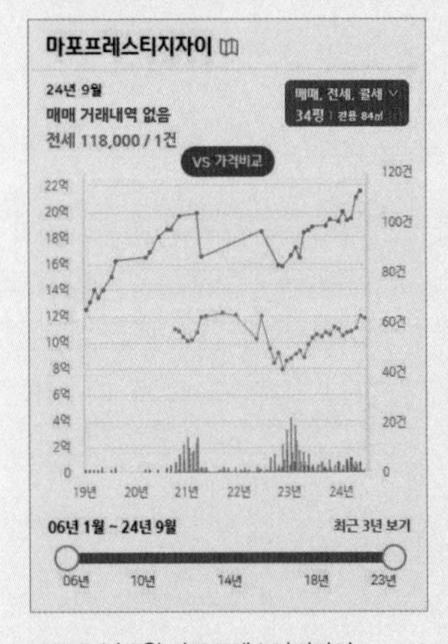

- 2024년 8월 마포프레스티지자이
- 매매 23억 / 전세 12억

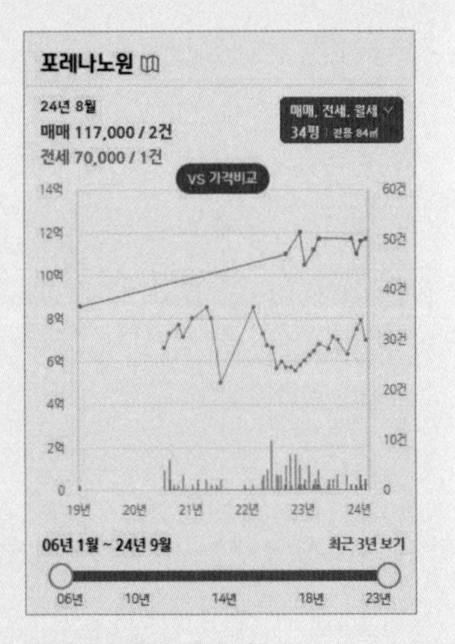

- 2024년 8월 포레나노원
- 매매 12억 / 전세 7.7억

2024년 봄부터 여름까지 단기간에 코브라 상승을 만들어냈습니다. 잠시 쉬어가는 타이밍에 발표된 미국의 금리 인하는 2025년 부동산 시장에 기름을 붓게 될 것입니다.

2025년, 부동산 상승의 기운은 과연 어디로

서울에서 시작된 부동산 상승의 기운은 2025년에 어디로, 어떻게 이어질까요? 과거 부동산 상승 지역 흐름을 보면 강남에서 서울 핵심지로, 1기 신도시에서 수도권으로, 그리고 인천으로 이어졌습니다. 이후 광역시와 중소도시까지 상승한 후 다시 서울이 상대적으로 싸게 느껴지면서 제2차 상승이 일어나곤 했습니다.

지금은 강남은 물론 서울 핵심지의 신축과 10년 이내 준신축 아파트까지 모두 오른 상황이며, 이러한 신축의 열기가 서울을 넘어 수도권으로 전해질 시점에 이르렀습니다.

부동산 상승 지역 흐름

강남 → 서울 핵심지 → 1기 신도시 → 수도권 → 인천 → 지방 광역시 및 중소도시 → 다시 서울

▎부동산 투자 종목의 흐름

신축 및 분양권 → 준신축(준공 10년 이내) → 재건축·재개발 → 구축 → 다시 신축

이 시대 최고의 호재는 신축입니다. 위치가 다소 외곽이어도 브랜드 대단지 신축 아파트가 입주하면 상품성이 뛰어나 위치적 단점을 커버할 수 있습니다. 과거에는 열악했던 지역이었지만, 대단지 신축 아파트가 하나둘 입주하면서 주변 환경이 좋아집니다. 재건축·재개발 사업으로 상전벽해로 동네가 변모하고, 여기에 교통 호재까지 생긴다면 "거기 누가 가?"라고 하던 지역이 "이제 거기 비싸서 못 가!"는 지역으로 바뀌게 됩니다.

우리는 향후 이러한 지역을 찾아 선점하면 됩니다. 새것 또는 새것이 될 물건에 집중하면 수익의 기회가 보입니다. 서울이라면 더없이 좋겠으나 이제는 꼭 서울이 아니어도 좋습니다. 서울 아파트 가격은 이미 멀리 달아났고, 투자금이 부족하다면 이제 투자금 대비 수익률을 따져야 할 시점입니다. 모두가 서울에 살 수는 없기 때문에 서울의 대체재 역할을 할 수 있는 새로운 주거지를 공략한다면 충분히 수익률을 높일 수 있습니다. 여기에서 가장 중요한 요소는 바로 광역교통망입니다.

지하철 및 광역 교통망 확장에 따른 교통 호재가 부동산 시장에 미치는 영향은 매우 큽니다. 아파트 가격은 서울 3대 업무지구에 얼마나 빨리, 편하게 도착할 수 있는지에 따라 매겨진다고 해도 과언이

| GTX 2024년 노선

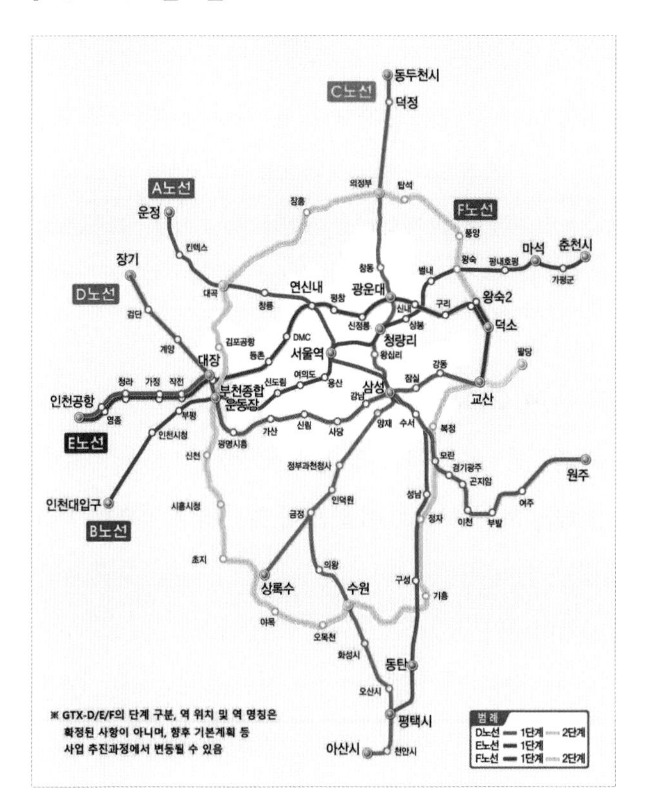

아닙니다. 강남 업무지구(GBD), 여의도 업무지구(YBD), 서울 도심 업무지구(CBD), 용산 국제 업무지구 등에 1시간 이내에 도달할 수 있는 직주 근접 거리에 위치한 도시들을 눈여겨볼 시기입니다.

■ GTX-A 저평가 지역 ■

교통 혁명으로 불리는 GTX는 가장 주목할 만한 변화입니다.

2024년 12월 일부 개통 예정인 GTX-A 노선은 고양, 일산, 파주 등 지역의 서울 주요 도심 접근성을 크게 개선할 것으로 기대를 모으고 있습니다. 새로 생긴 교통망이 가져올 엄청난 파급 효과는 12월 개통과 함께 직접 체감하며 알게 될 것입니다. 이미 서해선이 개통된 능곡지구는 천지개벽할 동네로, 현재 관심을 가져볼 지역 중 하나입니다.

■ GTX-C 저평가 지역 ■

2024년 1월 착공식을 마친 GTX-C는 창동, 광운대, 청량리, 왕십리, 삼성, 양재 등 대형 호재를 품은 서울 도심 일자리 지역으로 연결되는 황금 노선입니다. 의정부, 인덕원(안양), 금정, 의왕, 수원 등은 아직 저평가된 지역입니다.

특히 안양시는 1기 신도시인 평촌(노른자 부위)을 둘러싸고 있는 구도심(흰자 부위)에서 대규모 정비사업이 활발하게 진행되며, 브랜드 대단지로 천지개벽 중인 곳들이 많습니다. 안양시는 GTX-C뿐만 아니라 월곶-판교선 및 인덕원-동탄선도 공사가 진행되고 있습니다. 교통, 교육, 상권, 환경 쾌적성까지 모두 갖추고 있음에도 아직 저평가된 지역이라 할 수 있습니다. 같은 생활권역인 과천과 의왕에 입주물량이 많은 관계로 안양에서 신축 아파트를 저렴하게 매수할 기회를 잡을 수 있는 타이밍입니다.

의왕의 내손동에는 인덕원자이SK뷰(내손다)와 인덕원퍼스비엘(내손라) 재개발로 인해 각각 2025년 5월과 2026년 6월에 대단지 입

ㅣ 의왕시 공급물량

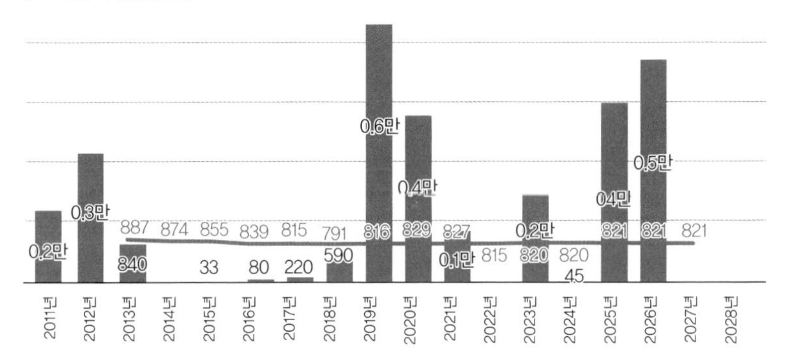

ㅣ 안양시 공급물량

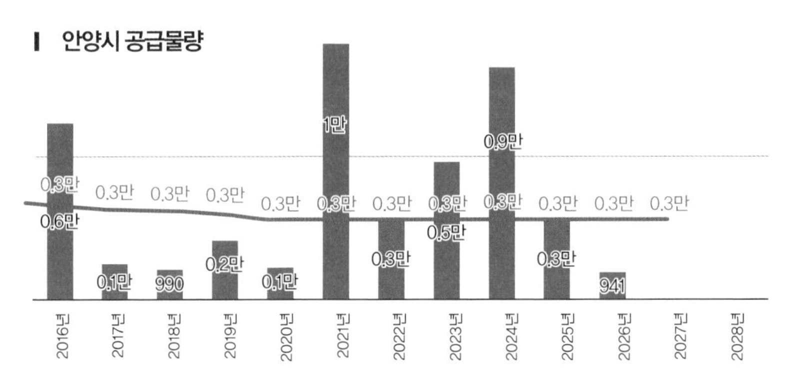

ㅣ 과천시 공급물량

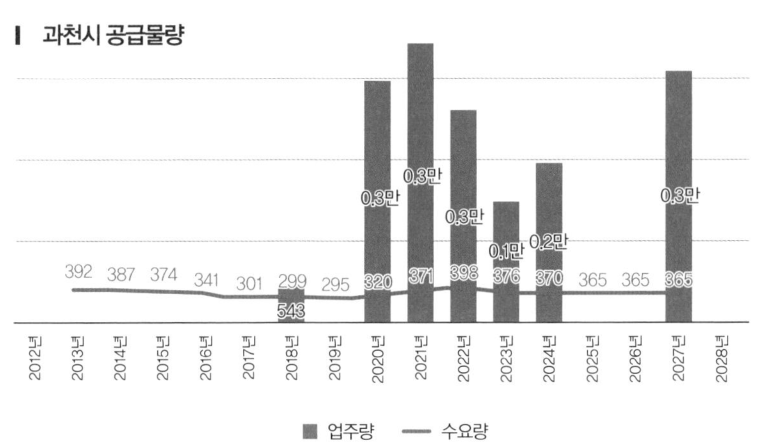

■ 업주량 ― 수요량

출처: 부동산지인

▎의왕 아파트 집중 분석

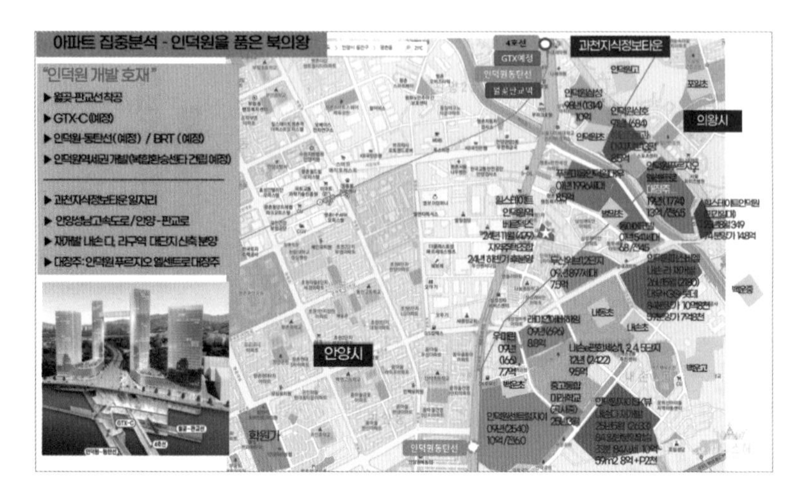

주가 예정되어 있습니다. 인덕원자이SK뷰는 인덕원-동탄선(공사 중)에 도보 가능한 역세권 신축 아파트로, 단지 앞에 통합 중·고등학교가 공사 중입니다. 2025년 입주장을 공략해 똘똘한 내 집 마련의 타이밍을 잡으시기를 바랍니다.

■ GTX-B 저평가 지역 ■

인천의 위상을 높일 GTX-B 노선은 여의도, 용산, 서울역, 청량리 등 대형 업무지구로의 접근성을 대폭 개선해 송도국제도시는 물론, 그동안 소외받았던 인천 구도심도 새로운 역사를 쓸 것으로 기대됩니다.

바이오 산업의 메카로 자리 잡은 송도국제도시는 교육, 상권, 환

❙ 인천시청역 인근 아파트 집중 분석

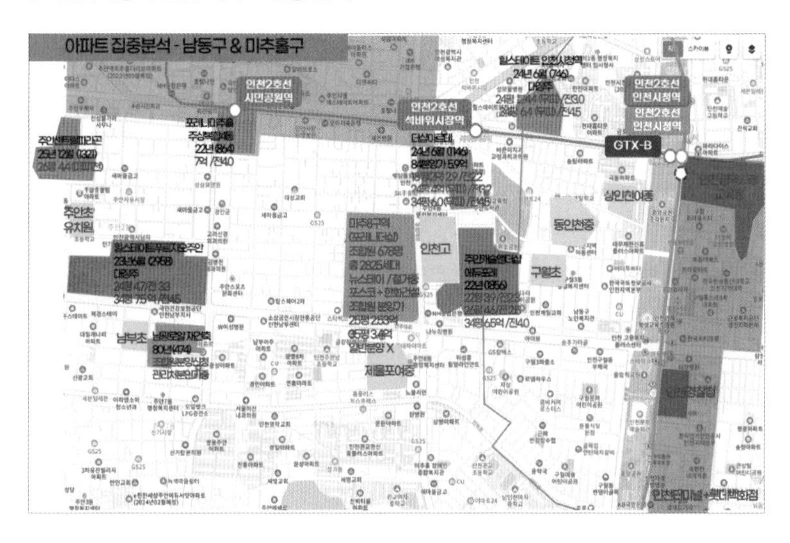

❙ 부평역 & 백운역 아파트 집중 분석

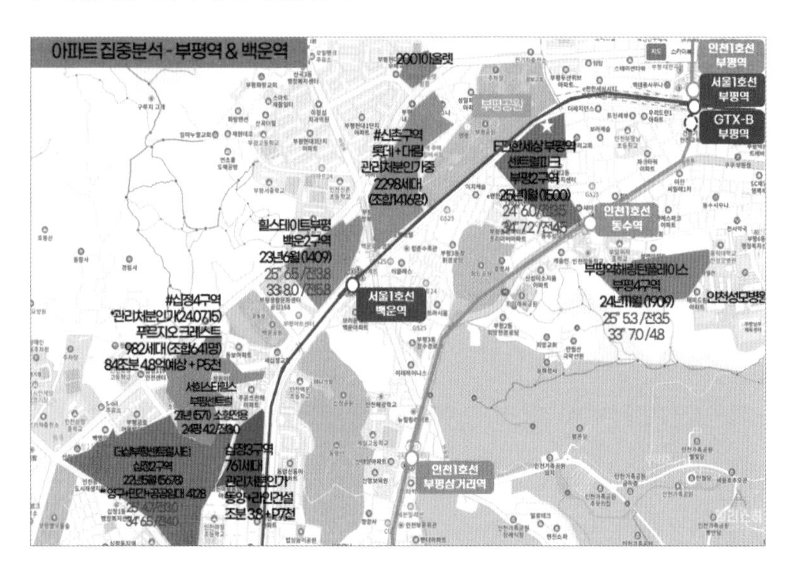

경 쾌적성까지 모두 갖춘 지역으로, 서울 접근성까지 개선되면 더할 나위 없이 매력적인 지역이 될 것입니다.

반면 인천 구도심인 인천시청역 인근은 정비사업을 통해 브랜드 대단지 신축 아파트들로 탈바꿈했지만, 입주 초기에는 마이너스 프리미엄이 발생하기도 했습니다. 그러나 입주가 거의 마무리되면서 이곳은 트리플 역세권이 될 예정이며, 미래가치 대비 저평가된 지역으로 판단됩니다.

역시 트리플 역세권이 될 인천 부평역 인근도 지지부진했던 정비구역들이 활기를 띠며 신축 아파트로 변모하기 위해 박차를 가하고 있습니다. 브랜드 신축 아파트들이 하나둘씩 생겨나고 GTX-B까지 들어서면, 이 지역 역시 지금이 가장 저렴하다고 할 수 있을 것입니다.

■ 8호선 연장 저평가 지역 ■

강남 접근성이 좋아지는 지역들은 가장 먼저 부동산 가치 상승을 이끌어냅니다. 2024년 8월 개통된 8호선 별내선 연장은 구리, 별내, 남양주 지역에서 잠실까지 이동 시간을 25분으로 단축하며 이 지역 부동산 시장에 활력을 불어넣었습니다.

남양주는 진건지구, 지금지구, 별내지구, 진접지구, 왕숙지구(예정), 양정지구(예정), 덕소 등 여러 핵심 구역으로 이루어진 다핵도시입니다. 이 중 다산역이 개통된 진건지구는 핵심 코어이며, 다산자이아이비플레이스(2021년 준공, 937세대 주상복합)는 2024년 8월에 12억

❙ 별내선(8호선) 연장

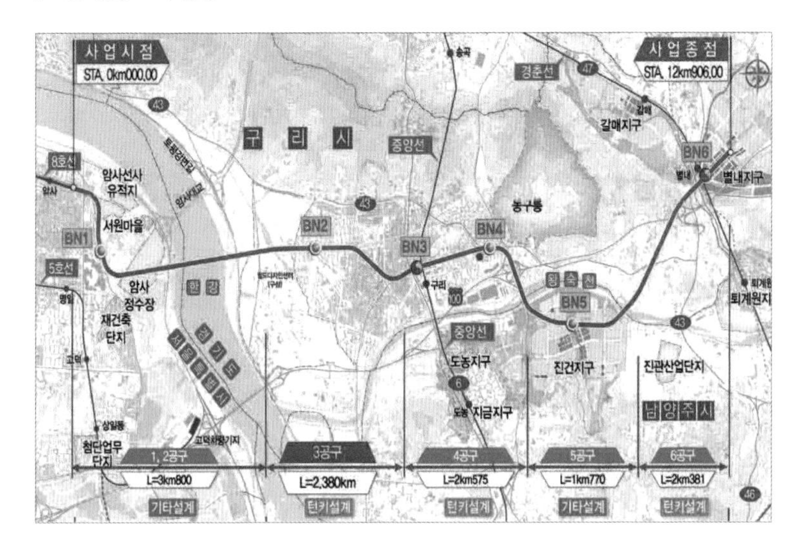

❙ 남양주 도농동 아파트 집중 분석

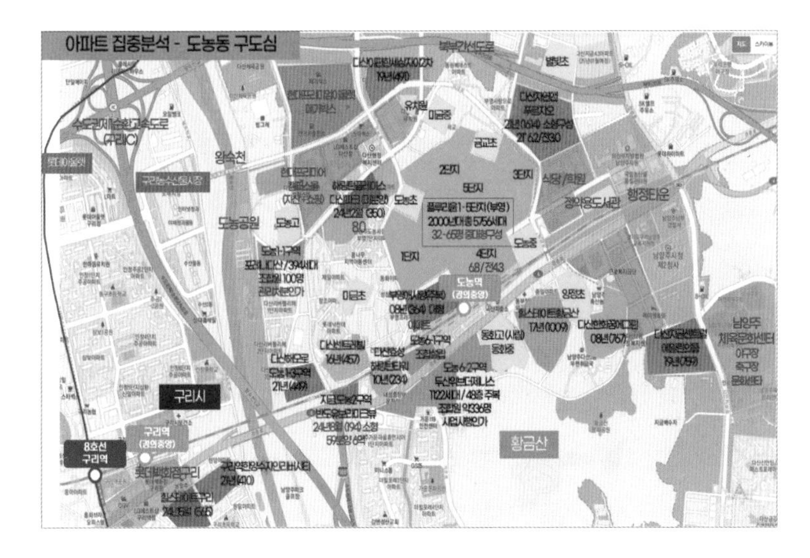

원을 기록했습니다. 남양주의 구도심인 도농역 인근에도 속도가 다소 느린 정비사업이 진행 중인데, 경의중앙선 도농역에서 한 정거장 떨어진 구리역(8호선)과의 연결로 주목할 만합니다. 그동안 지지부진했던 도농역 주변 정비사업도 잠실 출퇴근권에 포함되면서 관심을 가질 만한 지역입니다.

■ 신안산선 저평가 아파트 ■

2026년 개통을 목표로 여의도로 연결되는 신안산선은 대형 호재 중 하나입니다. 그동안 우여곡절이 많아 착공이 늦어졌고 공사 속도도 다소 느리지만, 안산 한양대, 호수역, 중앙역, 성포역에서는 공사

I 안산 중앙역 주변 재건축 현황

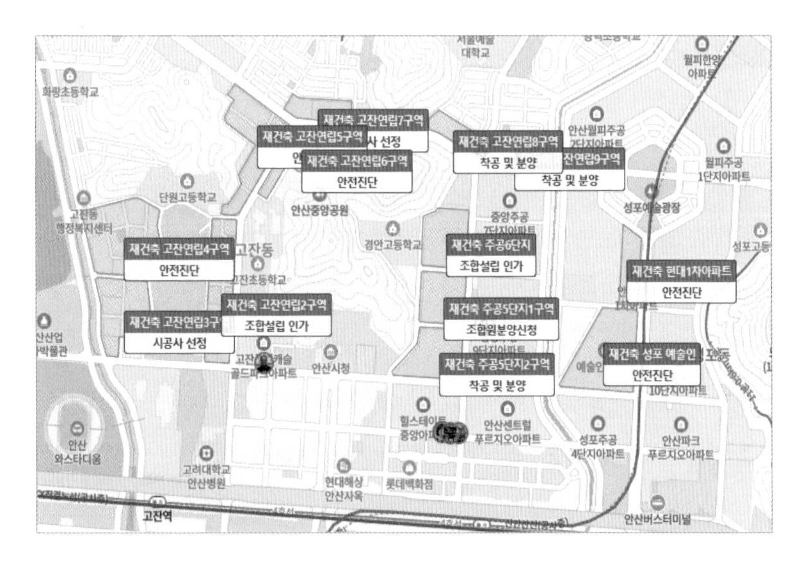

가 한창 진행 중입니다.

안산 초지역은 이미 4호선, 수인분당선, 서해선이 지나며, 여기에 인천발 KTX까지 개통되면 쿼드러플 역세권이 될 예정입니다. 초지역 일대는 브랜드 대단지들이 들어섰으며, 중앙역 일대는 재건축으로 새롭게 탈바꿈할 아파트들이 대기 중입니다. 서울 도심으로 가는 대형 교통 호재가 많음에도, 부동산 하락기와 맞물려 아직 힘을 발휘하지 못한 지역이기도 합니다.

서울 아파트 상승의 여파는 머지않아 1기 신도시, 수도권, 인천 등으로 점차 확산될 것입니다. 그중에서도 가장 먼저 주목받을 지역은 교통 호재가 있는 곳입니다. 신축 아파트나 재건축·재개발로 천지가 개벽할 지역이라면 지금이 가장 저렴한 시기라 할 수 있습니다.

'얼어 죽어도 신축(얼죽신)' 열풍은 서울 아파트뿐 아니라 시대의 트렌드로 자리 잡았으며, 신축 아파트를 보유하는 것은 든든함 그 자체입니다. 2025년에는 투자금이 적다고 해서 저평가된 물건을 모으기보다는, 소액으로 미래가치를 지닌 투자에 집중하시기를 권합니다.

공사비 평당 천만 원 시대가 온다

김제경 소장

- 투미부동산컨설팅 소장
- KB금융지주 경영연구소 부동산 자문위원
- 도시계획기사, 정비사업전문관리사, 자산관리사, 투자자산운용사, 공인중개사
- 재개발 · 재건축 전문가
- 유튜브 '투미TV'

요즘 부동산 시장은 양극화를 넘어 초양극화를 향해 가고 있습니다. 지역별 양극화뿐 아니라 상품별 양극화도 뚜렷하지요. 같은 아파트끼리도 구축과 신축 간 양극화가 나타나고 있습니다.

'얼죽신'이라는 신조어가 등장했습니다. '얼어 죽어도 신축'이라는 뜻으로, 신축 선호 현상을 반영하는 것이죠. 이러한 신조어를 대변하듯 현 부동산 가격 상승은 신축 중심으로 움직이고 있습니다. 반포 래미안원베일리 국민 평형(33평) 기준 60억 원 실거래 소식은 다들 접하셨을 것입니다. 마용성(마포·용산·성동)도 질 수 없다며 전고점을 향해 가는 소식이 들립니다.

문제는 이 거래들이 모두 해당 지역의 대표 신축 아파트에서 나오고 있다는 점입니다. 마용성의 구축 아파트 역시 회복은 했으나 전고점 근처에는 미치지 못하는 모습을 보이는데요. 이를 단순히 신축이 먼저 오르고 구축이 뒤따르는 현상으로만 보기는 어렵습니다. 저는 앞으로 신축 아파트만이 독주하는 시대가 열릴 것이라 보고 있습니다.

❙ 서울시 30년 이상 노후 주택 현황

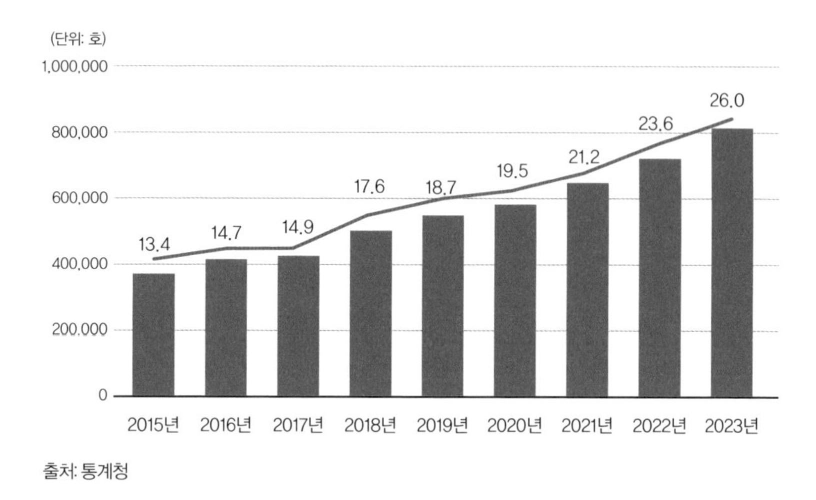

출처: 통계청

한국의 도시는 빠르게 늙어가고 있습니다. 통계청에 따르면, 2023년 서울특별시의 30년 이상 주택은 82만 267호로 전체 주택의 26%를 차지합니다. 문제는 노후 주택 비율이 빠르게 증가하고 있다는 것입니다. 관련 통계가 처음 작성된 2015년 노후 주택 비율은 13.4%였는데, 8년 만에 10% 넘게 상승했습니다. 그 기간 동안 서울 내에서 다양한 정비사업이 진행되었고, 2015~2022년 서울시 멸실 주택 수가 26만 1,882호였음을 고려하면 노후 주택 비율 증가가 더욱 두드러집니다.

이러한 추세는 더욱 가속화될 전망입니다. 서울의 20~30년 미만 주택은 94만 5,553호로, 전체 주택 수에서 20년 이상 주택이 차지하는 비율이 52.4%에 달해 과반수를 넘습니다.

'얼죽신'이라는 신조어까지 등장한 신축 아파트 선호 현상은 단순한 트렌드로 치부하기보다는 우리도 모르는 사이에 어느 상품이 희소성이 있는지 파악하고 있는 것일지도 모릅니다. 신축을 원하는 사람은 당연히 신축을 찾고, 신축 가격이 오르면 구축이라도 사자는 사람들이 있을 수 있지만, 구축은 같은 동네에서도 단지와 매물이 많아 급매물만 거래되는 상황입니다. 구축 소유자들은 과거 신축과 구축의 가격 격차를 보며 우리도 어느 정도 가격을 따라가야 한다고 말하지만, 희소성이 보장되지 않아 가격 결정권이 없습니다. 반면 신축은 지역 내 몇 개밖에 없어 매수자가 사겠다고 해도 매도자가 가격을 올리면 매수자가 추격 매수에 나서면서 가격이 상승하는 모양새입니다.

노후 주택이 이렇게 늘어나면, 앞으로 신축 선호 현상은 트렌드를 넘어 당연한 현상으로 받아들여질 것으로 전망합니다. 특히 공사비가 상승하면서 신축과 구축의 가격 격차가 커지는 것은 원가법으로 접근해도 쉽게 예상될 수 있는 상황입니다.

이처럼 신축 가격이 오르다 보니 정비사업에 관심을 두는 분들이 늘고 있습니다. 그러나 정비사업 시장도 공사비 인상으로 녹록지 않은 상황입니다. 정비사업에서 옥석 가리기가 필요한 시대가 되었지만, 사업성 분석이 쉽지 않은 만큼 이 글이 재개발·재건축 사업성 판단에 도움이 되길 바랍니다. 덧붙여 공사비도 공사비지만, 시간이 지나면서 금액이 어떻게 변하는지도 같이 보면 좋을 것 같습니다.

최근 시공사 선정 분위기

노량진1구역은 2023년 11월 평당 730만 원에 유찰된 바 있으나, 2024년 4월에 포스코가 730만 원에 수주했습니다. 이러한 소식을 들으면 아직 평당 730만 원에 수주가 가능하다고 생각할 수 있습니다. 하지만 건설업계에서는 이를 '승자의 저주'나 포스코가 일단 수주하고 이후에 어떻게든 조정하겠다는 '아몰라 전략(?)' 또는 일단 수주하고 나중에 가격을 인상할 것을 고려한 '양아치 전략(?!)'으로 보고 있습니다. 제가 보기에 몇 년 후 착공 시점이 되면 99% 공사비를 인상할 것 같은데, 실제로 그렇게 될지는 지켜보면 알 수 있겠지요.

한편 2024년 4월에는 두 건의 유찰 소식도 있었습니다. 용산 한강변 산호아파트 재건축은 평당 830만 원을 제시했지만 유찰되었고, 강남구 도곡동 도곡개포한신 재건축은 평당 920만 원을 제시하며 조합에서는 하이엔드 시공사들이 입찰할 것으로 기대했지만 아무도 입찰하지 않았습니다.

2024년 9월에 이르러 도곡개포한신은 입지와 가격이 괜찮다는 평가를 받아 DL이앤씨가 수주했습니다. 반면 용산 산호는 2차 유찰에 이어 3차에서 롯데건설, 호반건설, SK에코플랜트 세 개 회사가 입찰 의향서를 제출했습니다. 용산이라는 이름이 무색하게 메이저 건설사들은 모두 빠졌고, 롯데건설이 유리해 보이나 다른 시공사의 조건에 따라 결과가 달라질 수도 있을 것입니다.

이런 기사를 통해 불과 3년 전 평당가가 300만~500만 원이던 것이 이제 700만~800만 원, 앞으로는 1천만 원에 이를 것이라는 예상을 할 수 있습니다. 공사비가 2~3배로 엄청나게 오른 것처럼 보이지만, 실질적으로 체감하지 못하는 분들이 많으신 것 같습니다. 그래서 공사비 계산법을 한번 설명드리겠습니다.

아파트 면적 유형

주택 면적은 크게 세 가지로 구분됩니다.

- **전용면적: 주택 내 실평수로, 현관문을 열고 들어왔을 때 실제 내 집의 면적입니다.**
- **공급면적: 전용면적+주거공용면적. 아파트 한 동을 구성하는 데 필요한 계단, 복도, 엘리베이터 공간 등이 포함된 면적입니다.**
- **계약면적: 공급면적+기타공용면적. 아파트 단지 전체를 구성하는 지하주차장, 단지 내 커뮤니티센터, 지상공원 등의 면적이 포함됩니다.**

현재 법적으로는 '평(坪)' 단위를 사용할 수 없고, 모두 m^2로 표기해야 합니다. 주택 면적을 언급할 때는 전용면적을 기준으로 부릅니다. 강남 ○○아파트 $85m^2$이 30억 원 또는 50억 원에 거래되었다는

| 아파트 면적을 구분하는 법

출처: 국토교통부

기사가 뜨면 종종 "25평이 왜 이렇게 비싸냐, 말세다."라는 반응을 보이곤 합니다. 실제로 전용 85m^2를 평수로 환산하면 25평이라고 나오는데, 왜 우리는 33평으로 부를까요? 바로 공급면적 기준으로 평형을 부르기 때문입니다. 그럼 실평수가 25평인데 33평이라 부르는 거냐 싶겠지만, 다행히 발코니 등 서비스 면적이 있고 확장이 기본화되면서 실평수도 33평에 가까워집니다. 지방의 경우 3면 발코니 확장이 가능해서 같은 33평이라도 실평수가 더 넓어 보이는 경우가 있습니다.

실평수로 이야기하는 것이 더 간단해 보이지만, 현실적 문제로

그러지 못하고 있습니다. 국민주택규모(전용 85m² 이하)일 때 취득세, 부가세 등의 세제 혜택이 적용되고, 한정된 용적률 내에서 건축해야 하기에 해당 법적 테두리 내에서 최대한 면적을 더 늘리려던 결과이기 때문입니다.

어쨌든 많은 사람이 33평(공급면적)을 84타입으로 알고 있습니다. 그러면 공사비가 평당 천만 원이라고 가정 시 33평 아파트의 공사 원가는 얼마일까요? 3억 3천만 원이라 답하는 경우가 많은데, 틀린 계산입니다. 공사비는 공급면적이 아니라 계약면적으로 나누어야 하기 때문에 아파트의 정확한 공사비는 계약면적을 기준으로 산정됩니다.

33평 아파트 공사 원가

33평 아파트의 계약면적을 살펴보면 우리가 흔히 부르는 평수와 실제 계약면적의 차이를 실감할 수 있습니다. 둔촌주공 재건축, 즉 올림픽파크 포레온의 입주자모집공고를 통해 보면 다음과 같습니다(다음 페이지).

전용면적 84m²(25평) **공급면적** 112m²(33평) **계약면적** 193m²(58평)

▎올림픽파크 포레온 입주자모집공고

I 공급내역 및 공급금액

■ 「주택공급에 관한 규칙」 제20조의 규정에 의거 서울특별시 강동구 주택재건축과 - 40921호(2022.11.24.)로 입주자모집공고 승인
■ 공급위치 : 서울특별시 강동구 둔촌1동 170-1번지 일대(둔촌주공아파트 주택재건축정비사업)
■ 공급규모 및 내역 : 아파트 지하 3층~지상 35층 85개동, 총 12,032세대(조합원분 6,181세대, 임대주택 1,046세대, 보류지 19세대 포함) 중 일반공급 4,786세대 및 부대복리시설
[일반(기관추천) 특별공급 206세대, 다자녀가구 특별공급 62세대, 신혼부부 특별공급 507세대, 노부모부양자 특별공급 62세대, 생애최초 특별공급 254세대 포함]
■ 입주시기: 2025년 01월 예정(정확한 입주일자는 추후 통보합니다)
■ 공급대상

(단위 : ㎡, 세대)

주택구분	주택관리번호	모델	주택형(전용면적기준)	약식표기	주택공급면적(㎡)			기타공용면적(지하주차장등)	계약면적	세대별 대지지분	총공급 세대수	특별공급						일반분양 세대수	저층 우선배정 세대수
					주거 전용면적	주거 공용면적	소계					일반(기관추천)	다자녀	신혼부부	노부모 부양자	생애최초	계		
민영주택	2022000846	01	029.9700A	29A	29.9700	16.2400	46.2100	28.4000	74.6100	16.8833	10	1	-	3	-	1	5	5	1
		02	039.9500A	39A	39.9500	22.2900	62.2400	37.8600	100.1000	22.7401	1,150	115	-	301	34	159	609	541	45
		03	049.9500A	49A	49.9500	25.9500	75.2000	47.3300	123.2300	27.7309	901	90	62	203	28	94	477	424	29
		04	059.9900A	59A	59.9900	25.2900	85.2800	56.8400	142.1200	31.1580	936	-	-	-	-	-	-	936	49
		05	059.9800B	59B	59.9800	25.4000	85.3800	56.8300	142.2100	31.1945	302	-	-	-	-	-	-	302	8
		06	059.9600C	59C	59.9600	25.5100	85.4700	56.8100	142.2800	31.2274	149	-	-	-	-	-	-	149	5
		07	059.9600D	59D	59.9600	25.4500	85.4100	56.8100	142.2200	31.2055	54	-	-	-	-	-	-	54	2
		08	059.9800E	59E	59.9800	25.5700	85.5500	56.8300	142.3800	31.2566	47	-	-	-	-	-	-	47	1
		09	084.9900A	84A	84.9900	27.7000	112.6900	80.5300	193.2200	41.1725	209	-	-	-	-	-	-	209	63
		10	084.9900B	84B	84.9900	28.0300	113.0200	80.5300	193.5500	41.2931	21	-	-	-	-	-	-	21	2
		11	084.9900C	84C	84.9900	28.2900	113.2800	80.5300	193.8100	41.3881	75	-	-	-	-	-	-	75	8
		12	084.9900D	84D	84.9900	27.9900	112.9800	80.5300	193.5100	41.2785	188	-	-	-	-	-	-	188	22
		13	084.9800E	84E	84.9800	28.4700	113.4500	80.5200	193.9700	41.4502	563	-	-	-	-	-	-	563	25
		14	084.9900F	84F	84.9900	29.4300	114.4200	80.5300	194.9500	41.8046	47	-	-	-	-	-	-	47	8
		15	084.9800G	84G	84.9800	28.6200	113.6000	80.5200	194.1200	41.5050	19	-	-	-	-	-	-	19	2
		16	084.9900H	84H	84.9900	29.2700	114.2600	80.5400	194.8000	41.7462	115	-	-	-	-	-	-	115	12
	합계										4,786	206	62	507	62	254	1,091	3,695	282

계약면적이 58평에 달합니다. 물론 둔촌주공의 실제 공사비가 평당 천만 원은 아니지만, 만약 평당 천만 원이라고 가정하면 33평 아파트의 공사 원가는 5억 8천만 원이 되는 것입니다.

최근 '20억 로또 청약'으로 화제가 된 신반포15차 재건축 래미안 원펜타스 입주자모집공고를 보겠습니다.

전용면적 84m^2(25평)　공급면적 111m^2(33평)　계약면적 212m^2(64평)

계약면적이 64평에 달합니다. 고급 단지일수록 계약면적이 넓은 경향이 있는데, 이는 실평수는 비슷해도 지하주차장 면적이나 커뮤니티 시설 등이 더 넓다는 의미이기도 합니다.

단지마다 계약면적에 차이는 있겠지만, 이와 같이 계약면적을 기

래미안 원펜타스 입주자모집공고

III 공급대상 및 공급금액

■ 공급대상

(단위 : ㎡, 세대)

주택 관리번호	모델	주택형 (전용면적기준)	약식표기	주택공급면적(㎡)			기타 공용면적 (지하주차장등)	계약 면적	세대별 대지지분	총공급 세대수	특별공급 세대수						일반공급 세대수	최하층 우선배정 세대수
				주거 전용면적	주거 공용면적	소계					기관 추천	다자녀 가구	신혼 부부	노부모 부양	생애 최초	계		
2024000355	01	059.7832A	59A	59.7832	19.9788	79.7620	71.7159	151.4779	26.8584	5	-	-	-	-	-	-	5	3
	02	059.8000B	59B	59.8000	19.9841	79.7841	71.7360	151.5201	26.8658	30	3	3	5	1	2	14	16	1
	03	059.7940C	59C	59.7940	20.0282	79.8222	71.7289	151.5511	26.8787	2	-	-	-	-	-	-	2	-
	04	084.7280A	84A	84.7280	25.9296	110.6576	101.6397	212.2973	37.2619	106	10	10	19	3	9	51	55	3
	05	084.8077B	84B	84.8077	27.4171	112.2248	101.7354	213.9602	37.7897	55	5	5	9	2	4	25	30	2
	06	084.7259C	84C	84.7259	26.4402	111.1661	101.6372	212.8033	37.4332	27	2	2	4	1	2	11	16	1
	07	084.7442D	84D	84.7442	26.2532	110.9974	101.6591	212.6565	37.3764	27	2	2	4	1	2	11	16	1
	08	107.6378A	107A	107.6378	32.8791	140.5169	129.1224	269.6393	47.3165	5	-	-	-	-	-	-	5	2
	09	107.8965B	107B	107.8965	33.2789	141.1754	129.4327	270.6081	47.5382	16	-	1	-	1	-	2	14	1
	10	137.6504A	137A	137.6504	41.1059	178.7563	165.1255	343.8818	60.1929	8	-	-	-	-	-	-	8	1
	11	137.9925B	137B	137.9925	41.0493	179.0418	165.5359	344.5777	60.2891	3	-	-	-	-	-	-	3	-
	12	155.8754	155	155.8754	44.6254	200.5008	186.9883	387.4891	67.5150	4	-	-	-	-	-	-	4	2
	13	191.8590	191	191.8590	53.4951	245.3541	230.1543	475.5084	82.6185	4	-	-	-	-	-	-	4	2
	합 계									292	22	23	41	9	19	114	178	19

준으로 할 때 33평 아파트의 공사비는 단순히 3억 3천만 원이 아니라는 점을 이해할 수 있습니다.

평당 공사비를 간략하게 정리해보면 다음 표와 같습니다. 아파트마다 계약면적은 다를 수 있지만, 33평 아파트의 계약면적을 50평으로 가정해보겠습니다. 평당 천만 원의 공사비로 계산하면, 33평 아파트의 공사비는 약 5억 원입니다. 과거에는 평당 300만~500만 원이던 공사비가 현재는 800만~900만 원 선까지 오른 상황에서 공사비가 2~3배 올랐다고 막연히 느꼈을 수 있습니다. 하지만 수치화해보면 평당 공사비가 200만 원씩 증가할 때마다 33평 아파트의 원가가 1억 원씩 상승한다는 것을 알 수 있습니다. 예를 들어 공사비가 평당 300만 원에서 900만 원으로 올랐다면, 분담금은 3억 원이 추가되는 셈입니다.

❙ 33평 아파트 평당 공사비

평단가	공사비
600만 원	3억 원
800만 원	4억 원
1천만 원	5억 원
1,200만 원	6억 원

* 계약면적 50평 기준

그런데 "건설사가 폭리를 취한다." "아파트를 3억 원에 지을 수 있다."라는 이야기를 들어본 적이 있으실 겁니다. 이는 SH공사의 김헌동 사장이 "33평 아파트를 3억 원에 건축할 수 있다."라는 발언을 언론에 발표하면서 나온 것입니다. 이 발언은 사실 과거 세곡·내곡·마곡 등지에서 2011~2017년 착공한 LH와 SH 아파트의 공사비를 기준으로 한 것입니다(다음 페이지 표 참고). 그러나 그 시기는 민간 아파트도 평당 300만~500만 원대로 건축하던 시기여서, LH와 SH 아파트가 특별히 저렴하게 건축된 것은 아닙니다. 이 때문에 건설업계 종사자들은 김헌동 사장의 발언에 현실성이 부족하다고 보고 있습니다.

실제로 과거에는 민간 건설사도 3억 원에 33평 아파트를 충분히 건축할 수 있었지만, 현재와는 상황이 다릅니다. 업계에서는 LH와 SH가 직접 시공도 하지 않으면서 현재의 원가로 저비용 건축이 가능하다고 주장하는 점을 비판하며, 그 비용으로 직접 지어보라는 반응도 나오고 있습니다.

❙ 대표 단지 분양원가 비교

(단위: 원)

구분	고덕강일4(1차)	오금1(2차)	세곡2-1(3차)	내곡1(4차)	마곡14(5차)	고덕강일 8(6차)	마곡9(7차)
착공시기	2017.12	2015.01	2012.02	2012.01	2011.09	2018.06	2017.01
준공시기	2020.06	2017.09	2014.07	2014.08	2014.04	2020.11	2020.12
분양원가	1,134만 5천	1,077만 8천	1,039만 2천	1,041만 1천	1,121만 7천	1,170만 3천	1,291만 3천
택지조성원가	444만 7천	519만 1천	454만 2천	470만 3천	515만 2천	449만 3천	498만 2천
건설원가	680만 8천	558만 7천	585만	570만 8천	606만 5천	721만	793만 1천
분양금액	1,764만 8천	1,607만 2천	1,355만 3천	1,514만 7천	1,182만 6천	1,771만 9천	1,936만 8천
분약수익	630만 2천	529만 4천	316만1천	473만 6천	606만 9천	601만 6천	645만 5천
분양수익률	35.7%	32.9%	23.3%	31.3%	5.1%	33.9%	33.3%

출처: 서울주택도시공사

공사비
천만 원 시대가 온다

현재 공사비는 원자재와 인건비 인상, 금융비용 증가 등 여러 요인이 겹치며 큰 폭으로 상승했습니다. 과거에 비해 공사비가 평당 800만~900만 원 선까지 오른 것은 물론이고, 이미 1천만 원을 넘어선 단지들도 있습니다. 일례로 2023년 12월에 여의도 공작아파트는 평당 1,070만 원으로 시공사를 선정했습니다.

초고층, 하이엔드 아파트의 경우 평당 공사비가 1,200만~1,300만 원대에 달하기도 하는데, 다른 이유로도 공사비가 높아지는 경우가 있습니다. 2024년 4월, 신반포22차 재건축 조합은 평당 1,300만 원으로 현대엔지니어링과 계약을 체결했습니다. 2017년에는 평당 569만 원으로 계약했었는데, 현재의 공사비와 비교하면 크게 상승한 셈이지요. 초고층 단지가 아님에도 신반포22차의 공사비가 높은 이유는 단지 규모가 작기 때문입니다. 지하 3층에서 지상 최고 35층, 2개 동 160가구의 소규모 사업여서 규모의 경제가 적용되지 않은 것입니다. 사실 2017년 당시 569만 원도 다른 단지들과 비교하면 말도 안 되게 비싼 거였습니다.

사업 규모와 공사비의 관계는 이미 2022~2023년부터 꾸준히 이야기해왔습니다. 결국 뭉쳐야 산다는 것이 핵심입니다. 재개발의 경우 모아타운으로 규모를 쪼개는 것이 문제이고, 재건축에서도 대지 지분이 높은 단지는 합치는 경우 손해가 발생한다며 따로 가려는 경우가 있습니다. 주민들의 입장은 이해되지만, 공사비가 계속 오르면서 사업성에 부담을 주고 있다는 점을 고려했는지는 의문입니다. 차라리 통합 재건축에 참여해 권리를 최대한 보장받을 수 있는 안전장치를 마련하는 것이 유리해 보입니다.

2023년만 해도 소규모 현장의 공사비가 900만 원대였으나, 지금은 상황이 달라졌습니다. 2024년 6월 방배7구역 재건축 시공사 선정에서 평당 975만 원이 제시되었으나 유찰되었습니다. 316세대의 방배7구역조차 시공사 선정이 어려운 상황에서, 세대수가 더 적은 소규모 정비사업 현장들은 이미 공사비로 1천만 원 이상으로 봐야 한다고 생각합니다.

방배삼호아파트 12·13동 가로주택정비사업은 120세대를 건축하는 소규모 정비사업입니다. 현대건설의 하이엔드 브랜드인 '디에이치'를 적용하면서 평당 공사비가 1,153만 원에 달했습니다. 세대수도 적고 하이엔드 아파트이기에 높은 공사비가 어느 정도 이해되지만, 2022년 8월에 선정된 공사비가 이 정도로 높았던 것은 이례적입니다.

제가 모아타운을 부정적으로 보는 이유 중 하나도 바로 공사비입니다. 소규모로 진행할 경우 공사비가 폭등하기 쉽고, 이는 사업 무산 가능성을 높이기 때문입니다. 간혹 모아타운 내 단일 시공사를 선택해 해결할 수 있다고 하는 분도 있지만, 조합마다 의견이 다를 수 있으며, 구역별 공정 속도를 맞추지 않으면 규모의 경제를 달성하기 어렵습니다. 또한 구역별로 속도를 맞춘다면 애초에 재개발 구역으로 묶어서 가야지 번거롭게 모아타운으로 쪼개버린 이유도 사라집니다.

서울시의 '신통기획' 또한 이름만 새로울 뿐 기존 재개발·재건축 방식과 크게 다르지 않은데도, '오세훈 표' 신규 사업을 만들고 싶어서 「빈집 및 소규모주택 정비에 관한 특례법」의 '소규모주택정비관리지역'을 모아타운이라는 브랜드로 밀고 간 것이라고 봅니다. 모아타운은 구조적 문제로 인해 곳곳에서 부작용이 발생하고 있어, 사업이 절반 이상 좌초될 가능성이 높아 보입니다.

평균 분담금 5억 원 시대

이제 앞에서 봤던 아파트 평당 공사비 표가 다시 보입니다. 평당 천만 원 시대에 아직 도달하지는 않았지만, 초고층 하이엔드 아파트는 논외로 치더라도 소규모 단지에서는 이미 천만 원을 넘는 공사비가 현실화되고 있습니다. 그러면 결국 33평 공사비는 5억 원이라는 이야기가 됩니다. 여기에 실제 계약면적은 50평을 넘어서 보통 50평대 중반, 많으면 60평에 이르기 때문에, 향후 평당 천만 원 시대가 도래하면 33평의 실질 공사비는 5억~6억 원 수준이 될 것입니다.

이러한 공사비 현실을 감안하면 단순하게 사업성을 인식하면 됩니다. 공사비 인상분을 일반분양가로 전가하지 못하면 조합원이 이를 모두 부담해야 합니다. 공사비는 실제 비용이기 때문에 결국 그 부담은 조합원과 일반분양자에게 돌아갑니다. 일반분양가가 높으면 조합원 분양가는 낮아지지만, 높게 받지 못하면 조합원 분양가는 높아질 수밖에 없습니다.

대표적으로 일반분양이 없고 사실상 1:1 재건축인 상계주공5단지는 집값이 5억 원인데 분담금이 5억 원이나 되어 이슈가 되었습니다. GS와 시공 계약 해지 사태도 이어졌는데, GS의 공사비가 평당 650만 원이었던 것을 감안하면 해지가 자충수였다는 의견이 많습니다. 물론 착공 시점에서 평당 650만 원이 그대로 유지될 것이라고 보지는 않았습니다. 공사 지연과 메이저 시공사를 재선정한다 해도 그 시공사조차도 이주 철거 후 착공 시점에서 공사비를 다시 산정할 가능성이 큽니다. 이런 이유로 사업성이 부족한 지역들은 분담금 5억 원 정도는 기본이라는 현실을 인정해야 합니다.

그래서 제가 2024년 들어 자주 언급하는 것이 바로 '분담금 5억 시대가 온다'입니다. 분담금 인식은 과거에 머물러 있지만, 공사비는 이미 2~3배로 올랐음을 인지해야 합니다. 과거에 사업성이 있던 곳들도 이제는 사업성이 없어졌고, 분담금을 감당할 수 없는 조합원이 많은 단지는 사업이 표류할 가능성이 큽니다.

만약 지금의 공사비 상승을 건설사의 요구라고만 생각한다면, 메이저 건설사의 영업이익률을 살펴보길 권합니다. 폭리를 취한다는 인식은 오해일 가능성이 큽니다. 중소·중견 건설사들이 어려움을 겪는 이유도 공사비 현실을 반영하지 못한 결과입니다. 이 점을 이해하지 않는다면 재개발·재건축 투자는 하지 않는 것이 좋습니다.

가장 쉬운 분담금 확인법

지금까지 공사비에 대해 이야기했습니다. 그렇다면 분담금이 실제로 얼마나 나올지 궁금해집니다. 종종 "××조합은 어떤가요?" "조합에서는 여기는 괜찮다고 하던데요." 같은 질문을 받곤 합니다. 사실 조합의 말을 믿기로 했다면 그대로 믿으면 되는데, 굳이 저에게 물어보는 이유는 이미 매수한 소유자분들이 '답정너' 성격이 짙기 때문입니다. 속으로는 "제발 좋다고 말해줘!"를 기대하고 있는 거죠. 그러나 특정 단지가 좋다 나쁘다고 단정 짓는 건 조심스러운 일입니다. 괜한 오해가 생기기 쉽기 때문입니다.

대신 저는 언론사 강연이나 투미TV를 통해 사업성을 확인하는 방법을 알려드렸습니다. 가장 기본적인 방법은 용적률과 대지지분을 확인하는 것이죠. 이런 정보를 알려드려도, 누구는 좋다고 하고 누구는 나쁘다고 하니 의견이 엇갈리는 경우가 많습니다. 조합에서 대놓고 환급이 나온다고 선동하는 경우는 특히 답하기 어렵습니다.

본인이 보유한 정비사업 조합에서 실제로 분담금이 발생할지, 혹은 조합의 주장처럼 환급이 나올지를 가장 쉽게 확인하는 방법은 이 공식입니다.

일반분양 총수입 = 공사비 총액

비례율이나 종전가, 종후가 등의 세부 계산은 필요 없습니다. 결국 공사비는 지출되기 마련이고, 이를 분양수입으로 충당할 수 없다면 그 차액은 조합원들이 부담할 수밖에 없습니다. 조합에서 분담금이 없다고 주장한다면, 일반분양 수입이 공사비를 모두 충당할 만큼인지 확인하면 됩니다.

■ 사례 1: 가상의 A 정비사업 조합 ■

총 1,300세대를 건축하는 사업으로 총공사비 7천억 원이 예상됩니다. 해당 조합은 종전 세대수 800세대에서 종상향을 통해 500세대나 증가해 사업성이 높고 환급이 예상된다고 설명합니다. 사실일까요?

핵심은 일반분양 세대수입니다. 몇 세대가 늘어났는지보다 조합원 분양분과 임대주택을 제외한 일반분양을 봐야 합니다. 조합은 일반분양 세대가 확정되지 않았다고 하지만 임대주택은 200세대라고 답합니다. 500세대 증가 중에서 임대주택 200세대를 제외하면 일반분양 세대는 300세대입니다. 공사비 7천억 원이니 분담금이 나오지 않으려면 1세대당 23억 3천만 원에 분양이 이루어져야 합니다.

일단 이 조건에서 아웃인 지역들이 수두룩하게 나올 테지만, 다행히도 A 정비사업 조합이 강남에 위치해 분양가상한제 심의를 통과해 분양가가 나오면 23억 원에 완판이 가능하다고 가정하겠습니다. 문제는 평수입니다. 일반분양이 모두 33평으로 나온다면 완판이 가능하겠지만, 25평으로는 어림없다는 생각이 듭니다. 예를 들어보겠습니다.

- 신반포15차 래미안원펜타스의 일반분양가 33평 23억, 25평 17억 건축심의 내용을 살펴보니 그래도 나름 고급화를 지향한다면서 25평 이하 비율을 35%로 한다고 합니다.
- 신반포3차·경남아파트 재건축 래미안원베일리의 평형별 비율 25평 이하 25%, 30평대 42%, 40평 이상 33%
- 둔촌주공 재건축 올림픽파크포레온의 평형별 비율 25평 이하 43%, 30평대 43%, 40평 이상 14%

조합원들이 대부분 최소 33평 이상을 희망하고 있어, 일반분양의 상당수가 25평 매물로 나올 가능성이 큽니다. 그러면 어떻게 계산해도 공사비 7천억 원을 일반분양 수익만으로 충당할 수 없다는 결론입니다.

■ 사례 2: 또 다른 B 정비사업 조합 ■

해당 조합의 공사비는 5천억 원이고, 일반분양 세대수는 500세대라고 합니다. 이 경우 1세대당 10억 원 이상에 분양하면 됩니다. 실제로 요즘 강북에서도 마포와 성동 등지에서는 33평을 17억 원, 25평을 14억 원에 완판하는 상황이라, 입지가 좋다면 환급이 가능해 보입니다.

그런데 조합의 시공사 계약 공사비가 평당 600만 원으로 되어 있습니다. 현실적으로 관리처분인가와 이주철거를 거쳐 착공까지 최소 4~5년이 걸릴 것으로 예상되는데, 현재의 상승세를 고려할 때 조합이 종전 계약 금액을 유지하려 해도 평당 800만 원에서 보수적으로는 1천만 원까지 공사비가 올라갈 수 있습니다. 그러니 5천억 원이었던 공사비가 6,750억~8,500억 원으로 증가할 가능성이 큽니다. 이렇게 되면 환급은커녕 분담금이 발생할 것 같지만 일반분양만 잘 진행되더라도 가능성은 있어 보입니다. 그러나 강북에서도 지역에 따라 분양가가 12억 원 선에 그치는 곳이 있어 분담금 부담이 커질 수 있습니다.

두 가지 가상 사례를 통해, 조합에서 환급이 가능하다고 주장하더라도 함정이 있을 수 있다는 점을 확인해보았습니다. 이러한 함정을 확인하는 핵심 요소는 일반분양가와 공사비가 현실적으로 산정되었는가입니다. 일반분양 수입을 과대계상해서 잡았거나 공사비를 과소계상해서 잡았다면, 환급 가능성은 말뿐일 가능성이 큽니다. 결국 이러한 비현실적 수치는 쉽게 드러나기 마련입니다.

일반분양 총수입 + 조합분양 총수입 = 공사비 총액

이 항등식에서 벗어날 묘수는 없습니다. 조합이 분담금이 0이라고 주장한다면 일반분양 총수입이 공사비 총액과 같다는 것이고, 환급이 있다면 분양 수입이 공사비보다 더 높다는 것입니다. 그러나 대다수 조합은 일반분양 수입만으로 공사비를 충당하지 못해, 부족한 금액을 조합원들이 나누어 부담하게 됩니다. 이것이 바로 분담금입니다.

일반분양 총수입 + 조합분양 총수입 = 공사비 총액 + 사업비

사실은 이렇게 계산해도 정확하게는 맞지 않는 것이 여기에 조합 사업비가 더 추가되기 때문입니다. 그래도 정비사업 비용에서 가장 큰 비중을 차지하는 것이 공사비인 만큼 공사비조차도 충당이 안 되면 사업성 문제는 더 말할 필요가 없습니다.

많은 조합이 사업성을 과장하거나 분담금이 적게 나온다고 설명하지만, 조금만 따져봐도 실상은 다릅니다. 현재 사업성이 부족한 조합의 경우 분담금이 5억 원 이상 나오고 있습니다. 그럼에도 불구하고 일부 조합이 분담금 0원, 환급 가능성을 운운하는 것은 나중에 큰 역풍을 맞을 위험이 큽니다.

요즘 일부 시공사도 이해하기 어려운 공사비로 수주하는 경우가 있는데, 일단 수주하고 착공 시점에서 공사비를 올리려는 의도가 있는 듯합니다. 조합 또한 비슷하게, 현재의 문제는 외면한 채 조합원들이 듣기 좋은 장밋빛 전망만 내놓고 있을지도 모릅니다. 지나친 비관론도 옳지 않지만 막연한 낙관론도 바람직하지 않습니다.

지금 시장에는 비관론과 낙관론 두 가지 극단적 관점만 보입니다. 결국 정비사업의 사업성 판단은 각자 신중히 따져보고 결정해야 할 부분입니다.

앞으로 살아남는 정비사업

공사비 상승과 사업성 하락으로 인해, 정비사업 조합의 분담금 부담이 커지고 있습니다. 사업성이 어느 정도 나오는 지역들은 일반 분양 세대와 높은 분양가로 공사비를 충당해, 분담금을 억제할 여지가 있습니다. 간혹 강남권 유명 재건축 단지의 공사비가 늘었다는 소식에 댓글에선 "조합 다 끝났다."라는 반응이 나오곤 하지만, 저는 연예인 걱정만큼 필요 없는 우려라고 말합니다.

이런 지역들은 사업이 진행되면 일반분양가가 역대 최고치를 기록해도 주변 시세가 더 비싸서 당첨되는 것부터 걱정해야 하는 동네입니다. 따라서 공사비가 올라도 일반분양가 역시 함께 올라 조합원 분담금에는 큰 변화가 없을 가능성이 큽니다. 특히 관리처분인가까지 완료된 조합들은 비례율을 계산해 사업 수지를 맞추게 되므로, 공사비 증액분을 일반분양가에서 얼마나 상쇄할 수 있는지 비교하면 됩니다.

진짜 문제는 관리처분인가를 받고 나아가는 조합들이 아니라, 이제 시작하거나 앞으로 진행하려는 조합들입니다. 공사비가 평당 천만 원에 달하는 시대가 온다면 사업성이 낮은 지역들은 아예 착수조차 어렵게 될 것입니다. 이런 지역들에서는 분담금 5억~6억 원을 부담해야 할 상황이 빈번해질 것입니다. 실제로 이미 서울의 많은 정비사업 조합에서 과거 2억~3억 원이던 분담금이 현재 4억~5억 원은 기본이고, 6억 원 이상이 부과되는 경우도 드물지 않습니다.

재건축의 경우 여전히 대지지분이 높고 사업성이 좋은 단지들이 있지만, 앞으로는 사업성이 부족한 곳이 대다수가 될 것입니다. 1990년대 이후 지어진 아파트들은 용적률이 높고 대지지분이 낮아 사업성이 낮은 경우가 많고, 2000년대 이후 아파트는 그 문제가 더 심각해집니다.

재개발도 다르지 않습니다. 모아타운은 물론이고, 신통기획조차도 많은 곳에서 어려움을 겪고 있습니다. 특히 신축빌라 쪼개기가 횡행하면서 해제 전과 신통기획 재선정 혹은 다시 선정을 추진하겠다는 구역을 비교하면 구역 경계는 더 줄었음에도 토지등소유자 수는 적게는 1.5배에서 2~3배씩 늘어난 곳들이 많습니다. 과거에는 재개발을 반대했지만 만약 했다면 "차라리 그때 했어야 했는데, 이제는 할 수 없다."라는 말이 나올 정도입니다. 이러한 구역들이 각지에 널려 있습니다.

이제는 남의 돈으로 재개발이나 재건축을 진행하는 시대가 끝나고, 조합원들의 돈으로 사업을 해야 하는 상황이 오고 있습니다. 사업성이 낮은 곳들은 어렵게 볼 것 없습니다.

매매금액 + 분담금(5억~6억 원) = 인근 신축 아파트 가격

이 공식에 대입해 어느 쪽이 더 나은지를 비교하면 사업성의 윤곽이 명확해질 것입니다. 만약 해당 구역이 사업성이 조금 낮다고 생각되면 신축 아파트 가격에서 1억~2억 원을 뺀 금액을 예상하면 되고, 사업성이 좋다면 3억~4억 원을 빼고 볼 수 있습니다. 하지만 현재 사업성이 정말 좋은 곳이 얼마나 남아있을까요? 대지지분이 몇 평 안 되는 상황에서 사업성이 '좋다'고 하기엔 한계가 큽니다.

실제로 "소장님, 여기 어떤가요?"라고 묻는 곳들을 보면, 진짜 좋은 곳은 오히려 언급되지 않았습니다. 대부분 대지지분이 12평도 안 되거나, 조금 나은 경우라 해도 15평 내외의 구역들이 많습니다. 낙관하기보다는 현실적으로 상황을 판단하고 접근해야 합니다.

옥석을 가리고 성공적인 투자로 이어지도록

공사비 평당 천만 원 시대가 온다는 것은 단순히 공사비 상승을 넘어 정비사업 사업성의 향방을 가를 만한 사안입니다. 사업성 계산은 다소 복잡하지만 이를 어떻게 쉽게 알려줄 수 있을지 고민이 많았습니다. 그러다 평당 공사비와 계약면적을 활용해 신축 비용을 추정하면 답이 나오겠다는 생각이 들었습니다. 어차피 재개발·재건축은 조합원이 건축비를 납부하고, 남는 주택을 일반분양해서 일부 비용을 충당하는 구조입니다. 이 관점에서 분담금 총액을 산정해놓고 수익성은 예상 일반분양 세대수를 빼면 견적이 쉽게 나옵니다.

이 접근법은 상향식(Bottom-up)과 하향식(Top-down) 방식의 차이를 활용한 것입니다. 상향식으로 세부 항목들을 분석하다 보면 용적률 인센티브나 임대주택의 부담 등 예상치 못한 변수가 많아 사업성이 실제로 개선되지 않는 경우가 많습니다. 결국 중요한 것은 사업성이 아니라 조합원이 납부해야 할 분담금입니다. 그래서 이를 어떻게 접근해야 할까, 전문가에게 따로 의뢰하지 않아도 스스로 계산할 수는 없을까 고민하다가 하향식 접근법으로 총 공사비에서 일반분양 수입을 차감해 대략적인 분담금을 추정하는 방법을 생각해냈습니다.

이는 업계 전문가들에게 확인한 방식입니다. 디테일에 차이는 있겠지만 큰 틀에서의 접근이 가능하며, 앞으로 널리 사용되기를 기대합니다.

공사비 상승에 대한 뉴스는 흔히 나오지만, 이를 실질적으로 내 상황에 적용해보지 않으면 남의 이야기처럼 들리기 마련입니다. 그러나 평당 공사비가 200만 원 오를 때마다 분담금이 1억 원씩 상승한다고 말하면 바로 체감됩니다. 지금까지 이야기한 내용을 통해 공사비에 대한 감을 잡으시기를 바랍니다. 불확실한 지역의 재개발·재건축에 기대감을 갖고 매수하는 분들이 많은데, 그들의 현실적인 판단을 도울 수 있으면 좋겠습니다. 재개발·재건축을 매수하려는 입장에서는 사업성이 있는 지역을 찾는 방법으로, 이미 소유한 입장에서는 희망 고문을 당하기보다는 빠르게 갈아탈 기회를 찾는 데 도움이 되길 바랍니다.

'진흙 속의 진주'라는 표현처럼, 힘든 여정을 거쳐 성공적으로 사업을 마치는 조합이 있을 수는 있습니다. 그러나 굳이 진흙탕에 뛰어들 이유가 있을까요? 눈에 보이는 안정적인 사업성을 가진 지역이 있는데 험난한 길을 갈 필요는 없습니다.

가격이 저렴하고 저평가되어 보인다고요? 그게 사실 시장에서 판단한 금액은 아닐까요? 저평가와 싼 것은 다릅니다. 실제로 가치가 높음에도 저평가된 단지가 있는 반면, 현재 시세가 적정가인 단지들도 많습니다. 만약 신중한 검토 없이 오직 '촉'으로 선택한다면, 본인 촉을 믿고 투자하시되 아무도 원망하지 않으면 됩니다. 여기 샀는데 괜찮냐고 제게 물어보지 않으셨으면 좋겠습니다. 제 답은 여기에 모두 적어두었으니까요.

재개발·재건축 투자는 어렵고 복잡한 면이 있지만, 조금만 시간을 투자하고 공부하면 분석이 가능한 영역입니다. 오히려 제대로 접근하면 진정한 저평가 물건을 잡을 수 있는 기회이기도 합니다. 이번 글이 옥석을 가리고 성공적인 투자로 이어질 수 있는 지침이 되기를 바랍니다.

2025년 눈여겨봐야 할 DT, DI 후보지 분석

옥탑방보보스 김종율

- 김종율아카데미 대표
- 보보스부동산연구소 대표
- 저서『나는 집 대신 땅에 투자한다』
- 김종율유튜브 '김종율TV'
- 블로그(blog.naver.com/zong6262)

2025년에 살 부동산이라면 언제 팔 부동산인가? 부동산의 특성상 5년 정도 생각할 사람들이 많겠지만, 짧게 보유한다면 2027년에 팔 물건이 될 수도 있다. 투자 기간을 왜 이렇게 짧게 잡았냐고 되묻겠지만, 5년 보유를 하더라도 2년이 지나면 좀 올라줘야 3년을 더 갖고 가기 마음이 편하다. 그러기에 나는 항상 2~3년 뒤의 상황을 짚어가며 투자한다. 여기엔 금리 변화와 호재의 진행 상황이 해당한다.

우선 금리는 2027년에는 우리가 바라던 만큼(!) 떨어졌을 가능성이 매우 높다. 2024년 9월 19일에 미국이 전격적으로 기준금리를 0.5%p 인하하겠다고 발표했다. 그래도 5%다. 5.5%로 올라선 후 1년여 만의 일이라 반갑긴 하나, 시중의 금리 전문가들이나 FOMC 점도표상으로나 금리 인하의 속도는 매우 느릴 것으로 예상된다. 한국은 기준금리가 3.5%다. 0.5%p 인하한 미국보다 무려 1.5%p 더 높다. 통상 미국보다 우리의 기준금리가 더 높았던 점을 감안하면 미국의 금리 인하 속도보다 우리가 더 더딜 것이다. 그러니 2~3년은 흘러야 기준금리가 1%대에 안착하고 대출금리도 3% 전후의 금리에 도달하리라 예상한다.

그러면 금리가 떨어지면 어떤 부동산에 대한 수요가 많아질까? 당연히 수익형 부동산이다. 그렇다면 상가를 찾게 될 텐데, 자영업자 경기를 보면 선불리 상가를 사선 안 될 것 같다. 직장인이고 대학생이고 술 마시고 노는 문화가 싹 사라졌다. MZ 직장인들은 회식 자체를 싫어하며 회사에서도 술자리에서의 성희롱 문제 등이 자주 불거지니 자제를 권한다. 여기에 스마트폰과 OTT 등의 보급으로 사람들과 어울리는 것보다 폰이나 인터넷으로 노는 것이 더 재밌어지기도 했다. 거기다 대학교 상권은 교육환경보호구역상 상대보호구역에 저촉되는 지역이 많아 상권 내 숙박시설을 갖추고 있는 곳이 거의 없다. 젊은 층이 선호하는 상권은 쇼핑과 유흥, 숙박까지 한데 어우러져 있는 곳인데 대학가는 그런 점에서도 인기를 끌지 못한다.

즉, 대학이나 직장인을 주된 배후 수요로 삼는 곳의 상가는 나쁘다. 주거지 배후 수요를 갖춘 곳이라 해도 유흥업종이나 먹자 상권으로 조성된 곳은 그리 전망이 좋지 않다. 아파트 거주자들이 집 앞의 유흥주점이나 술집을 찾는 이가 그리 많지 않기 때문이다. 신도시를 예로 들자면 미사역 남측의 위락지구 상가들이 여기에 해당한다. 그러나 주거지 주변, 그중에서도 주거지 배후 수요의 학원과 병원 등이 선호하는 입지의 상가들은 그나마 낫다. 지도를 보며 이야기하자면 위락지구로 표시한 곳은 앞으로도 상권이 활성화되기 어려운 곳이고, 지하철 출구와 남측의 아파트 간 주 동선을 빨간색 화살표로 표

미사역 상가

안성시 스타벅스 사례

시한 곳은 그나마 여건이 나은 곳이다.

그렇다면 2025년에 이런 상가를 사두면 돈이 될까? 좀 더 들여다볼 것이 있다. 인구 20만 미만의 도시라면 보행자 상권의 상가 투자를 주의해야 한다. 인구 20만 정도의 도시라면 수도권의 이천시나 안성시 정도가 해당하는데, 이런 지역에서는 보행자 상권의 쇠락이 눈에 띄게 커지고 있다. 인구가 이보다 적더라도 과천시처럼 면적 대비 세대가 집중되어 보행자 상권이 잘 발달한 곳은 예외라 할 수 있겠지만, 여주 같은 곳은 보행자 상권이 크게 쇠락하고 있다.

안성시의 스타벅스를 예로 들어보자. 지도의 우측 상단에 보이는 일반 매장은 2020년에 폐점한 곳으로, 폐점 당시 월매출이 1억 원 정도였으나, 매장 면적이 1~2층 합 130평 정도로 꽤 넓었음에도 보행자 상권의 매출 한계를 보였다. 이 점포의 폐점 계획과 동시에 스타벅스 본부는 대체 점포를 DT점으로 선정해 인근에 스타벅스 석정DT점을 오픈했다. 정확히는 안성 석정DT점을 오픈 후 일반 매장인 중앙로점을 폐점한 것이다.

그렇다면 석정DT점의 매출은 좋을까? 물론이다. 석정DT점은 과거 주유소로 운영 중이던 용지가 30억에 매물로 나왔을 때, 이를 사들인 사모펀드가 스타벅스DT로 개발해 약 59억에 매물로 내놓았다. 당시 월 매출은 2억에 조금 미치지 않는 수준이었다. DT 개발의 힘을 엿볼 수 있는 대목이다.

과연 이것이 스타벅스만의 이야기일까? 다시 안성시의 다른 지역 사례를 살펴보자.

I 안성시 지역의 DT와 DI 개발 사례

지도를 보면 안성 구도심 남측 남안성IC로 가는 길목에 상가 투자자들이 선호하는 브랜드들이 줄지어 입점해 있다. 해당 지역에는 스타벅스 안성계동DT(이 점포를 개발한 사람은 투자와 강의로 유명한 상가, 토지 강사로 알려져 있다), 파리바게뜨, 다이소 등이 입점해 있다. 불과 2020년만 하더라도 이 지역에는 이러한 브랜드가 전혀 없었다. 그러나 스타벅스DT점이 착공하면서 2021년에 파리바게뜨, 2024년에는 다이소가 출점했다. 스타벅스DT 개발을 담당한 유명 강사의 전언에 따르면, 해당 부지를 평당 400만 원에 매입했으나 지금은 유명 브랜드들의 출점이 늘면서 땅값이 평당 800만 원(지목 대의 경우)까지 올랐다고 한다. 최근 부동산 경기가 나빠 투자자들이 힘들었던 것을 감안하면 격세지감이란 말이 떠오른다.

그렇다면 위와 같은 브랜드들만 DT나 DI(Drive-In)로 개발할까? 그렇지 않다. 유니클로, 탑텐, 스파오 등의 패션 브랜드도 DI 개발에 뛰어들어 높은 매출을 보인다. 투자 수익 측면에서 보면 패션 브랜드가 스타벅스DT를 앞지르는 곳도 있다. 패션 브랜드의 경우 월 매출이 2억은 너끈히 나오는데, 월세는 매출의 12%를 받기 때문이다. 최근에는 맘스터치가 스타벅스 출신의 점포 개발 담당자를 영입하며 DT 개발에 박차를 가하고 있다는 소식도 있다. 이미 안양 석수역 인근에 1호점 후보지를 확보해 오픈 준비 중이다. 석수역 앞 경수대로에는 스타벅스와 롯데리아가 DT점으로 운영 중이며, 북쪽으로 약 2km 떨어진 곳에는 맥도날드도 DT점을 운영 중이다.

그렇다면 지금 관심 있게 지켜볼 만한 곳은 어디일까? 2027년에는 정주인구가 늘어나거나 고속도로 IC 개통과 같은 호재로 인해 트래픽의 방향이 크게 바뀔 곳을 노리면 된다.

파주 신설 IC 앞을 주목하라

경기도 파주시 금릉역과 금촌역 사이의 구도심에는 약 3만 세대의 가구가 거주하고 있으며, 금촌동 구도심 곁에 후곡마을 같은 택지지구도 접해 있다. 그 바로 앞에 금촌IC가 2020년 11월에 개통

| 금촌IC 주변

고등학교
문산제일
고등학교
금촌3동
SK엔크린
LPG
현대오일뱅크
금촌역
금촌천
경의중앙선
신안실크밸리
1차아파트
SK엔크린
LPG
금촌1동
파주스타디움
뜨란채
5단지아파트
금촌2동
금릉역
금촌
금촌주공뜨란채
7단지아파트
공릉천
고산천
공릉천
반경 2km
생활 인구
프랜차이즈
가맹점모집
대중교통
배후세대
28,421 세대
전체 세대의 약 73.3%가 아파트에 거주 중이에요

SERIM TOWER

되었다. 이 도로는 파주 문산에서부터 서울과 김포공항을 연결해 주며, 개통 전부터 파주시의 교통 방향을 크게 바꾸어 놓을 도로로 평가받았다.

나는 2018년, 개통을 2년 앞두고 이 지역의 매물을 찾아다녔다. 당시 하이마트 앞 GS칼텍스 주유소로 운영 중이던 약 600평 규모의 매물이 나왔으나, 자금 여유가 없어 투자할 수 없었다. 지금 로드뷰를 보니 그곳에 자동차 전시장과 공동주택 등이 들어서 있다. 이런 라인에서 매물을 찾아 DT나 DI 출점을 고려하는 브랜드의 점포 개발 담당자와 접촉해보면 어떨까? 지금은 IC가 개통된 만큼 지가 상승은 덜하더라도, 점포 개발에 따른 가치 상승이 반드시 뒤따를 것으로 본다.

파주시 탄현면은 부동산 투자자들조차 잘 알지 못하는 지역일 것이다. 이곳은 파주에서 헤이리 예술마을과 신세계 프리미엄 아울렛이 입주하면서 잠시 관심을 끌었으나, 그 이후 이렇다 할 호재가 없었다. 탄현면은 서북쪽으로 채 10km도 가지 않아 북한에 이르는 곳이다. 제2외곽 고속도로 운정IC가 개통되면 우리나라 고속도로 IC 중 삼팔선에 가장 가까운 IC로 기록될 전망이다.

도시계획상으로 규모 있는 개발계획이 수립되기 어려운 곳이지만, 고속도로 IC가 2027년 개통을 목표로 한창 공사 중이며, 남측으로는 운정신도시가 입주 중이다. 고속도로 IC와 남측 운정지구 사이에 계획관리지역이 눈에 띈다. 이 일대에는 농림지역이나 생산관리지역도 있지만, 계획관리지역 위주의 가치 상승이 예상된다. IC 개통

I 운정IC 주변

으로 공장 수요가 늘고 택지지구 인구로 인해 트래픽이 증가하면 음식점을 비롯한 판매점들이 입점하게 될 텐데, 이런 업종의 허가가 가능한 용도지역이 계획관리지역이기 때문이다.

남양주
개발제한구역 녹지지역, 이축권을 활용하라

남양주에는 왕숙지구, 왕숙2지구, 양정역세권 개발구역, 진접2지구가 추진 중이다. 입주 5년이 채 되지 않은 다산지구까지 포함하면 갑자기 신도시가 집중된 지역이 되었다. 이런 신도시는 모두 개발제한구역을 해제하고 조성된 곳들로, 그전에는 합법이든 불법이든 많은 공장이나 창고가 자리 잡고 있었으며, 교외 맛집이나 카페도 더러 있었다. 그러나 이 모든 것이 사라지고, 약 5만 세대 규모의 신도시가 들어설 예정이다. 그러면 택지지구 인근의 수요가 크게 늘어날 테고, 다양한 브랜드의 DT와 DI 매장들이 생길 가능성도 있다. 설령 내 땅에 직접 입점하지 않더라도 인근 필지에 입점하는 것만으로도 토지 가치는 오를 것이다.

왕숙지구의 광역교통개선 대책을 보자. 남측으로 383도로 확장이 계획되어 있어 다산지구와 연결된다. 왕숙지구는 보상이 완료되어 곧 착공을 앞둔 3기 신도시 중 가장 앞서 나가는 신도시로, 5만 세대가 넘게 들어설 예정이다. 따라서 주변 녹지지역에 대한 수요도 크게 늘어날 것으로 내다본다.

하지만 걸림돌도 있다. 주변 녹지지역은 대부분 개발제한구역으로, 이축권(개발제한구역 내 건축할 권리)이 없으면 구입이 어렵다. 게다가 토지거래허가구역으로 묶여 있어 허가 조건을 충족하는 노력이 필요한 땅이 많다.

신도시가 개발되면 구역 내 부동산 소유자는 신도시 지정 전(정확히는 사업인정 고시일 또는 주민공람을 통한 사업인정 의제일)부터 소유했던 자산에 따라 보상금 외에 다양한 권리를 추가로 받을 수 있다. 특히 공익사업으로 건물이 철거되거나 토지를 임차해 건물을 지은 소유자는 이축권을 부여받기도 한다. 수도권에서는 이 이축권의 가격

왕숙지구 광역교통개선대책

■ 대중교통 개선

가. 별내선 연장(별내역~진접선)
나. 경춘선 역사신설(GTX-B 정차)
다. 경의중앙선 역사 신설
라. 강동~하남~남양주 간 도시철도 연결
마. 상봉~마석 간 셔틀열차
바. 강변북로 대중교통개선
사. 경춘선 신설역사 환승시설
아. 경의중앙선 신설역사 환승시설
●. 입주 초기 대중교통 운영지원

■ 도로교통 개선

1-A. 한강교량 신설(4차로)
1-B. 올림픽대로 확장(강일IC~선동IC)
2. 지방도 383호선 확장(왕숙~도농4)
3-1. 올림픽대로 확장(암사IC~강동IC)
3-2. 강일IC 우회도로 신설
4. 진관교 확장
5. 연결도로 신설(왕숙2~양정역세권)
6. 연계도로 신설(왕숙2~다산)
7. 구국도46호선 확장(진안4~금곡4)
8. 경춘북로 확장(퇴계원4~진관교)
9. 북부간선도로 확장(인창IC~구리IC)

출처: 국토교통부

스타벅스 의왕삼동DT점의 위치와 전경(로드뷰)

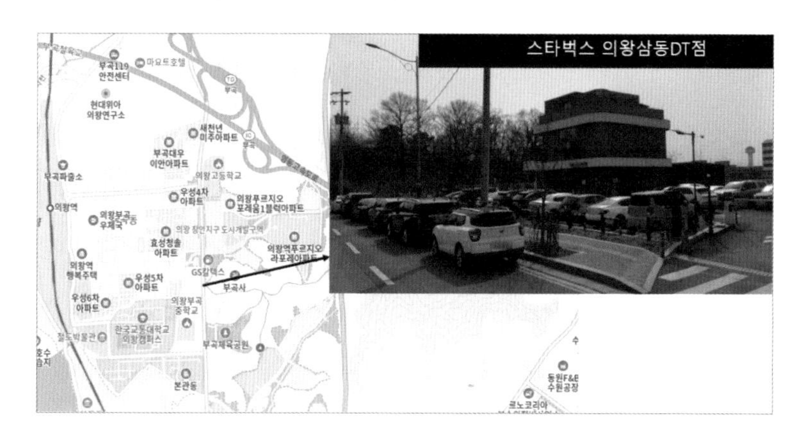

이 대체로 5억 원 이상이다.

따라서 개발제한구역이라도 상업적 가치가 있으면 가격은 오를 수밖에 없다. 경기도 의왕시에 있는 스타벅스 의왕삼동DT점이 좋은 예다. 개발제한구역에 위치하지만, 이축권과 일부 부지를 주차장으로 용도변경해 개발한 것이다. 이 점포는 남측으로 확장할 계획이 있어 매출 상승이 기대된다. 이축권을 써가며 스타벅스와 경쟁할 브랜드도 쉽게 나오지 않을 테니, 어렵게 개발한 만큼 충분한 가치 상승이 예상된다.

인천과 부천
두 개의 신도시와 확장되는 도로망에 집중하라

인천 계양지구와 부천 대장지구는 보상과 착공 시기가 비슷해 두 신도시가 동시에 추진 중이다. 두 신도시가 함께 개발되면 주변 개발제한구역 중 트래픽이 많은 곳의 상업적 가치가 크게 오를 것이다. 그중에서도 가장 눈에 띄는 곳은 확장 계획이 있는 39번 도로다(지도상 검은색 도로). 이 도로는 확장 계획이 잡혀 있으므로, 확장 상업적 가치가 오를 가능성이 있는 토지를 매입해야 한다. 또한 지도상 초록색으로 표시된 신설 도로는 택지지구 내 트래픽을 일부 분산시킬 수 있으나, 정주인구가 크게 늘어날 테니 상업적 가치는 분명히 오를 것이다.

❙ 인천 계양지구와 부천 대장지구의 광역교통개선 대책

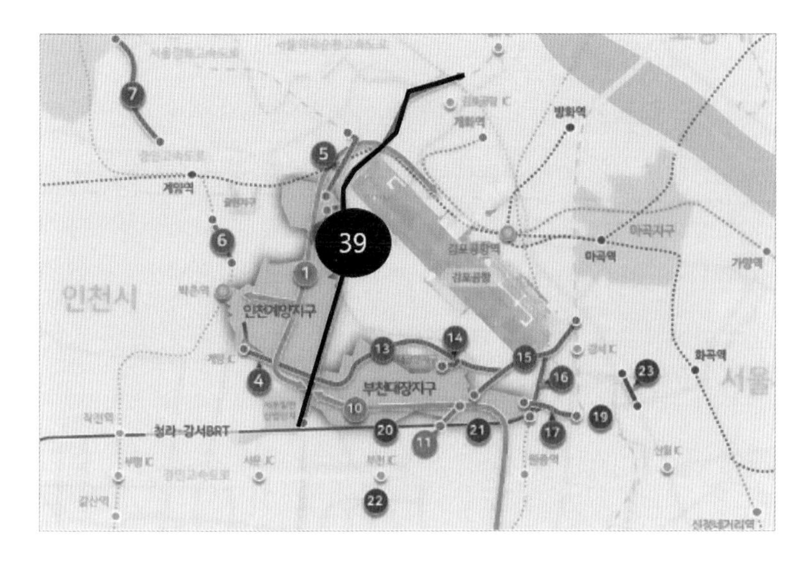

❙ 인천 계양지구 동측에 있는 39번 도로변에 있는 주유소 용지

자료의 토지이용계획확인서는 인천 계양지구 동측 39번 도로변, 강서구 오곡동 593-2번지에 위치한 주유소 용지에 대한 것이다. 빨간색 박스로 표시된 광로2류 저촉 표시를 보아 도로 확장 시 일부 토지가 수용될 것이다. 이 필지는 약 천 평 규모로, 만약 1/3 정도가 수용되어도 700평 정도가 남아 DT 개발에 적합한 크기로 활용 가치가 높다. 다만 잔여지가 200평 이하로 줄어든다면 DT나 DI 개발 선호도는 떨어질 수 있다. 참고로 스타벅스 DT는 약 600평을, 탑텐 등 패션 브랜드는 용도지역상 자연녹지지역의 경우 500평을 선호한다.

땅값은 비주얼이 바뀔 때 가장 많이 오른다

땅값은 역 발표 때 한 번 오르고, 착공 때 또 한 번, 개통 때 마지막으로 한 번 오른다는 말이 있다. 참 개똥 같은 소리다. 땅 투자가 그렇게 쉬우면 얼마나 좋을까? 나는 당진 합덕역 인근 역세권 토지는 가격 상승이 어려울 것으로 전망했다. 그 지역 집값이 낮아 역세권 개발사업이 어렵다고 봤기 때문이다. 즉, 역이 개통해도 주변 농지가 상당 기간 그대로 남아 있을 가능성이 크다. 그러면 별로 오르지 않는다.

땅값이 오르는 원리는 여러 가지가 있겠지만, 가장 흔한 것은 농지가 공장이 되고, 공장이 상가 건물이 되면서 오르는 것이다. 농지가 공장이 되려면 도로가 좋아져야 하고, 공장(또는 농지)이 상가 건물이 들어설 곳이 되려면 정주인구가 늘거나 트래픽이 확 늘어야 한다. 땅값은 이럴 때 확 오른다.

이런 원리로 오른 땅값은 어지간해서는 떨어지지 않는다. 최근 2년간 부동산 경기가 나빠 많은 사람이 부동산 투자로 고통을 겪고 있다. 그런데 땅을 전문으로 투자하는 사람은 거기에서 비켜서 있다. 토지는 기본적으로 호재가 있는 지역을 대상으로 삼기 때문에 호재가 실현되며 가격이 오르는 것이 대부분이다. 그러니 부동산 경기가 꺾인다는 표현은 잘 살펴보면 아파트에 국한된 경우이고, 토지는 딴나라 이야기인 경우가 많다.

지금까지 2025년을 내다보며 수도권 몇 개 지역의 DT와 DI 개발에 대해 다뤘다. 제법 큰돈이 드는 투자임은 분명하지만, 꼬마빌딩 하나 투자한다는 생각으로 이런 물건에 손대보면 그 재미가 남다른 것을 알 수 있다. 2027년에 금리가 떨어질 무렵, 아파트 입주 계획이 잡힌 녹지지역을 서둘러 찾아가보자.

2025년 빌딩 시장 전망 및 투자 전략

빌사남 김윤수

- 18세 공인중개사 자격증 취득
- (주)BSN 대표
- (주)BSN빌사남부동산중개법인, BSN건축사사무소, (주)BSN 종합건설
- 유튜브 '빌사남TV'
- 저서 『빌사남이 알려주는 꼬마빌딩 실전투자 가이드』

2024년 상반기 통계자료 분석

2024년 상반기 빌딩 시장 자료를 분석하고 2025년 빌딩 시장 전망과 투자 전략을 제시하고자 한다. 2024년 1월부터 6월까지의 자료를 바탕으로 분석했다.

빌딩 담보대출 금리가 2023년과 연초보다 인하하면서 2024년 2분기 거래량 742건으로 2023년 2분기 364건보다 약 2배 정도 거래가 많았다. 하반기도 같은 이유로 거래량 증가가 예상된다.

서울시 25개 구 중에서 강남구 거래량이 137건으로 압도적으로 높았다. 이는 가장 낮은 도봉구 5건보다 27배 정도 더 높은 수준이다. 강남구 다음으로 종로구, 중구, 마포구, 서초구, 성동구, 송파구 순으로 거래가 많았다.

지난 3년간 상반기 거래량 비교

(단위: 건)

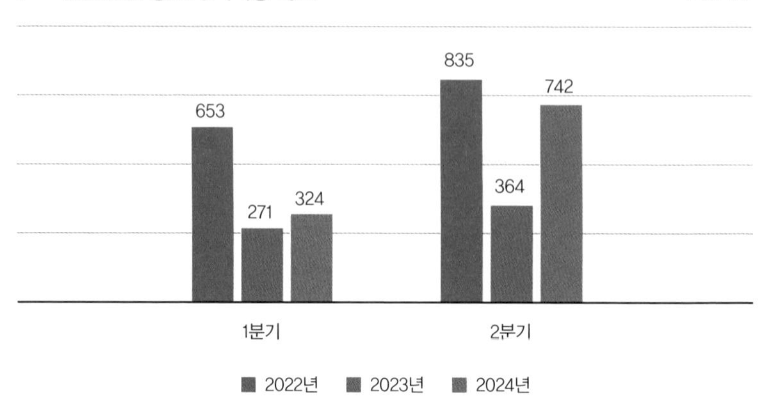

자료: 국토교통부실거래가

서울 25개 구별 상반기 거래량

(단위: 건)

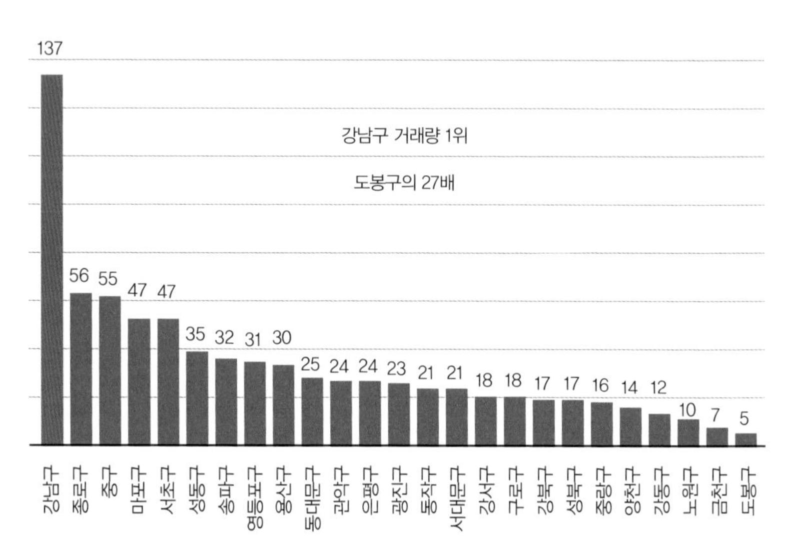

자료: 국토교통부실거래가

❙ 주요 지역구별 상반기 거래량

(단위: 건)

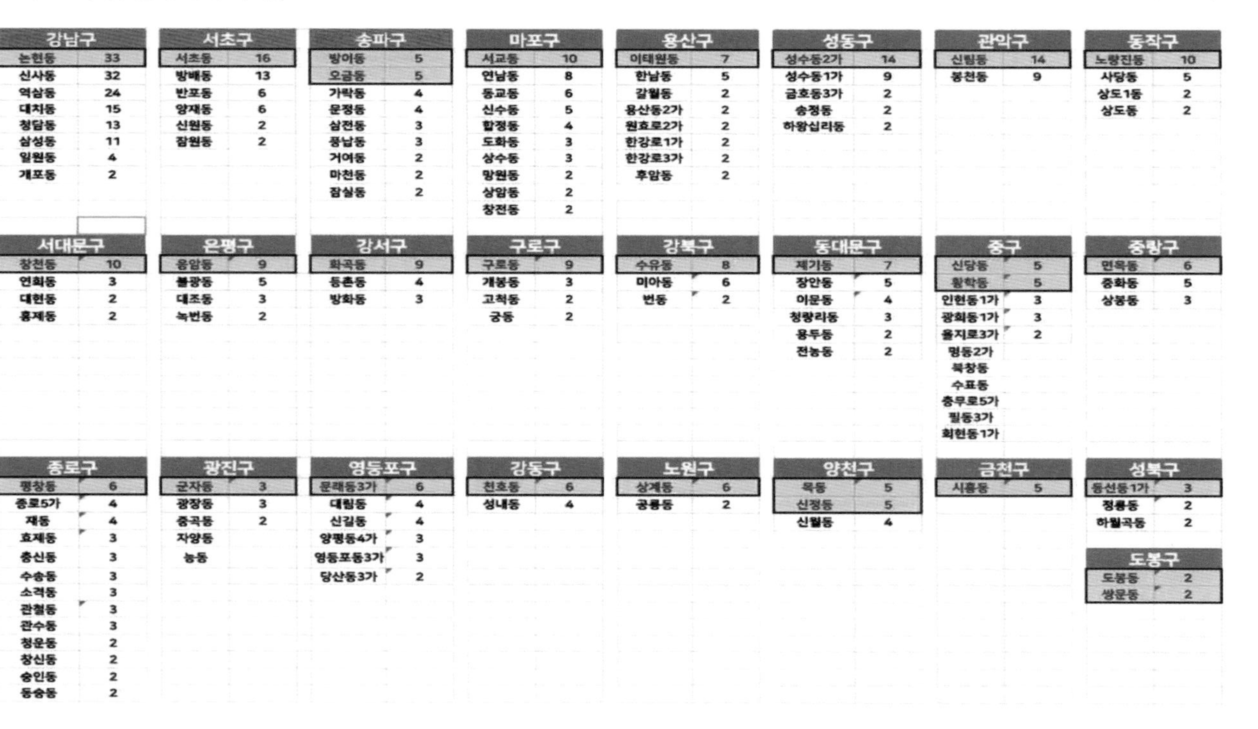

강남구	
논현동	33
신사동	32
역삼동	24
대치동	15
청담동	13
삼성동	11
일원동	4
개포동	2

서초구	
서초동	16
방배동	13
반포동	6
양재동	6
신원동	2
잠원동	2

송파구	
방이동	5
오금동	5
가락동	4
문정동	4
삼전동	3
풍납동	3
거여동	2
마천동	2
잠실동	2

마포구	
서교동	10
연남동	8
동교동	6
신수동	5
합정동	4
도화동	3
상수동	3
망원동	2
상암동	2
창전동	2

용산구	
이태원동	7
한남동	5
갈월동	2
용산동2가	2
원효로2가	2
한강로1가	2
한강로3가	2
후암동	2

성동구	
성수동2가	14
성수동1가	9
금호동3가	2
송정동	2
하왕십리동	2

관악구	
신림동	14
봉천동	9

동작구	
노량진동	10
사당동	5
상도1동	2
상도동	2

서대문구	
창천동	10
연희동	3
대현동	2
홍제동	2

은평구	
응암동	9
불광동	5
대조동	3
녹번동	2

강서구	
화곡동	9
등촌동	4
방화동	3

구로구	
구로동	9
개봉동	3
고척동	2
궁동	2

강북구	
수유동	8
미아동	6
번동	2

동대문구	
제기동	7
장안동	5
이문동	4
청량리동	3
용두동	2
전농동	2

중구	
신당동	5
황학동	5
인현동1가	3
광희동1가	3
을지로3가	2
명동2가	
북창동	
수표동	
충무로5가	
필동3가	
회현동1가	

중랑구	
면목동	6
중화동	5
상봉동	3

종로구	
평창동	6
종로5가	4
재동	4
효제동	3
충신동	3
수송동	3
소격동	3
관철동	3
관수동	3
청운동	2
창신동	2
숭인동	2
동숭동	2

광진구	
군자동	3
광장동	3
중곡동	2
자양동	
능동	

영등포구	
문래동3가	6
대림동	4
신길동	4
양평동4가	3
영등포동3가	3
당산동3가	2

강동구	
천호동	6
성내동	4

노원구	
상계동	6
공릉동	2

양천구	
목동	5
신정동	5
신월동	4

금천구	
시흥동	5

성북구	
동선동1가	3
정릉동	2
하월곡동	2

도봉구	
도봉동	2
쌍문동	2

자료: 국토교통부실거래가

조금 더 세부적인 동 단위로 살펴보자. 같은 구에 속해 있다고 거래량이 높은 건 아니다. 예를 들어 강남구 전체 거래량은 많지만 개포동은 2건, 일원동은 4건으로 다른 동보다 상대적으로 거래량이 항상 낮다. 그래서 동 단위별 분석이 중요하며 해당 동에 거래량이 집중된 금액대를 선별해야 한다. 예를 들어 마포구 연남동, 망원동, 서교동은 50억 원 내외에 거래량이 집중되어 있어 100억 원이 넘어가면 지역 특성상 환금성이 떨어지기도 한다.

서울시 전체 거래량 중 흔히들 말하는 꼬마빌딩 규모인 50억 원대 이하가 67%에 달한다. 거래량이 상승했다고 하지만, 대부분 거래는 금액대가 낮은 50억 원대 이하가 많고 금액대가 높은 건물일수록

ㅣ 금액대별 상반기 거래량

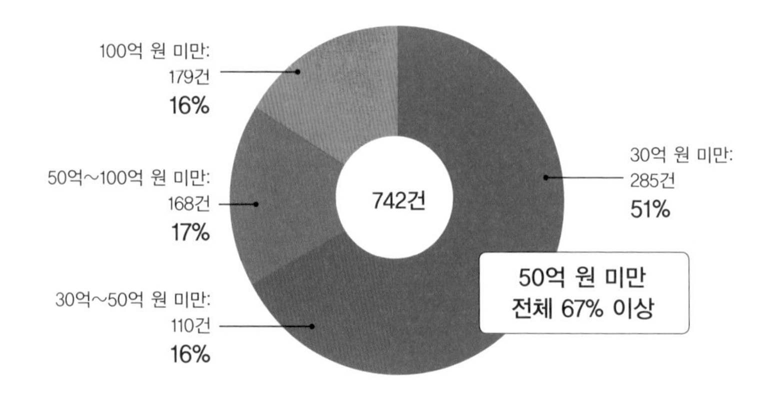

자료: 국토교통부실거래가

건축연도별 상반기 거래량 (단위: 건)

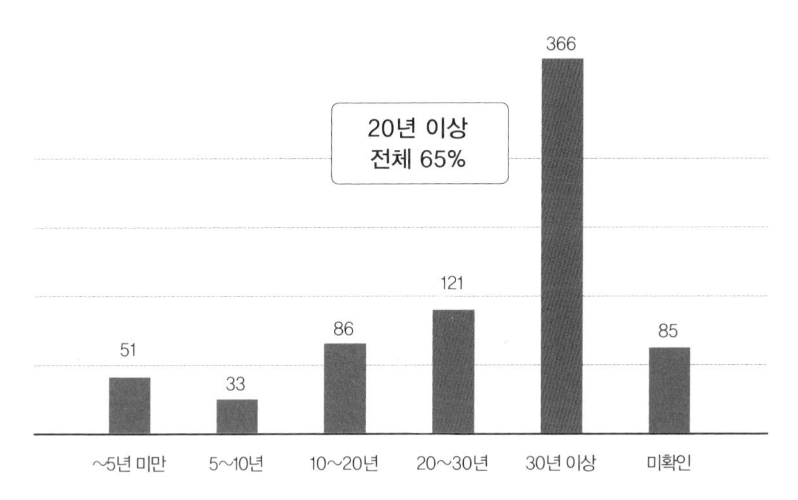

자료: 국토교통부실거래가

환금성이 떨어질 수 있다. 금액대가 높은 중소형빌딩들은 강남, 성수, 서초 등에 몰려 있다.

준공연수 20년 이상 된 건물들이 서울시 전체 65% 이상이다. 그만큼 노후건물이 아직 많다. 그래서 빌딩 매입을 한다면 이처럼 노후건물을 검토하게 될 확률이 높다. 시설이 낙후되고 관리에 소홀하면 임대수익이 낮아 저평가될 수밖에 없다. 하지만 개선 가능성이 있으므로 시세차익을 만들기 좋은 조건이다.

우리가 여기서 주목할 부분은 지금의 모습보단 진정한 가치를 파악하는 것이다. 건물이 노후되었어도 토지의 입지와 용도지역 등의 가치를 파악하고 최유효이용을 하고 있는지 파악하는 게 중요하다.

건폐율과 용적률에 여유가 남아 있으면 증축 가능 여부, 엘리베이터가 없는 경우 설치 가능 여부를 파악해 효율적인 리모델링이나 신축을 계획하고 재임대 및 매각 전략을 세워야 한다.

2025년 빌딩 시장 전망 및 투자 전략

2025년 빌딩 시장을 한 줄로 요약하자면 이렇다. "오르는 곳은 계속 오를 것이다."

이번에 미 연준에서 금리를 내렸고 한국도 금리를 곧 내릴 가능성이 높아졌다. 빌딩 투자자 열 명 중 아홉 명은 대출을 받기 때문에 금리의 영향을 크게 받는다.

가장 거래가 많았던 코로나19 시기에 기준금리가 0%대로 내려가면서 역대 최대 거래량을 기록했고, 매도인들이 갑작스레 매각을 철회하거나 매매가를 더 요구하는 등 돈만 있다고 매입할 수 있는 시장이 아니었다. 그만큼 불장이었고, 짧은 기간에 큰 차익을 낼 수 있는 시기였다. 하지만 2022년 하반기부터 급격하게 금리가 인상되면서 거래량이 반토막 나기 시작했고, 2023년 초에는 거래량이 역대 최저를 기록했다. 이 시기에는 빌딩 담보대출 금리가 6~7% 수준으로 매우 높았고, 금리가 언제까지 인상될지 모른다는 불안감 때문에 빌딩 거래량이 크게 감소했다.

그럼에도 불구하고 빌딩 투자 경험이 있는 노련한 투자자들은 이때 나온 위치 좋은 건물들을 현금으로 매입했다. 즉, 투자 가치가 있는 주요 지역에서만 그나마 거래가 이루어졌다. 2023년과 2024년 상반기에 매각된 지역과 빌딩들을 살펴보아도 강남이나 주요 지역에서 많은 거래가 이루어진 것을 확인할 수 있다.

2025년에도 금리 인하가 예상되기 때문에 2024년보다 거래량이 더 많아질 것으로 보인다. 만약 빌딩 매입을 고려 중이라면 금리가 더 내려가기 전에 기회를 잡는 것이 중요하다. 금리가 내려갈수록 거래는 더 많이 이루어지고, 가격은 오를 것이며, 항상 좋은 물건부터 없어지기 마련이다. 가격은 수요와 공급에 의해 결정되므로 거래량이 높은 지역이 수요가 많고 환금성이 좋은 지역이라고 볼 수 있다.

반면 임대차 시장은 현재 매우 좋지 않기 때문에 2025년 상반기까지는 회복하는 구간일 것으로 예상된다. 물론 압구정로데오, 도산공원, 성수동 등 일부 인기 상권의 건물들은 여전히 활발한 거래가 이루어지고 있다. 하지만 대부분 지역에서는 그렇지 않으므로 현장에 직접 가서 눈으로 확인하고 체감해보는 것이 중요하다.

빌딩 투자의 핵심은 매매와 임대를 모두 성공시키는 것이다. 보통 초보 투자자들은 현재 빌딩 상태와 가격만 보고 판단하는데, 중요한 것은 임차인으로 어떤 업종을 맞추고 임대료는 얼마를 받을 수 있을지 분석하는 것이다. 보기 좋은 떡이 먹기도 좋다. 추후 매각할 때 비선호 업종이나 지역에 맞지 않는 업종이 임차인으로 있다면 시세보다 높은 임대료를 받고 있더라도 갑작스러운 임차인의 퇴거 등 리스크가 존재하기에 빌딩 가치에 직접적인 영향이 있을 수밖에 없다.

정리하자면, 2025년 지속적인 금리 인하가 예상되어 빌딩 거래량이 증가할 가능성이 높다. 다만 임대 시장은 회복 기간이 필요하기 때문에 투자 지역을 신중히 선별하고 임대 전략을 잘 세워 접근하길 바란다.

실질적인 빌딩 투자 방법

■ 빌딩 투자를 할 때 참고하기 좋은 사이트 ■

필자가 처음 일할 때 빌딩 시장은 매우 폐쇄적이었다. '그들만의 리그'라는 표현이 어울릴 만큼 정보의 비대칭성이 높았다. 그러나 시대가 변하면서 빌딩 실거래가 조회는 물론이고 빌딩 투자에 도움이 될 만한 사이트들도 많이 생겼다. 빌딩 투자에 유용한 몇몇 사이트를 소개하고자 한다.

① **부동산 실거래가 조회 사이트:** 실거래가를 확인하는 것은 빌딩 투자에서 가장 기본이자 필수 과정이다. 최근에 해당 건물이 얼마에 매각되었는지를 알아야 현재 가치와 투자 가능성을 평가할 수 있다. 특히 최대 1년 이내의 매각 사례를 중심으로 참고하는 것이 중요하

다. 모든 부동산 거래에서 최신 거래 가격이 가장 중요하며, 오히려 과거의 낮은 가격은 투자 결정을 주저하게 만들어 기회를 놓칠 가능성이 높다.

부동산은 공급이 제한된 자산으로 주식처럼 가격 변동성이 크지 않다. 부자들이 선호하는 투자 자산으로 '에셋 파킹(Asset Parking)'을 하며 필연적으로 장기적인 우상향이 예상된다. 과거 가격은 단지 추세를 파악하는 보조 자료일 뿐이므로, 의사 결정을 내릴 때는 최근의 거래 사례가 훨씬 유용하다.

필자는 매각 사례를 단순히 조회하는 데 그치지 않고 직접 현장에 나가 해당 건물이 왜 이 가격에 매각되었는지 분석해보기를 권한다. 현장에서 예상하지 못했던 요소들을 발견할 수 있으며, 매입하고 몇 개월 후 달라진 건물을 보면 새로운 시각을 가질 수도 있다. 따라서 내가 관심을 두고 있는 지역과 금액대의 매각 사례를 현장에서 직접 확인하고, 검토 중인 건물 인근의 유사한 조건과 비교해보기를 바란다.

② 네이버 부동산: 네이버 부동산에서는 검토 중인 매물의 가격 확인은 물론 인근에 나와 있는 매물들의 시세도 쉽게 확인할 수 있다. 무엇보다 중요한 것은 주변 임대 시세를 파악할 수 있다는 점이다. 초보 투자자들은 인근의 매각 사례만 확인하고 임대 상황을 대충 알아보는 경우가 많은데, 공실 현황 및 임대 시세 파악은 필수다.

네이버 부동산에서 상가나 사무실 임대를 조회하면 인근의 공실 현황 및 임대료 수준을 파악할 수 있다. 비슷한 규모와 상태의 건물들의 임대료를 참고하면 매입을 검토 중인 건물의 임대료 수준을 가늠하고 개선 가능성까지 예상해볼 수 있다. 만약 임대료가 비싸게 책정되어 있다면, 임차인이 나갔을 때 같은 수준으로 재임대가 어려울 수 있기 때문에 매입 전에 반드시 주변 임대 상황을 분석해야 한다.

③ **네이버 지도, 카카오맵 연도별 히스토리 로드뷰:** 많은 사람이 네이버 지도나 카카오맵에서 해당 건물의 최신 로드뷰만 확인하지만, 연도별 히스토리를 살펴보는 것도 매우 중요하다. 네이버 지도는 2010년 9월부터 거리뷰 서비스를 제공했고, 카카오맵은 2008년부터 로드뷰 서비스를 시작했으므로 더 오래된 히스토리를 보려면 카카오맵을 참고하는 것이 좋다.

로드뷰를 연도별로 확인해야 하는 이유는 두 가지다. 첫째, 공실이 있는 경우 언제부터 공실이었는지를 파악할 수 있다. 건물에 임대 현수막이 걸려 있다면, 몇 년째 같은 현수막이 있는지를 확인함으로써 임대 상황의 안정성을 가늠할 수 있다. 임대수익을 목적으로 매입을 검토하고 있다면 연도별 히스토리 확인은 필수다.

둘째, 신축이나 리모델링 전후의 변화를 확인할 수 있다. 신축 또는 리모델링 전후의 모습을 비교해보는 것은 빌딩 투자 공부에도 도움이 된다. 전후 모습을 데이터로 축적해두면, 낡은 건물을 보며 어떻게 리모델링할지 머릿속에 그려지기 시작한다. 마치 성형외과 원장이 된 것처럼 말이다.

■ 대출을 받을 때는 꼭 비교하자 ■

대부분 빌딩 투자자들은 대출을 활용한다. 이때 주로 주거래은행을 통해 알아보는 경우가 많은데, 결론적으로 주거래은행이 항상 좋은 조건을 제시하는 것은 아니다. 오히려 대출 한도가 낮고 금리가 더 높을 가능성이 크기 때문에 여러 은행을 비교하는 것이 중요하다.

은행마다 대출 조건이 다르기 때문에 능력 있는 지점장을 아는 것이 큰 도움이 되지만, 일반적인 투자자에게는 쉽지 않다. 다행히 빌딩 거래를 많이 하는 중개업체나 중개사들은 이러한 네트워크를 보유하고 있어 소개를 요청하면 편하게 진행할 수 있다. 또한 대출 상담사보다는 각 은행의 센터장이나 지점장을 통해 상담을 진행하는 것이 좋다. 임대사업자 대출에 경험이 많은 지점장을 만나면 대출 한도와 금리에서 유리한 조건을 받을 수 있다. 본점 심사역의 승인을 받는 노하우가 있기에 대출 조건에서 차이를 만들어낸다.

또한 시기별로 은행의 대출 정책이 달라질 수 있다. 그러므로 잔금일 직전에 대출이 불가하게 되는 상황을 방지하기 위해 여러 은행의 조건을 미리 받아보고 차선책을 준비하는 것이 안전하다.

대출을 받을 때는 상반기 시작인 1월이나 하반기 시작인 7월에 받는 것이 조건이 좋을 확률이 높다. 상·하반기 마감이 다가올수록 은행은 대출 한도가 소진되어 대출 조건이 안 좋아질 수 있다. 즉, 연말에는 대출 한도가 소진되어 한도는 낮고 금리는 높아질 수 있으므로 잔금일이 연말에 예정되어 있다면 다음 해의 조건과 비교해 결정하도록 하자.

■ 법인 매입 고려 ■

개인으로 매입할지, 법인으로 매입할지에 따라 세율 차이가 크다. 개인 세율과 법인 세율이 있는데, 이를 모두 외우기는 어렵다. 다행히 큰 틀만 이해해도 무방하다.

개인의 경우 시세차익이 10억 원을 초과할 때 세율이 45%이고, 여기에 지방소득세 10%가 추가되어 총 49.5%의 세율이 적용된다. 즉, 거의 절반이 세금으로 나가는 셈이다. 또한 임대수익은 기존 소득에 합산 과세되어 소득세율이 높아지거나 건강보험료가 인상될 수 있다. 개인으로 매입할 때 RTI(임대업이자상환비율)가 적용되어 임대수익이 발생하지 않는 건물은 대출 한도가 낮을 수밖에 없다. 이러한 이유로 개인 투자자들이 법인을 설립해 빌딩을 매입하는 경우가 많다.

법인으로 매입하면 RTI가 적용되지 않으며, 과세표준 2억~200억 원의 경우 법인세율은 약 19%에 지방소득세 10%를 더해 21% 정도가 된다. 특히 임대수익이 발생할 때 대부분 꼬마빌딩 규모라면 과세표준이 2억 원 미만으로 세율은 약 9%, 지방소득세까지 포함해 약 9.9%의 세율이 적용된다. 다만 과밀억제권역 내에 본점이 위치하고 설립된 지 5년 미만인 법인이 과밀억제권역 내 부동산을 취득하면 취득세 중과가 적용된다. 원래 취득세는 4.6%(주택 제외)이지만 중과세로 9.4%가 부과된다.

이 때문에 일부 투자자들이 오래된 법인을 인수하려고 하지만, 필자는 이를 권하지 않는다. 과거 인감이 사용된 서류를 파악하기 어렵고, 매출이 없던 법인은 휴면법인으로 5년 기간 조건을 인정받지 못할 가능성도 있기 때문이다. 차라리 신설 법인으로 매입하는 것이 더 좋다. 다만 신설 법인은 신뢰할 만한 자료가 부족하기에 대표자의 신용도가 중요하며, 이에 따라 대출 한도와 금리가 결정된다.

법인을 미리 설립할 필요는 없다. 당해 연도에 빌딩을 매입하지 않으면 재무제표상 매출 없는 법인이 되어 대출이 어려워질 수 있다. 우선 괜찮은 매물을 확보하는 것이 가장 중요하므로, 우선 개인 명의로 계약하고 특약사항에 잔금 전 법인 명의로 변경 가능하도록 문구를 넣은 후 법인을 설립하면 된다.

또한 신설 법인의 자본금이 많을수록 대출에 유리하다. 여기서 주의할 점은 예를 들어 10억 원이 있을 때 설립 자본금은 1억 원으로 설정하고 나머지 9억 원은 법인에 대한 대여금으로 설정하는 것이다. 처음부터 10억 원을 자본금으로 넣으면 나중에 개인화할 때 세금이 발생하지만, 대여금은 법인에 빌려준 돈이기 때문에 세금 없이 회수할 수 있다. 그러나 자본금을 너무 낮게 설정하면 은행 대출이 어려울 수 있으므로, 은행과 상의해 필요한 대출 한도와 금리가 가능한 최소한의 자본금을 설정하는 것이 좋다. 자녀에게 증여를 고려하는 경우 법인을 설립할 때 지분을 설정해 가족 법인으로 운영할 수도 있다.

법인 설립 후 매각해 시세차익이 발생해도 대부분 법인을 청산하기보다는 매도 후 법인 통장에 자금을 모아 재투자를 계속 이어가는 경우가 많다. 법인은 세금 차이와 RTI 적용이 없기 때문에, 빌딩 투자를 두세 번으로 이어갈수록 개인 투자보다 수익 차이가 크게 난다.

■ 건물 가치를 달라지게 하는 건축사 ■

빌딩 매입 시 대부분 건물이 노후화되어 있어 건축 행위를 고려해야 하는 경우가 많다. 건축사는 매입 검토 단계에서 신축이나 리모델링 가능성을 검토할 뿐 아니라, 현 선불에 위반 건축물이나 불법 요소가 있는지도 점검할 수 있다. 필자는 건축사를 '소금 같은 존재'라고 표현하는데, 건축사의 설계에 따라 건물의 가치가 크게 달라지기 때문이다. 아무리 입지가 좋아도 건물 구조나 디자인에 따라 공실률과 임차업종이 달라질 수 있으며, 나아가 매각에도 큰 영향을 미치게 된다.

■ 매입하고 난 뒤 빌딩 관리 ■

빌딩은 매입도 중요하지만, 어떻게 관리하고 매각할지도 중요한 요소다. 주변을 살펴보면 건물을 방치해 누가 봐도 낡아 보이고 방문하기 꺼려지는 건물이 많다. 그러한 건물은 그에 어울리는 임차업종들로 채워지기 일쑤다. 사람이나 건물이나 관리에 소홀하면 망가지는 것은 한순간이다.

빌딩을 매입한다는 것은 곧 임대사업이라는 하나의 사업체를 운영하는 것과 같으며, 일종의 서비스업이다. 단순히 위치가 좋다고 해서 임차인이 들어오는 것이 아니라, 임차인이 사용하기 좋은 상태로 지속적인 관리가 뒷받침될 때 공실률을 줄이고 임대료를 올릴 수 있다.

직접 관리할 수도 있지만, 본업이 있거나 해외에 거주 중이거나 관리에 자신이 없는 경우 전문 관리업체를 통해 위탁 관리할 수 있다. 특히 건물 관리에서 가장 어려운 부분은 임차인 관리다. 건물 누수나 고장 문제는 업체를 불러 해결하면 되지만, 악성 임차인을 만나면 생각지도 못한 골칫거리가 생길 수 있다. 그래서 많은 건물주가 관리업체나 관리인을 대리인으로 세워 임차인과의 직접적인 마찰을 최소화하는 경우가 많다.

필자는 임차인과 너무 가깝게 지내기보다 어느 정도 거리를 유지하는 것이 좋다고 생각한다. 지나치게 가깝게 지내면 나중에 임대료를 올리거나 미납 문제를 언급하기도 어려워질 수 있기 때문이다. 비즈니스는 비즈니스다. 빌딩 관리는 임대료뿐만 아니라 향후 매각 가격에도 영향을 미친다. 빌딩 관리 상태에 따라 몇억 원의 차이가 발생할 수 있기 때문에, 매입뿐 아니라 이후의 관리와 매각까지 신중하게 계획해야 한다.

필자가 추천하는 투자 지역

필자가 추천하는 지역은 거래가 많은 지역이다. 환금성은 부동산 투자에서 무엇보다 중요하기에, 환금성이 높은 지역들을 몇 군데 소개하고자 한다. 어디까지나 개인적인 의견이므로 참고만 바란다.

■ 첫 번째, 강남구 ■

주요 지역으로는 신사, 청담, 삼성, 논현, 역삼, 대치동이 있다. 강남은 금액대가 높은 건물도 거래가 잘 이루어지는 곳이기 때문에 높은 금액대 투자를 한다면 이 지역에 집중하는 것이 좋다. 강남에서도 필자가 가장 좋다고 생각하는 곳은 신사, 청담, 삼성이다. 특히 청담은 사치성 재화 이미지가 있어 수익률이 낮더라도 '청담동'이라는 브랜드로 거래되기도 한다.

필자는 도산대로를 선호한다. 테헤란로의 고층 오피스빌딩들과 달리 개성 있는 건물들이 많고 입점한 업종도 다양하기 때문이다. 또한 압구정, 신사, 청담 등 고급 주거지가 인접해 탄탄한 소비층을 확보하고 있다. 도산대로의 일부 고층 빌딩은 높은 용적률과 한강 조망이 가능해 투자 매력이 크다.

■ 두 번째, 성수동 ■

한국의 '브루클린'으로 불리는 성수동은 준공업지역이 대부분이라 큰 건물을 신축할 수 있다. 핫한 브랜드와 매월 열리는 수십 개의 팝업스토어 덕분에 빠르게 성장하고 있으며, 내국인뿐 아니라 외국인 관광객도 많이 찾고 있다. 임대료는 최근 2년간 약 40% 상승했고, 특히 팝업스토어는 「상가임대차보호법」 적용을 받지 않아 단기간에도 억 단위 임대료를 받을 수 있다. 우량기업들이 집중 투자하면서 가격도 크게 올랐고, 이에 따라 사옥으로 개발하거나 중소기업 임차인을 유치하는 방안도 고려할 수 있다.

이런 이유로 성수동의 연무장길 이면도로는 3.3m²당 2억 원을 넘길 정도로 빌딩 가격이 폭등해 현재 강남과 비슷하거나 더 높게 평가받기도 한다. 지속적인 개발 호재도 있어 앞으로도 가격 상승이 기대된다.

■ 세 번째, 홍대입구역 인근 ■

홍대입구 인근에는 연남동, 망원동, 서교동, 동교동, 합정동 등 활성화된 상권의 영역이 넓게 형성되어 있다. 소액으로도 빌딩 투자가 가능하고 거래도 활발하게 이루어지는 곳이다. 홍대입구역은 주변 대학을 중심으로 젊은 세대의 소비가 활발한 지역으로, 외지에서도 많은 방문객이 찾는다. 파주, 일산, 목동, 부천, 광명 등 서북·서남쪽의 20~30대들이 모이는 핫플레이스이기도 하다. 홍대입구역은 2호선, 경의중앙선, 공항철도가 지나며, 공항철도는 김포공항과 인천공항으로 연결되어 외국인 방문도 활발하다.

■ 네 번째, 용산 ■

용산은 최근 '용리단길'로 불리는 핫한 상권이 형성되었지만, 빌딩 투자처로는 상대적으로 인기가 적다. 지구단위계획 등의 개발제한사항이 많아 투자 난도가 높기 때문이다. 그럼에도 불구하고 개발 가능성이 크고 잠재력이 높은 곳임은 분명하다.

용산구에서 투자 가치가 있는 주요 지역으로는 이태원과 한남동이 있다. 이태원은 이미 메인 상권의 모습을 갖췄고, 외국인 거주자가 많아 이국적인 느낌으로 대체 불가의 상권을 형성하고 있다. 한남동은 전통적인 부자 동네로서 여유롭고 고급스러운 분위기를 갖추고 있어 여성들이 선호하는 상권이다.

사실 가장 많이 받는 질문은 "어디가 가장 좋은 투자처인지"와 "자신은 어디에 투자를 해야 할지"에 관한 것이다. 모든 투자자가 앞서 언급한 추천 지역에 대해 잘 알고 있는 것은 아니기 때문에, 아무리 좋은 지역이라 하더라도 그곳에 대한 본인의 지식과 준비가 없다면 실패의 위험은 항상 존재한다.

아이러니하게도 수십억 원을 투자하면서도 수천만 원짜리 자동차를 살 때보다 공부나 고민을 덜 하는 투자자들이 의외로 많다. 철저히 분석하고 이해도를 높이며, 분야별 전문가들과 미리 소통해 팀을 만드는 최소한의 노력을 모든 투자자가 기울이길 바란다.

격차의 시대, 5세대 투자법

토미 김서준

- 국내 1호 부동산+리모델링 전문가
- 저서 『리모델링으로 재테크하라』 『2024 결국은 부동산』
- 블로그(blog.naver.com/rockclub20)
- 유튜브 '리모의 신'
- 도시로 재생연구소(www.dosiro.net) 소장

자본주의 중심부를 향하는 격차의 시대

조선시대에는 가난한 사람이 부자나 지위 높은 자를 대신해 곤장을 맞고 돈을 받는 '매품팔이'라는 직업이 있었다. 오늘날의 보석제도와 비슷한 '속전'이라는 제도는 특별히 정한 범죄를 제외하고 '형' 대신 '금전'으로 죗값을 납부할 수 있는 장치였다. 이렇듯 양반이나 부자의 죄를 대신해 하인이나 배고픈 자가 옥살이를 하거나 대신 매를 맞았다.

체면과 집안의 품격을 중시 여겼던 그 시절에서는 다른 사람의 장례에 목놓아 울어주거나 매를 맞거나 감옥살이를 하거나 하는 밥벌이를 주로 가난한 평민이 했었는데, 단기 알바치고는 신체가 상할 수 있으니 위험한 거래였다. 돈을 받고 남의 장례에 울어주고, 돈을 받고 남의 죄를 대신에 맞아주고, 돈을 받고 위험을 막아준다.

서울 아파트 신고가 기록

반포 국평 '60억' 신고… "토지거래허가 비규제 원인 추정"

아크로 리버파크 '50억'… 래미안 원베일리 두 달 만에 10억 상승

이화랑 기자 2024.09.17 07:07:00

출처: 〈중앙일보〉 2024년 9월 17일 기사

정직하고 착한 흥부가 자본주의 시대에 살면 어떤 평가를 받게 될까? 다자녀에 마땅한 직업 없이 이렇게 몸으로 때워야 하는 머슴살이나 매품팔이 등으로 끼니를 이어가야 하는 가장이라면 자식 교육은커녕 입에 풀칠도 어려웠을지 모른다. 인간의 역사와 함께 존재했던 빈부격차는 더 많이 가진 자와 덜 가진 자로 자산과 소득의 계층이 생긴다. 21세기는 인류 역사상 가장 불평등한 시대라고 평가받고 있다. 바로 슈퍼리치와 빈곤층의 심화된 격차다.

신분의 계층 차이는 곧 경제력 차이로 귀결된다. 불과 100년 사이에 한국은 가진 자과 가지지 못한 자의 격차가 크게 벌어졌다. 서울 압구정의 1970년대생 오래된 아파트는 50억 원을 넘었고, 최고의 학원가를 품은 45년 차 노후 아파트는 재건축이 되기도 전에 20억 원을 넘겼으며, 서초구 반포에서는 신상 아파트 84m^2(34평)가 전국 최고가 60억 원을 찍었다. 그러나 같은 서울에도 20억 원은커녕 1억 원이 안 되는 주택이 아직 존재한다.

놀부는 아침저녁으로 한강뷰를 감상하며 스카이라운지에서 차

한 잔의 여유를 즐기고, 널찍한 주차 공간과 이웃들과의 커뮤니티 생활을 만끽한다. 흥부는 이웃과 주차, 쓰레기, 소음 문제로 날을 세우고 화를 내며 아침에 눈 뜨는 것조차 괴롭다. 실로 조선시대처럼 돈이 없어 몸으로 때우던 흥부처럼 현대에서도 고단한 삶을 살 수밖에 없다.

너무 극적으로 비교했는가? 안타깝지만 대도시 주택가는 이렇게 변해가고 있다. 하이엔드 주택, 중산층 주택, 서민 주택으로 빠르게, 소리 없이 분화되고 있다. 이러한 현상은 우리가 학습해본 적도 없고 대놓고 말하기도 애매한 주제다. 우리는 자본주의 초기를 지나 중심부를 향해 가고 있다. 돈이 전부는 아니지만, 돈이 없는 삶은 많은 제약을 안겨준다. 적어도 각자가 하고 싶은 것을 추구하는 데 있어 돈 때문에 포기해야 한다면, 어느 정도 노력과 목표를 설정하고 이루어나가야 한다. 하지만 이제는 개인이 할 수 있는 노력의 한계치를 넘은 듯한 느낌이다. 이제 결정을 내리자. 이렇게 살 것인지, 조금 더 노력해볼 것인지, 아니면 포기할 것인지.

당신은 어떤 선택을 할 것인가, 아파트와 비아파트

격차가 벌어지기 시작한 2017년 이후 최근까지 서울의 지역별 아파트 가격을 보면 이 추세가 여전히 이어지고 있다. 2020~2021년 급

I 연도별 서울 아파트 평균 매매가격

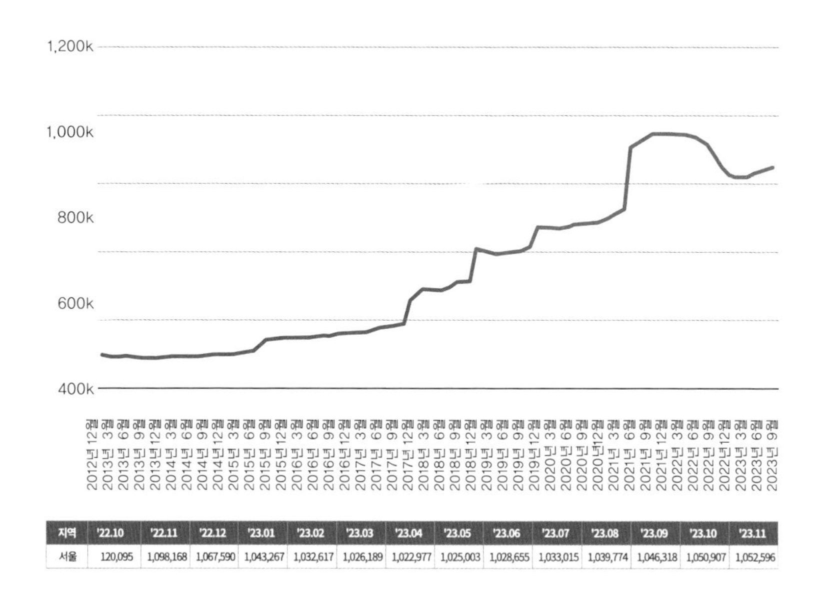

지역	'22.10	'22.11	'22.12	'23.01	'23.02	'23.03	'23.04	'23.05	'23.06	'23.07	'23.08	'23.09	'23.10	'23.11
서울	120,095	1,098,168	1,067,590	1,043,267	1,032,617	1,026,189	1,022,977	1,025,003	1,028,655	1,033,015	1,039,774	1,046,318	1,050,907	1,052,596

등장에서 2022~2023년 하락장, 그리고 최근 전세난까지, 정말로 급온탕과 급냉탕을 오가는 시장에서 당신은 어떤 포지션에 있는가? 하락장에서는 물건을 팔지 못해 걱정하고, 상승장에서는 물건을 사지 못해 걱정하는가? 이러한 자세는 돈에 관한 근시안적 접근이다. 단순한 생각과 행동으로는 원하는 만큼의 돈을 벌기 어렵다.

이제 서울에서 어디에 거주하는지가 본인의 정체성이나 취향까지 반영되는 듯하다. 물론 다소 과장되게 들릴 수 있지만, 서울 아파트 시장이 직면한 문제는 앞으로 더욱 격차가 심화될 가능성이 크다. 서울 중심지, 신축, 한강 등 특정 지역에 대한 수요 쏠림 현상은 이제 가격, 즉 상급지의 기준으로 이어지고 있다.

서울 지역 매매가 분석

2024년 8월 기준 서울 지역 아파트 3.3m^2당 평균 매매가격은 4,106만 원으로 2023년에 비해 96만 원이 상승했다. 재건축으로 신축 단지가 최근 들어서고 있는 서초구는 3.3m^2당 매매가가 1년 전에 비해 269만 원 올라 상승 폭도 가장 컸다. 서울에서 가장 비싼 지역은 서초구로 3.3m^2당 매매가가 7,774만 원, 서울에서 가장 낮은 지역은 도봉구로 3.3m^2당 매매가가 2,179만 원이다.

매매가 높은 순서: 서초구(7,774만 원), 강남구(7,375만 원), 송파구(5,575만 원), 용산구(5,159만 원), 양천구(4,351만 원), 성동구(4,326만 원), 마포구(4,232만 원), 광진구(4,153만 원), 영등포구(3,965만 원), 강동구(3,940만 원), 동작구(3,760만 원)

매매가 낮은 순서: 도봉구(2,179만 원), 강북구(2,180만 원), 금천구(2,205만 원), 중랑구(2,435만 원), 노원구(2,503만 원), 구로구(2,545만 원), 관악구(2,572만 원)

강남 3구를 비롯해 양천구, 광진구, 영등포구, 마포구, 용산구 등의 매매가가 오른 것과 대조적으로 매매가가 1년 전 대비 하락한 구는 도봉구, 강북구, 노원구 등이다.

출처: 부동산R114(2024년 9월 18일 기준)

오르는 곳은 지속적으로 오르며 상승폭이 크고, 내리는 곳은 하락장이나 고금리 시기에 하락하는 경향을 보인다. 신축 아파트와 환경을 선호하는 지역 요소, 한강과 새로운 인프라를 갖춘 아파트 단지에 대한 수요는 앞으로도 지속될 것이다.

이런 상황에서 당신 혹은 자녀의 미래 주택 마련에 대해 어떻게 생각하는가? 노동 소득으로 살 수 없는 가격의 지역을 생애에 살 수 없다고 판단하게 되는 순간, 당신은 어떤 선택을 할 것인가? 높은 가점제로 로또 청약에 도전해 수천, 수만 대 1의 경쟁을 뚫고 당첨자가 될 것인지, 소득에 맞춰 빌라를 구입할 것인지, 아니면 계속 전월세로 살 것인지에 대한 선택이다.

통계자료를 보자. 단독·다가구주택의 오름폭은 아파트에 비해 높지 않지만, 서울의 공급량 부족으로 인해 토지가격은 계속 상승 중이

| 주택 유형별 거래량

구분	전체	아파트	연립주택	다세대주택	다가구주택	단독주택
2017	187,797	107,897	8,710	49,641	4,085	17,464
2018	171,050	96,622	8,041	47,051	3,410	15,926
2019	131,379	71,734	6,201	39,988	3,741	9,715
2020	177,757	93,784	8,079	59,342	4,818	11,734
2021	126,834	49,751	6,511	58,310	3,991	8,271
2022	56,007	15,384	3,805	30,679	2,061	4,078
2023	64,361	36,439	2,831	21,563	1,125	2,403
2024	53,809	34,293	1,668	15,421	752	1,675

출처: 국가통계포탈

다. 토지가 부족해 그린벨트까지 해제하는 실정이다. 단독·다가구주택과 소형 단독 건물은 관리와 리모델링만 잘하면 임대와 실거주, 개발 이익까지 기대할 수 있다. 중심 지역의 대장주 아파트 인프라를 활용하며 단독 건물을 활용하는 건 어떨까?

최근 서울에서 인기 많은 하이엔드 아파트의 관리비는 대략 240만~360만 원 정도 나오는데, 이는 관리 인력과 서비스가 포함된 금액이다. 하이엔드 아파트의 다양한 편의성과 환경을 누리고 싶지만 소득이 충분치 않다고 느끼거나 늦었다고 생각하는 독자가 있다면, 5세대 투자법 중 건물 투자법을 추천해보고자 한다.

투자 방법은 매우 다양하므로, 각자의 포지션에 맞추는 것이 전제되어야 한다. 지금까지는 입지를 분석하고, 하락장이나 하락장에서 상승장으로 전환되는 시기에 매물을 잘 선택하면 수익을 낼 수 있었다. 그러나 현재 지방의 상가 공실률은 높아지고 있고, 서울의 건물가격 대비 수익률은 점점 낮아지고 있다.

그래서 이제부터는 ① 현실을 직시하고 ② 거시적(적어도 4~5년 뒤)인 세상의 흐름을 보고 ③ 본인에게 가장 잘 맞는 투자법을 찾아야 한다.

- **1세대 투자** **거주할 집을 사던 시기, 전국 평균 지가 상승, 투기억제 관련법(1960~1970년대)**
  서울~지방 토지 지가상승, 투기 발생, 시장 과열(1970~1980년대)

전국 기준 지가상승률

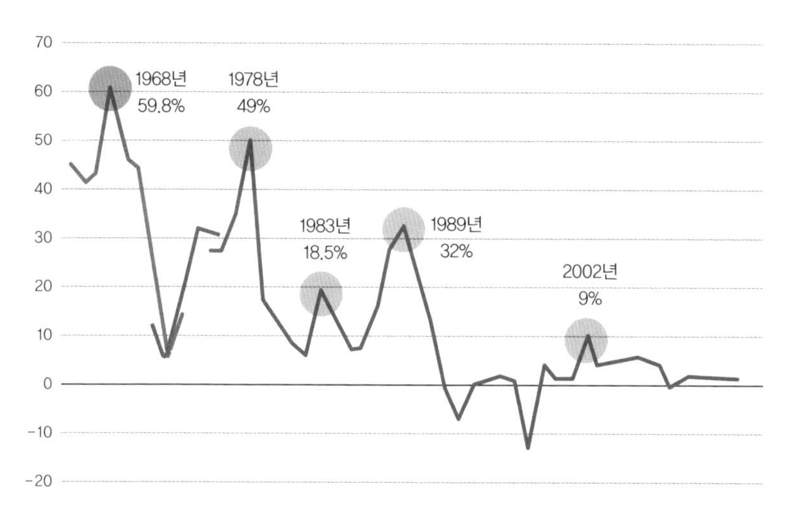

- **2세대 투자** 경제성장률, 국내 유동성 증가, 물가 상승(1980~ 1990년대) 1기 신도시, IMF로 양극화(1990~2000년대)
- **3세대 투자법** 부동산 완화정책, 가격 상승(2000~2010년대)
- **4세대 투자법** 유동성 상승, 직주근접이 용이한 중심지 인기, 분양권, 신축아파트, 재건축 재개발 투자 등(2010~2020년대)
- **5세대 투자법** 개인별 자산과 세금에 맞춘 개개인별 다른 접근법 투자의 시작(2020~현재)

개인별 다른 접근법의 5세대 투자법

과거에는 다수의 부동산을 구입해 보유하며 자연스럽게 시세차익을 기대할 수 있었지만, 이제는 수익 구조가 완전히 달라진 시대가 다가오고 있다. 취득·보유·처분에 대한 세금 부담이 과거보다 커지고, 임대수익도 이전보다 크게 줄어들었다. 재건축과 재개발은 더 이상 로또가 아니다.

토지가격은 해마다 상승하지만 자영업 시장과 업무환경은 급변했고, 상가도 양극화 현상이 시작되었다(일부 특정 지역은 제외하겠다).

인기 있거나 인기 있을 지역에서 건물을 지어서 공간을 제공한다면 시장에서 첫 공급자가 된다. 하지만 임차인이 세팅되어 있고 과거 대비 토지값과 건축비, 프리미엄(P)까지 더해진 건물을 매입하면 리스크가 있다. 적어도 고금리에 높아진 건축비 시기에는 말이다.

그 리스크를 떠안게 되는 사람은 정해져 있지 않다. 그 누구도 될 수 있다. 만약 당신이 20~30대라면 다시 시작할 수 있는 힘이 남아 있겠지만 중장년층이라면 한두 번 투자 실패는 재추진할 힘이 부족할 가능성이 많다.

결국 아무것도 없는 상태에서 건물을 직접 공급할 것인가에 대한 문제다. ① 투자 비용 대비 임대료가 적고, ② 대출 비용 대비 월 손실이 크고, ③ 순이익 대비 세금이 높으며, ④ 매도자보다 건물 수익을 20% 이상 올릴 자신이 없고, ⑤ 향후 10년간 수익성을 유지할 수 없

2024년 9월 기준 서초구 매물 개요

[물건 개요]

주소	서울시 서초구 서초동
매매가격	100억 원
공시지가	30억 원
대지면적	269m²(81평)
연면적	729m²(220평)
건물규모	지상 6층
지역지구	일반주거2종
건물구조	철근콘크리트구조
주차장	5대(자주식)(옥내)
승강기	1대

준공년도	2002년
대출금액	40억 원(40%)
보증금	1억 5천만 원
월세액	1,300만 원(공실 포함)
월이자	1,666만 원(5% 계산)
월관리비	200만 원(공실 포함)
월수익	-566만 원
실투자금	58억 5천만 원(세금 등 별도)
수익률	-1.57%

[임대 내역]

층	임대	면적	보증금/임대료/관리비(단위: 만 원)
1층	주차장(7대)	32평	
2층	사무실	43평	4,000/290/69
3층	사무실	47평	3,000/290/60(공실)
4층	사무실	38평	3,000/300/30
5층	공실	27평	3,000/270/30(공실)
6층	사무실	20평	2,000/150/20(공실)
합계			15,000/1,300/90

다면 해당 건물에 투자하지 말아야 한다.

2024년 9월 20일 기준으로 서초동에 매물로 나온 건물의 가격과 수익률을 살펴보자(앞 페이지 참고). 어떤 이는 강남과 가깝고 월세가 1,300만 원이 나오니 괜찮다고 생각할 수 있겠다. 하지만 건물은 무엇보다 정확한 수익률로 평가되어야 한다. 이 건물은 공실 포함 수익률이 마이너스 1.57%다.

건물 투자는 시기, 개인의 소득, 투자 금액이 중요하다. 개인의 소득이 다르므로 정답은 없지만, 건물을 시세차익 목적으로 접근하는 것은 주식 단타 매매와 유사하다. 고수익의 가능성만큼 리스크도 크다.

평생 모은 종잣돈을 투자했는데 임대료보다 대출이자가 높다면 주의해야 한다. 강남구, 서초구와 같은 특수 지역의 시세차익형 투자가 다른 지역에 동일하게 적용될 수 없다. 더욱이 토지가격 상승으로 최근 강남 건물의 수익률은 점점 낮아지고 있다.

건물의 특성과 가치는 개별적으로 다르지만, 소형 건물 매입 시 수익률 기준을 정리해보았다. 다음 페이지 표를 참고해 수익률을 비교하고 매수 시 고민해야 한다. 이는 건물 입문 과정의 많은 수강생이 질문한 내용을 정리한 것이다.

상가나 사무실 임차인은 일반적으로 보증금 2천만~5천만 원 사이의 물건을 찾는다. 따라서 5~6개 층 정도의 건물 보증금 합이 6억 원 이하인 경우가 보편적이지만, 가끔 6층이면서도 보증금이 10억 원을 넘는 건물도 있다. 200억대 매물이 보증금이 2억~3억 원일 때와 100억의 매물의 보증금이 2억~3억 원일 때는 수익금과 더불어

소형 건물 매입 시 수익률 기준

- 수익형(월세 목표) 건물일 경우 기준표로 상가의 희망 수익률을 4~6% 이상 가정했음
- 기준: 대지 40~200평 사이, 연면적 120~600평, 대출금리 5%, 대출 비중 50%
- 동등한 비교를 위하여 조건을 동일하게 적용했음
- 대출, 임대료, 관리비 등 지역별 상이
- 시세차익형일 경우 다른 비교법이 필요

건물가격	대출(비중)	보증금	월세액	수익률
10억 원	5억 원(50%)	1억 5천만 원	350만 원	4.86%
20억 원	10억 원(50%)	3억 원	600만 원	3.14%
30억 원	15억 원(50%)	5억 원(비현실적)	900만 원	3.3%

↓ 아래 구간부터 현실/비현실적 수익적 괴리가 벌어짐. ↓

50억 원	25억 원(50%)	5억 원(비현실적)	1,500만 원	2.75%
70억 원	35억 원(50%)	5억 원(비현실적)	2천만 원	2.17%
100억 원	50억 원(50%)	5억 원(Case by case)	3천만 원	2.44%
200억 원	100억 원(50%)	5억 원(Case by case)	7천만 원	3.58%

※ 표에 나와 있는 수익률은 절대적인 수치가 아니다. 건물은 보이는 것 외에 숨겨진 비용과 세금까지 감안해야 한다. 그리고 경기에 영향을 많이 받기 때문에 현재의 임차료가 계속 유지된다는 보장도 없다.

투입되는 현금과 대출의 양이 차이가 크다. 즉, 물건의 부피와 가격이 커진다고 해서 보증금과 월세가 비례해서 함께 커지는 규칙은 아니다.

강남의 건물은 좋아 보이지만 언제, 얼마에 사느냐가 관건이다. 앞으로는 상가건, 건물이건, 아파트건 양극화가 심해질 것이다. 수익률형(현금흐름) 부동산을 볼 것인가, 시세차익형 부동산을 볼 것인가? 아니면 실거주의 질을 중시할 것인가? 보유할 물건 수는 몇 개로 할 것인가? 자신의 투자 포지션을 확실히 하고 준비해야 한다.

인구 대반전의 시대, 건축비 상승과 위기

적게 태어나고 많이 은퇴하는 시대다. 2072년에는 중위연령이 63세가 되고, 2047년에는 국내 노인인구가 10명 중 4명에 달할 것이며, 세금은 늘고 복지 비용은 증가할 것이다. 생산가능인구가 줄어 금리가 상승하면 경제성장은 둔화될 수밖에 없다. 노동 공급 증가의 시대가 가고 인구 대반전의 시대가 오면 인건비가 상승하고, 소득과 자산 불평등에 대한 갈등은 더욱 커질 것이다. 은퇴 후 경제생활은 심각한 사회문제가 될 전망이다. 재개발 지역의 조합원 연령이 고령일수록 반대율이 높아지는 경향은 이러한 문제를 포괄적으로 설명하고 있다.

아직도 '조물주 위에 건물주'라는 말은 많은 사람들의 로망이다. 하지만 코로나19 이후 핵심 상권에도 '상가 임대' 현수막이 보이고 까다로운 MZ 임차인 모시기에 '건물주 위에 세입자'라는 말이 들리고 있다.

많은 사람이 착각하는 부분 중 하나는 건물의 임차인이 어디에나 있고, 임대료는 매년 오르며, 임차인들이 꼬박꼬박 월세를 낼 것이라는 믿음이다. 그러나 현실은 그렇지 않다. 건물도 사람처럼 연식이 있어서 관리비가 매년 증가하며 건물이 자리 잡고 있는 토지가격은 매년 상승한다. 그에 따라 건물의 가격도 매년 오르고 있지만 임차료는 물가와 경기의 영향을 많이 받는다. 결국 건물의 수익률도 변동이 생길 수밖에 없다.

서울과 지방에서 재건축에 대한 추가 비용이 늘어나고 공사비마저 오르고 있다. 이제는 과거의 치열했던 재건축 수주전이 무색할 만큼, 시공사를 찾는 것도 어려운 상황이다. 만약 개발 예정 지역이거나 개발 지역이라면 '건축행위제한'으로 인해 신축, 증축 등의 허가나 시공도 제한된다. 장기간 불투명한 시기를 지나야 할 때, 건물을 효율적인 가격으로 임대해 수익을 창출할 수 있다면 어떨까.

개발과 수익, 두 마리 토끼를 잡는 건물 리페어

1979년 도입된 토지거래허가제는 투기 수요 억제를 목적으로 특정 지역을 거래 규제 지역으로 지정하는 제도다. 토지거래허가구역 내의 토지를 거래하려면 실수요자임을 입증해 해당 시장·군수·구청장의 허가를 받아야 한다. 토지 거래 허가를 받아야 하는 토지 면적은 법령상 기준 면적의 10% 수준(주거지역 6m², 상업지역 15m² 초과)이다.

토지거래허가구역에서 주택을 매입하는 경우 매수인은 반드시 해당 주택에 2년 이상 거주해야 한다(경매 낙찰된 부동산은 '민사집행법'의 예외). 주거용 부동산이 개발지역에 있어서, 조합원 지위를 장기적으로 유지하려고 할 때, 오래된 건물을 인기 있는 상품으로 만들고 싶을 때, 비어 있는 공실에 임차인을 들이고 싶다면, 세입자를 받을 수 있는 건물의 상태를 만들어 놔야 한다. 건축비가 상승하는 혼란의 시기에 개발과 수익, 두 마리 토끼를 잡기 위해 '건물 리페어(Repair)•'를 간단히 소개하려고 한다.

재개발 후보지의 투기방지대책에 따라 신통기획 등의 재개발 재건축 구역은 '권리산정 기준일' 등을 기준으로 토지거래허가구역 및 건축허가제한 구역으로 지정된다. 개발절차가 간소화되었다지만 사업지마다 속도나 온도 차가 다르며 언제 될지 모를 기간 동안 대출이자만 감당하고 있기에는 투자리스크가 크다.

재개발 지역에 있는 물건을 리페어하여 수익화할 수 있는 방법을 제시해보겠다. 재개발 지역에 있는 물건을 리페어했을 때의 장기적 수익률은 공사비용과 유지기간에 좌우된다.

사례 1은 30년 된 주택의 세대도어를 프레임은 그대로 두고 내부 재료(유리)만 교체한 모습이다. 비용이 저렴한 대신 단열 효과나 내

• 건물의 손상되고 노후된 부분을 개선해 원래 상태로 회복시키는 과정

| 사례 1: 재개발 지역에 있는 물건의 도어를 리페어한 모습

| 사례 2: 재개발 지역에 있는 물건의 도어를 신규로 교체한 모습

| 사례 3: 침수된 건물의 붕괴 벽을 리페어한 모습

사례 4: 재개발 예정지 물건의 구조변경 비용의 선택폭

구조 변경 비용
비용 200만~650만 원

BEFORE

AFTER

사례 5: 노후 건물의 구조변경 시 선택해야 하는 시공의 범위(화장실)

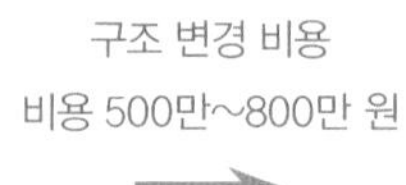

BEFORE

AFTER

구성이 떨어질 수 있다는 점도 유의해야 한다.

사례 2는 재개발 지역에 있는 건물 내부의 세대도어를 신규로 교체한 모습이다. 세대도어는 단열성과 재료, 브랜드에 따라 최대 10배까지 가격 차이가 나서 건축주의 선택이 어려운 아이템이다. 선택의 기준은 해당 지역의 재개발 진행 방향, 재개발 철거단계까지의 기간, 임차 수요, 시세, 등을 고려해 계획된다면 좋겠다.

사례 3은 침수된 건물의 반지하를 복구한 모습이다. 건물 일부분이 붕괴되면 안전사고의 위험이 크므로 신속하고 안전하게 복구해야 한다. 금액의 선택지는 최대 5배 이상 선택할 수 있으므로 건물의 용도와 파손된 상태에 맞춰서 복구내용을 선택하자.

사례 4는 재개발 예정지 물건의 단점을 보완하는 구조변경된 모습이다. 화장실 비내력벽의 부분 철거와 화장실 구조를 효율적으로 변경할 때 디자인과 구조설계가 가장 중요하다. 선택할 수 있는 시공비용은 200만~600만 원 이상이다. 이 역시 향후 용도와 수요 예측이 필요하다.

사례 5는 30년이 넘은 화장실을 현대의 세입자의 니즈(needs)에 맞춰서 구조변경한 모습이다. 임차인의 연령과 임차료에 기준해 시공비를 산정한다. 화장실 구조를 효율적으로 변경할 때도 초기 구조설계와 기획이 중요하다.

지금까지 본 사례는 필자가 건축비용과 각종 부담금 상승으로 인한 은퇴(예정)자들의 해결책을 마련하고자 집필 중인 책 내용의 일부다. 좀 더 자세한 내용이 궁금하다면 출간 예정인 책과 강의를 참조하길 바란다.

2025년 건축과 부동산 트렌드

최근 서울의 아파트 신축 선호와 가격 양극화 시장을 보며 필자는 이렇게 말하고 싶다. 본인의 인생 계획과 투자 계획이 맞물려 있지 않은 사람은 항상 시장의 파도에 흔들릴 수밖에 없다. 주변 환경에 따라 약간 우회하거나 선택의 시기를 늦출 수는 있지만, 자신의 목표는 외부에 의해 흔들려서는 안 된다. 왜냐하면 어떤 투자자도 100% 성공할 수 없고, 0%의 리스크는 존재하지 않는다. 중요한 것은 당신의 목표와 신념이다.

시장의 변동성이 크고 고금리 기조가 장기화되는 지금, 내 집 마련에 정해진 때는 없다. 자신의 소득에 맞는 무리 없는 대출과 자신의 직업, 현금을 잘 지키는 것이 중요하다. 대출 심사와 억제가 역대급으로 강화된 만큼 대출을 실행할 때는 신중해야 한다.

복잡하고 어려워진 부동산 시장에서 당신에게 꼭 맞는 방법을 찾아내야 한다. 남들이 돈 벌었다는 이야기나 미디어의 말만 맹신하지 말고, 끊임없이 검증해 당신만의 방식을 찾아내기 바란다. 그 과정에

2025년 투자자 포지션

무주택자	상급지 청약전략과 자격점검, 가고 싶은 지역을 정하고 관찰
매매가격	일시적2주택 활용하거나 1주택+수익형 세팅
다주택자	대출이자와 원금상환 점검, 본인의 연령대에 맞춘 매도전략 수익형 물건에 집중할 것
은퇴(예정)자	은퇴자금을 올인하지 말 것. 건물과 상가는 고수의 영역이므로 쉽게 생각하지 말 것

서 이 책이 도움이 되길 바란다.

우리가 사는 세상에서 돈이 전부는 아니지만, 나는 당신이 돈 때문에 좌절하거나 비참해지지 않기를 바란다. 결국은… 부동산이다.

은퇴(예정)자에게

필자는 2023년부터 40~70대 사이 은퇴자 및 은퇴 예정자를 대상으로 은퇴 준비를 돕는 월세 강의를 하고 있다. 젊은 시기에는 공격적이고 다소 리스크를 감수한 투자가 가능하지만, 은퇴자의 투자는 안정적이어야 하고, 자신의 삶을 되돌아보는 내용이 중심이 되어야 한다.
혹시 헌신과 희생으로 가득 찬 삶을 살아왔고, 그로 인해 억울함이나 후회가 남아 있다면, 인생 2막부터는 밤을 새워도 즐거운 일에 도전해보라. 이를 뒷받침해줄 수 있는 것은 소소하더라도 안정된 월세 흐름이다. 사치를 부리지 않는다면 중년 이후에는 생활비가 크게 들지 않는다. 부동산 월세로 생활비를 세팅해두고, 젊은 시절 하고 싶었던 취미와 일에 도전하라.

블로그 노후건물연구소
토미의 리모델링으로 재테크하라

PART 3

격동하는 시장에서 투자의 기회를 잡는 법

2025년
서울 청약시장 대응과 준비

열정로즈 정숙희

- (주)내꿈사 대표
- 베스트셀러 『아는 만큼 당첨되는 청약의 기술』 저자
- 10년 차 부동산 투자자이자 청약전문가
- 내꿈사 클래스 청약&분양권, 내집마련 전문강사
- 유튜브 '열정로즈TV' 크리에이터

2024년
서울 청약시장 분석

최근(2024년 9월 기준) 반포동 래미안 원베일리 전용 84m²가 60억 원(평당 약 1억 7,600만 원, 2024년 8월 2일 9층)에 거래되었습니다. 주택시장이 점점 더 초양극화되고 있는데, 반포디에이치클래스트(반포주공 1단지 1, 2, 4주구)가 입주하는 시기에는 '평당 2억 시대'도 그리 멀지 않아 보입니다. 다주택자를 위한 규제는 전혀 풀리지 않았고, 세금 이슈와 더불어 '똘똘한 한 채'가 주목을 받다 보니 상급지로 돈이 몰리고 있습니다. 서울의 흐름이 가장 좋다 보니 서울 청약과 분양권에도 관심이 쏠리고 있습니다. 이번에는 2024년 서울 청약시장 분위기와 2025년 서울 청약시장 대응 및 준비라는 주제를 다뤄보겠습니다.

2024년 서울에서는 총 27개 단지가 분양했습니다(2024년 9월 기

2023~2024년 서울 분양 아파트 일반공급 경쟁률

분양시기	입주시기	총세대수	단지명 (타입)	59분양가 (만원)	84분양가 (만원)	평당가 (만원)	일반공급 세대수	총청약자 수	평균경쟁률	특공+일반 토탈
23년 2월	26년 3월	707	영등포자이 디그니티	₩86,900	₩117,900	3570	98	19,478	198.76	24,473
23년 2월	24년11월	752	센트레빌 아스테리움 시그니처	₩65,329	₩85,315	2614	214	2,430	11.36	3,621
23년 3월	25년 6월	1806	휘경자이 디센시아	₩77,700	₩97,600	2973	329	17,013	51.71	22,590
23년 4월	26년 8월	78	엘리프 미아역 1단지	₩78,506		3139	36	190	5.28	255
23년 4월	26년 8월	182	엘리프 미아역 2단지	₩79,356	₩114,263	3122	102	267	2.62	369
23년 5월	25년11월	424	새절역 두산위브 트레지움	₩67,980	₩88,500	2869	121	9,550	78.93	12,683
23년 5월	25년11월	283	DMC 가재울 아이파크	₩88,280		3660	52	4,672	89.85	6,581
23년 6월	25년 5월	571	서울대벤처타운역 푸르지오	₩75,230	₩102,950	3065	99	3,080	31.11	4,498
23년 6월	26년 4월	761	청량리 롯데캐슬 하이루체	₩84,700		3478	88	21,322	242.30	29,201
23년 7월	25년 3월	110	*용산 호반써밋 에이디션		₩163,390	4526	65	10,575	162.69	12,826
23년 7월	25년 3월	1063	롯데캐슬 이스트폴 (74/84)	₩113,000	₩149,000	4151	420	41,344	98.44	46,569
23년 8월	25년 1월	3069	래미안 라그란데	₩88,800	₩109,900	3359	468	37,024	79.11	47,674
23년 8월	25년 7월	396	청계 SK VIEW	₩96,990	₩134,178	3885	57	10,455	183.42	14,175
23년 8월	24년 3월	771	상도 푸르지오 클라베뉴	₩103,108	₩139,393	4106	401	5,626	14.03	7,838
23년 8월	24년12월	317	호반써밋 개봉	₩77,130	₩99,860	3264	110	2,776	25.24	3,950
23년 9월	26년 9월	199	보문 센트럴 아이파크(76/81)	₩111,500	₩99,400	3350	42	3,279	78.07	3,867
23년 9월	25년 2월	997	힐스테이트 관악센트씨엘	₩90,610		3569	51	3,341	65.51	5,091
23년 9월	25년 3월	326	e편한세상 답십리 아르테포레(국민)	₩92,200	₩116,800	3525	24	2,393	99.71	2,984
23년 10월	25년12월	670	더샵 강동센트럴시티	₩102,600	₩142,640	4025	97	5,751	59.29	7,853
23년 10월	26년 1월	535	e편한세상 강동 프레스티지원	₩98,380	₩136,440	3976	133	11,437	85.99	15,058
23년 10월	25년11월	4169	이문 아이파크 자이 1,2단지	₩94,888	₩121,284	3617	787	13,280	16.87	17,380
23년 10월	26년 5월	152	이문 아이파크 자이 3단지	₩100,892	₩144,026	4148				0
23년 10월	26년 3월	299	도봉 금호어울림 리버파크	₩69,790	₩90,590	2685	68	551	8.10	667
23년 11월	24년 9월	1265	*힐스테이트 e편한세상 문정(59/74)	₩88,870	₩109,100	3602	169	25,783	152.56	39,841
23년 11월	27년 3월	239	마포 푸르지오 어반피스	₩114,330	₩159,500	4636	64	3,588	56.06	4,904
23년 12월	27년 2월	1670	청계리버뷰자이	₩104,420	₩127,710	4142	397	18,255	45.98	23,534
24년 1월	25년 6월	3307	*메이플 자이	₩174,200		6835	81	35,828	442.32	45,846
24년 2월	26년 7월	199	경희궁 유보라	₩104,875	₩134,875	3947	57	7,089	124.37	9,444
24년 2월	24년 11월	572	더샵 둔촌포레		₩139,300	4120	47	4,374	93.06	4,957
24년 5월	25년 6월	827	서대문 센트럴 아이파크	₩86,030	₩122,220	3241	208	1,969	9.47	2,871
24년 5월	26년 11월	215	강변역 센트럴 아이파크		₩127,480	4017	45	22,235	494.11	28,284
24년 6월	27년 3월	1101	마포자이힐스테이트 라첼스	₩134,070	₩174,510	5228	250	40,988	163.95	53,523
24년 7월	27년 3월	1637	푸르지오 라디우스 파크	₩96,700	₩121,100	3745	365	12,830	35.15	18,053
24년 7월	24년 8월	641	*래미안 원펜타스	₩174,610	₩233,310	6977	178	93,864	527.33	134,047
24년 7월	26년 10월	308	*래미안 레벤투스(58/84)	₩171,990	₩227,680	6529	71	28,611	402.97	40,703
24년 7월	25년 4월	407	그란츠 리버파크	₩149,900	₩194,900	4570	189	3,169	16.77	4,484
24년 8월	26년 9월	408	*디에이치 방배	₩172,580	₩224,450	6573	650	58,684	90.28	86,758
24년 8월	25년 7월	958	라체르보 푸르지오 써밋(59/65)	₩145,400	₩164,680	5834	73	17,582	240.85	24,883
24년 9월	25년 11월	1261	*청담 르엘	₩201,980	₩254,570	7605	85	56,717	667.26	76,787

* 빨강 글씨: 투기과열지구 분양단지

준). 2023년에는 무려 14개 단지에서 줍줍이 나왔으나, 2024년 들어서 서울 청약시장의 분위기가 확 바뀌어 두 개의 단지(서대문 센트럴 아이파크, 그란츠 리버파크)만 줍줍이 나오고 모두 당해 마감, 예비 당첨에서 완판되었습니다. 2023년과는 확연히 달라진 분위기를 느낄 수 있습니다. 심지어 2023년보다 분양가가 평균 1억~2억 원이나 올랐음에도 분양은 훨씬 잘 되었습니다(줍줍은 시장이 차가울 때 하는 게 정석이지요). 그리고 완판된 단지들은 수억 원의 프리미엄이 형성되어 있습니다.

강남 분양은 2024년부터가 진짜 시작이었습니다. 2023년에는 '용산 호반써밋 에이디션'과 '힐스테이트 e편한세상 문정'만 분양했고(용산과 송파), 2024년부터 강남2구(서초구·강남구)의 분양이 시작되었는데, '메이플 자이'를 필두로 평당 분양가 6천만 원이 넘는 시대를 열더니, 최근 분양한 '청담 르엘'은 평당 7천만 원대 분양가를 기록했습니다.

'래미안 원펜타스'는 특별공급 통장 40,183개와 일반공급 통장 93,864개, 총 134,047개의 통장이 접수되어 1순위 평균 경쟁률 527.33:1이라는 신기록을 세웠습니다. 이는 분양가 상한제가 낳은 '20억 로또 분양'으로, 청약 전부터 수많은 관심과 주목을 받았기 때문입니다. 이러한 로또 분양은 가용 자금도 없이 청약에 도전하거나 '위장 전입 세대원 전수조사' 등 많은 사회적 이슈를 만들어 미계약 물량이 50세대 정도 나오기도 했으나, 결국 완판되었습니다.

2024년 서울 청약 열기는 당첨 가점에서도 느껴집니다. 서울의 인기 단지는 69점 이하로는 당첨이 매우 어려워졌습니다. 저가점자라면 2024년에 변경된 청약 제도를 공부해 '특별공급'으로 도전해보시길 권장합니다.

특히 2024년은 '69점'이 쏟아지는 해입니다. 69점은 4인 가족의

래미안 원펜타스 관련 기사

래미안 원펜타스 당첨자 **전수 조사**...'위장 전입' 논란 계속

'로또 청약'으로 관심을 모은 서울 서초구 **래미안 원펜타스** 아파트 당첨자에 대해 **전수 조사**가 이뤄집니다. 국토교통부는 오는 21일 계약을 마치고, 다음달 초 예비 입주가 당첨까지 끝나면 현장 점검을 한다는 계획입니...

만점 통장 3개 나온 **래미안 원펜타스**... 정부, 당첨자 전... **조선비즈** PICK · 3주 전 · 네이버뉴스

만점 통장만 3개, '30억 로또' 아파트 당첨자 **전수조사**한... **한국경제** PICK · 3주 전 · 네이버뉴스

'20억 로또 청약' **래미안원펜타스**, 계약포기 속출

국토교통부도 지난 21일 이 단지를 포함해 주택청약 및 공급실태 **전수조사**를 예고했다. **래미안원펜타스**에 대한 **조사**는 다음 달 초 예비 입주자 당첨 발표까지 마친 뒤 진행될 것으로 전해진다. 주택법 위반이 확인될 경...

정부의 고강도 **조사** 예고에..."20억 로또 포기합니다" 속출 **한국경제** · 3주 전 · 네이버뉴스

'**래미안원펜타스**' 부적격·계약포기 속출...잔여세대 50가... **서울경제** PICK · 3주 전 · 네이버뉴스

2023~2024년 서울 분양 아파트(84타입) 최저 당첨컷

분양시기	단지	최고층분양가	총청약자수	평균경쟁률	84A/H	84B/I	84C/J	84D/K	84E/L	84F/M	84G/N
23년 2월	영등포자이 디그니티	₩117,900	19,478	198.76	67	69	63				
23년 2월	센트레빌 아스테리움 시그니처	₩85,315	2,430	11.36	64						
23년 3월	휘경자이 디센시아	₩97,600	17,013	51.71	69	67					
23년 4월	엘리프 미아역 2단지	₩114,263	267	2.62	39						
23년 5월	새절역 두산위브 트레지움	₩88,500	9,550	78.93	65	58	64				69
23년 6월	서울대벤처타운역 푸르지오	₩102,950	3,080	31.11	58	52					
23년 7월	*용산 호반써밋 에이디션	₩163,390	10,575	162.69	71	69					
23년 7월	롯데캐슬 이스트폴	₩149,000	41,344	98.44	69	69	67	68			
23년 8월	래미안 라그란데	₩109,900	37,024	79.11	69	69	69				
23년 8월	청계 SK VIEW	₩134,178	10,455	183.42	69						
23년 8월	상도 푸르지오 클라베뉴	₩139,393	5,626	14.03	53	47	45				
23년 8월	호반써밋 개봉	₩99,860	2,776	25.24	50	42	40				50
23년 9월	보문 센트럴 아이파크(81)	₩99,400	3,279	78.07	69						
23년 10월	더샵 강동센트럴시티	₩142,640	5,751	59.29	60	53	56				
23년 10월	e편한세상 강동 프레스티지원	₩136,440	11,437	85.99	67	64	62	69			
23년 10월	이문 아이파크 자이	₩144,026	13,280	16.87	61	60	56	32	50	50	42
23년 10월	도봉 금호어울림 리버파크	₩90,590	551	8.10	54	39	27				
23년 11월	마포 푸르지오 어반피스	₩159,500	3,588	56.06	60	59					
23년 12월	청계리버뷰자이	₩127,710	18,255	45.98	66						
24년 2월	경희궁 유보라	₩134,875	7,089	124.37	72	64	65				
24년 2월	더샵 둔촌포레	₩139,300	4,374	93.06	61	67					
24년 5월	서대문 센트럴 아이파크	₩122,220	1,969	9.47	54	50	43	52	70	46	
24년 5월	강변역 센트럴 아이파크	₩127,480	22,235	494.11	72	73	69				
24년 6월	마포자이힐스테이트 라첼스	₩174,510	40,988	163.95	73	64	69	69	69		
24년 7월	푸르지오 라디우스 파크	₩121,100	12,830	35.15	64	64	56	61			
24년 7월	*래미안 원펜타스	₩233,310	93,864	527.33	77	74	72	73			
24년 7월	*래미안 레벤투스	₩227,680	28,611	402.97	74	70					
24년 7월	그란츠 리버파크	₩194,900	3,169	16.77	61	56					
24년 8월	*디에이치 방배	₩224,450	58,684	90.28	69	69	69				

만점 점수로 상징성이 있지만, '디에이치 방배'에서 69점인 분들이 대거 탈락했습니다. 동점자 기준으로 청약통장 장기가입 순으로 당첨자를 선정하기 때문에, 이제 69점도 안심하기는 어려운 시대가 되었습니다.

주택청약 종합저축통장이 2009년 5월 9일 출시되어 2024년이 15년 차가 되는 해입니다. 청약통장 가입 기간 만점이 15년 이상 17점입니다. 여기에 무주택 기간 점수 최대 15년 이상 32점, 4인 가족 부양가족 점수 20점을 더하면 4인 가족이 도달할 수 있는 최대치가 69점이 됩니다. 70점이 넘으려면 자녀 3명 이상이거나 부모님을 3년 이상 모셔야 가능합니다.

그러나 강남 로또 분양 단지 중 세대수가 적은 단지(청담 르엘, 디에이치 에델루이 등)에서는 70점 이하로는 당첨이 어렵게 되었습니다. 이제는 69점이 너무 흔해져 버렸기 때문입니다. 혹시 69점으로 강남 당첨을 꿈꾸는 분들은 더 치열하게 '전략'을 세워야 합니다.

2024년 본격적인 강남3구 분양이 시작되었습니다. 반포를 시작으로 2024년 하반기부터는 방배, 청담, 대치, 잠실의 분양이 시작됩니다. 2024년 바뀐 청약제도를 꼼꼼히 공부해 2025년 서울 청약시장을 제대로 준비해보시기 바랍니다.

2024~2025년 서울 유망 청약 단지

2024~2025년 서울 분양 예정 단지

지역	시기	위치	사업(단지)명	총가구수	일반분양	건설사
강남구	24년 하	강남구 청담동 삼익아파트	청담르엘	1261	149	롯데건설
	25년	강남구 대치동 구마을재건축	대치동디에이치에델루이	282	79	현대건설
서초구	24년 하	서초구 잠원동 59-10	신반포21차재건축	275	86	포스코건설
	후분양	서초구 잠원동 65-33	신반포22차재건축	160	28	현대엔지니어링
	25년 상	서초구 반포동 1109(반포주공1단지 3주구)	래미안트리니원	2091	537	삼성물산
	26년	서초구 반포동 810(반포주공1단지 1,2,4주구)	반포디에이치클래스트	5007		현대건설
	미정	서초구 서초동 1333(신동아아파트재건축)	아크로드 서초	1157	53	DL이앤씨
	24년 8월	서초구 방배동946-8일원(방배5구역)	디에이치방배	3080	1244	현대건설
	24년 하	서초구 방배동 818-14(방배6구역)	래미안원페를라	1097	465	삼성물산
	24년 하	서초구 방배동 1018-1(방배삼익아파트재건축)	아크로리츠카운티	721	166	대림산업
	25년	서초구 방배동 541-2(방배13구역재건축)	방배포레스트자이	2322	547	GS건설
	25년	서초구 방배동 975-35(방배14구역재건축)	방배르엘	487	134	롯데건설
	25년	서초구 방배동 891-39(방배7재건축)	방배7재건축	276	179	미정
송파구	24년 하	송파구 신천동 잠실진주아파트	잠실래미안아이파크	2678	578	삼성물산,현대산업
	25년	송파구 신천동 17-6 미성크로바아파트	잠실르엘	1865	247	롯데건설
용산구	미정	용산구 이촌동 203-75	이촌동 제1구역 재건축	895	111	미정
	25년	용산구 한강로3가 65-584	아세아	969	819	부영주택
	미정	용산구 이촌동 300-157	한강맨션재건축	1441	미정	GS건설
	미정	용산구 이촌동 301-160	르엘이촌	750	97	롯데건설
	27년	용산구 이촌동 (이태원유엔사부지주상복합)	더파크사이드서울	420	420	현대건설
강동구	미정	강동구 명일동 48	서울명일동주상복합	546	546	포스코건설
동작구	25년	동작구 흑석동 93-136	흑석9재개발(디에이치)	1536	432	현대건설
	25년	동작구 흑석동 304	흑석11구역(푸르지오 써밋)	1509	422	대우건설
	25년	동작구 노량진동 312-75	노량진2구역 재개발(SK드파인)	411	303	SK에코플랜트
	25년	동작구 노량진동 294-220	노량진6구역 재개발(자이&SK)	1499	303	GS건설,SK에코플랜트
	25년	동작구 대방동 23-61	노량진8구역 재개발(아크로)	1007	309	디엘이앤씨
	미정	동작구 대방동 13-3	노량진7구역 재개발(SK드파인)	576	75	SK에코플랜트
	미정	동작구 노량진동 227-121	노량진4구역 재개발(디에이치)	844	270	현대건설
	미정	동작구 노량진동 270-3	노량진5구역 재개발(푸르지오 써밋)	727	284	대우건설
영등포구	24년 하	영등포구 영등포동 32-8(영등포1-13구역)	영등포센트럴푸르지오위브	659	216	대우건설,두산건설
	미정	영등포구 영등포동7가 76-5	영등포1-2구역 재개발	290		계룡건설
	미정	영등포구 문래동5가(문래진주아파트 재건축)	더샵르프리베	324		포스코이앤씨
	미정	영등포구 신길동 413-8(지주택)	신길5동힐스테이트	2030		현대건설
양천구	미정	양천구 신월동 606-17	신정뉴타운1-3지구	211	175	HDC현대산업개발
강서구	24년	강서구 등촌동 366-24(등촌1구역재건축)	힐스테이트등촌역	517	270	현대건설
	24년	강서구 방화동 608-97(방화6재정비촉진구역)	강서센트럴아이파크	557		HDC현대산업개발
구로구	24년 하	구로구 고척동 148-1	고척4구역재개발	983	576	대우건설,현대건설
성동구	24년 하	성동구 행당동 (행당제7구역)	라체르보푸르지오써밋	958	138	대우건설
마포구	미정	마포구 아현동 617-1	마포로3-1지구재개발	176	35	현대엔지니어링
서대문구	미정	서대문구 연희동 519-39	연희1구역재개발	1002	322	SK건설
	25년	서대문구 북가좌동 372-1	북가좌6구역재건축	1984	645	DL이앤씨
은평구	미정	은평구 대조동 88(대조1구역재개발)	힐스테이트메디알레	2083	502	현대건설
동대문구	미정	동대문구 제기동 288	제기4구역재개발	909	362	현대건설
성북구	미정	성북구 장위동 68-37(장위10구역)	장위10구역재개발	2004	1175	대우건설
	24년	성북구 삼선동 2가 296일원(삼선5구역)	삼선5구역	1223	522	롯데건설
노원구	미정	노원구 월계동 487-17(월계동재건축)	월계동중흥s클래스	355	133	중흥건설
	24년 하	노원구 월계동 85-7	광운대역세권재개발	2694	2694	HDC현대산업개발
	미정	노원구 중계동 30-3(104마을)	중계본동주택재개발	1953		GS건설

* 분양시기는 사업주최 측의 사정으로 얼마든지 지연될 수 있습니다.

여기에서 소개하는 단지의 일반분양 가점&추첨 물량은 확정이 아니며 추후 변경될 수 있음을 참고해주세요.

1. [강남구] 디에이치대치에델루이

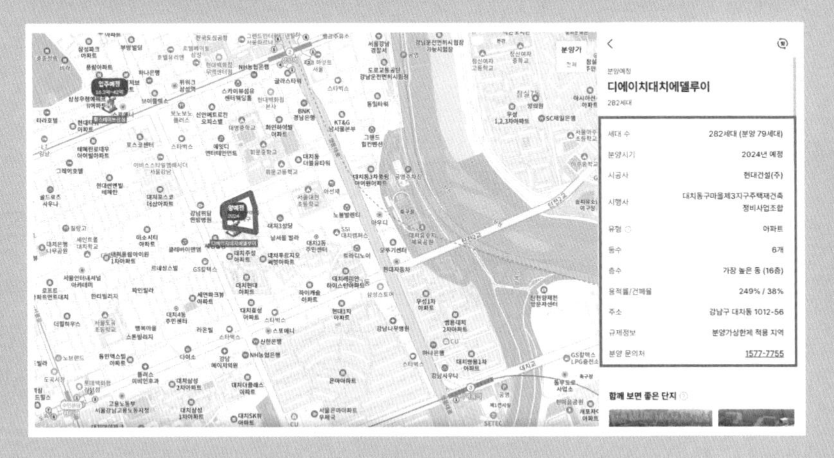

- 주소: 강남구 대치동 1012-56
- 시공사: 현대건설
- 단지규모: 총 282세대(분양 72세대)

[지역 가치 살펴보기]

- 인근교통편: 2호선 삼성역, 3호선 대치역, 수인분당선 한티역
- 주변 시설: 현대백화점, 롯데백화점, 스타필드, 대치목련공원
- 주변 학교: 대현초, 휘문중, 중동중, 대명중, 단국대사대부고, 진선여고, 중앙대사대부고

디에이치 대치 에델루이는 구마을 3지구를 재개발하는 단지입니다. 삼성역 업무지구까지 약 500m로 매우 가깝고 대현초등학교까지 200m이며, 길 건너에는 대명중학교와 휘문고등학교가 있습니다. 또한 대치동 학원가를 도보로 이용할 수 있다는 장점이 있습니다. 총 282가구 중 72가구(59m², 84m², 테라스 약간)를 일반분양합니다.

[일반분양 가점&추첨 물량]

주택형	일반공급	가점제	추첨제	무주택	무+1주택
59A	10	4	6	5	1
59B	3	2	1	1	0
59D	2	1	1	1	0
59E	3	2	1	1	0
72T	3	3	0	0	0
84B	14	10	4	3	1
94T	2	2	0	0	0
합계	37	24	13	11	2
60㎡이하		가점 40%, 추첨 60%		75%	25%
60㎡~85㎡이하		가점 70%, 추첨 30%		75%	25%
85㎡초과		가점 80%, 추첨 20%		75%	25%

2. [서초구] 신반포21차재건축

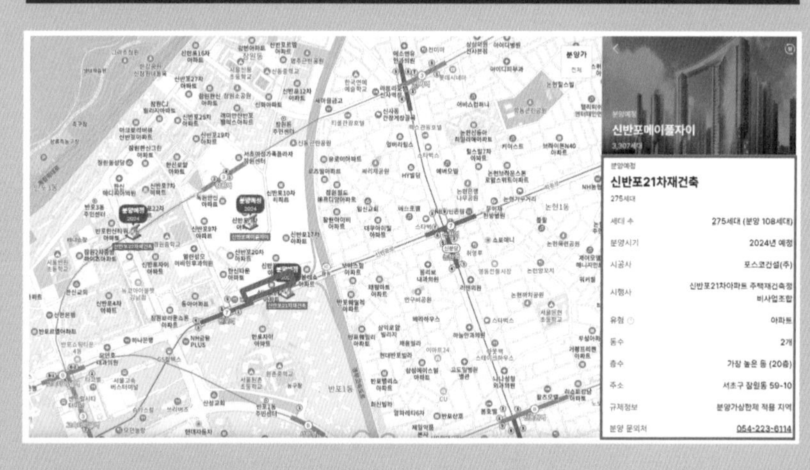

- 주소: 서초구 잠원동 59-10
- 시공사: 포스코건설
- 단지규모: 총 275세대(분양 86세대)

[지역 가치 살펴보기]

- 인근교통편: 7호선 반포역/논현역, 3호선 잠원역, 9호선 사평역, 신분당선 논현역
- 주변 시설: 서울성모병원, 뉴코아, 신세계백화점, 주흥공원
- 주변 학교: 원촌초, 신동중, 세화여중, 경원중, 반포고, 서초고, 영동고

신반포21차는 시공사는 포스코건설로 단지명은 가칭 '반포더샵 OPUS21'로 예정되었으며, 현재는 한창 공사 중으로 후 분양의 소규모 아파트입니다. 3호선 잠원역과 7호선 반포역이 가깝고 지하 3층~20층까지 2개동, 총 275세대 중 86세대가 일반분양될 예정입니다.

[일반분양 가점&추첨 물량]

주택형	총 세대수	특별공급	일반공급	가점제	추첨제	무주택	무+1주택
43	2	1	1	1	0	0	0
44	3	1	2	1	1	1	0
45	27	13	14	6	8	6	2
59	43	21	22	9	13	10	3
84	11	5	6	5	1	1	0
합계	86	41	45	22	23	18	5
60㎡이하		특공50%	일반50%	가점 40%, 추첨 60%		75%	25%
60㎡~85㎡이하		특공50%	일반50%	가점 70%, 추첨 30%		75%	25%

3. [서초구] 신반포22차재건축

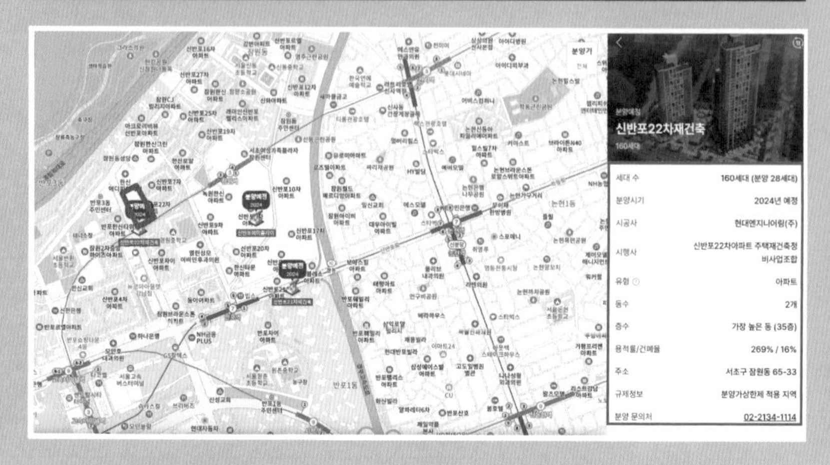

- 주소: 서초구 잠원동 65-33
- 시공사: 현대엔지니어링
- 단지규모: 총 160세대(분양 28세대)

[지역 가치 살펴보기]

- 인근교통편: 3호선 잠원역/고속터미널역, 7호선 반포역/고속터미널역, 9호선 고속터미널역
- 주변 시설: 서울성모병원, 뉴코아, 신세계백화점, 잠원공원
- 주변 학교: 반원초, 신동중, 세화여중, 경원중, 반포고, 서초고, 서울고

서울 서초구 잠원동 '신반포22차'는 시공사인 현대엔지니어링과 공사비를 3.3m²당 1,300만 원으로 인상하는 방안을 협의 중입니다. 아파트 브랜드를 기존 '힐스테이트'에서 하이엔드인 '디에이치'로 변경하면서 마감재 가격이 높아지게 되었는데요 총 160세대 중 28세대가 일반분양될 예정입니다(2024년 5월 착공, 2027년 입주, 후분양 예정).

[일반분양 가점&추첨 물량]

주택형	총 세대수	특별공급	일반공급	가점제	추첨제	무주택	무+1주택
84	28	14	14	10	4	3	1
합계	28	14	14	10	4	3	1
60㎡~85㎡이하		특공50%	일반50%	가점 70%, 추첨 30%		75%	25%

4&5. [서초구] 래미안트리니원/반포디에이치클래스트

- 주소: 서초구 반포동 1109/서초구 반포동 810
- 시공사: 삼성물산/현대건설
- 단지규모: 2,091세대(분양 505세대)/5,007세대(일반분양 미정)

[지역 가치 살펴보기]

- 인근교통편: 9호선 구반포역, 3·7·9호선 고속터미널역, 4·9호선 동작역
- 주변 시설: 서울성모병원, 신세계백화점, 센트럴시티, 반포한강공원, 반포천
- 주변 학교: 반포초, 반포중, 세화여중고, 세화고, 신반포중, 계성초, 덜위치칼리지서울영국학교 등

반포주공 1단지 3주구를 재건축하는 '래미안 트리니원', 1·2·4주구를 재건축하는 '반포 디에이치 클래스트'는 반포의 대장주가 될 단지입니다. 교통, 학군, 자연환경 프리미엄 등 빠지는 게 없는 최고의 인프라를 갖추었습니다. 9호선 구반포역 역세권으로 반포초, 반포중, 세화고, 세화여중고, 계성초(사립), 덜위치칼리지서울영국학교 등 명문학군이 도보로 등·하원 가능합니다. 요즘 한강변 신축, '얼죽신' 열풍으로 원베일리 국평이 60억 원에 거래되었는데, 입주 시 평당 2억 원을 찍을 것이라 기대되는 단지입니다. 둘 다 현재 한창 공사 진행 중이며 후분양으로 진행됩니다. 래미안트리니원은 2025년 분양 예상하며 반디클은 2025년 연말이 돼서야 조합원 분양이 마무리되므로 2026년이 되어야 일반분양이 가능해 보입니다. 반디클은 아직 조합원 분양이 끝나지 않아 일반분양 물량이 미정입니다. 래미안 트리니원은 총 2,091세대 중 505세대가 일반분양될 예정입니다.

[일반분양 가점&추첨 물량]

주택형	총 세대수	특별공급	일반공급	가점제	추첨제	무주택	무+1주택
59	456	228	228	92	136	102	34
84	49	24	25	18	7	6	1
합계	505	252	253	110	143	108	35
60㎡이하		특공50%	일반50%	가점 40%, 추첨 60%		75%	25%
60㎡~85㎡이하		특공50%	일반50%	가점 70%, 추첨 30%		75%	25%

6. [서초구] 래미안원페를라

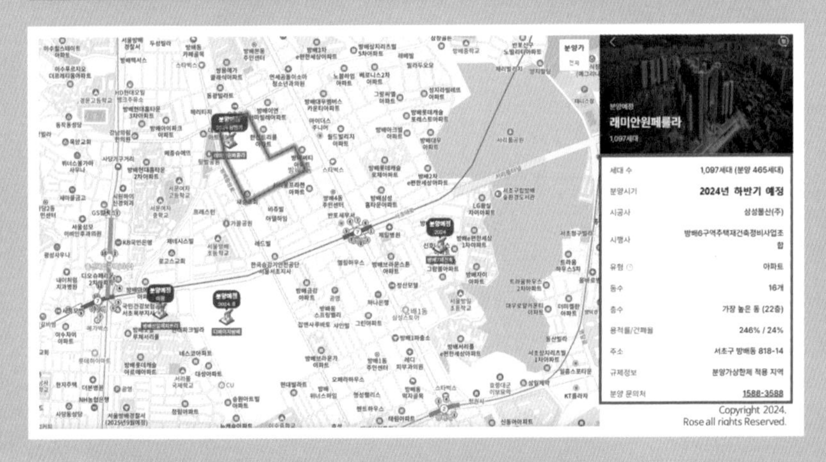

- 주소: 서초구 방배동 818-14
- 시공사: 삼성물산
- 단지규모: 총 1,097세대(분양 465세대)

[지역 가치 살펴보기]

- 인근교통편: 7호선 내방역/이수역, 4호선 총신대입구역
- 주변 시설: 이마트, 뒷벌공원, 현충공원
- 주변 학교: 방배초, 세화여중, 신동중, 경원중, 서문여고, 서초고, 동덕여고

방배6구역을 재건축하는 '래미안 원페를라'도 입지가 좋은 편이라 청약 경쟁률이 높을 것으로 예상됩니다. 지하철 4호 선 총신대입구역이 도보로 10분 거리에 있고, 7호선 내방역과 총신대입구역 사이에 위치한 데다 서리풀공원 등 녹지가 풍부해 살기 좋은 주거지로 평가받는 곳입니다. 또한 서문여중, 서문여고, 방배초 등이 도보로 통학이 가능한 위치에 있는 등 좋은 교육환경을 보유하고 있습니다. 총 1,097세대 중 465세대가 일반분양될 예정입니다.

[일반분양 가점&추첨 물량]

주택형	총 세대수	특별공급	일반공급	가점제	추첨제	무주택	무+1주택
59A	96	48	48	20	28	21	7
59B	34	17	17	7	10	8	2
59C	11	5	6	3	3	3	0
84A	50	25	25	18	7	6	1
84B	112	56	56	40	16	12	4
84C	43	21	22	16	6	5	1
84C1	69	34	35	25	10	8	2
84D	6	3	3	3	0	0	0
84D1	22	11	11	8	3	3	0
84D2	22	11	11	8	3	3	0
합계	465	231	234	148	86	69	17
60㎡이하		특공50%	일반50%	가점 40%, 추첨 60%		75%	25%
60㎡~85㎡이하		특공50%	일반50%	가점 70%, 추첨 30%		75%	25%

7. [서초구] 아크로리츠카운티

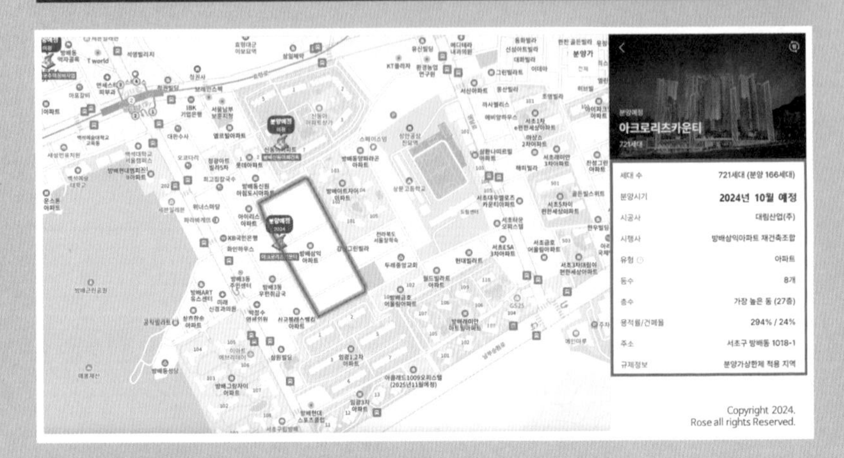

- 주소: 서초구 방배동 1018-1
- 시공사: 대림산업
- 단지규모: 총 721세대(분양 140세대)

[지역 가치 살펴보기]

- 인근교통편: 2호선 방배역
- 주변 시설: 롯데마트, 정문공원
- 주변 학교: 방일초, 세화여중, 신동중, 경원중, 상문고, 서울고, 동덕여고

아크로 리츠 카운티는 서울 서초구 방배 삼익 재건축 사업을 통해 들어섭니다. 총 721세대를 공급하면서 이 중 140세대를 일반분양할 예정입니다. 방배 일대에서는 현재 10곳에서 재건축 사업이 진행 중입니다. 과거 방배동은 학군이 잘 형성돼 있고 대형 평수 위주의 고급 단독주택, 연립주택이 밀집돼 있는 서초구의 전통적인 부촌이었습니다. 정비사업을 통해 외부인구 유입으로 지역 밀도가 높아지고 역세권 및 기존 상권이 활성화될 것으로 기대됩니다.

[일반분양 가점&추첨 물량]

주택형	총 세대수	특별공급	일반공급	가점제	추첨제	무주택	무+1주택
59	88	44	44	18	26	20	6
74	52	26	26	19	7	6	1
합계	140	70	70	37	33	26	7
60㎡ 이하		특공50%	일반50%	가점 40%, 추첨 60%		75%	25%
60㎡~85㎡ 이하		특공50%	일반50%	가점 70%, 추첨 30%		75%	25%

8. [서초구] 방배14구역재건축

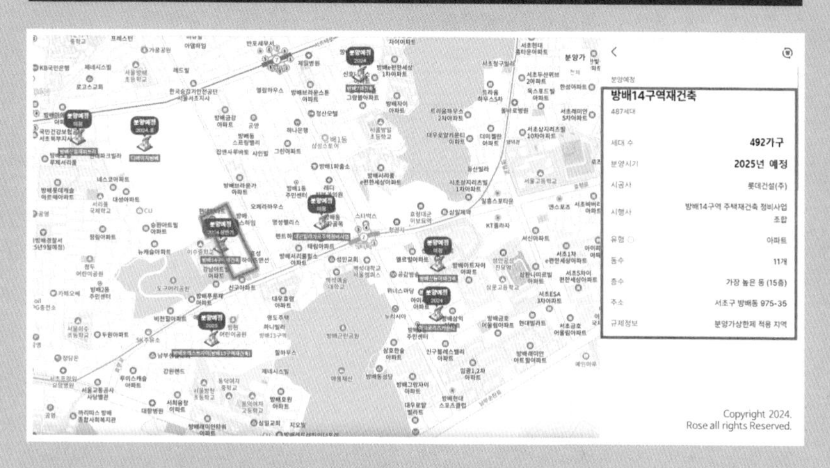

- 주소: 서초구 방배동 975-35
- 시공사: 롯데건설
- 단지규모: 총 492세대(분양 134세대)

[지역 가치 살펴보기]

- 인근교통편: 2호선 방배역, 4호선 총신대입구역/사당역, 7호선 이수역/내방역
- 주변 시설: 이마트, 효령공원, 현충공원
- 주변 학교: 방배초, 세화여중, 신동중, 경원중, 서문여고, 동덕여고, 상문고

방배14구역은 5구역과 맞닿아 있는 구역으로, 롯데건설이 시공을 맡았고 하이엔드 브랜드 '르엘'로 들어서게 됩니다. 현재 철거 중으로 2025년 상반기 착공을 예정하고 있습니다. 총 492세대 중 134세대가 일반분양될 예정입니다. 방배동이 재건축 사업을 통해 앞으로 5년 이내 고급 아파트가 밀집된 새로운 부촌으로 재탄생할 것으로 기대됩니다.

[일반분양 가점&추첨 물량]

주택형	총 세대수	특별공급	일반공급	가점제	추첨제	무주택	무+1주택
59	116	58	58	24	34	26	8
84	8	4	4	3	1	1	0
106	10	1	9	8	1	1	0
합계	134	63	71	35	36	28	8
60㎡이하		특공50%	일반50%	가점 40%, 추첨 60%		75%	25%
60㎡~85㎡이하		특공50%	일반50%	가점 70%, 추첨 30%		75%	25%
85㎡초과		특공13%	일반87%	가점 80%, 추첨 20%		75%	25%

9. [용산구] 아세아아파트

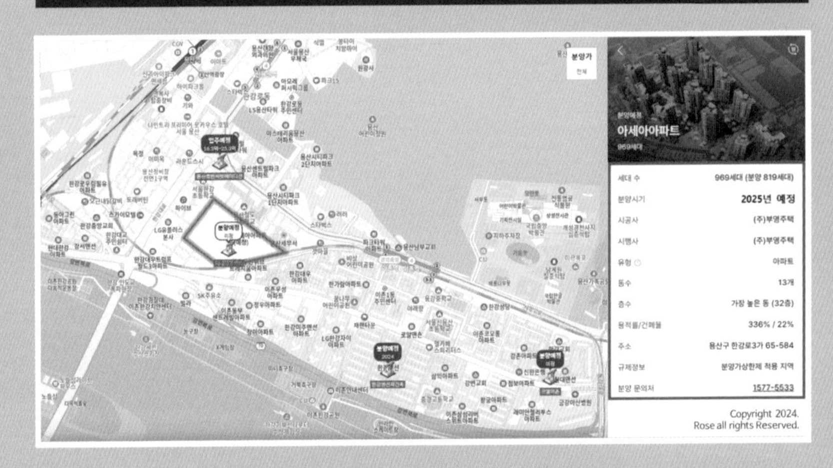

- 주소: 용산구 한강로3가 65-584
- 시공사: 부영주택
- 단지규모: 총 969세대(분양 819세대)

[지역 가치 살펴보기]

- 인근교통편: 경의중앙선 이촌역/용산역, 4호선 신용산역/이촌역, 1호선 용산역
- 주변 시설: 아이파크몰, 아이파크백화점, 이마트, 까치산공원
- 주변 학교: 한강초, 성심여중, 신광여중, 보성여중, 중경고, 성심여고, 신광여고

용산의 알짜부지 아세아 아파트는 이전까지 군부대 용지로 사용되다가 2001년에 특별계획구역으로 정해졌는데요. 2014년 부영그룹이 국방부로부터 이 부지를 매입했습니다. 당초 계획은 2021년 6월 착공에 들어가 2024년 준공계획이었으나 미보상 토지 소송 문제와 미 대사관 설계 변경 요구로 늦춰지게 되었습니다. 용산역과 신용산역, 이촌역 근접한 트리플 역세권 위치에 일부 세대는 한강 조망이 가능합니다. 지하 3층~최고 32층, 13개동, 총 969세대 중 미 대사관 숙소 제외하고 총 819세대가 일반분양될 예정입니다.

10. [송파구] 잠실래미안아이파크

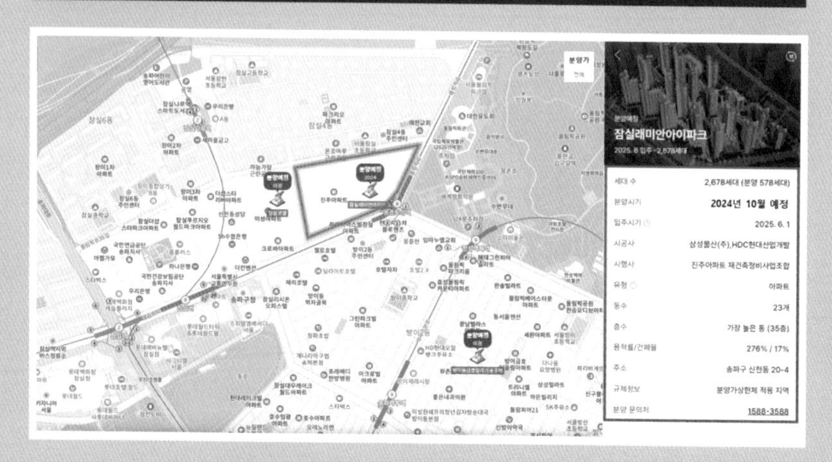

- 주소: 송파구 신천동 20-4
- 시공사: 삼성물산, HDC현대산업개발
- 단지규모: 총 2,678세대(분양 589세대)

[지역 가치 살펴보기]

- 인근교통편: 8호선 몽촌토성역/잠실역, 9호선 한성백제역/송파나루역, 2호선 잠실나루역
- 주변 시설: 서울아산병원, 롯데월드몰, 롯데백화점, 잠실진주공원, 송파나루공원
- 주변 학교: 잠실초, 신천중, 잠실중, 잠신중, 잠실고, 방산고, 영파여고

잠실진주아파트는 재건축 사업은 최고 35층, 23개동, 2,678가구로 조성하는 사업입니다. 일반분양 물량은 589가구입니다. 시공사는 삼성물산 건설부문과 HDC현대산업개발 컨소시엄입니다. 당초 2023년 분양을 진행하고, 오는 2025년 상 반기 중 준공될 예정이었으나, 공사비 인상·공사 일정 연장 갈등으로 분양 일정이 미뤄졌습니다. 분양가는 3.3m²당 5,409만 원으로, 전용 84m² 기준 17억~18억 원대로 예상됩니다. 잠실 지역은 서울 강남 지역에서도 특히 인기 있는 주거지로, 다양한 인프라와 교통 편의성이 갖춰져 있어 높은 관심을 받고 있습니다.

[일반분양 가점&추첨 물량]

주택형	일반공급	가점제	추첨제	무주택	무+1주택
43	70	28	42	32	10
59A	24	10	14	11	3
59B	8	4	4	3	1
59C	24	10	14	11	3
74A	5	4	1	1	0
74B	4	3	1	1	0
74C	7	5	2	2	0
84A	36	26	10	8	2
84B	2	2	0	0	0
84C	9	7	2	2	0
84D	87	61	26	20	6
84E	8	6	2	2	0
104A	5	4	1	1	0
104B	4	4	0	0	0
104C	11	9	2	2	0
104D	3	3	0	0	0
60㎡이하	가점 40%, 추첨 60%			75%	25%
60㎡~85㎡이하	가점 70%, 추첨 30%			75%	25%
85㎡초과	가점 80%, 추첨 20%			75%	25%

11. [송파구] 잠실르엘

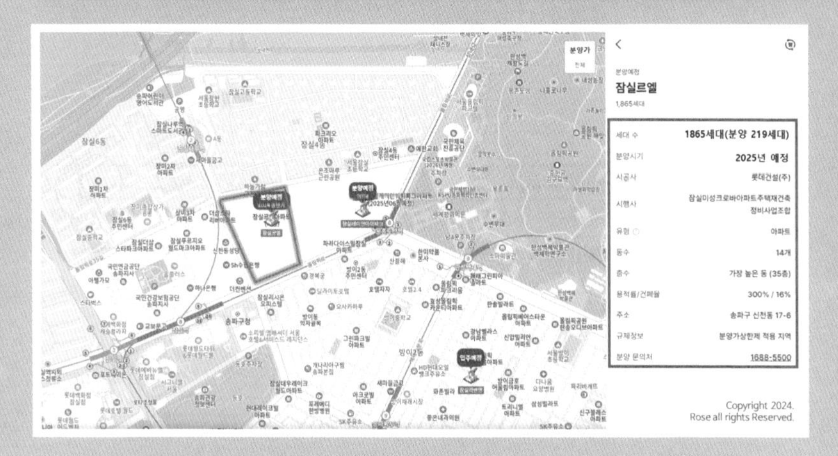

- 주소: 송파구 신천동 17-6
- 시공사: 롯데건설
- 단지규모: 총 1,865세대(분양 219세대)

[지역 가치 살펴보기]

- 인근교통편: 8호선 몽촌토성역/잠실역, 9호선 한성백제역/송파나루역, 2호선 잠실나루역
- 주변 시설: 서울아산병원, 롯데월드몰, 롯데백화점, 잠실진주공원, 송파나루공원
- 주변 학교: 잠실초, 신천중, 잠실중, 잠신중, 잠실고, 방산고, 영파여고

잠실역 역세권인 잠실르엘(미성크로바 재건축)은 1,865가구 중 219가구를 분양할 예정입니다. 2022년 6월 착공해 이미 공사가 상당히 진행된 상태여서 후분양 예정입니다. 준공 예상 시점은 2025년 12월입니다. 일반분양가는 현재 개략적으로 평당 5,103만 원으로 책정해 조합원 평형 신청을 받았지만 아직 분양가상한제 심의를 받지 않은 상태로, 인근 진주아파트와 비슷한 수준에서 일반분양가가 책정될 것으로 예상됩니다.

[일반분양 가점&추첨 물량]

주택형	총 세대수	특별공급	일반공급	가점제	추첨제	무주택	무+1주택
45	46	23	23	10	13	10	3
51	11	5	6	3	3	3	0
59	75	37	38	16	22	17	5
74	87	43	44	31	13	10	3
합계	219	108	111	60	51	40	11
60㎡이하		특공50%	일반50%	가점 40%, 추첨 60%		75%	25%
60㎡~85㎡이하		특공50%	일반50%	가점 70%, 추첨 30%		75%	25%

[서울 규제지역 민간분양 1순위 청약조건]

- 투기과열지구, 청약과열지역
- 전매제한 3년
- 거주의무 있음(2~3년/3년 유예)
- 19세 이상 세대주만 가능
- 무주택자, 1주택자
- 과거 5년 이내에 다른 주택의 당첨 無
- 재당첨제한 적용받음
- 청약통장 가입기간 2년 이상
- 서울시 2년 이상 거주자에게 우선공급 100%
- 60m² 이하 가점제 40%, 추첨제 60%
- 60~85m² 가점제 70%, 추첨제 30%
- 85m² 초과 가점제 80%, 추첨제 20%
- 중도금대출 LTV 50%

---

12. [동작구] 서반포써밋더힐(흑석11구역)

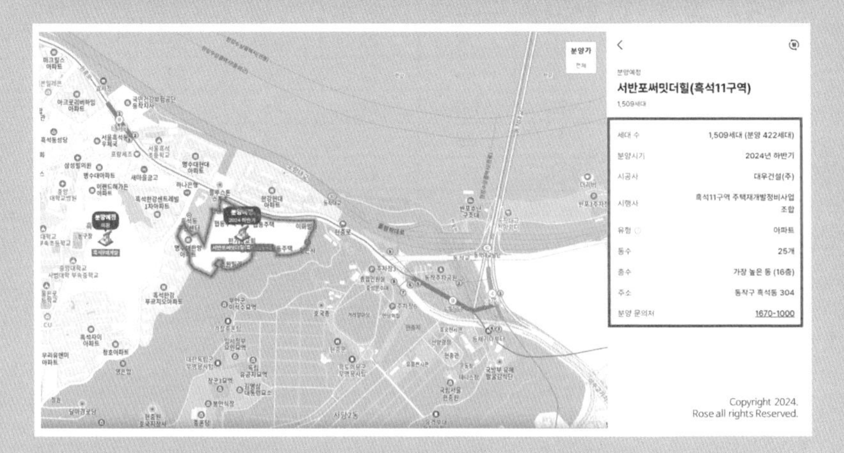

- 주소: 동작구 흑석동 304
- 시공사: 대우건설
- 단지규모: 총 1,509세대(분양 422세대)

[지역 가치 살펴보기]

- 인근교통편: 9호선 흑석역, 4호선 동작역
- 주변 시설: 중앙대병원, 서달산 자연공원, 고구동산, 국립현충원
- 주변 학교: 흑석초, 중앙대사대부고, 동작중, 동양중, 수암고, 경문고, 동작고

흑석동 304번지 일대에 위치한 흑석11구역은 한국토지신탁이 사업대행자로 개발을 추진 중입니다. 최근 이주를 마치고 철거하다 서울시의 제안을 받고 '촉진 계획' 변경을 준비하고 있습니다. 제안에 따르면 '용적률 250%, 300가구 증가'로 예상됩니다. 다만 사업이 지연될 수 있습니다. 관리처분인가를 끝내야 하고 공사비도 물가지수를 반영해 협상해야 하는 만큼 착공은 2025년 이후가 될 것 같으며 착공 시점에 일반분양을 진행하리라 예상합니다.

[일반분양 가점&추첨 물량]

주택형	총 세대수	특별공급	일반공급	가점제	추첨제	무주택	무+1주택
59	143	71	72	29	43	33	10
74	59	29	30	12	18	14	4
84	251	125	126	51	75	57	18
114	28	3	25	0	25	19	6
합계	481	228	253	92	161	123	38
85㎡이하		특공50%	일반50%	가점 40%, 추첨 60%		75%	25%
85㎡초과		특공13%	일반87%	가점 0%, 추첨 100%		75%	25%

13. [동작구] 흑석9재개발

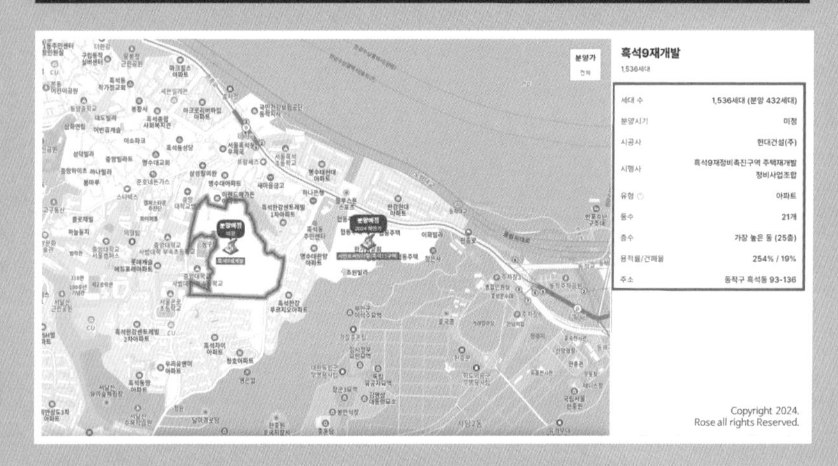

- 주소: 강남구 대치동 1012-56
- 시공사: 현대건설
- 단지규모: 총 282세대(분양 72세대)

[지역 가치 살펴보기]

- 인근교통편: 2호선 삼성역, 3호선 대치역, 수인분당선 한티역
- 주변 시설: 현대백화점, 롯데백화점, 스타필드, 대치목련공원
- 주변 학교: 대현초, 휘문중, 중동중, 대명중, 단국대사대부고, 진선여고, 중앙대사대부고

흑석9구역을 재개발하는 사업으로 현대건설이 시공을 맡았고 하이엔드 브랜드 '디에이치'로 들어서게 됩니다. 지하철 9호선 흑석역이 가까이 위치해 있으며 은로초, 흑석초, 동양중, 중앙대 서울캠퍼스 등이 인접해 우수한 교육환경을 갖추고 있습니다. 여기에 단지가 한강변과 인접해 있으며 사달산 자연공원, 고구동산, 국립현충원 등도 있어 쾌적한 생활을 누릴 수 있습니다. 총 1,536세대를 공급하면서 이 중 431세대를 일반분양할 예정이며 분양시기는 미정입니다.

[일반분양 가점&추첨 물량]

주택형	총 세대수	특별공급	일반공급	가점제	추첨제	무주택	무+1주택
59A	206	103	103	42	61	46	15
59B	40	20	20	8	12	9	3
59C	40	20	20	8	12	9	3
84A	32	16	16	7	9	7	2
84B	16	8	8	4	4	3	1
84C	86	43	43	18	25	19	6
110A	3	0	3	0	3	3	0
110B	8	1	7	0	7	6	1
합계	431	210	213	87	126	96	30
85㎡이하		특공50%	일반50%	가점 40%, 추첨 60%		75%	25%
85㎡초과		특공13%	일반87%	가점 0%, 추첨 100%		75%	25%

14. [동작구] 노량진뉴타운

노량진뉴타운 개발 현황

구역	면적(㎡)	시공사	건축계획
1구역	132.187	선정 중	2992가구
2구역	16.208	SK에코플랜트	415가구
3구역	73.068	포스코이앤씨	1012가구
4구역	40.512	현대건설	844가구
5구역	37.809	대우건설	727가구
6구역	72.822	GS건설 SK에코플랜트	1499가구
7구역	33.154	SK에코플랜트	576가구
8구역	55.832	DL이앤씨	987가구

* 건축계획은 향후 변동 가능. 자료=동작구청

- 인근교통편: 7호선 장승배기역/상도역, 9호선 노량진역, 1호선 노량진역
- 주변 시설: 여의도성모병원, 하나로마트, 꽃담길공원, 노량진공원
- 주변 학교: 노량진초, 숭의여중, 장승중, 문창중, 영등포고, 숭의여고, 성남고

서울의 재개발 '5대 천왕'(한남뉴타운, 성수전략정비구역, 흑석뉴타운, 노량진뉴타운, 북아현뉴타운) 중 하나인 노량진뉴타운이 2025년부터 본격적으로 착공과 동시에 분양을 시작합니다. 이주와 철거를 거의 마친 2구역과 6구역이 먼저 분양을 시작하리라 예상됩니다. 8구역도 철거 중으로 2025년 상반기 착공 예정입니다(2, 6, 8구역 → 4, 5구역 → 7, 3, 1구역 순). 노량진뉴타운은 빠진 구역이 없이 동시에 진행되고 있으며, 교통이 우수하고 3대 업무지구의 이동이 편리한 게 가장 큰 장점입니다. 또한 여의도 재건축이 본격적으로 진행되며 시세를 견인해줄 천장이 존재한다는 것도 매우 기대되는 점입니다. 10년 동안 북아현뉴타운이 주목을 받았다면 앞으로 향후 10년 동안은 노량진뉴타운이 완공 및 입주함에 큰 주목을 받을 것이라 예상됩니다.

15. [영등포구] 영등포센트럴푸르지오위브

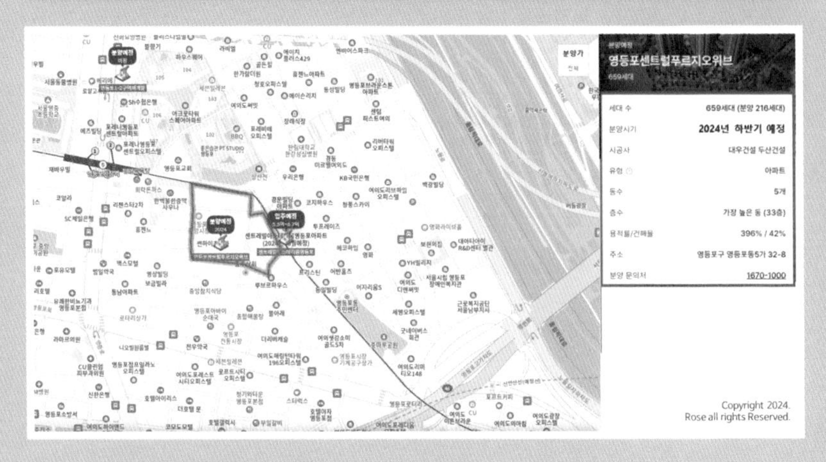

- 주소: 영등포구 영등포동5가 32-8
- 시공사: 대우건설, 두산건설
- 단지규모: 총 659세대(분양 175세대)

[지역 가치 살펴보기]

- 인근교통편: 5호선 영등포시장역/신길역, 1호선 영등포역
- 주변 시설: 한강성심병원, 신세계백화점, 롯데백화점, 중앙어린이공원
- 주변 학교: 영중초, 여의도중, 선유중, 윤중중, 영등포여고, 장훈고, 선유고

영등포구의 구도심인 영등포생활권은 정비사업으로 환골탈태를 꿈꾸고 있습니다. 오래된 주거지인 만큼 곳곳에서 크고 작은 재개발 사업이 이뤄지고 있습니다. 대표적으로는 영등포뉴타운 사업인데, 현재 6구역으로 나뉘어 재개발이 진행 중입니다. 영등포 1-13구역은 대우건설과 두산건설이 시공을 맡고 '영등포 센트럴 푸르지오 위브'로 659가구 중 175 가구를 분양할 계획입니다.

[일반분양 가점&추첨 물량]

주택형	총 세대수	특별공급	일반공급	가점제	추첨제	무주택	무+1주택
59A	18	9	9	4	5	4	1
76	40	20	20	8	12	9	3
84A	13	6	7	3	4	3	1
84C	87	43	44	18	26	20	6
84D	17	8	9	4	5	4	1
합계	175	86	89	37	52	40	12
85㎡이하		특공50%	일반50%	가점 40%, 추첨 60%		75%	25%
85㎡초과		특공13%	일반87%	가점 0%, 추첨 100%		75%	25%

16. [노원구] 광운대역세권재개발

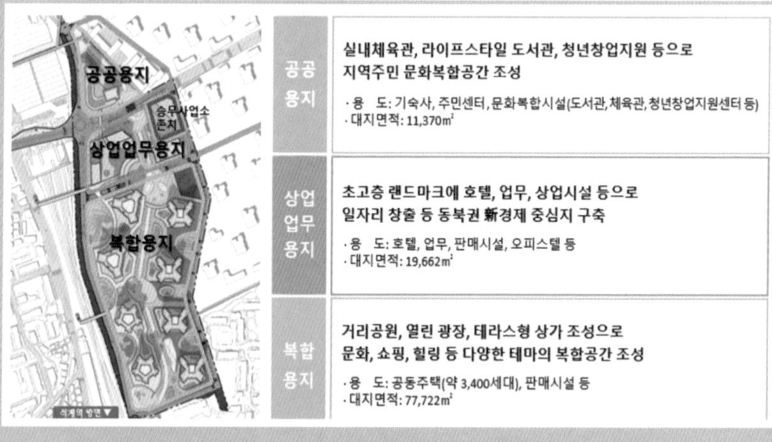

- 주소: 노원구 월계동 85-7
- 시공사: HDC현대산업개발
- 단지규모: 분양형 공동주택, 공공임대, 레지던스 등 총 3,032가구 중 공동주택 1,856가구 분양

[지역 가치 살펴보기]

- 인근교통편: 1호선 석계역/광운대역, 6호선 석계역/태릉입구역, 경춘선 광운대역
- 주변 시설: 하나로마트, 이마트, 샛별공원
- 주변 학교: 광운중, 염광중, 월계중, 염광고, 월계고, 대진고

원래 이 부지는 광운대역의 화물을 담당하던 물류 부지였는데 시설 노후화와 분진 등으로 인하여 서울시에서 재개발을 추진합니다. 상업업무·복합·공공용지 등 3개 용도로 나눠 개발할 계획입니다. 복합용지에 들어서는 공동주택 서울원 아이파크는 지하 4층~지상 47층, 6개 동, 전용면적 59~244㎡ 공동주택 1,856가구로 11월 분양 예정입니다. 여기에는 추후 호텔과 업무·판매시설 등을 갖춘 최고 49층 높이의 랜드마크 건물이 지어질 예정입니다. 약 4조 5천억 원 규모 복합개발 프로젝트로 HDC현대산업개발이 1,856세대를 2024년 하반기에 분양 예정으로 기대되는 곳입니다.

[일반분양 가점&추첨 물량]

주택형	총 세대수	특별공급	일반공급	가점제	추첨제	무주택	무+1주택
59	20	10	10	4	6	5	1
72,74	96	48	48	20	28	21	7
84	672	336	336	135	201	151	50
91	176	22	154	0	154	116	38
105	336	43	293	0	293	220	73
112	176	22	154	0	154	116	38
120	336	43	293	0	293	220	73
143~224	44	5	39	0	39	30	9
합계	1856	529	1,327	159	1,168	879	289
85㎡이하		특공50%	일반50%	가점 40%, 추첨 60%		75%	25%
85㎡초과		특공13%	일반87%	가점 0%, 추첨 100%		75%	25%

[서울 비규제지역 민간분양 1순위 청약조건]

- 비투기과열지구, 비청약과열지역
- 전매제한 1년
- 거주의무 없음
- 19세 이상 성인(세대주, 세대원, 동거인)
- 무주택자, 1주택자, 다주택자 가능
- 재당첨제한 적용 ×
- 청약통장 가입기간 1년 이상
- 서울시 거주자에게 우선공급 100%
- 85m² 이하 가점제 40%, 추첨제 60%
- 85m² 초과 가점제 0%, 추첨제 100%
- 중도금대출 LTV 60%

청약이 가진
최고의 장점은 '시간'

2023년 1월 3일 대책으로 강남 3구와 용산을 제외한 지역은 모두 민간택지 분양가 상한제 적용지역에서 해제되었습니다. 이는 이제 로또 분양은 강남 3구와 용산, 그리고 공공택지에서 분양하는 분양가 상한제 적용 아파트 외에는 없다는 의미입니다. 수요의 양극단에만 로또가 존재한다는 뜻이지요.

2024년 강남의 분양가는 최초로 평당 7천만 원을 넘었습니다. 청담르엘(평당 7,209만 원)이 그 주인공입니다. 전용 84m²의 분양가는 약 25억 원입니다. 절대가만 보면 비싸 보이지만 사실 싸다, 비싸다의 판단은 주변 시세와 비교해야 가능합니다. 주변 신축 시세가 이미 35억 원을 넘어서, 당첨 즉시 10억 원 이상의 시세 차익을 기대할 수 있는 단지입니다. 평당 7천만 원은 아주 저렴한 분양가인 셈이지요. 그러나 이 단지를 분양받으려면 계약금 20%인 5억 원대의 가용 자금이 필요합니다. (여러분, 당장 호주머니에 5억 원씩은 있지요?)

현재 당첨 즉시 10억 원 이상의 로또급 단지는 강남 3구와 용산 외에는 없습니다. 그러나 이를 가지려면 최소 5억~10억 원 정도의 가용 자금이 필요합니다. 이는 전 국민이 청약할 수 있는 단지는 아닙니다.

다음으로, 공공택지 분양가 상한제가 적용된 주택은 수도권 기준 전용 84m²가 5억 원대입니다. 이 또한 매우 저렴한 가격이지요. 지방 비규제 지역에서 분양하는 단지도 요즘 전용 84m²가 5억 원이 넘습니다. 그런데 서울로 출퇴근이 가능한 수도권 대규모 택지의 분양가가 5억 원대라는 것은 굉장히 저렴해 보입니다. 이 역시도 주변 시세와 비교해보면 바로 알 수 있습니다. 검단신도시 101역 인근 아파트의 실거래가가 8억 원을 넘었습니다. 최초 분양가는 3억 후반~4억 원대였지요. 분양가 대비 두 배 오른 셈입니다. 이러니 수도권 택지는 "장화 신고 들어가서 구두 신고 나온다"라는 말이 나온 것입니다.

수도권에서 '국평 분양가 5억 원대'는 2기 신도시에서 막을 내릴 듯합니다. 3기 신도시는 오른 건축비, 자재비, 인건비 등으로 국평 5억 원대로는 분양이 불가합니다. 저렴한 분양가를 원한다면 2기 신도시 분양가 상한제 아파트 청약을 놓치지 마시길 바랍니다.

이처럼 시세보다 저렴하게 분양하는 곳, 당첨 즉시 안전마진이 수억 원에 해당하는 곳은 강남 3구, 용산, 공공택지 분양 단지뿐입니다. 그 외 전국의 모든 지역은 로또 분양을 기대하기보다는 시세대로 분양받아야 한다는 불편한 진실을 받아들여야 합니다.

혹여 시세보다 조금이라도 저렴하게 나온다면 그 단지의 경쟁은 매우 치열하며, 대부분의 저가점자는 당첨이 어렵습니다. 청약은 무슨, 피(P) 주고 사셔야지요. '청무피사!'입니다.

청약자들은 자신의 가점을 고려하지 않거나 무시한 채 완벽한 입지, 저렴한 가격의 로또 분양, 인기 분양 단지만을 찾아 청약을 넣고 수없이 떨어지기를 반복합니다. 이는 안타깝기 그지없습니다. (그 사이 본인의 가용 자금으로 살 수 있는 아파트 가격은 계속 올라가고 있으며, 서울은 1년에 1억~2억 원씩 분양가가 오르는 것이 '뉴노멀'이 되었다는 사실을 잊지 마세요!)

이는 마치 본인은 평범한데 완벽한 조건의 배우자가 아니면 결혼하지 않겠다는 뜻과 같습니다. 주택을 이런 식으로 고르면 평생 '모솔(모태솔로)'이 될 수밖에 없습니다. 그래서 부린이분들에게 가장 중요한 것이 '메타인지'입니다. 저는 청약을 '수능'과 '결혼'에 자주 비유합니다. 여러분 수능 점수가 하위권인데 서울대만 고집하는 것과 같습니다. 재수를 넘어 삼수, 사수를 해도 서울대에 합격한다는 보장이 없습니다.

하지만 청약은 결혼과는 다른 강력한 장점이 있습니다. 바로 '갈아타기'가 가능하다는 점입니다. 처음 당첨된 집에 평생 거주해야 한다는 법은 없습니다. 주택시장은 얼마든지 '갈아타기'가 가능하고, 한집에 오래 거주하기보다는 적절한 시점에 비과세 받고 상급지로 갈아타는 것이 자산을 더 빠르게 불리는 방법입니다. 결혼과 달리 갈아타기는 무제한으로 가능하며, 오히려 자주 잘 갈아탈수록 그 능력을 인정받습니다.

대부분 인생 첫 집에 완벽한 이상형을 고르듯 '육각형 집'을 선택합니다. 그런 집은 70점 이상의 고가점자나 신생아 특별공급(자녀 3명)만 가능합니다. 단 한 번에 '강남'에 진입하지 못했다고 해서 인생이 실패하는 것은 아닙니다. 현실적인 스펙에 맞게 첫 집을 마련하시고, 추후 더 넓은 부동산 지식을 쌓아 여러분이 원하는 최상급지로 갈아타세요.

청약이란 제도를 내 집 마련의 첫 물꼬를 터줄 좋은 '씨앗'으로 삼으세요. 청약통장을 아끼다가는 '똥'이 됩니다. 무주택 기간이 길어질수록 '한'만 커지게 됩니다. 잃어버린 시간은 보상받기 어려워지며, 더 로또 분양에 목을 매게 됩니다. 결국 눈은 높아졌지만 가용 자금으로는 해당 단지를 매수할 수 없게 되어, 최악의 경우 그 단지에 입주 시 전세로 들어가는 '우'를 범하게 됩니다. 로또를 꿈꾸다 수많은 기회를 놓치지 말고, 내가 지금 할 수 있는 것에 최선을 다하세요.

청약의 최대 장점은 '시간'입니다. 돈을 모으고 불릴 수 있는 시간이 주어진다는 점이 가장 강력한 무기입니다.

다만 청약은 내 집 마련을 위한 여러 방법 중 하나일 뿐입니다. 청약이 가진 장점을 잘 활용하시되, 현명한 결정을 내리시기를 열정로즈가 응원드립니다.

내꿈사 카페

열정로즈 블로그

열정로즈 TV

2025년, 오를 수밖에 없는 아파트 선정하는 방법

플대표 박상용

- 네이버 카페 '비긴플레이스' 대표
- 저서 『빅데이터로 부동산 투자했다는 박 대리, 그래서 얼마 벌었대?』
- 실패하지 않는 아파트 투자법 '젠가투자법' 개발
- 부동산자산관리전문가 1급

2번의 예측,
2번의 적중

'현재 이 시점에 독자분들은 어떤 마음으로 이 책을 읽어나갈 것인가?'라는 질문을 떠올려보면, 당연히 '좋은 부동산 투자를 하고 싶은 마음'일 것입니다. 여러 가지 부동산 투자 방법 중 아파트 투자는 가장 쉽게 접근할 수 있는 방법 중 하나이지만, 실제로 투자를 실행하기까지는 다양한 두려움 때문에 주저하게 될 수도 있습니다.

영화 〈명량〉에서는 이런 대사가 나옵니다.

"두려움을 용기로 바꿀 수만 있다면!"

이 대사는 두려움이라는 공포가 용기라는 자신감으로 바뀌면 무엇이든 할 수 있다는 의미로 사용되었습니다. 그러나 때로는 이런 마음가짐만으로 근거 없는 자신감을 가져 오히려 두려움을 마음속 깊이 감추게 되는 경우도 생길 수 있습니다.

그렇다면 부동산 투자에서의 두려움은 무엇일까요? 바로 잃는 것에 대한 두려움입니다. 부동산 투자는 전세나 대출을 활용해 레버리지를 사용하기가 쉬워 투자금 대비 수익률을 높일 수 있지만, 반대로 하락하는 경우 레버리지 규모만큼 손실도 상당할 수 있습니다.

하락에 대한 두려움을 조금이나마 이성적으로 판단할 수 있는 방법은 데이터를 기반으로 검증하는 것이라고 생각합니다. 또한 빅데이터를 활용해 부동산 투자가 틀리지 않았음을 증명하기 위해, 침체로 전환된 시점인 2021년 12월 대구광역시와 2022년 1월 수도권의 상승 시점을 예측하는 방법을 업로드했습니다.

2021년 12월 대구광역시 상승 시점을 예측하는 방법(유튜브)

대구광역시 시세

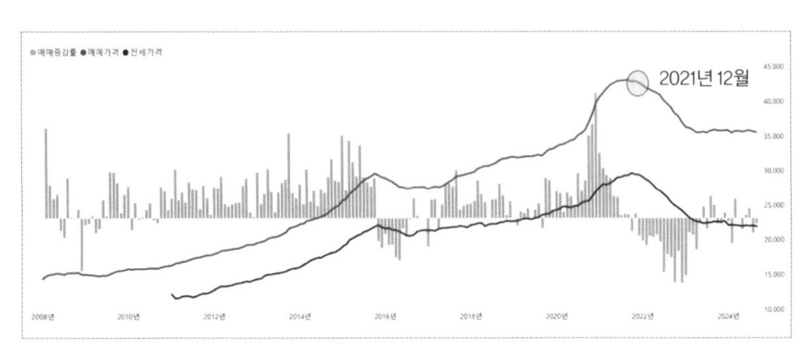

출처: 비긴플레이스 홈페이지

하락으로 전환된 도시에 매수 수요를 늘리는 방법은 '저렴한 매매 가격'과 '주요 하락 요인 제거'입니다. 어쩌면 너무 당연한 이야기이지만, 이를 숫자로 확인하면 큰 실수를 줄일 수 있습니다.

대구광역시의 경우 코로나19 이후 가장 빠르게 하락으로 전환된 지역입니다. 2021년 4분기부터 본격적으로 하락세로 전환되었으며, 다른 도시보다 가파른 하락세가 이어지고 있었습니다.

가파르다는 뜻은 빠르게 하락하고 있기에 '저렴한 가격'에 다른 도시보다 빠르게 도달할 수 있다는 뜻이기도 합니다.

이를 증명하듯 부동산 매매가격 이동평균선(이평선) 그래프를 보면 18개월 이평선과 6개월 이평선의 골든 크로스 시점은 이미 2022년 하반기부터였습니다. 즉, 가격 측면에서는 수요를 이끌 수 있는 상태였습니다.

대구광역시 부동산 매매가격 이동평균선

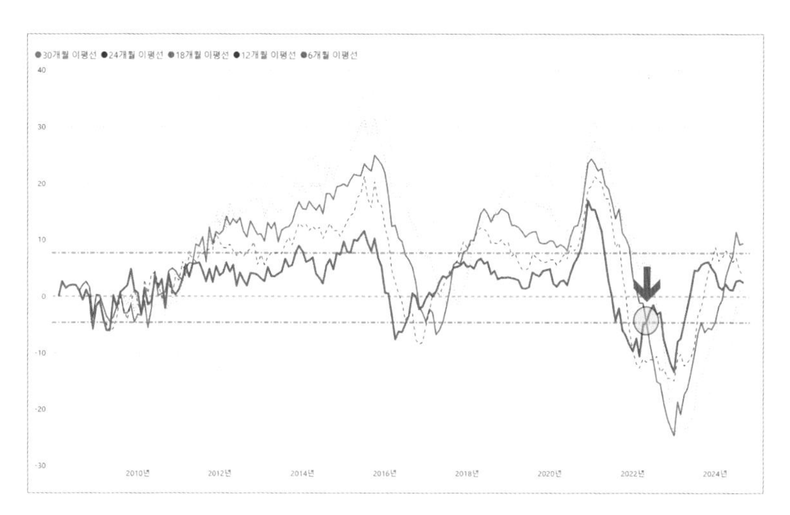

출처: 비긴플레이스 홈페이지

'주요 하락 요인'은 언론에서도 많이 화두가 되었던 '공급 과잉'이었습니다. 따라서 입주물량에 대한 이슈가 다소 누그러들 수 있는 시점을 2023년 2분기로 예측했습니다.

대구광역시에 수요가 많은 대표 아파트를 확인해보겠습니다. 수성구 범어동에 위치한 힐스테이트범어는 2023년 1분기부터 조금씩 거래량이 많아지면서 2023년 2분기부터 가격이 반등하는 모습을 확인할 수 있었습니다.

힐스테이트범어 시세

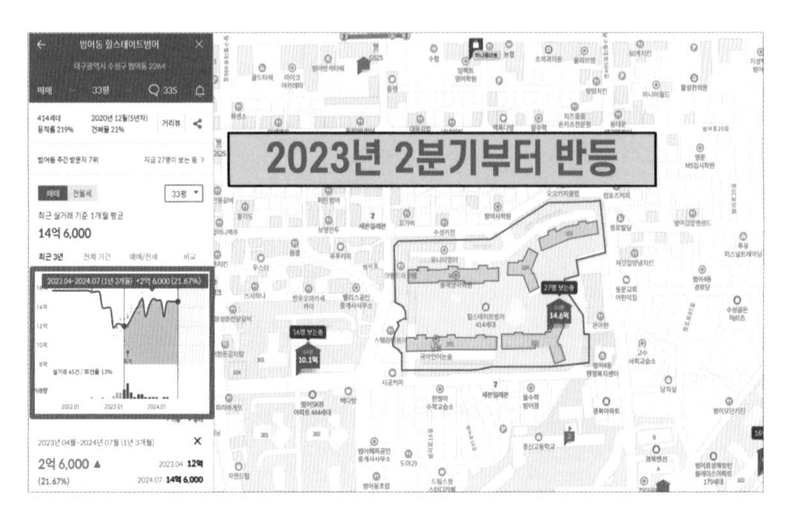

출처: 호갱노노

2022년 1월 수도권의 상승 시점을 예측하는 방법(유튜브)

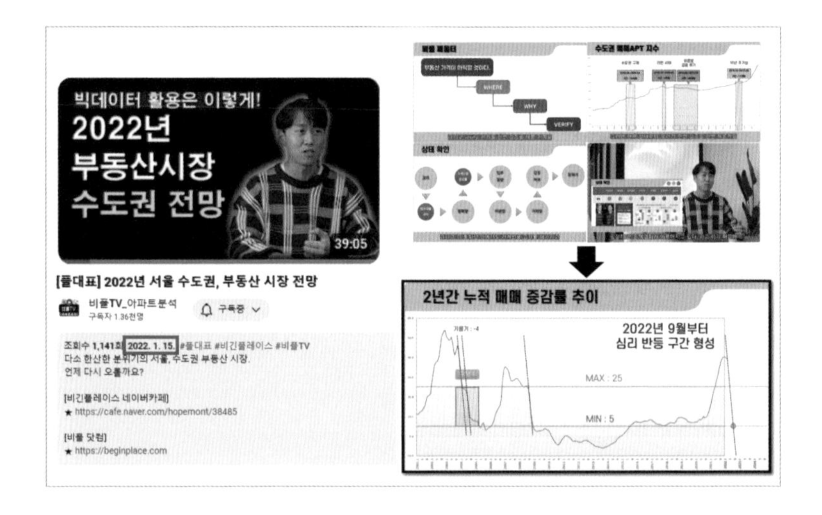

수도권 전망을 예측한 방법도 크게 다르지 않습니다. '저렴한 가격'과 '주요 하락 요인 제거'였습니다.

수도권의 경우 전국적인 관심을 받는 지역이라 지난 2년간 매매가격이 매우 가파르게 급등했기에 과거에 같은 원인으로 하락했던 시기와 비교해 반등이 가능한 시점을 확인해보니 2022년 9월이라고 나타났습니다.

서울에서 상승을 이끄는 대표 아파트로는 송파구의 잠실엘스를 꼽을 수 있으며, 33평 기준으로 2022년 10월부터 반등하는 모습을 확인할 수 있었습니다.

잠실엘스 시세

출처: 호갱노노

알면
두렵지 않다

두려움을 용기로 바꿀 수 있는 유일한 방법은 두려운 원인을 확인하고, 그 원인이 가격에 영향을 주는 비중을 확인하는 것입니다. 2024년 하반기에는 다양한 이슈가 존재하지만, 우선 살펴볼 주요한 이슈들은 다음과 같습니다.

① 너무 비싼 주택가격(단기간 급등)

② PF(Project Financing) **대출 위기**

③ 부족한 주택 공급

이 이슈들은 2024년에만 일어난 것이 아니라, 과거에도 일어난 존재했던 상황들이었기에 각 이슈가 가격에 미치는 영향과 강도에 대해 살펴보도록 하겠습니다.

■ ① 너무 비싼 주택가격 ■

주택가격은 국가가 정하는 것이 아니라 시장의 원리에 의해 결정됩니다. 즉, 가격이 비싸다는 것은 절대가격으로 비교할 수 없기에 서울을 기준으로 급등 여부를 확인하고, 급등된 가격이 미래의 가격에 미치는 영향에 대해 살펴보겠습니다.

2008년 금융위기로 인해 서울을 포함한 전국의 부동산 가격이 하

전국 및 서울 아파트 매매가격 지수(2007~2012년)

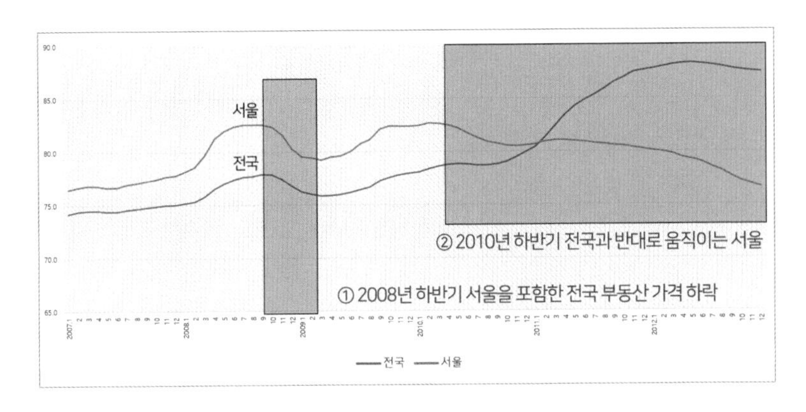

락하는 시기를 맞게 됩니다(①). 전국이 모두 하락한 모습을 보여주는 것처럼 보여질 수 있지만, 대전광역시와 부산광역시는 서울이 하락하는 시점에 오히려 오르거나 보합상태를 보였습니다.

그런데 2010년 하반기에 서울특별시의 하락기간에는 2008년 하반기 하락하는 모습과 대조적으로 전국은 상승하는 모습을 보이는 가운데, 서울만 하락하고 있습니다(②).

전국을 세분화해 광역시별로 나눈다고 하더라도 다음 페이지 그래프와 같이 서울만 하락하고, 인천을 제외한 모든 광역시에서 상승하는 모습을 보여주고 있습니다. 첫 번째 서울의 하락 기간에는 전국과 비슷하게 하락하면서도 두 번째 하락 기간에는 전국과 반대로 움직이는 모습을 보여주고 있습니다.

❙ 서울·부산·대전 아파트 매매가격 지수(2007~2012년)

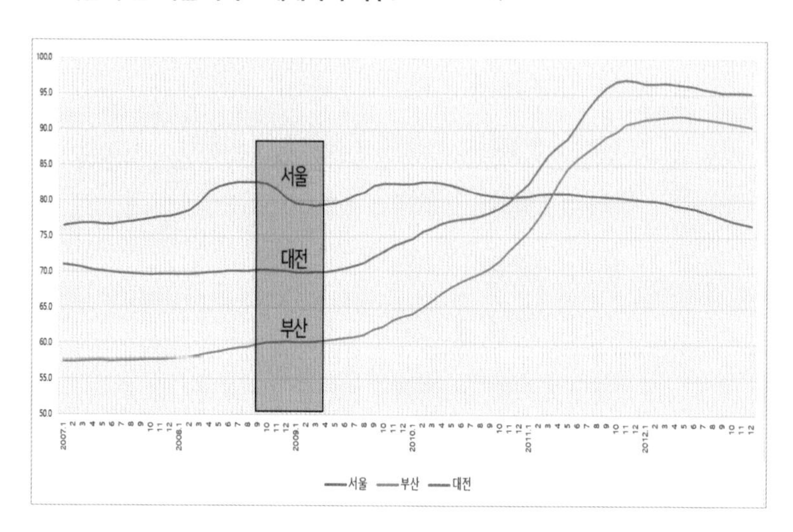

❙ 서울·부산·대구·광주·대전·울산 아파트 매매가격 지수(2007~2012년)

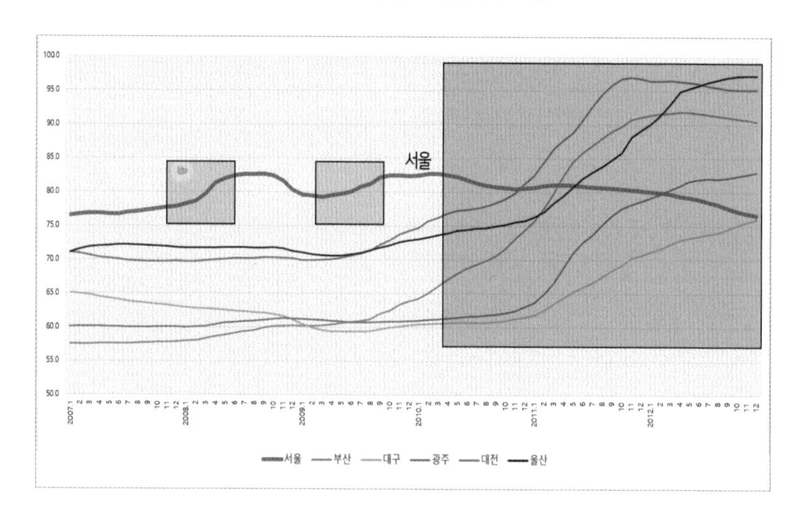

아래 그래프를 살펴보면, 서울이 하락하기 전 공통으로 나타난 신호는 단기간 급등(노란색 박스)이 존재했습니다. 이처럼 전국이 상승해도 서울만 하락하는 기간이 있을 수 있다는 것은 수요가 아무리 높은 서울이라 하더라도 단기간 급등은 크다면 강력한 하락 요인이 될 수 있다는 것입니다.

■ ② PF 대출 위기 ■

PF(Project Financing) 대출은 프로젝트를 추진하는 사업주의 신용도가 아닌 프로젝트의 사업성과 프로젝트에서 발생하는 미래의 현금흐름을 담보로 자금을 조달하는 금융기법입니다. 즉, 분양 성적이 좋지 않거나 분양 일정에 차질이 생긴다면 시행사가 PF 대출 금액을 상환하기 어려워질 수 있으며, 이러한 상황이 지속된다면 금융권에서는 수익이 좋았던 PF 대출 자본이 부실채권으로 이어져 경영상 어려움이 발생할 수 있다는 이야기입니다.

이러한 문제는 미분양이 적체될 때마다 발생할 수 있는 결과로, 과거에도 동일한 문제점이 있었습니다. '삼정KPMG 경제연구원 보고서'에서는 2008년 금융위기 전후로 발생한 전국적 미분양 적체가 2011년 PF발 저축은행 사태의 도화선이 되었다고 분석했습니다. 최근 부동산 PF 문제는 고금리, 고물가에 따른 부동산 경기 위축으로 미분양이 늘어나고, 사업 부실화에 따른 건설사 및 증권사의 우발 채무 가능성이 커지면서 위기가 고조되고 있는 모습이 마치 데자뷔 같다고 합니다.

▌ 국내 은행 및 비은행권 부동산 PF 대출 추이

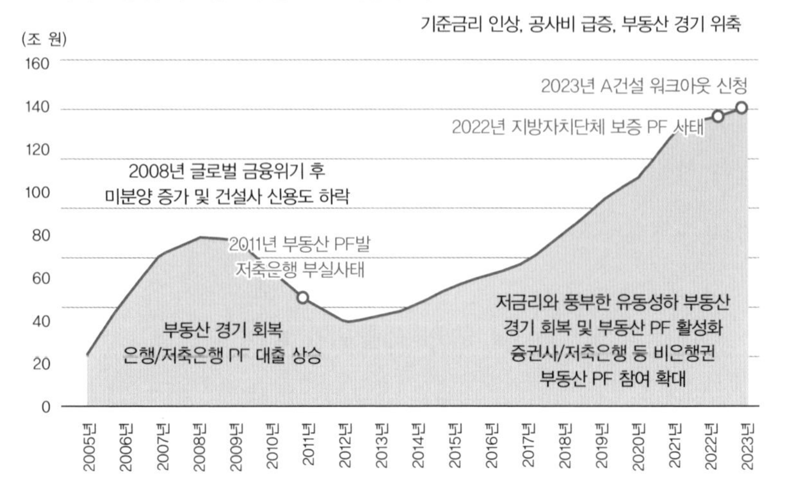

출처: 삼정KPMG 경제연구원

PF 대출 위기로 인해 건설업에서 가장 중요한 자금이 부족해지면서, 주택의 인허가 실적 역시 부족해졌습니다. 아파트의 경우 분양을 시작하더라도 약 2년 후에 준공되기 때문에 공급 부족으로 이어질 수 있습니다.

■ ③ 부족한 주택 공급 ■

앞에서 언급한 바와 같이, 분양 후 약 2년이 지나면 준공 시점이 되기 때문에 분양만 확인하더라도 준공되는 입주물량을 확인할 수 있습니다.

2010년까지 인허가 실적이 부족했었기 때문에 2012년까지 공급

전국 인허가 실적(2007년 7월~2024년 7월)

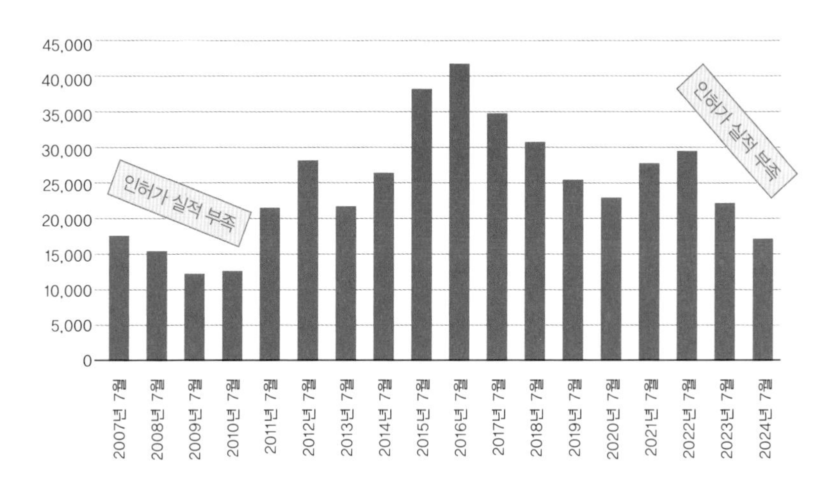

전국 입주물량

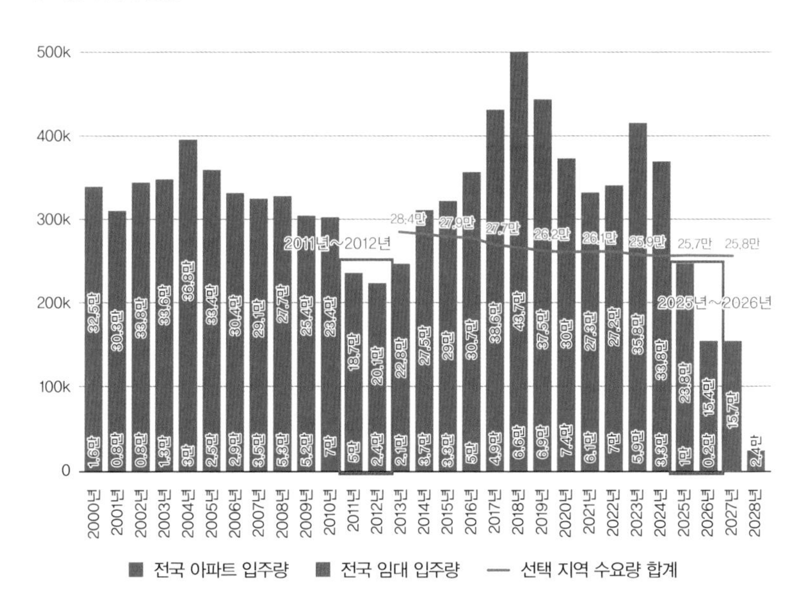

출처: 부동산지인

▎전국 실거래가 지수

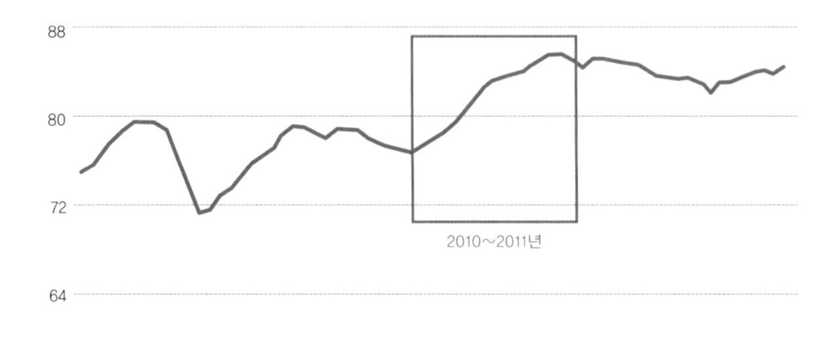

출처: 한국감정원 통계

부족 현상은 너무 당연한 결과였습니다. 그 결과 전국 실거래가 지수를 보면 알 수 있듯 전국적인 급등이 이어졌습니다.

부동산 거래량이 많아지면서 가격이 상승하는 호황기가 아닌 경우, 통상적으로 매수 심리가 낮아져 임차 수요가 늘어나게 됩니다. 그런 시기에 공급이 부족하면 필연적으로 전세 수요 대비 전세 공급이 부족해지면서 전세가격이 상승하게 되고, 이에 따라 전세가율이 상승하며 결국 매매가격 상승으로 이어지게 됩니다.

현재 시점의 공급 부족은 과거보다 더욱 강력하다고 볼 수 있습니다. 물가 상승으로 인한 자재비 인상이 아파트 건축비 증가로 이어졌기 때문입니다. 2024년 표준 건축비는 2,319,000원/m^2로 고시되었으며, 시행사에서는 국민 평형대인 33평형의 분양가가 최소 4억 원 초반은 되어야 한다고 합니다. 다시 말해 준공된 지 1~2년 된 신축 아파트의 가격이 4억 원이 넘지 않는다면 해당 지역은 앞으로도 분양을 시도하기 매우 어려워진다는 이야기입니다. 지방 아파트의 공급 부족은 어쩌면 당연한 결과일 수밖에 없을 것입니다.

가격을 결정하는 것은 공급과 수요입니다. 부동산 투자에 있어서 '공급'이라는 요소를 미리 파악하는 것은 100m 달리기 시합에서 이미 50m 앞에서 출발하는 것과 같다고 생각합니다.

위 요소들을 다음 표로 정리하였습니다. 현 시점에서는 '단기간 급등이 없는 지역+공급이 부족한 지역'을 살펴보는 것이 유리할 것입니다. 특히 2024년 중반까지 신생아 특례대출 및 종합부동산세 1주택자 혜택과 관련된 이슈로 인해 수요가 높은 고가 주택으로 갈아타기 현상이 많이 발생해 비싼 아파트가 더 비싸지고 있습니다. '단기간 급등' 이후에는 언제나 조정이 따른다는 것을 이미 학습했으니, 풍선효과를 고려해 주변 지역으로 눈을 넓혀가길 바랍

▌ 이슈에 따른 주택가격 변화

종류	주택가격	강도
단기간 급등	하락 ▼	상
PF 대출	상승 ▲	상
공급 부족	상승 ▲	상

* 계약면적 50평 기준

니다.

이후 조금 더 안전한 지역으로 눈을 돌리고자 한다면, 앞서 언급한 대로 신축이 4억 3천만 원 이하로 형성된 지역이면서 향후 입주물량이 부족한 지역에서의 투자가 더 안전한 투자로 이어질 수 있을 것입니다.

또 아파트를 주로 구입하는 연령층인 30~64세 이하 인구가 9만 명 이상인 지역을 살펴보는 것이 좋습니다. 다음 목록은 2024년 9월 기준, 행정안전부에서 고시한 결과 지역이니 참고하시기 바랍니다.

30~64세 이하 인구가 9만 명 이상인 지역

서울특별시 용산구	서울특별시 서초구	인천광역시 중구	울산광역시 울주군	경기도 파주시	충청남도 당진시
서울특별시 성동구	서울특별시 강남구	인천광역시 미추홀구	세종특별자치시	경기도 이천시	전북특별자치도 전주시
서울특별시 광진구	서울특별시 송파구	인천광역시 연수구	세종특별자치시	경기도 안성시	전북특별자치도 군산시
서울특별시 동대문구	서울특별시 강동구	인천광역시 남동구	경기도 수원시	경기도 김포시	전북특별자치도 익산시
서울특별시 중랑구	부산광역시 부산진구	인천광역시 부평구	경기도 성남시	경기도 화성시	전라남도 목포시
서울특별시 성북구	부산광역시 동래구	인천광역시 계양구	경기도 의정부시	경기도 광주시	전라남도 여수시
서울특별시 강북구	부산광역시 남구	인천광역시 서구	경기도 안양시	경기도 양주시	전라남도 순천시
서울특별시 도봉구	부산광역시 북구	광주광역시 서구	경기도 부천시	강원특별자치도 춘천시	경상북도 포항시
서울특별시 노원구	부산광역시 해운대구	광주광역시 남구	경기도 광명시	강원특별자치도 원주시	경상북도 경주시
서울특별시 은평구	부산광역시 사하구	광주광역시 북구	경기도 평택시	강원특별자치도 강릉시	경상북도 구미시
서울특별시 서대문구	부산광역시 금정구	광주광역시 광산구	경기도 안산시	충청북도 청주시	경상북도 경산시
서울특별시 마포구	부산광역시 연제구	대전광역시 동구	경기도 고양시	충청북도 청주시 상당구	경상남도 창원시
서울특별시 양천구	부산광역시 사상구	대전광역시 중구	경기도 구리시	충청북도 청주시 서원구	경상남도 진주시
서울특별시 강서구	부산광역시 기장군	대전광역시 서구	경기도 남양주시	충청북도 청주시 흥덕구	경상남도 김해시
서울특별시 구로구	대구광역시 동구	대전광역시 유성구	경기도 오산시	충청북도 청주시 청원구	경상남도 거제시
서울특별시 금천구	대구광역시 북구	대전광역시 대덕구	경기도 시흥시	충청북도 충주시	경상남도 양산시
서울특별시 영등포구	대구광역시 수성구	울산광역시 중구	경기도 군포시	충청남도 천안시	제주특별자치도 제주시
서울특별시 동작구	대구광역시 달서구	울산광역시 남구	경기도 하남시	충청남도 아산시	제주특별자치도 서귀포시
서울특별시 관악구	대구광역시 달성군	울산광역시 북구	경기도 용인시	충청남도 서산시	

출처: 한국감정원 통계

투자 지역 선정방법

부동산 투자 지역을 선정하는 가장 간단한 방법은 수요와 공급을 확인하는 것입니다. 공급 측면에서는 분양 후 신축으로 들어오는 신규 입주물량과 기존 아파트의 매물량을 확인하고, 수요 측면에서는 신규 입주물량의 미분양 감소량과 기존 매물의 실거래량을 살펴보면 됩니다.

구분	신축	구축
공급	입주물량	매물량
수요	미분량 감소량	거래량

또한 수요 심리를 파악하는 데 도움이 되는 지표로 매수우위지수(KB부동산 시장심리)가 있습니다. 이 지수는 공인중개사무소를 대상으로 한 표본 설문조사로 집계된 통계로, 매수세가 매도세보다 많거나 적음을 쉽게 확인할 수 있습니다. KB부동산에서는 100을 기준으로 매수자가 많으면 가격 상승 효과가 있다고 설명하지만, 실제로 매수우위지수가 40을 초과하면 가격 상승이 일어나는 경우가 많았기에 40을 기준으로 보면 됩니다.

① 입주물량 ② 미분양 ③ 매매 매물량
④ 매매 거래량 ⑤ 매수우위지수

투자 지역을 선정할 때는 위 순서대로 확인해보면 됩니다. 인천광역시 부평구를 예로 들어 설명해보겠습니다.

❙ 인천광역시 부평구

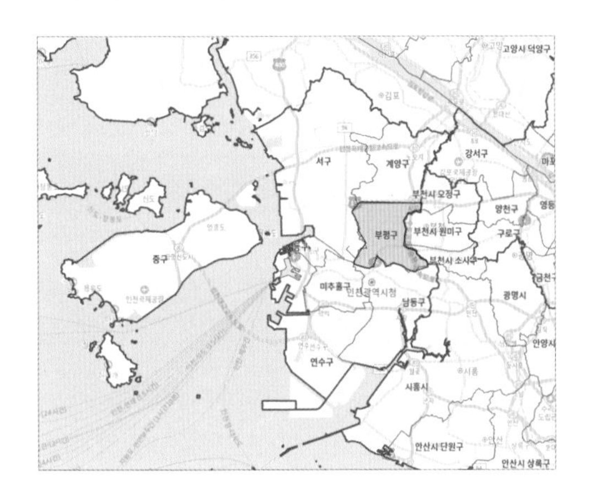

■ ① 입주물량 ■

인천광역시 부평구의 입주물량은 부족한 모습입니다. 물량 자체가 매우 부족하기에 신축 공급 측면에서는 유리한 상황이라고 할 수 있습니다. 그러나 수도권의 경우 아파트 단지들이 밀집되어 있어, 이동 가능한 생활권까지의 입주물량을 지도로 확인할 필요가 있습니다.

호갱노노 사이트에서 300세대 이상으로 검색해보니, 부평구의 경우 대부분 분양이 아직 되지 않은 분양 예정 단지들이 많아 실제 분양이 완료된 단지는 부평역 주변에만 위치하고 있습니다.

부평구에서는 반경 약 5km까지가 이동 가능한 생활권인데 이는 지도에 표시된 인천광역시 계양구, 서구, 미추홀구, 남동구와 부천시 원미구의 일부가 이에 속합니다. 적지 않은 공급물량이 계양구 효성동과 작전동에 예정되어 있는데, 2025년에 약 2,200세대, 2027년에 약 4,400세대로 입주물량은 부족하지 않다고 할 수 있습니다.

인천광역시 부평구 입주물량

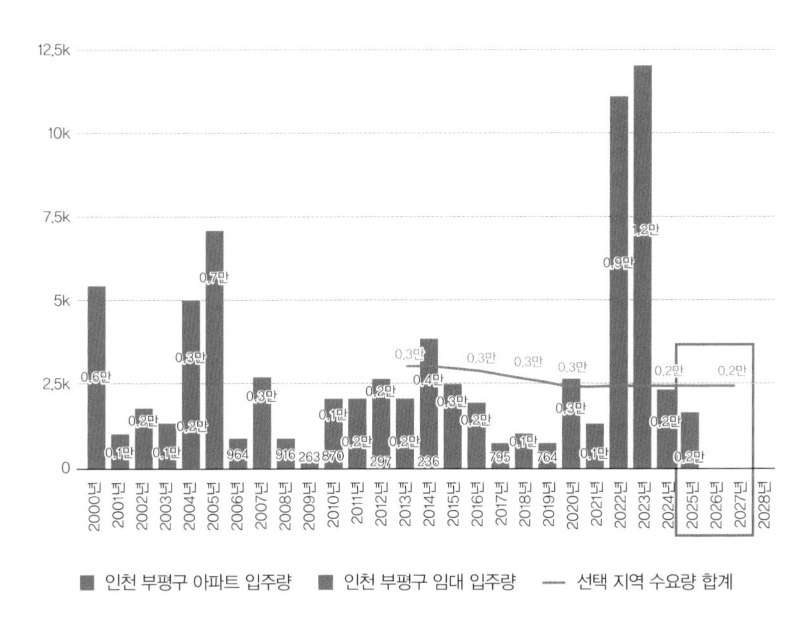

출처: 부동산지인

인천광역시 부평구 생활권 입주물량

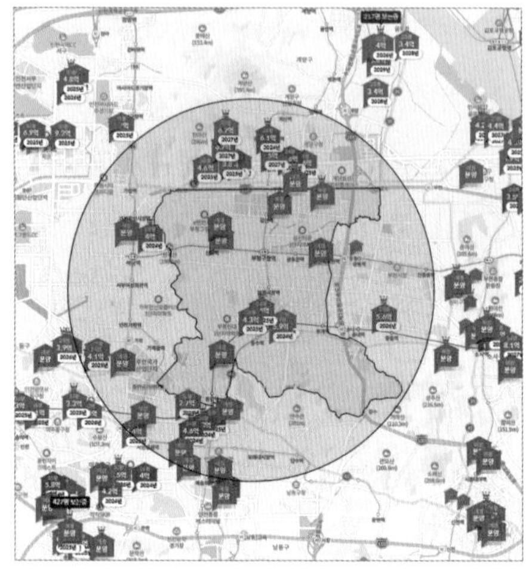

출처: 호갱노노

인천광역시 부평구+계양구 입주물량

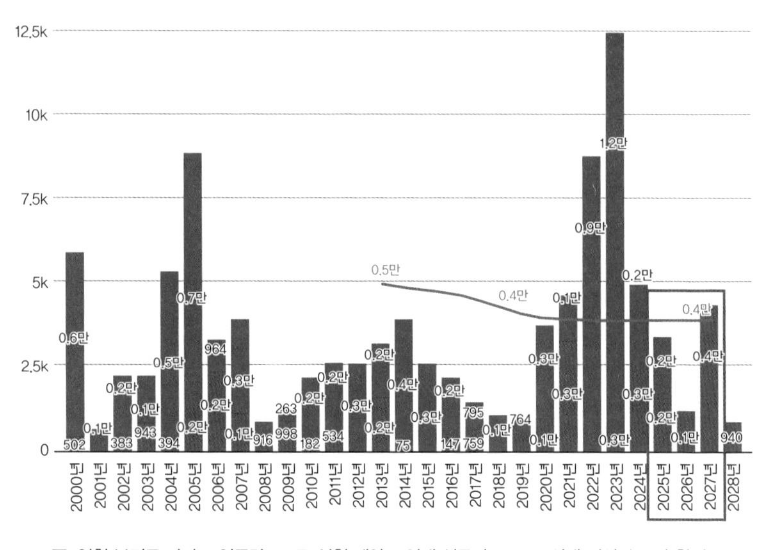

■ ② 미분양 ■

인천광역시 부평구 미분양

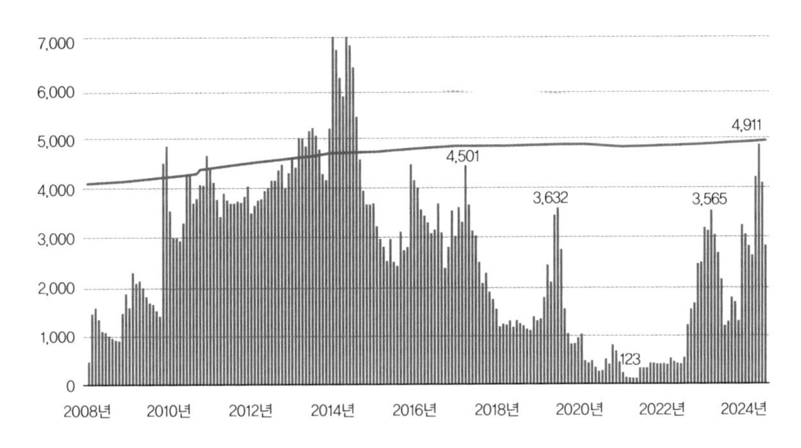

출처: 비긴플레이스 홈페이지

인천광역시 계양구 미분양 위치

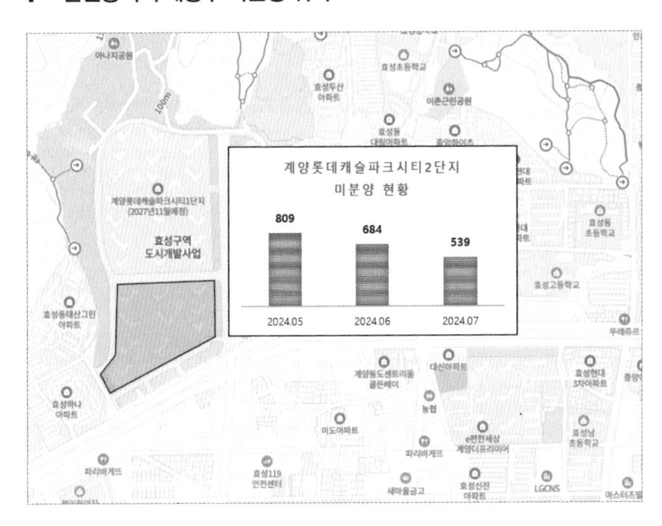

인천광역시 전체 미분양 수는 2,849가구입니다. 인천광역시 부평구의 미분양은 55가구로 가격에 영향을 줄 만큼 많지 않습니다.

미분양 역시 생활권 반경으로 확인해보니 계양구 효성동에 위치한 롯데캐슬파크시티 2단지에서 2024년 7월 말 기준으로 539가구의 미분양이 있어 신축에 대한 수요가 공급에 비해 낮다는 것을 확인할 수 있습니다. 2024년 4월 말 분양 이후 미분양이 빠르게 소진되고 있어 안정적으로 보일 수 있으나, 2024년 8월 청약을 한 롯데캐슬파크시티 1단지가 순위 내 경쟁률이 미달로 마무리되어 미분양 수는 상당히 증가할 것으로 보입니다.

■ ③ 매매 매물량 ■

I 인천광역시 부평구 매매 매물량

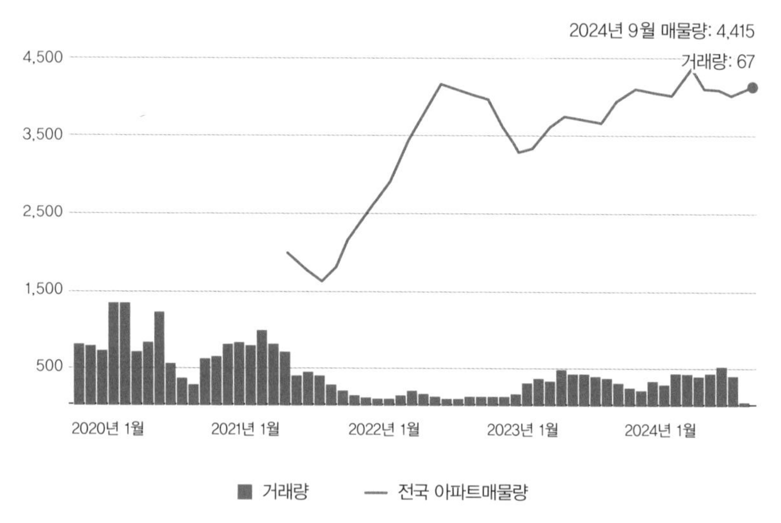

출처: 리치고

인천광역시 부평구에서는 약 2,500가구의 매물 이하로 내려가면 가격이 상승하는 현상을 보여주었습니다. 2024년 9월 기준으로 매매 매물량은 4,415가구로 약 1.8배에 가까워, 구축 공급이 많은 편에 속합니다.

인천광역시 부평구의 거래율은 부평구 내 아파트 전체 세대수 대비 거래 총합을 의미합니다. 부평구의 거래율은 2021년 6월부터 하락해 현시점까지 기준에 도달하지 못하고 있습니다. 거래량이 많지 않아 구축 매매 매물량이 줄어들지 않아 가격 상승에 걸림돌이 되고 있습니다.

거래량 증가에 중요한 요소로는 '저렴한 가격'을 꼽을 수 있습니다. 서울특별시 강남구의 평균 가격 대비 인천광역시 부평구의 평

I 인천광역시 부평구 거래율

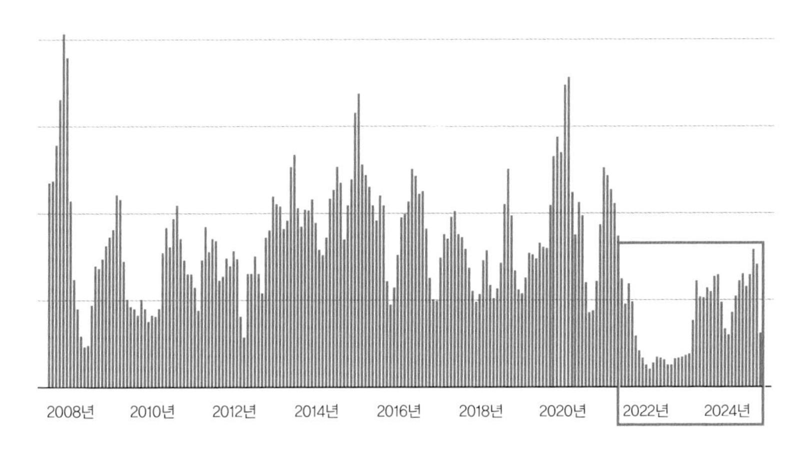

출처: 비긴플레이스 홈페이지

균 가격을 나타내어 상대적 가격을 확인하기 위한 그래프를 보겠습니다. 부평구의 가격이 상승하더라도 강남구의 가격이 더 가파르게 상승하면 그래프는 하락하는 모습을 보이므로, 상승 지역을 기점으로 풍선효과가 기대되는 지역을 선별하는 데 효과적일 수 있습니다.

그래프를 살펴보면 2008년 통계 시작 이후 낮은 지수에 위치해 부평구의 상대적인 가격이 매력적으로 보입니다. 향후 1년 동안에는 안정적인 전세가율로 적당한 거래량을 유지할 수 있을 것으로 보이지만, 부평구 주변의 입주물량과 미분양 상황에는 주의가 필요합니다.

ǀ 인천광역시 부평구/서울특별시 강남구 상대가격 지수

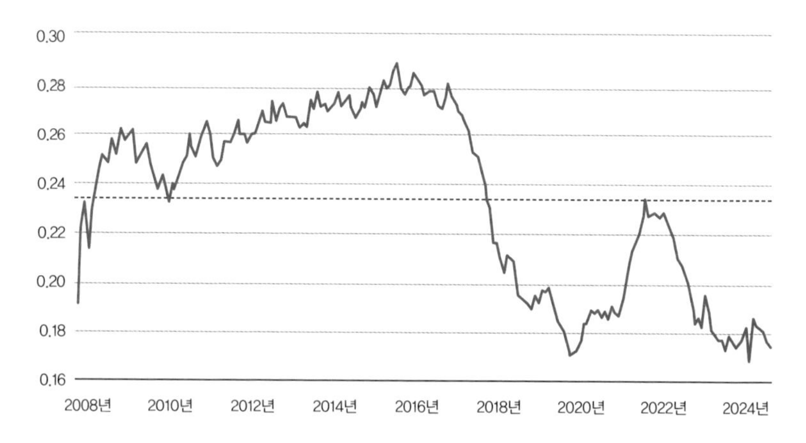

출처: 비긴플레이스 홈페이지

❙ 인천광역시 부평구 전세가율

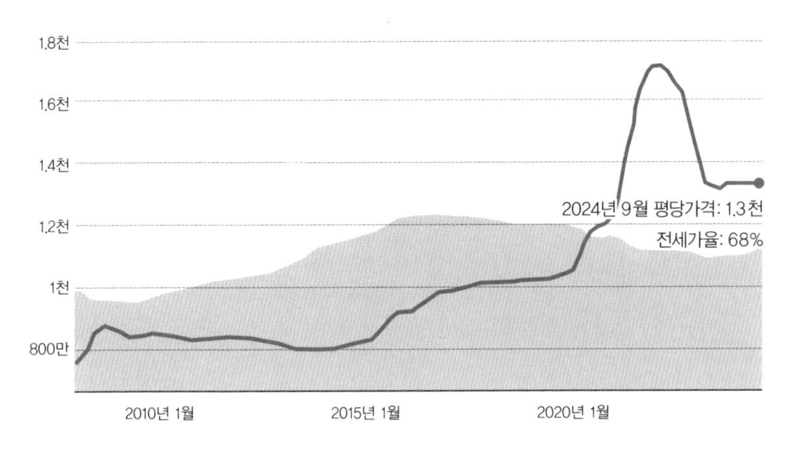

출처: 리치고

■ ⑤ 매수우위 지수 ■

❙ 인천광역시 매수우위 지수

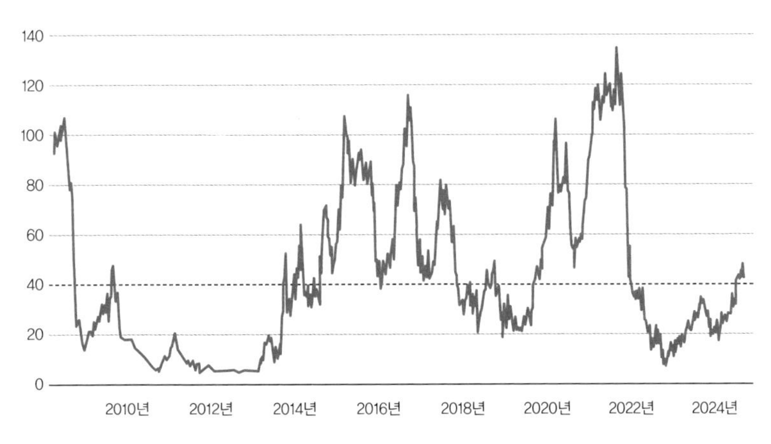

출처: 비긴플레이스 홈페이지

인천광역시의 매수우위 지수는 2024년 7월부터 40 기준선을 돌파한 뒤 보합세를 유지하고 있습니다. 매수우위 지수가 지속적인 상승세로 이어가기 위해서는 거래량이 많아지는 강력한 매수세가 필요로 하기에, 매월 거래량의 변화를 유심히 살펴보아야 할 시점입니다.

지금까지 내용을 투자 신호등으로 표시해 살펴보면, 입주물량·미분양·거래량의 경우 노란불로 아슬아슬하게 적정한 수치를 유지하고 있습니다. 매물량은 빨간불로 현재보다 많이 줄어들어야 합니다. 심리지수는 녹색불로 가격 상승을 일으킬 수 있는 심리지수에 도달이 되어있습니다.

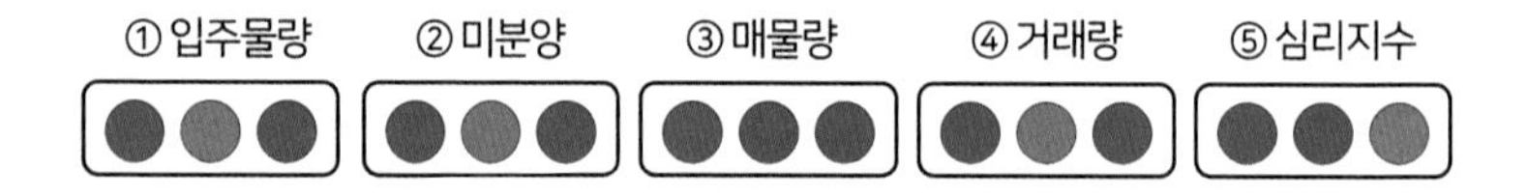

이 5개의 신호등 중에서 최소 4개의 녹색불이 켜졌을 때 투자에 접근하면 안전한 가치 투자가 가능합니다. 현재 부평구는 대부분의 요소가 가격을 상승시켰던 기준점 근처에 머물고 있어 매주 흐름을 파악하는 것이 중요합니다.

편리한 흐름 파악을 위해 투자에 필수 요소들 위주로 비긴플레이스 홈페이지에서 DASH BOARD를 무료로 확인할 수 있습니다. 그뿐만 아니라 궁금한 지역에 대해서 편리하게 분석할 수 있습니다.

❙ 인천광역시 부평구 대시보드

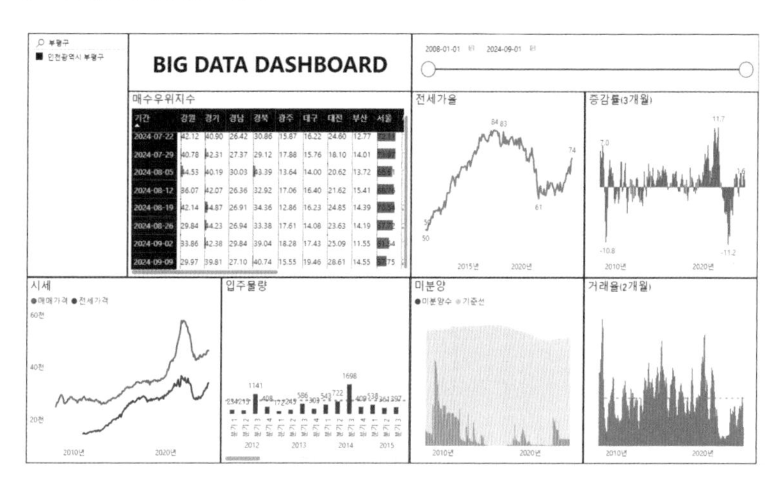

출처: 비긴플레이스 홈페이지

지방도시 지역 분석:
산업도시 경상남도 거제시

수도권의 경우 앞서 데이터를 활용한 방법으로 지역 분석을 하면 되지만, 지방도시는 산업도시와 행정도시로 구분해 접근하면 더 쉽게 이해할 수 있습니다.

산업도시는 지역을 이끄는 대표 산업과 다수의 직원이 있는 도시를 말하며, 울산광역시, 경상남도 거제시, 경상북도 구미시, 전라북도 군산시, 전라남도 여수시 등이 있습니다. 반면 행정도시는 특정 대표 기업은 없지만 정주여건이 뛰어나고 학구열이 어느 정도 있는 지역으로, 부산광역시, 대구광역시, 대전광역시, 광주광역시, 전라북도 전주시, 경상남도 진주시 등이 해당합니다.

여기서는 광역시가 아닌 도시를 중심으로 산업도시 분석에 초점을 맞춰 설명해보겠습니다. 산업도시에서는 그 지역을 이끄는 대표 산업의 상황이 지역 경제와 아파트 가격에 직접적인 영향을 미칩니다. 그렇기 때문에 대표 산업의 동향을 우선 파악한 뒤 입주물량, 미분양, 가격 등을 분석하는 것이 필요합니다.

반면 행정도시는 특정 산업에 의한 경제 변동에 덜 민감하지만, 학원가가 밀집된 위치를 중심으로 아파트 수급 상태와 가격을 살펴보는 것이 유리합니다. 이는 수도권 지역 분석 방법과 비슷하게 접근하면 됩니다.

■ ① 거제시 배경 ■

❙ 거제시 2030 공간구조구상 및 개발불능지 지도

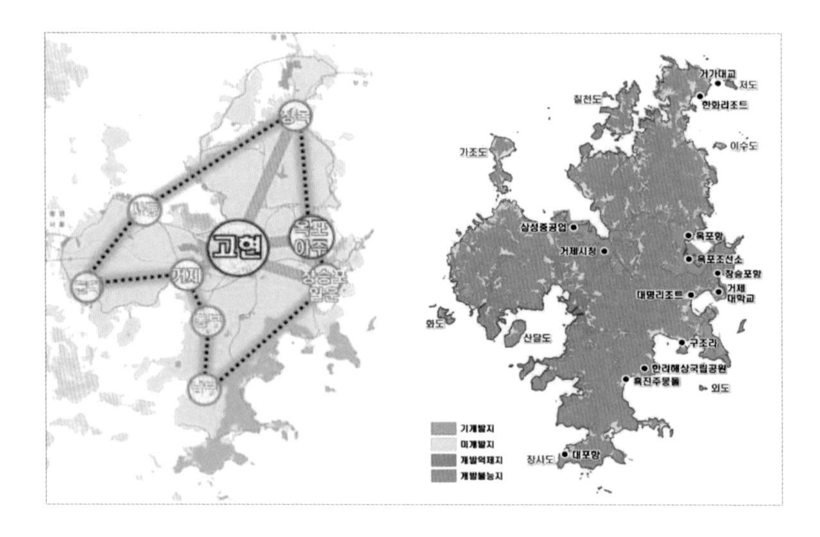

거제시는 1도심(고현)과 1부도심(옥포-아주)을 중심으로 상생 발전을 목표로 하고 있으며, 남부내륙철도(김천-거제), 대전-통영 고속도로 연장, 국도 14호선 기능 강화 등 교통 호재에 힘을 싣고 있습니다. 그럼에도 불구하고 거제시가 확장하지 못했던 이유 중 하나는 약 90%가 산악지대로 개발이 어려운 토지 비중이 크기 때문으로, 아파트 건설을 위한 부지가 제한적입니다.

이런 개발 제약에도 불구하고 거제가 관심을 받는 가장 큰 이유는 국내 조선업의 중심지 역할을 하고 있기 때문입니다. 대한민국의 3대 조선사 중 HD한국조선해양, 한화오션(구 대우조선해양), 삼성중공업이 있으며, 이 중 두 곳의 본사가 거제에 있습니다. 2024년 1분기 K-조선 수주액이 136억 달러로 2023년 대비 41.4% 증가하며 세

▍ 거제시 주요 생활지역 및 조선업 위치

계 1위를 기록했습니다.

다만 삼성중공업은 2024년 연간 수주 목표 97억 달러 중 39%를 달성했고, 한화오션은 인수 후 임원 교체로 다소 주춤하고 있지만, 충분한 수주 잔량을 보유하고 있습니다. 이러한 호실적 발표에도 가격 상승 효과가 없는 이유는 조선업은 수주에서 인도까지 약 3년이 걸리는 맞춤형 제작이기에 수익이 실현되는 시점에는 시차가 있기 때문입니다.

또 다른 이유는 근로자 수입니다. 삼성중공업 근로자는 약 9,640명, 한화오션 근로자는 약 8,892명으로 두 회사 근로자를 합치면 1만 8,532명입니다. 2023년 평균 연봉은 삼성중공업 8,800만 원, 한화오션 8,300만 원으로, 지역 내 임금 총액이 상당히 큽니다. 현재 일손이 부족해 삼성중공업은 지난해 865명, 한화오션은 263명을 충원했고, 계속해서 인력을 확충하고 있습니다.

이렇듯 경기가 호황이고 직원 수가 증가하는 상황에서는 아파트 수요가 커질 텐데, 아파트 가격이 상승해야 하는 것 아닐까요?

■ ② 거제시 위기 ■

거제시의 주요 아파트 단지들의 가격은 2022년 1월부터 26%에서 40%까지 하락했습니다. 산업이 살아나더라도 거제시의 부동산 시장에 희망이 있을지 의문이 생깁니다. 먼저 가격 하락의 주요 요인을 살펴볼 필요가 있습니다.

첫 번째 요인은 잘못된 인구 예측입니다. 조선업이 살아나고 있

❙ 거제 주요 단지 시세 추이

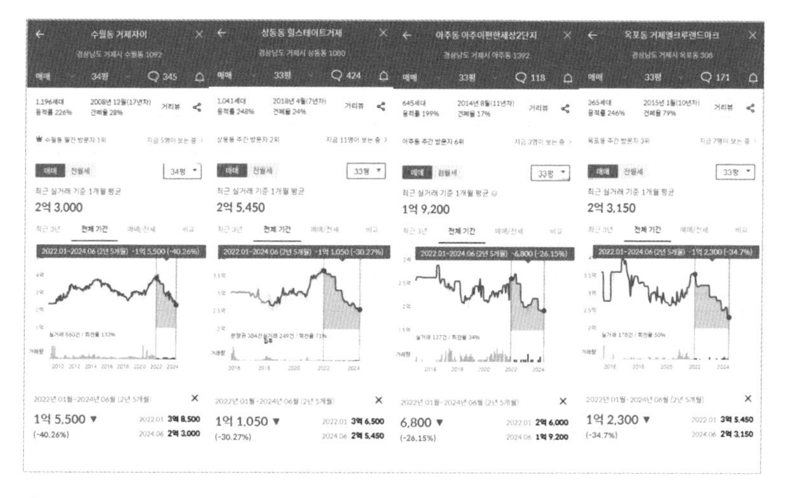

출처: 호갱노노

❙ 거제 주요 단지의 2008~2011년 시세 추이

출처: 호갱노노

다는 뉴스는 이미 3~4년 전부터 들려왔습니다. 과거 2007~2008년 조선업 호황기에는 신입과 경력직 직원의 증가로 주택 수요가 늘어 집값이 상승했고, 건설사들은 이에 맞춰 다수의 단지를 분양했습니다. 당시 수월 자이, 덕산아내1차, 두산위브 등 많은 물량이 2008년 입주를 목표로 분양되었습니다.

이번 산업 호황기에도 상동동의 더샵거제디클리브, 이편한세상 거제유로스카이, 거제반도유보라 등 2023년 11월부터 2024년 1월까지 입주물량이 약 2,700세대에 달했습니다.

그러나 과거와는 달리 이번에는 국내 인력 충원이 원활하지 않았습니다. 작업 환경이 좋지 않은 데다, 최고의 용접 기술자들은 평택과 청주의 반도체 확장 공사 및 파운드리 공장으로 이동했고, 신입 직원들은 MZ세대와 맞지 않는 회사 문화와 열악한 환경으로 높은

▍ 거제 신규 입주 단지

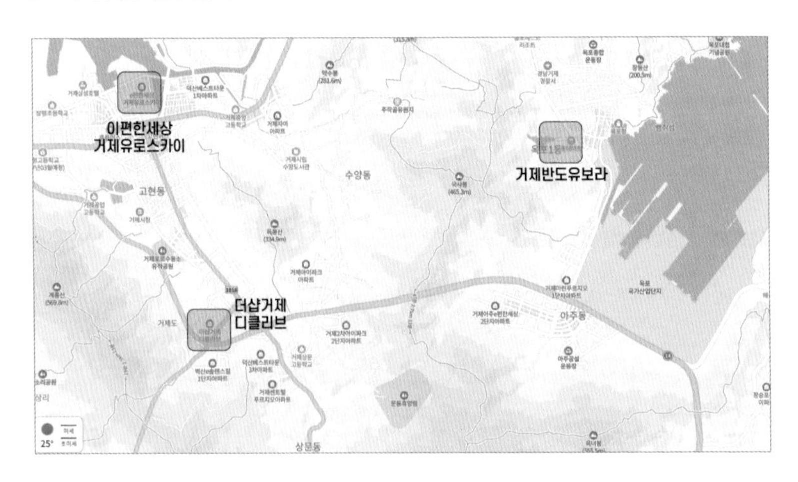

퇴사율을 보였습니다.

이런 이유로 일손이 부족하자, 정부는 조선업을 대상으로 E-7 비자를 통해 외국인 근로자의 비중을 늘리는 조치를 취했습니다. 하지만 외국인 근로자들은 아파트 수요층으로 보기 어렵기에 산업 호황에도 불구하고 실질적인 아파트 수요가 늘지 못했습니다. 이에 반해 입주물량이 많아지면서 거제시의 아파트 가격은 지난 1년 6개월간 급락세가 이어졌습니다.

■ ③ 거제시 기회 ■

이렇게 하락세가 이어져온 거제시이지만 위험이 있다면 언제나 반대편에 기회가 있기 마련입니다.

첫 번째 기회는 절대적 가격입니다. 1998년부터 현재까지 아파트 가격이 고점 대비 약 30% 하락하면 심리적 바닥권이 형성되어 수요가 몰리는 현상이 일어났습니다. 현재 거제시의 주요 아파트들도

▎아파트 가격 하락의 심리적 바닥권

거제 매매/전세 거래량

일자	매매			전월세		
	거래량	월평균 거래량	거래량 비율	거래량	월평균 거래량	거래량 비율
2024-03	↓177	341	52%	↑435	334	130%
2024-02	↓141	281	50%	↑481	329	146%
2024-01	↓143	280	51%	↑504	321	157%
2023-12	↓98	302	32%	↑407	279	146%
2023-11	↓125	313	40%	↑391	290	135%

출처: 부동산지인

30% 이상의 가격 하락을 보여, 절대적 가격 측면에서 수요를 이끌 요소가 충족되었다고 볼 수 있습니다.

두 번째 기회는 부동산 매매 심리입니다. 부동산 매매 심리가 꺾이면 매매 거래량은 줄고 전세 거래량은 늘어나는 경향이 있습니다. 거제시 매매/전세 거래량을 보면 확인할 수 있습니다. 이는 전세가격의 상승이 향후 가속화될 수 있다는 뜻으로, 절대적 가격이 낮은 시점에서 전세가율이 상승하면 투자금이 줄어 가수요 시장에서 집중을 받을 수 있습니다.

세 번째 기회는 입주물량의 부족입니다. 거제시는 2025년 이후로 입주물량이 크게 줄어들 예정입니다. 물량 부족이 아파트 가격 상승을 직접적으로 의미하지는 않지만, 전세 수요가 높은 현재 상황에서는 전세 공급이 원활하지 않으면 전세가격 상승을 지지하는 요인으로 작용할 것입니다. 부동산 매매 심리의 저하, 부족한 입주물량, 지속적으로 늘어나는 산업 근로자 수는 전세 수요 증가, 전세 공급 부

❙ 경남 거제시 연도별 수요/입주

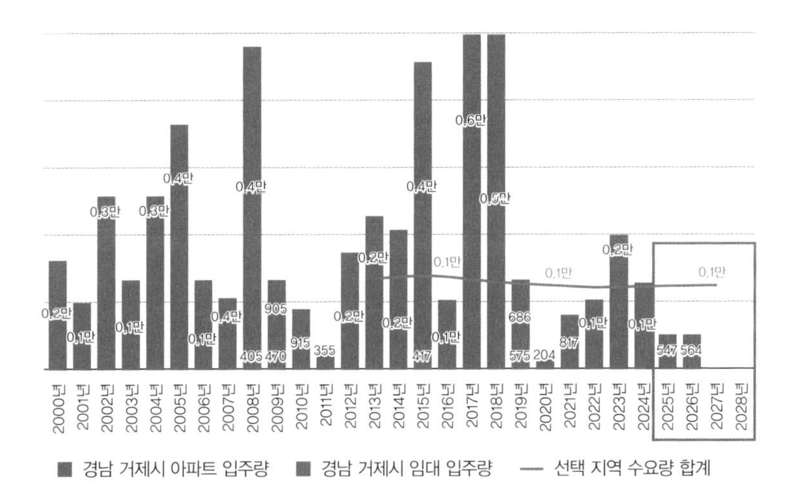

출처: 부동산지인

족으로 이어져 전세가율 상승에 기여할 수 있습니다.

정리하자면, 거제시는 과거 조선업에 의해 부동산 가격이 큰 변동을 겪어왔지만, 현재는 국내 근로자 대신 외국인 근로자 위주로 인력 확충이 이루어지고 있어 수요는 많지 않은 반면 공급이 늘어나 약 18개월간 가격 하락이 지속되었습니다. 그러나 국내 조선업계가 국내 인력 확보를 위해 연봉 인상과 환경 개선에 나서면서 수요 증대가 예상됩니다. 또한 현재 부동산 매매 심리가 좋지 않기 때문에 임차 수요가 증가할 가능성이 있으며, 향후 공급 부족으로 인해 전세가격 상승이 이어질 가능성이 큽니다.

다만 2024년 초까지 공급된 대단지 아파트들이 아직 높은 입주율을 보이지 않아, 입주율이 약 90% 이상 채워지기 전까지는 전세가격 상승이 다소 정체될 수 있다는 점은 유의해야 합니다. 기존 단지의 입주율이 올라가면 전세 공급이 크게 부족해지며, 이는 전세가율 상승으로 이어져 가수요자의 관심을 끌 수 있는 기회 요인으로 작용할 수 있다는 점을 기억해두면 됩니다.

지금은 모든 산업 지역에 위기와 기회가 공존하는 시기입니다. 위와 같은 방법으로 지역을 분석하고 임장을 다녀보며 경험을 기록한다면, 가치 있는 투자자로 성장할 수 있을 것입니다. 좋은 투자란 100% 성공을 기대하기보다는 높은 확률로 지속 가능한 투자를 추구하는 것입니다. 데이터를 활용해 실수를 줄이고 높은 확률로 성공적이며 행복한 투자로 이어지길 바라며 마무리하겠습니다.

소액 경매 물건의 위대한 단기 수익률

온짱 박재석

- 전) 해태음료 총무법무팀장
- (주)온베스트먼트 대표이사
- 온짱이 하는 경매이야기 카페지기(Daum)
- 저서 『재테크 거지』(2024)
- 온짱경매 유튜브

부동산을 잘하기 위해 참 많은 공부를 한다. 배우지 않고 할 수도, 조금 배우고 할 수도 있지만, 아무리 많이 배워도 부족하다고 느끼는 분야가 바로 부동산이라고 생각한다. 태어날 때부터 지적으로 똑똑한 사람들은 세상의 모든 정보를 AI 수준으로 신속하게 받아들이기도 하는데, 필자처럼 정보 수용에 늘 한계를 느끼는 사람들에게는 그저 부러운 일일 뿐이다. 그렇다면 타고난 머리가 나쁘면 부동산을 잘할 수 없는 걸까? 그냥 회사만 다니며 항상 노동의 결과로만 살아가야 할까?

경매라는 단어를 접하는 사람들의 반응은 다양하다. 어릴 때부터 트라우마가 있는 사람들은 치를 떨기도 하고, 그냥 회사만 다닌 사람 중 절반은 경매에 관심을 갖지만 아예 쳐다보지도 말아야 한다고 생각하는 부류도 있다. 남들이 거리감을 두고 기피하는 곳에 사람들이 그토록 바라는 달콤한 열매가 있는 경우가 많다. 이 사실을 모르는 사람은 없겠지만 끝까지 노력해 성과를 이루려는 사람은 적다.

제자들에게 늘 하는 말이 "귀한 것은 쉽게 오지 않는다"이다. 단순히 1~2년 보유 후 매각해 상위 레벨로 투자하고 다시 1~3년 보유 후 매각하며 수익을 맛볼 수도 있다. 토지와 임야에 집중해 거대한 평수의 땅을 낙찰받아 개발하고 분양하면서 큰 수익을 얻을 수도 있다. 다양한 부동산 투자 분야가 있듯이 경매에서도 법원 경매와 한국자산관리공사의 공매(온비드)를 통해 여러 물건을 찾아 현장 답사를 하는 방법이 있다.

경매 중에서도 소액의 토지 공매

필자가 낙찰받은 물건은 소액의 토지 공매 물건이다(다음 페이지). 공매라고 하면 어렵게 느낄 수 있지만, 법원 경매와 한국자산관리공사의 공매는 거의 비슷하다. 조금만 관심이 있다면 그 관계를 충분히 이해할 수 있으니 검색하거나 기초강의를 한번 들어보면 된다.

붉은색으로 표시된 부분을 보자. 세부 용도가 '답'이다. '답'은 논을 의미하며, 즉 농지다. 농지는 일반인도 쉽게 취득할 수 있으나, 농업진흥구역과 농업보호구역의 취득은 강하게 규제된다. 하지만 가족들이 전국의 농지 중 1천m^2 이하로 보유하고 있거나 농지가 없어도 주말 영농 체험 목적으로 농지를 취득할 수 있으니 두려워할 필요는 없다. 세상의 상식에 겁을 먹고 시도조차 하지 않는 분들이 많

경기도 광주시 소액 토지 공매 물건

소재지	경기도 광주시 초월읍				
물건용도	토지	감정가	126,861,000 원	재산종류	압류재산(캠코)
세부용도	답	최저입찰가	(70%) 88,803,000 원	처분방식	매각
물건상태	낙찰	집행기관	한국자산관리공사	담당부서	서울동부지역본부
토지면적	147㎡ (44.468평)	건물면적		배분요구종기	2023-09-26
물건상세	답 147㎡				
위임기관	경기광주세무서	명도책임	매수인	조사일자	0000-00-00
부대조건					

입찰 정보(인터넷 입찰)

입찰번호	회/차	대금납부(기한)	입찰시작 일시~입찰마감 일시	개찰일시 / 매각결정일시	최저입찰가
0036	025/001	일시불(30일)	24.06.10 14:00 ~ 24.06.12 17:00	24.06.13 11:00 / 24.06.24 14:00	88,803,000
0036	026/001	일시불(30일)	24.06.17 14:00 ~ 24.06.19 17:00	24.06.20 11:00 / 24.07.01 14:00	76,117,000
0036	027/001	일시불(30일)	24.06.24 14:00 ~ 24.06.26 17:00	24.06.27 11:00 / 24.07.08 14:00	63,431,000

은데, 소문과 실제는 다른 경우가 많으니 직접 해보는 것이 재테크로 부자가 되는 지름길이다. 즉, 공매 물건이 '답'이라고 되어 있어도 부담 가질 필요가 없다는 뜻이다.

가운데 감정가를 보면 126,861,000원으로 평가되었고, -30% 저감되어 감정가의 70%인 88,803,000원에 매각이 진행되었다. 법원 경매는 법원에 직접 가서 입찰해야 하는 수고가 필요하지만, 한국자산관리공사의 공매는 온비드 사이트에서 간편 인증을 통해 PC나 스마트폰으로 쉽게 접속해 입찰할 수 있다.

이 땅은 44평의 논이지만 '계획관리지역'에 위치하며, 하천에 붙어 있지만 하천 바닥과 이 땅 사이의 등고 차이가 최소 6m 이상이라 홍수가 나더라도 물이 침범하지 않는다. 더 좋은 점은 하천 공사 덕분에 하천을 따라 넓은 콘크리트 포장도로가 마련되어 진출입이 매우 원활하다는 것이다.

생각해보자. 공매로 나온 44평의 땅에 20m 폭의 도로가 붙어 있어 화물차 두 대가 지나갈 수 있다면, 이 땅은 배보다 배꼽이 더 큰 셈 아닌가? 44평의 땅을 낙찰받으면 화물차 진출입에 문제가 없고 앞마당으로 180평을 사용할 수 있다면, 이 물건은 무조건 낙찰받아야 하지 않을까?

필자는 이 물건을 감정가격 100%일 때부터 주시하고 있었다. 법원 경매와 달리 공매는 일주일 단위로 낙찰자가 없으면 10%씩 가격이 떨어진다(저감). 공매 관리번호를 검색해 사이트의 입찰 정보를 보면 모두 알 수 있다.

처음에도 말했듯이, 대부분 사람들이 두려워하고 기피하는 일에서 큰 수익이 나온다. 그렇다면 두렵고 하기 싫은 일이 정말 어려운 걸까? 살아보니 아는 것과 모르는 것의 차이는 백지 한 장 차이라는 말이 진리임을 깨닫는다. 이 물건 역시 감정가의 100%에 낙찰받았어도 큰 수익을 낼 수 있었을 것이다. 나이가 들고 자녀가 성장하면서 함께 보유해도 좋은 땅이다. 매년 공시지가가 올라 재산세가 많이 나와서 불만을 가지는 사람들도 있지만, 공시지가 상승 이상의 가치 상승을 이룬다면 그 땅은 자랑거리가 되지 않을까?

이 물건은 고작 9천만 원도 안 된다. 2명이서 5천만 원씩 투자해도 되고, 3명이서 3천만 원씩, 9명이서 1천만 원씩 투자해도 되는 금액이다. 좋은 물건은 남이 하지 않는 물건이다. 좋은 물건은 밤잠을 설칠 만큼, 꿈속에 나타날 만큼 신중하게 접근해야 한다. 타인의 노력과 결과에 감사하며 세상의 가치를 노력한 자에게 주는 마음을 가진 사람이 좋은 사람이다. 돈은 이기적인 사람을 싫어하며, 그 가치를 멋지고 제대로 사용할 줄 아는 사람에게 오는 법이다.

단독낙찰 후 해야 할 일

제아무리 경매와 공매를 오래 해왔더라도, 단독으로 낙찰받을 때는 늘 싸한 느낌이 든다. 단독 낙찰은 큰 수익을 낼 수 있지만 잘못하면 투자금이 오래 묶일 위험도 있다. 신중히 물건을 선정하고 현장답사를 해서 입찰하려다가도 '아, 나 혼자만 신난 거 아닌가?'라는 생각이 들 때는 2~3회 유찰되기를 기다려 입찰한다. 그런데도 결국 단독 낙찰이 되는 경우가 많다. 하지만 세상에는 ① 수익률 높은 ② 모두가 두려워하는 ③ 아무도 입찰하지 않아 단독으로 낙찰받아 ④

낙찰 후 잔금 납부

상세입찰결과

물건관리번호			
재산구분	압류재산(캠코)	담당부점	서울동부지역본부
물건명	경기도 광주시 초월읍		
공고번호		회차 / 차수	025 / 001
처분방식	매각	입찰방식/경쟁방식	최고가방식 / 일반경쟁
입찰기간	2024-06-10 14:00 ~ 2024-06-12 17:00	총액/단가	총액
개찰시작일시	2024-06-13 11:01	집행완료일시	2024-06-13 11:37
입찰자수	유효 1명 / 무효 0명(인터넷)		
입찰금액	88,900,000원		
개찰결과	낙찰	낙찰금액	88,900,000원
감정가 (최초 최저입찰가)	126,861,000원	최저입찰가	88,803,000원
낙찰가율 (감정가 대비)	70.08%	낙찰가율 (최저입찰가 대비)	100.11%

영 수 증

금팔천일만구천칠백원정 (₩80,019,700)

체 납 자	
매각물건	
내 역	매각대금중 잔대금

위 공매물건 대금을 정히 영수함. 입금은행: 우리은행

2024년 08월 05일

한국자산관리공사 서울동부지역본부장

박재석 귀하

2배의 수익을 낼 수 있는 물건이 흔하다.

낙찰받은 공매 물건의 잔금 납부일은 2024년 8월 5일이었다. 잔금을 납부했다는 것은 더 이상 이 물건을 취소할 수 없다는 뜻이다. 경매나 공매를 진행하면서 소유자는 취소나 취하를 할 수 있지만, 낙찰자는 잔금을 납부하는 순간 땅의 소유자가 되어 아무도 이를 바꿀 수 없다. 따라서 좋은 물건을 낙찰받았다면 법원이나 한국자산관리공사에서 지정한 잔금 납부 기한보다 더 빨리 납부해 혹시나 있을 불행을 예방하는 것이 좋다.

잔금 납부 후 해야 할 일은 나의 존재를 알리는 것이다. 초보자들이 자주 실수하는 부분은 "내가 베푸는 만큼 상대도 나를 이해해주겠지?"라는 착각이다. 경매나 공매 투자는 세상의 절반 이상이 색안경을 끼고 바라보는 분야라, 양심에 따라 상대를 기다려도 협상이 잘되는 경우는 드물다. 결국 나가지 않는 사람에 대해서는 명도를 해야 한다. 낙찰자는 자신의 돈을 투자하고 각종 세금과 법무사 비용까지 모두 납부해야 하며, 낙찰 순간부터 재산세와 다양한 세금의 주체가 된다. 대출이자를 3%로 받기 어려운 경우도 많다.

낙찰자는 죄인이 아니다. 경공매는 채권자의 권리를 확보해 새로운 기회와 빛을 제공하는 역할을 한다. 경공매가 사회적으로도 많은 장점이 있음에도 이를 부정적으로 보는 사회 분위기는 개선이 필요하다. SNS에서 종종 '경매하는 짓'을 인생에서 하지 말아야 할 일로 규정하는 사람도 있지만, 그들이 과연 스스로 노력해서 이룬 자산이 있는지 의문이다.

낙찰 후 바로 강제적 명도 절차에 들어갈 필요는 없다. 점유자에게 따뜻한 마음으로 접근하고 무리가 되지 않게 기일을 조정하는 것도 가능하다. 또한 내용증명을 보내도 된다. 내용증명은 사실에 입각해 소유자로서 부탁할 말들을 하고 부드럽게 마무리하면 된다.

내용증명을 보냈음에도 불구하고 아무런 대응을 하지 않는 경우도 있다. 낙찰을 받고 아직 잔금을 내지 않았더라도(즉, 소유자가 아닌 낙찰자의 신분일 때) 한 번 찾아갈 이유는 있다. 첫 만남에서부터 강경하게 나가는 사람들도 있지만, 굳이 그럴 필요는 없다. 만약 돌아와서 협의되지 않는 부분이 있다면, 다시 한번 내용증명으로 최고를 하면 된다.

낙찰 후 수익 내기
낙찰가에 2배로 매각

물 흐르듯 등기권리증(땅문서)이 도착했다. 8월 5일에 잔금을 납부하고, 8월 6일에 1차 내용증명을 발송했다. 모든 부동산 소유자에게 등기소에서 등기권리증을 보내주는데, 이번에는 8월 16일에 등기우편으로 도착해 잔금 후 11일 만에 받았다.

인터넷에서 흔히 '셀프등기'라는 말을 들어봤을 텐데, 공매로 낙찰을 받으면 한국자산관리공사에서 친절하게 안내해준다. 처음 하는 사람도 공사의 안내절차 문서를 출력해 상세한 설명에 따라 서류를 준비해 보내면, 공사에서 모든 절차를 마무리하고 등기소로 촉탁등기를 한 후 집으로 땅문서가 도착한다.

어떤가? 필자의 글을 읽으며 느껴지는 바가 있는가? 아파트 투자에만 관심이 있다면 경공매에 대한 관심은 없을 수도 있다. 하지만 필자가 퇴사 후 13년 동안 부동산 투자를 하며 경험한 것은, 수익을 낸 분들은 모든 부동산 분야에 관심이 크고 깊다는 사실이다. 초보자들은 자신이 어떤 분야에 강점이 있는지 모르기에 다양한 시도를 하며 때로는 '어쩌란 말이야'라며 이불을 차기도 한다. 이런 경험을 10회 이상, 2~3년 동안 겪다 보면 특정 분야가 정해지고 그때부터 전력질주하면 된다. 많은 이가 현실이 어렵다며 포기하지만, 90% 이상은 비명조차 지르지 않고 쉽게 포기한 경우다. 인생은 해볼 만하다. 잘하다가 포기하는 것이 가장 큰 실패다.

고작 한 달, 8월 5일에 잔금을 납부하고, 9월 6일에 매매계약을 체결했다. 이 땅은 매년 가치가 올라가면서 큰 효자 노릇을 할 것이라

▎ 등기권리증 수령 한 달 후 매매 계약

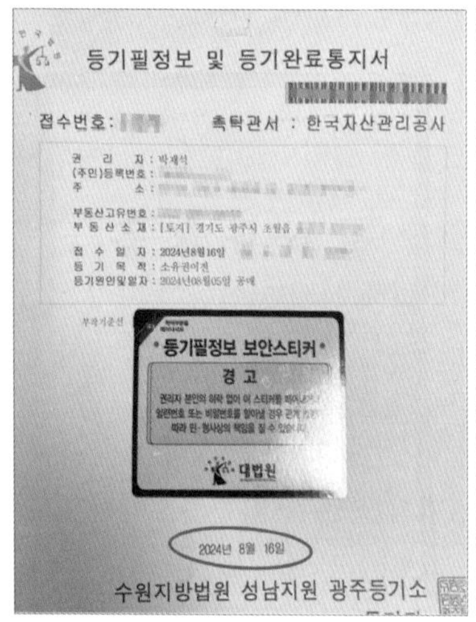

등기필정보 및 등기완료통지서

접수번호: 촉탁관서 : 한국자산관리공사

권리자 : 박재석
(주민)등록번호 :
주소 :
부동산고유번호 :
부동산소재 : [토지] 경기도 광주시 초월읍
접수일자 : 2024년8월16일
등기목적 : 소유권이전
등기원인및일자 : 2024년08월05일 공매

·등기필정보 보안스티커·
경고
대법원

2024년 8월 16일

수원지방법원 성남지원 광주등기소

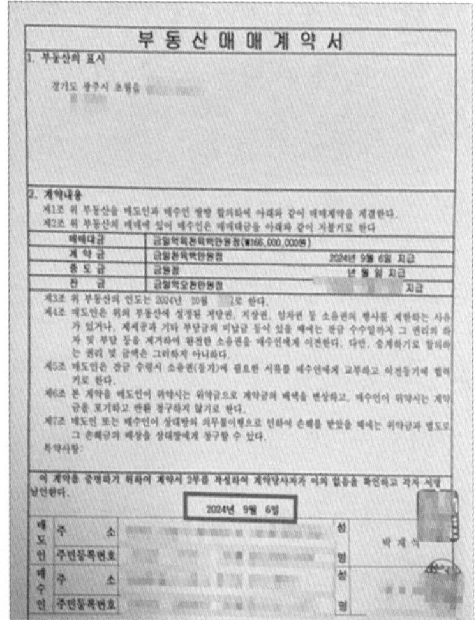

부동산매매계약서

1. 부동산의 표시

경기도 광주시 초월읍

2. 계약내용

매매대금	금일억육천육백만원정(₩166,000,000원)
계약금	2024년 9월 6일 지급
중도금	금원정 년 월 일 지급
잔금	금일억오천만원정 지급

특약사항:

2024년 9월 6일

매도인	주소		성명	박재석
	주민등록번호			
매수인	주소		성명	
	주민등록번호			

고 생각했다.

경공매를 할 때 늘 마음을 좋게 먹으려 한다. 태생적으로 사투리를 쓰다 보니 거칠어 보일 수 있지만, 사실은 부드럽고 여린 마음을 지니고 있다. 상대방이 매수를 원한다면 적당한 가격에 매각하고, 매수하지 않겠다면 내가 직접 사용하는 것이 상식이다. 정리가 되지 않으면 법적으로 소송을 통해 부당이득금 청구 등의 상식을 따르는 행동을 한다. 내 땅에 접한 하천부지는 내 권리로, 하천 점용 신청을 통해 합법적으로 사용할 수 있다. 그 점용을 통해 얻을 수 있는 가치가 크니, 낙찰자의 입장에서는 쉽게 매각하기 아쉬운 물건이다.

때로는 돈보다 땅이 좋고, 상가나 아파트가 더 좋을 때도 많다. 하지만 우리는 투자자다. 그 너머에 우리의 정신이 있다. 새로운 분야에서 상징적인 결과를 만들어내는 성취감은 어디서도 느끼지 못할 만큼 짜릿하기에 낙찰가에 2배로 매각하게 되었다.

온짱이 생각하는 2025년 경매 성공 전략

현장에 가면 "내가 경매 좀 아는데"라며 자신 있게 말하는 공인중개사들을 많이 만난다. 단 2분 정도 이야기해보면 그들의 경매에 대한 지식과 내공이 어느 정도인지 쉽게 알 수 있다. 제자 중에도 공인중개사 자격증을 딴 이들이 많지만, 10명 중 실제로 공인중개사 사무소에 취업한 사람은 단 1명뿐이다. 나머지 9명은 자격증만 갖고 있다. 이들은 경매를 먼저 배우고 공인중개사 자격증 시험에 응시했다. 시험 과정에서 경매 파트가 나오긴 하지만, 그 내용만으로는 경매로 수익을 내기 어렵다. 사후 교육과정에서 경매 강의를 들을 수 있지만, 기초 중의 기초에 불과하다고 한다.

그렇게 경매를 배워서는 안 된다. 글에 언급한 토지 이야기도 누군가에겐 뻔하게 들리겠지만, 가슴이 쿵쾅거려 당상 필자를 찾아오고 싶어 하는 사람도 있을 것이다. 필자의 제자 중에도 책을 읽고 뛰어온 후 성공해 자산가가 된 사람들이 많다. 물론 다시 원래 자리로 돌아간 사람도 있다. 모두가 입찰조차 하지 않는 물건에 입찰하고, 그 싸한 느낌을 간직한 채 절차를 차근차근 밟으며 협상에서도 감정을 조절해 마무리하는 능력은 쉽게 얻을 수 없다. 스스로 컨트롤하며, 필요한 지식을 배우겠다는 의지를 가지고 1~2년만 집중한다면 그 자신이 2배로 판 땅의 주인공이 될 것이다.

국가의 발전 계획, 철도와 도로, 각종 인프라 정보는 국토교통부 사이트와 각 지자체의 5년, 10년 계획 등에 잘 나와 있다. 경기도 화성, 용인, 양주, 파주 등은 왜 안 가고, 김포는 왜 안 가는가? 이렇게 정보가 넘쳐나는데 왜 스스로 먹을 식량을 준비하지 못하는가? 세상의 소음에 흔들릴 시간에 한 지자체 사이트만 깊이 파보라. 그 도시의 정보를 실시간으로 알고 있다고 자신할 수 있다면, 그 옆 도시와 그 다음 도시까지 발전계획이 머릿속에 들어올 것이다. 그렇게 매의 눈으로 경매 물건 하나하나를 연결한다면 1~2년 안에 대중이 환호하는 1타 강사가 될 수도 있다.

『2024 결국은 부동산』에서 필자는 말했다. "강남의 아파트도 그렇고, 경기도권의 공장과 창고, 핵심지역에 있는 조그만 토지들, 모두가 싫어하는 지하 근생을 골프연습장이나 수영장 등으로 변화시키는 그런 마법과도 같은 이미 알고 있는 재테크가 우리의 2024년을 또 기다리고 있을 것이다. 남들이 보기에 '똥' 같은 물건들은 우리 주변에 꽤나 많이 나타날 것이고 많은 기회를 줄 것이기에, 늘 남과 다른 생각으로 경매에 임한다면 좋은 수익을 주는 2024년도가 될 것이다."

우리는 늘 기회를 놓치며, 핑계를 대며, 남의 떡이 더 커 보인다고 불평하며 살아간다. 그대가 그렇게 멍하게 살아주니 고맙다. 필자는 2024년 상반기에만 물건을 3개 취득했다. "고작 3개?"라고 할지 모르지만, 한 개는 20억짜리이고 다른 한 개는 23억짜리다. 20억짜리는 15억에, 23억짜리는 7억 후반에 가져왔다. 이는 모두 최근 1~6개월 이내의 물건이다. 현장에서 이런 경험을 듣고 느낀다면 독자들도 인생에서 10년 동안 이루지 못했던 일을 1~2년 안에 이룰지도 모른다.

매년 반복되는 일상에 다가오는 기회를 고단함과 스트레스를 핑계로 놓치지 말고, 전력질주하며 도전하길 바란다. 서울 주변 경기도 도시들에 숨어 있는 경공매 물건들을 볼 수 있는 안목을 하루라도 빨리 갖추길 바란다. 2025년을 그렇게 보내야 한다. 그것이 부동산 경매에서 성공으로 가는 가장 빠른 길이다.

2025년, 아파트보다 다가구주택 경매에 주목하라

달천 정민우

- 부동산 투자전문가
- 바른자산주식회사 대표이사
- 바른경영컨설팅 대표
- 바른금융 대표이사

주된 일자리에서 퇴직하는 평균 나이 50세, 수명 100세 시대가 다가오고 있다. 법정 정년을 60세에서 65세로 연장하는 법이 새로 만들어지더라도 퇴직 후 무려 30년 내외를 더 살아야 한다. 자식들의 도움을 기대하기도 어렵고, 정부의 복지 비용이 갈수록 늘어나고 있어 국민연금만으로 노후 생활을 보장받기에는 한계가 있다. 노년에도 일해야 하는 상황에 내몰리는 것은 누구도 바라는 바가 아닐 것이다. 퇴직 후에 준비를 시작하면 늦는다. 우리는 그 전에 대비해야 한다.

다음은 현금 흐름을 만드는 방법과 그에 따른 리스크다.

① 소유한 부동산을 통해 임대 소득 창출하기 ➡ 금리 위험, 공실 위험

② 주식 배당금 받기 ➡ 자기자본 많이 필요, 주가 및 배당금 하락 리스크

③ 은행 등 금융기관에서 이자 받기 ➡ 원금 보존 어려움, 인플레이션 위험

④ 연금으로 생활비 충당 ➡ 공무원, 군인 등 일부 직업군의 혜택

⑤ 자영업 등 사업으로 이익 창출 ➡ 장기 생존 확률 낮음

⑥ 노동력 제공해 임금 받기 ➡ 단순노동, 저임금, 고령 문제로 오래 지속 어려움

1번에서 3번은 누구나 바라는 현금 창출 방법이다. 특히 많은 사람이 월세를 받고 싶어 하며, 상가, 오피스텔, 지식산업센터 등 수익형 부동산을 떠올린다. 그러나 공실 리스크가 있다.

매달 나오는 상가 월세로 생활비를 충당하는 임대인이 있다고 가정해보자. 경기 악화로 임차인이 나가고 공실 기간이 길어진다면, 대출이자와 관리비가 큰 부담으로 다가올 수 있다. 게다가 상가나 오피스텔 같은 수익형 부동산은 시세가 꾸준히 오르는 상품도 아니다. 한두 곳에서 부동산 임대료를 받아 생활비를 쓴다면 리스크에 노출될 가능성이 크다. 하지만 같은 자본으로 임대처를 10여 곳으로 늘릴 수 있다면 어떨까? 시세차익도 노릴 수 있고, 연금처럼 안정적으로 월세가 나오는 상품은 없을까?

부동산 초보일수록 다가구주택 경매에 도전하라

부동산 초보자일수록 상가, 지식산업센터, 오피스텔 같은 수익형 부동산보다는 다가구주택 경매에 도전해보자. 다가구주택은 보통

10가구 이상이어서 한두 채 투자로도 노후 준비를 할 수 있다. 자연 공실이 2~3곳 생겨도 여러 가구에서 월세가 들어와 대처할 시간이 충분히 주어진다. 임차인이 장기간 들어오지 않는 공실 리스크도 상가나 지식산업센터에 비하면 작다.

상업용 부동산 한 채에 올인하는 투자는 지양해야 한다. 한 번 상권이 무너지면 관리비만 부담하며 '공짜로 쓰라' 해도 임차인이 들어오지 않을 수 있다. 반면 주거용 부동산은 최악의 경우 월세를 낮추면 임차인을 찾을 수 있다.

경매 낙찰 후 명도에 대한 걱정도 크지 않다. 대부분 투룸 이하 주택이므로 임차인들이 오래 머물지 않으며 짐도 많지 않다.

다가구주택의 가장 큰 장점은 내 땅을 소유하면서 월세 수익을 얻을 수 있고, 인플레이션을 헤지할 수 있다는 점이다. 건축비가 매년 오르기에 현재 시세보다 조금 저렴하게 매입하면 손해 볼 일이 적다. 땅을 매입해 4층 건물을 새로 세우는 데는 생각보다 큰 비용이 든다.

현재 전국에서 진행 중인 다가구주택 경매 사건은 서울 30건을 포함해 약 220건이다. 2025년 상반기까지 다양한 지역에서 입찰할 수 있는 물건들이 줄줄이 나올 것이다.

자금력이 있다면 서울의 다가구주택을 노리는 것이 좋지만, 서울만 고집할 필요는 없다. 서울뿐 아니라 지방과 광역시에서도 6~8% 이상의 수익률을 기대할 수 있는 다가구주택 경매가 지속적으로 나오고 있다. 건물 관리가 잘 되고, 7~8% 수익률만 맞춰놓으면 환금성도 좋다.

전문 투자자들은 시행사의 토지 매입 정보를 듣고 선진입하기도 하며, 낙찰 후 전체 세대를 전세로 맞춰 투자금을 전액 회수하거나 플러스피(임대 보증금 〉 매입가 및 부대비용)를 실현하기도 한다.

지금부터 다가구주택 경매 사례를 살펴보도록 하자.

다가구주택 경매 성공 사례

▪ 대전 중구 다가구주택 ▪

2024년 5월에 잔금을 치른 이 다가구주택은 2019년에 지어진 신축 건물이다.

- **전체 감정가: 약 24억 원**
- **대지 감정가: 13억 7,700만 원**
- **건물 감정가: 10억 원**

대지 100평, 4층 규모의 이 주택은 15억 6천만 원에 낙찰되었다. 비교하기 나름이지만 이는 서울 마포구 국민평형 아파트 한 채 가격보다도 낮은 수준이다. 해당 지역은 한 시행사가 개발을 추진 중인 곳으로, 평균 보상 예정가는 2,700만 원 선이다. 또한 1군 건설사 H

❙ 대전 중구 다가구주택

사, P사가 참여할 만큼 개발 의지가 강하다. 현재는 모든 호실에 임대가 완료된 상태이며, 보상 협의가 예정되어 있다.

재정비 촉진구역이나 재개발 구역 등 개발 호재가 있는 지역에 투자하는 것도 좋은 전략이지만, 처음에는 본인이 잘 아는 지역부터 시작해 시세 파악이 쉬운 곳에 투자하는 것이 좋다. 중개업소를 통해 시세 조사를 꾸준히 하다 보면 특정 지역의 시세 감각을 키울 수 있다.

해당 다가구주택의 구성은 1층은 상가, 2층 5가구, 3층 5가구, 4층 3가구 총 14곳에서 월세를 받을 수 있으며 평형과 방 개수에 따라 임대료에 차이가 있다. 시세는 다음과 같다.

- 1층 상가 임대 시세 보증금 2,000만 원/월 80만 원
- 월세 시세

  3룸: 보증금 2,000만 원/월 85만 원

  2룸: 보증금 2,000만 원/월 65만 원

  1.5룸: 보증금 1,000만 원/월 50만 원
- 전세 시세

  3룸: 1억 5,000만 원

  2룸: 1억 2,000만 원

  1.5룸: 8,000만 원

이 건물의 임대 보증금으로 약 6억 5천만 원을 회수하고 월세로 약 540만 원을 얻을 수 있다. 만약 전세로 전환할 경우 전세가만으로도 낙찰가를 초과한다. 자금 상황에 따라 전세와 월세를 조절할 수 있다는 것이 다가구주택 투자의 장점이다.

임대 세팅 후 보증금으로 투자금을 모두 회수하더라도, 낙찰 잔금을 우선 납부해야 한다. 10가구 이상의 임대를 맞추는 데는 짧게는 3개월, 길게는 6개월 정도가 걸릴 수 있으므로, 투자금 회수 기간은 6개월 이상 여유 있게 잡는다.

다가구주택 경매는 여전히 기회가 있으며, 시간이 지날수록 토지 가치는 상승할 것이다. 금리가 인하되면 수익률이 높아져 가격

해당 건물 임대 시세

(단위: 만 원)

호수	면적(평)	방 개수	보증금	월세
101	31.77	근생	2,000	80
201	7.99	1.5	2,000	40
202	9.06	2	2,000	60
203	8.82	2	2,000	60
204	9.07	2	2,000	60
205	8.14	1.5	2,000	40
301	7.99	1.5	2,000	40
302	9.06	2	2,000	60
303	8.82	2	2,000	60
304	9.07	2	12,000	-
305	8.14	1.5	2,000	40
401	12.12	2	11,000	-
402	26.27	2	11,000	-
403	11.12	2	11,000	-
합계			65,000	540

상승에도 긍정적 영향을 미친다. 앞으로 다가구주택은 더 많은 사람의 현금 흐름 창출과 노후 대비, 인플레이션 헤지 수단으로 활용될 것이다.

■ 대전 서구 다가구주택 ■

자금이 부족하다면 굳이 서울만 고집할 필요는 없다. 예를 들어 이 사례의 2021년식 신축 4층 다가구주택은 총투자금 2억 원으로 시작할 수 있었다.

| 대전 서구 다가구주택

(352-31) 대전광역시 서구 갈마동

[도로명주소] 대전광역시 서구 계룡로

용도	근린주택	채권자		감정가	689,697,900원
대장용도	단독주택	채무자		최저가	(100%) 689,697,900원
토지면적	149.6㎡ (45.25평)	소유자		보증금	(10%) 68,969,790원
건물면적	279.66㎡ (84.6평)	매각대상	토지/건물일괄매각	청구금액	469,602,950원
사건접수	2022-10-13	배당종기일	2023-01-17	개시결정	2022-10-14

기일현황

전체보기

회차	매각기일	최저매각금액	결과
신건	2023-04-10	689,697,900원	매각
	입찰4명/낙찰720,000,000원(104%) 2등 입찰가 : 710,000,000원		
	2023-04-17	매각결정기일	허가
	2023-05-16	기한후납부	
	2023-06-27	배당기일	완료

변경공고

변경 내용 없음

사진 더보기

감정평가현황 럭키감정 , 가격시점 : 2022-10-20

감정평가서 →

토지	건물	제시외건물(포함)	제시외건물(제외)	기타(기계기구)	합계
269,280,000원	420,417,900원	X	X	X	689,697,900원

I 해당 건물 임대 내역 (단위: 만 원)

호수	보증금	월세
101	2,000	75
102	2,000	65
201	2,500	35
202	500	45
203	10,000	-
301	500	55
302	500	40
303	2,000	60
401	2,000	60
합계	20,500	435

- **낙찰가: 7억 2,000만 원**
- **대출금: 3억 4,000만 원(낙찰가의 47%)**
- **현재 금리: 5.3%로 월 150만 원의 이자가 발생**

9개 호실의 임대 보증금으로 2억 500만 원을 회수했고, 취득세 등 모든 비용을 포함한 실투자금은 2억 원이 채 되지 않는다.

2억 원의 투자로 건물주가 되어 1층 커피숍을 포함한 8곳에서 매달 안정적인 월세를 받고 있다. 월세 총액 435만 원에서 대출이자 150만 원을 제하면 약 280만 원의 순 현금 흐름이 발생한다.

이처럼 한 번에 2억~3억 원 이상을 상가 한 칸에 투자하는 것보다는, 땅을 소유하고 현금 흐름을 만들어낼 수 있는 다가구주택에 주목해보자. 특히 2025년에는 이런 기회를 잘 살펴볼 필요가 있다.

다가구주택의 장점 중 하나는 플러스피(전세가 〉 낙찰가) 세팅이 가능하다는 점이다. 자금이 부족하다고 포기할 필요는 없으며, 신용이 좋다면 몇 개월 정도 필요한 자금을 빌려 투자를 시작할 수도 있다. 2024년 하반기 들어 다가구 무피 투자(전세 임대가가 낙찰가와 같거나 큰 경우) 사례가 많이 나오고 있다. 독자들도 자신이 사는 지역 근처에 경매로 나온 다가구주택이 있는지 확인해보고, 가능하면 땅을 소유할 수 있는 투자를 고려해보길 권한다.

■ 대전 동구 다가구주택 ■

2024년 10월 잔금을 앞둔 대지 약 160평, 건물 약 200평의 감정가 26억 원짜리 다가구주택이다. 18명의 경쟁 속에서 감정가의 71% 수준에 매각되었고, 필자도 여기에 참여했다.

이 건물은 1층 2가구, 2층 6가구, 3층 6가구, 4층 3가구로 구성된 총 17가구에서 임대 수입이 발생한다. 이 물건의 장점은 넓은 대지와 따로 손볼 필요 없는 2021년식 신축 건물로, 임대 수요가 충분함을 확인했다.

I 대전 동구 다가구주택

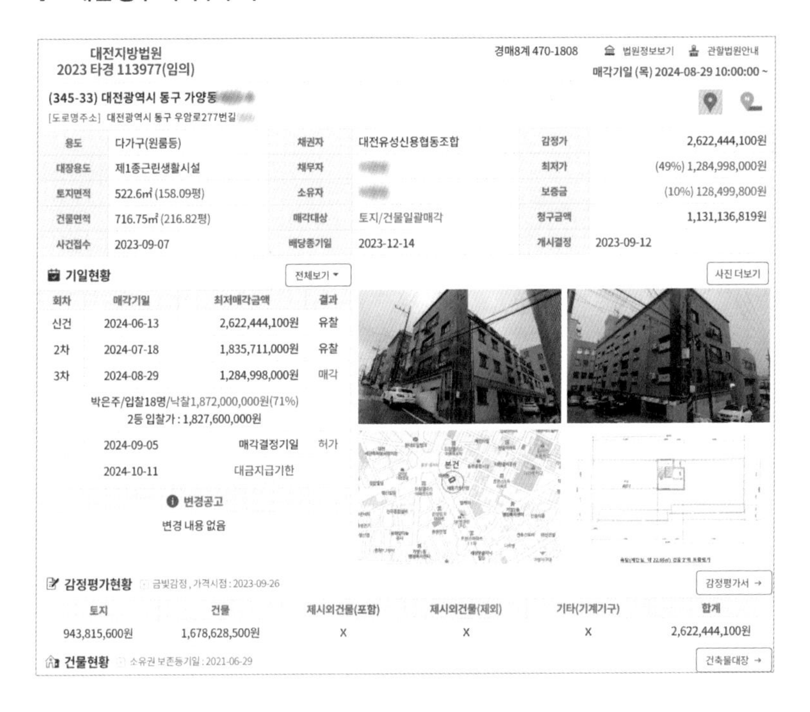

17가구에서 나오는 임대 보증금은 약 20억 원에 달해, 전부 전세로 설정하면 낙찰가인 18억 7천만 원을 초과한다. 이는 초기 자금을 0원으로 만들 수 있다는 뜻이다. 일단 전세로 세팅한 뒤 자금 흐름에 따라 월세로 조정해갈 수도 있다.

결국 투자는 안정적인 환경에서 같은 자본으로 더 안전하고 높은 수익률을 찾는 게임이다. 자본주의 사회에서 이 게임의 승자가 평생 더 나은 삶을 누릴 수 있다.

■ 서울 은평구 갈현동 다가구주택 ■

2024년 6월에 잔금을 치른 서울 은평구 갈현동의 다가구주택 경매 사례다. 지하철 3호선 도보 거리에 있으며, 감정가는 15억 6천만 원이다. 대지 시세가 평당 3천만 원으로 형성되었으나 매수세는 크지 않았다. 1992년 준공된 오래된 건물로, 건물 자체의 가치는 크지 않다고 평가되었다.

현장 조사 결과, 1층과 2층에는 임차인이 거주 중이며, 지하에도 두 개의 호실에 사람이 살고 있었다. 3층은 주인 세대가 거주 중이고,

▎서울 은평구 갈현동 다가구주택

서울서부지방법원
2023 타경 53538(임의)
공유물분할을위한경매

경매7계 3271-1327(구내:1327) 법원정보보기 관할법원안내
매각기일 (화) 2024-04-16 10:00:00 ~

(033-32) 서울특별시 은평구 갈현동
[도로명주소] 서울특별시 은평구 갈현로

용도	다가구(원룸등)	채권자	○○	감정가	1,564,309,400원
대장용도	단독주택	채무자	○○	최저가	(51%) 800,926,000원
토지면적	153.7㎡ (46.49평)	소유자	○○	보증금	(10%) 80,092,600원
건물면적	316.89㎡ (95.86평)	매각대상	토지/건물일괄매각	청구금액	0원
사건접수	2023-04-26	배당종기일	2023-07-13	개시결정	2023-04-28

기일현황 전체보기

회차	매각기일	최저매각금액	결과
신건	2023-12-05	1,564,309,400원	유찰
3차	2024-03-12	1,001,158,000원	유찰
4차	2024-04-16	800,926,000원	매각
서효동/입찰8명/낙찰1,012,010,000원(65%)			
	2024-04-23	매각결정기일	허가
	2024-06-04	대금지급및 배당기일	

변경공고
변경 내용 없음

사진 더보기

감정평가현황 혜움감정 , 가격시점 : 2023-05-20 감정평가서 →

토지	건물	제시외건물(포함)	제시외건물(제외)	기타(기계기구)	합계
1,378,689,000원	180,500,400원	5,120,000원	x	x	1,564,309,400원

지하층은 소액 월세로 임대가 가능하다. 새로 인테리어를 진행하면 1층, 2층, 3층에서 각각 2억 원씩 전세 보증금을 회수할 수 있을 것으로 예상된다.

이 경매는 소유자가 자녀들과의 의견 차이로 인해 일부러 매각한 경우로, 8명이 경합해 최종적으로 10억 원에 낙찰되었다. 이는 감정가 대비 약 65%의 낙찰가율이다.

참고로 인근에서 2019년에 준공된 대지 55평의 다가구주택은 21억 원에 거래되었으며, 임대 보증금 5억 원, 월세 550만 원 수준으로 형성되어 있다. 많은 사람이 치솟는 경쟁률의 아파트에만 주목하는 동안, 서울 요지의 땅을 소유할 수 있는 다가구주택도 투자 대안이 될 수 있음을 보여주는 사례다.

■ 서울 마포구 동교동 다가구주택 ■

2024년 9월 감정가 12억 원의 서울 마포구 동교동 다가구주택이 경매로 매각되었다. 이 물건은 경의선 숲길과 인접하고, 2호선 홍대입구역과 신촌역 중간에 위치해 입지가 좋다. 현재 대지 시세는 평당 4천만~4,500만 원으로, 인근 아파트 시세와 비교할 때 상대적으로 매력적인 선택지로 다가온다.

이 다가구주택의 장점은 좋은 입지 외에도 '외국인 도시민박업'으로 활용 가능하다는 점이다. 특히 합정, 상수, 홍대는 에어비앤비와 같은 숙박업 호스트들의 수요가 많은 지역으로, 현장 조사에서도 호스트들이 중개업소에 매물 알림을 부탁할 정도였다. 따라서 일반

서울 마포구 동교동 다가구주택

서울서부지방법원
2023 타경 57585(임의)

경매6계 02-3271-1326 법원정보보기 관할법원안내

매각기일 (화) 2024-09-24 10:00:00 ~

(040-57) 서울특별시 마포구 동교동

[도로명주소] 서울특별시 마포구 와우산로

용도	주택	채권자		감정가	1,191,628,000원
대장용도	단독주택	채무자		최저가	(80%) 953,302,000원
토지면적	98.5㎡ (29.8평)	소유자		보증금	(10%) 95,330,200원
건물면적	147.42㎡ (44.59평)	매각대상	토지/건물일괄매각	청구금액	486,218,266원
사건접수	2023-09-06	배당종기일	2023-11-21	개시결정	2023-09-07

기일현황 입찰 2일전 전체보기 사진 더보기

회차	매각기일	최저매각금액	결과
신건	2024-02-06	1,191,628,000원	유찰
	2024-03-19	953,302,000원	변경
	2024-07-02	953,302,000원	변경
2차	2024-09-24	953,302,000원	

변경공고

변경 내용 없음

모의입찰

0 원 입력

2024년 9월 경매로 매각한 해당 건물

경매 물건지 옆 필지

적인 임차인보다 임대사업 호스트를 임차인으로 두는 것이 수익률을 높일 수 있다.

다가구주택은 1층 상가를 활용하거나, 지역 특색을 반영한 트렌드 및 사업적 용도로 활용할 때 건물 가치를 높일 수 있다. 즉 업종과 임차인에 따라 월세가 달라지고 건물 가치가 달라진다. 예를 들어 외국인 도시민박업은 임차인에게 전대차 동의가 필요한데, 이를 허락한 건물은 시세보다 최소 30만~40만 원 높은 월세를 받을 수 있다. 또한 호스트가 직접 인테리어를 진행해 관리 측면에서도 편리하다.

이 물건의 감정가는 12억 원으로, 일부 신혼부부들은 "12억으로 마포 소형 아파트도 못 사느니 차라리 건물주가 되자."라고 생각하기도 한다. 실제로 30~40대 젊은 층의 대기 매수세가 높은 편이어서, 오래된 다가구주택이라고 해서 환금성이 떨어진다는 편견은 버려도 좋다.

또한 해당 경매 물건 바로 옆 필지는 이미 매입 후 건물이 철거된 상태로, 개발을 위해 부동산을 추가 매입하려는 시도도 이뤄지고 있다. 이는 앞으로 개발 압력이 강할 가능성을 시사한다.

이처럼 매매 및 임대 수요가 풍부한 지역의 다가구주택 경매에 도전해보자. 꼭 아파트만을 고집할 필요 없이, 아파트 구매 자금으로도 건물주가 될 수 있음을 고려해보는 것이다. 거주 편의성에서는 아파트에 미치지 못할 수 있으나, 최유효 이용과 건물 가치 향상을 위해 노력한다면 시세 차익과 안정적인 현금 흐름이라는 달콤한 과실을 누릴 수 있을 것이다.

안정적인 현금 흐름을 만드는 부동산에 관심을 갖자

2024년 9월, 미 연준이 4년 6개월 만에 0.5%p 금리 인하를 단행하며 통화 정책의 방향을 바꾸었다. 금리 인하로 대출이자가 낮아지면서 수익률이 오른다며 상가 투자 등을 권장하는 곳들이 늘어날 것이다. 그러나 우리나라는 저출산, 고령화라는 구조적 문제를 안고 있으며, 장기 저성장 국면에서 전통 산업에 대한 기대 수익은 제한적이다. 자본 생산성이 한계에 도달하면서, 모두가 안전한 투자처를 선호하다 보니 수익성이 감소하고 있다.

따라서 상가나 자영업처럼 개별성이 강하고 모험적인 투자보다는, 2040년까지 증가가 예상되는 1인 및 2인 가구처럼 안정적인 수요가 기대되는 곳을 주목할 필요가 있다.

필자는 15년 동안 주로 경매 투자를 해왔다. 경매 투자는 안전하면서도 수익이 나기 때문이다. 현재 시작된 금리 인하가 2028년까지는 지속될 것으로 보며, 가능하다면 금리 인하 초기 단계에서 과실을 누릴 수 있도록 투자하기를 권한다.

누구나 안정적인 월세 수입을 원하지만, 준비 과정을 소홀히 하는 경우가 많다. 원하는 지역의 낙찰 결과를 꾸준히 확인하고 시세 파악에 시간을 투자한다면, 원하는 부동산을 소유하는 것은 결국 시간문제일 것이다.

2025년 금리 인하로 인해 수익형 부동산을 선호하는 이들이 많겠지만, 경기 변동에 민감한 부동산보다는 안정적인 현금 흐름을 창출할 수 있는 부동산에 관심을 두길 바란다. 가치 있는 부동산을 사서 장기 보유하는 것이 우리가 할 수 있는 최선의 투자 방법이라 믿는다.

상가 투자하기 좋은 곳?
노원구의 변화로 살펴보기

홍소장 홍성일

- 저서 『상가투자 비밀노트』
- 카페 상가에 미친 사람들
(cafe.naver.com/sangga22)
- 블로그 상가투자 비밀노트
(blog.naver.com/redox17)

지난 몇 년간 우리는 천국과 지옥을 오가는 경험을 했다. 초저금리 덕분에 레버리지를 극대화해 소액으로 상가 투자가 가능해지면서, 상가형 부동산(근린상가, 단지내상가, 쇼핑몰, 테마상가 같은 상가와 관련된 부동산) 시장에 폭발적인 관심과 투자가 이어졌다. 그러나 시장은 하루아침에 방향을 바꾸었다. 치솟는 금리를 감당하기 버거워지면서 월세로도 대출이자를 감당하기 어려운 상황이 장기화되었고, 이로 인해 주변에서 점점 어려움을 겪는 사람들이 나타나기 시작했다. 요즘 분위기에서는 상가 투자가 적자를 면하기 어렵다는 인식이 확산되고 있다.

현재 은퇴를 맞이한 베이비부머 세대들은 투자해도 적자가 나는 상황 탓에 상가보다는 주식, 소규모 창업, 또는 아파트 시장에 관심을 갖는 추세다. 이들이 다시 상가에 관심을 갖게 되는 계기는 아마 금리 인하로 인해 레버리지를 활용해도 안정적인 임대수익을 확보할 수 있다는 점이 확인될 때일 것이다.

이러한 시기에 상가나 수익형 부동산 이야기가 크게 주목받지는 않지만, 현명한 투자자라면 여름에 필요한 밀짚모자를 겨울에 준비해야 한다.

필자는 무조건 투자를 종용하기보다는 지역 분석과 공부의 중요성을 강조하는 편이다. 개발을 통해 발생하는 다양한 변화를 살피고, 그중 나의 성향에 맞는 효율적인 투자를 권유하는 것이다. 또한 사람들의 관심이 집중된 곳보다는 개발과 변화로 인해 장차 가치가 상승할 지역이나 꾸준한 수익을 기대할 수 있는 지역에 투자할 것을 추천한다.

발로 뛰며 여러 지역을 임장하고 분석한 끝에 수익형뿐 아니라 차익형 투자도 가능한 지역을 선별하는 일은 어렵지 않다. 최근 구석구석을 누비며 새롭게 발견한 노원구에 대해 이야기해 보려 한다. 소형 복도형 아파트가 밀집한 이 지역에서의 상가 투자는 어떨까? 안정적인 상권이 형성될 수 있을까? 투자 가치가 있을까? 좋은 상권이 없어 보인다고 생각하는 분들을 위한 노원구 상권 투자 해설서다.

❙ 노원구 전체를 두 달간 500km 이상의 발품을 팔면서 조사한 기록 일부를 갈무리

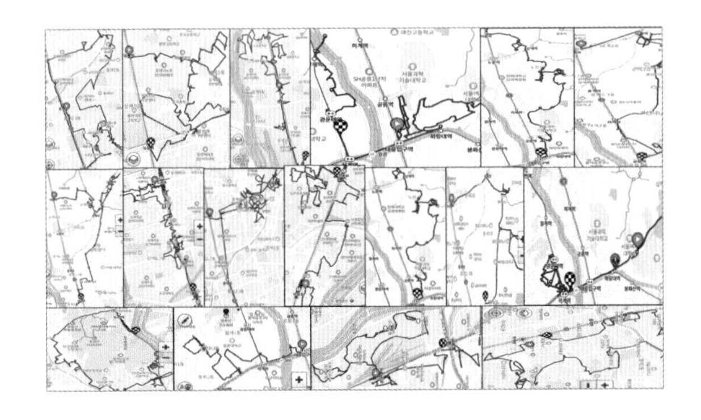

노원구의 시작
거대한 계획도시의 탄생

말들이 뛰어놀던 평야로 유명했던 곳으로 마들평야라고 불렸다. 이곳은 서울에서 유일하게 농사와 관련된 마들농요가 전해져 오는 지역이기도 하다. 공교롭게도 조선시대에도 이곳에는 이북 지역으로 통하는 관문이자 요충지 역할을 하던 노원역이 있었다. 현재 노원역과 가까운 곳이 당시 노원역터로 사용되었다.

노원구는 서울의 25개 구 중에서도 늦게 탄생한 행정구 중 하나다. 원래는 도봉구(1973년)에 속해 있었다가 인구 증가에 따라 노원구(1988년)와 강북구(1995년)로 분구되었다. 이 지역은 농사를 짓던 원주민들과 서울 개발로 모여든 철거민들이 조성한 판자촌과 마을이 있던 곳이었다.

서울은 1980년대 초 아시안게임과 올림픽 유치에 성공하면서 도시를 현대적이고 깨끗한 모습으로 탈바꿈시키기 위한 개발 바람이 일었다. 판자촌은 사라지고, 현대식 주거 단지로 변모했다. 당시 도봉구였던 노원구 지역도 대규모 개발이 필요했다. 월계1지구와 2지구(1982년 2월 4일)를 시작으로 마들평야와 당현천 주변 상계동 지역에 100여만 평 규모의 상계지구(1985년 4월)와 45만 평 규모의 중계지구(1985년 4월)가 포함된 계획이 진행되며, 20만 명을 수용할 수 있는 신시가지 조성이 시작되었다. 지금의 노원구 근간을 이루는 '상계신시가지'의 탄생이었다.

❙ 상계지구 조감도(왼쪽)와 중계지구 조감도(오른쪽)

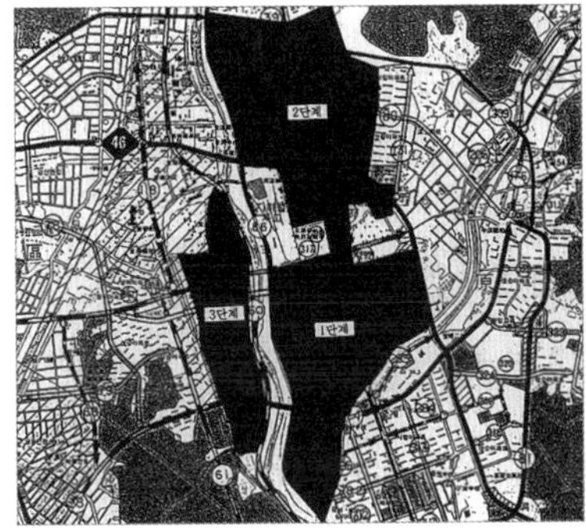

상계신시가지의 3단계 지역에는 신도시 유통을 책임질 하나로 마트가 도매시장급 규모로 들어섰지만, 이후 도봉구로 편입되었다. 당시 규모는 목동신시가지의 두 배에 달했으며, 이후 중계2지구(1989년 1월), 상계2지구(1994년 11월)와 3지구 개발을 비롯해 공릉 1·2지구까지 덧붙여지면서 거대한 계획도시가 탄생했다.

아시안게임과 올림픽을 전후로 소득이 오르며 본격적인 '마이홈' 시대가 열렸다. 신시가지에 대한 관심이 뜨거웠고, 26개 초·중·고등학교가 포함된 교육계획이 시행되면서 창동지구와 번동지구의 개발과 맞물려 학원가가 형성되는 원동력이 되었다.

조성 초기에는 '상계신시가지'로 불렸으며, 지금은 믿기 어려울 수 있지만 당시 목동신시가지와 비슷한 가격대와 인식 수준을 유지했다. 그러나 이후 입지 경쟁력에 따라 지역 가치에 차이가 생겼고, 현재는 다소 가격이 벌어진 상황이다.

노원구의 특징
한 도시에 서로 다른 두 개의 도시

해방 이후 서울은 하루가 다르게 인구가 증가하기 시작했고, 몰려드는 사람들에게 안정적인 정주환경을 제공하기 위해 곳곳에 소규모 택지지구(이하 계획도시)가 조성되기 시작했다. 1968년 영동대개발, 1974년 잠실지구, 1981년 개포1·2·3지구와 고덕지구, 1982년 월계지구, 1983년 목동지구, 1984년 성산지구, 1985년 상계지구 등 서울은 동서남북으로 빠르게 확장해갔다. 당시 서울은 경기도 지역을 편입하기 바빴다. 1970년대부터 1990년대 중반까지 도시가 만들어지고 정착되는 과정을 거쳐 현재의 서울 모습을 갖추게 되었다.

노원구도 많은 지역이 계획도시로 알려져 있으며 원도심도 꽤 넓은 편이다. 한 도시에 서로 다른 두 개의 도시 형태가 오랜 시간 공존하는 것이다. 일반적으로 수도권 1기 신도시부터 신도시로 알고 있지만, 서울은 이미 1960년대부터 여러 곳에 계획도시를 조성해왔다.

필자가 노원구를 조사하면서 놀란 점 중 하나가 인구 감소다. 필자가 부동산 투자를 처음 공부했을 때 노원구 인구가 60만 이상으로 기억되었고, 이 수치는 쉽게 깨지지 않을 듯했다. 하지만 2013년에 60만 인구가 무너졌고, 10년 만에 다시 50만 인구마저 무너졌다. 2024년 8월 말 기준으로 노원구 인구는 49만 3천 명대다. 그럼에도 여전히 서울 25개 구 중 인구 상위 4~5위를 유지하고 있다.

상계지구와 중계지구와 원도심 전경

출처: 노원구청

노원구 인구 현황(2024년 1분기 기준)

항목	인원	순위
구별 인구 순위	496,000명	4~5위
세대당 인구 순위	2.27명	5위
0~19세 인구 순위	74,004명	3위
65세 이상 인구 순위	97,596명	3위

인구 자료를 살펴보며 또 하나 놀란 점은 세대별 인구 분포가 다른 지역과 다르다는 것이다. 보통 노인 세대가 많으면 유아나 청소년 세대가 적은데, 노원구는 노인 세대와 청소년 세대가 모두 많다.

초등학교 수도 39개로, 이는 강남구와 함께 서울에서 가장 많은 것이다.

이러한 통계가 왜 필요한지 궁금할 수 있다. 투자 지역의 인구 데이터는 리스크를 줄이는 데 큰 도움이 된다. 인구가 많을수록 부동산과 상권에 유리하다. 또한 특정 세대 비율에 따라 지역의 성격과 상권이 달라진다. 젊은 층이 많은 곳은 업종이 다양해 상권에 유리한 반면, 노년층이 많은 곳은 소비가 보수적이어서 월세 하락 가능성이 있다. 이런 이유로 상가 투자 전 인구 연령대 비율을 확인해보길 권한다.

또한 노원구는 서울 25개 구 중 공동주택 단지가 가장 많은 곳이다. 약 16만 4천 세대로 강남구보다 3만여 세대가 많다. 1980년대부터 대규모로 조성된 만큼 30년 이상 된 아파트가 약 9만 세대나 되며, 이 역시도 서울에서 가장 많다. 노후된 아파트가 많다는 점은 강력한 재건축 호재이기도 하다. 다만 개별 분담금 부담으로 재건축이 다소 불안정해 보이기도 한다.

오늘날 도시계획에는 직주근접을 위해 도시 내 일자리를 조성하는 의무가 있으며, 지원시설이나 자족용지로 이를 충족한다. 그런데 놀랍게도 1980년대에 조성된 상계신시가지에도 소규모 자족용지가 계획되었다. 비록 몇 곳뿐이지만 1980년대 초에 주거형 도시에 자족용지를 포함했다는 점은 높이 평가할 만하다.

중계지구와 월계지구에는 '테크노타운'이라 불리는 아파트형공장 3곳이 세워졌고, 그중 하계테크노타운(1998년)은 약 8,300평으로

노원구의 아파트형공장

가장 규모가 크다. 상당히 오래된 건물이지만 공실을 찾기 힘들 정도로 인기 있고, 시설 관리가 잘 되어 있다. 지하에 구내식당이 있고 하계테크노파크는 나중에 추가로 상가시설을 건축했다.

놀라운 점은 임대료가 높다는 사실이다. 매물도 귀해 대기해야 할 정도이며, 평당 20만 원이 넘는 경우도 있다. 신축 지식산업센터에 비해 임대료가 높다는 점에서 그 인기를 실감할 수 있다.

노원구의 상권과 쇼핑시설

노원구는 인구 60만 명이 훌쩍 넘던 도시다. 계획보다 빠르게 성장하던 도시에는 다양한 쇼핑시설과 상권이 만들어졌다.

■ **노원역 주변 상권** ■

지하철역이 있던 곳에 도시가 조성되면서 역을 중심으로 계획도시에 맞는 다양한 시설이 들어섰다. 노원역 주변에는 노원구청을 비롯한 공공시설들이 자리 잡고, 그 주변으로 아파트 단지가 형성되면서 도시로서의 모습을 갖추게 되었다.

1992년 상계 미도파백화점이 개점하면서 노원 신시가지는 상업적인 구색을 갖추게 되었고, 미도파는 빠르게 성장해 1995년에는 4,500억 원의 매출을 돌파하며 노원구를 넘어 동북지역의 대표 상권으로 자리 잡았다. 이후 매출은 6,400억 원을 넘었으나, 우여곡절 끝에 롯데백화점에 인수되었다.

노원역도 4호선과 7호선의 복수 전철역이 되고 주변에는 은행과 증권사, 보험사, 투신사들이 자리 잡으면서 금융가가 형성된다. 노원구 최고의 핵심 거리다. 노원역사거리 주변은 상권으로서 상당히 좋은 조건을 갖추고 있다.

대규모아파트 단지 + 전철역 + 백화점 + 금융가 +
행정타운 + 병의원상권 + 먹자거리 + 핵심상권

최고의 조건은 대규모 아파트 단지가 겹겹으로 밀집되어 있다는 것이다. 오래된 단지들이다 보니 10대부터 60대 이상까지 다양한 연령층이 거주하고 있다. 노원역 상권이 안정된 이유는 배후의 연령층 다양성에 있다. 젊은 층이 많아 유행에 민감한 업종(포토숍이나 오락실)도 많고, 연령대가 높은 층을 위한 이자카야와 맥주포차, 족발, 곱창, 닭고기 등 다양한 먹자 업종도 상권에 즐비하다. 최근 을지로나 익선동에서 유행하는 야장까지 갖춰져 있어 세대별 선호와 유행이 반영된 상권이다. 노원역 상권의 특징 중 하나는 오랜 역사를 지닌 음식점과 치킨집들이 트렌디한 브랜드와 구분 없이 혼재되어 있다는 점으로, 다양한 연령층이 공존하고 있다.

필자가 생각하는 노원역 상권의 단점이라면 요즘 유행하는 예쁜 카페들이 모인 곳이 없다는 점이다. 하지만 다른 핫한 상권들도 조건이 비슷하기에 큰 문제가 되지는 않아 보인다.

❙ 집합상가 노원역 공실률

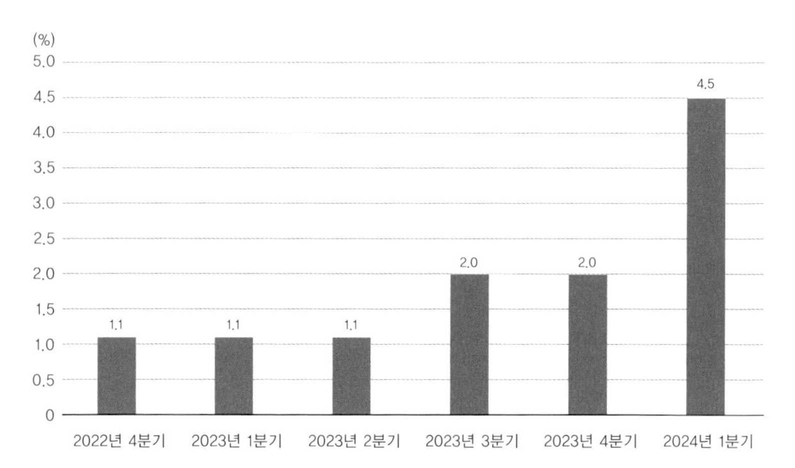

임대료는 어떨까? 복합역세권에 안정적인 배후 세대가 있어 높은 임대료를 형성하고 있다. 입지가 좋은 15평 내외의 1층 상가는 보증금이 1억 원 전후, 평당 임대료는 20만~50만 원대며, 일부 상가는 임대료가 800만 원이 넘기도 한다.

상권에서 안정적인 조건을 찾는 방법으로는 상가 건물의 고층과 지하의 임대료와 공실률을 확인해보는 것이다. 노원 문화의거리의 고층 임대료는 평당 10만 원 이상, 입지가 좋은 곳은 15만 원대다. 일반적으로 고층이나 지하의 임대료는 평당 10만 원 이상을 받기 어려운데, 노원구 상권은 예외다. 대형 평수는 보증금도 1억 원을 훌쩍 넘기고 있다.

노원구 상권의 색깔은 두 가지로 나타난다. 핫한 상권의 모습과 아파트나 다세대 주거지역 주변의 생활형 상권•이 공존하는 점이다. 한쪽 면은 포차와 오락실로 구성된 상권이 있고, 다른 면에는 병의원과 입시학원이 위치해 안정적이다. 이처럼 아파트 단지로 둘러싸여 있어 리스크가 크지 않은 상권이지만, 높은 임대료 탓에 영업력이 약한 업종은 자주 교체되기도 한다.

노원역사거리 주변에는 '만남의 거리', '걷고 싶은 거리' 등 특화 거리도 있다. 대로변이 아닌 이면 골목에 붙여진 이름이지만, 분위기는 비슷하다. 건물 상층부에는 학원이 많고, 저층부에는 식음료와 맥주 치킨집들이 모여 있다. 이곳 역시 아파트 단지를 끼고 있어 임대

• 아파트나, 다세대 같은 주거지역 주변에 형성되는 상권

료가 평당 20만 원이 넘는 곳도 상당하다.

노원구 상권에 대해 부정적인 편견이 있었다면 이 글을 통해 다시 한번 생각해보길 권한다. 서민형 주거단지가 많고 재건축 호재가 부족해 아파트 가격이 높지 않다는 이유로 상권이 매력 없다고 여길 수도 있지만, 실제로는 예상과는 정반대의 모습을 보이고 있다. 필자 역시 서울 25개 구를 조사하며 노원구 상권의 매력을 새롭게 깨닫고 있다.

■ 노원구의 쇼핑시설 ■

60만 도시였던 노원구는 그 규모에 걸맞게 대규모 쇼핑시설들이 상권을 지탱하며 화려했던 과거의 상권 분위기를 보여준다. 현재도

| 노원구의 쇼핑시설

쇼핑센터 종류	이마트타운과 트레이더스
미도파백화점 → 롯데백화점	
센토백화점 → 현대백화점 → 2001아울렛	
건영옴니버스백화점	
한신코어백화점→세이브존	
이마트타운과 트레이더스	

몇 개의 대형 할인마트가 있으며, 과거 도봉구는 서울의 확장과 함께 꾸준히 개발을 이어가던 곳이었다. 당시 노원역 일대는 신시가지 조성과 함께 대규모 백화점이 입점하면서 단숨에 사람들의 관심을 받는 상권으로 부상했다. 이는 미도파백화점의 매출 성장으로도 증명되었고, 현대백화점을 비롯한 유통기업들이 앞다투어 입점하며 제2의 미도파를 꿈꾸었다.

노원구의 다양한 쇼핑시설이 유지되는 이유는 초기 계획인 20만 명 도시에서 멈추지 않고 지속적인 개발을 통해 로컬 지역들이 현대식 아파트 타운으로 변모했기 때문이다. 한때 노원구 인구가 64만 명을 넘을 정도로 성장하며, 상권에 최적의 조건을 제공했다. 이 덕분에 노원구 상권은 서울에서도 손꼽히는 상권으로 자리매김하게 되었다.

서울 인구가 줄어드는 가운데 노원구 인구도 전성기에 비해 10만 명 이상 감소했고, 온라인 쇼핑몰 활성화로 백화점 매출도 줄어드는 추세다. 그럼에도 불구하고 노원 롯데백화점은 2023년 기준으로 전국 70개 백화점 중 4,300억 원의 매출을 기록하며 26위를 차지했다. 이는 노원구 상권이 여전히 강력한 힘을 유지하고 있음을 보여주는 중요한 지표다.

현재 노원구의 쇼핑시설들은 다소 연식이 오래되어 클래식한 느낌을 준다. 요즘의 스타필드와 같은 최신 스타일은 깔끔하고 구성이 풍성해 비교하면 노원구의 쇼핑시설이 아쉬운 점도 있다. 이런 틈새를 공략하기 위해 드물게 서울에는 광운대역 주변에 이마트타운과

트레이더스가 입점했다. 트레이더스는 서울에서 쉽게 보기 어려운 쇼핑몰로 가성비 좋은 제품이 많아 인기가 높으며, 이는 기존 쇼핑시설에 직접적인 영향을 미치고 있다. 이마트타운은 현재 고양 일산과 서울 노원에만 있으며, 최근에는 주로 스타필드 시티로 개장하는 추세다.

■ 은행사거리 학원가 상권 ■

노원역 주변 상권 외에도 전국적으로 유명한 은행사거리 학원가 상권이 있다. 은행나무가 많아 붙여진 이름으로, 실제로 수령 600년이 넘는 은행나무부터 수백 년 된 은행나무들이 곳곳에 있는 곳이다.

I 중계동학원가

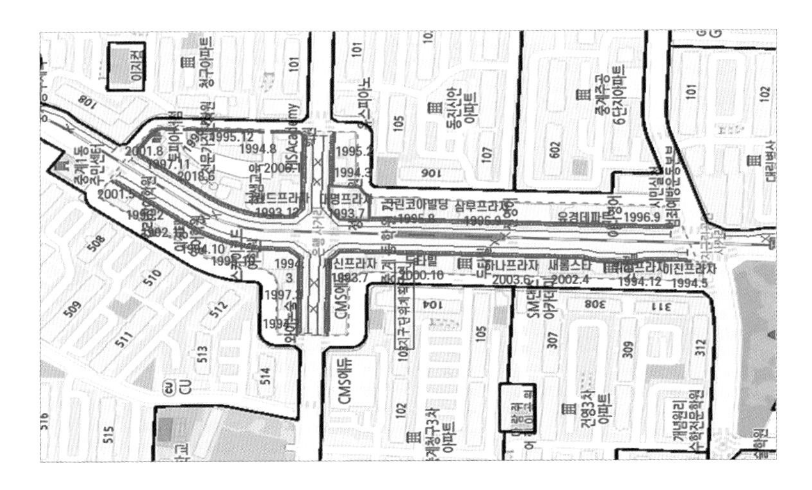

┃ 중계학원기 1층 매물상가 평단가(2024년 1분기)

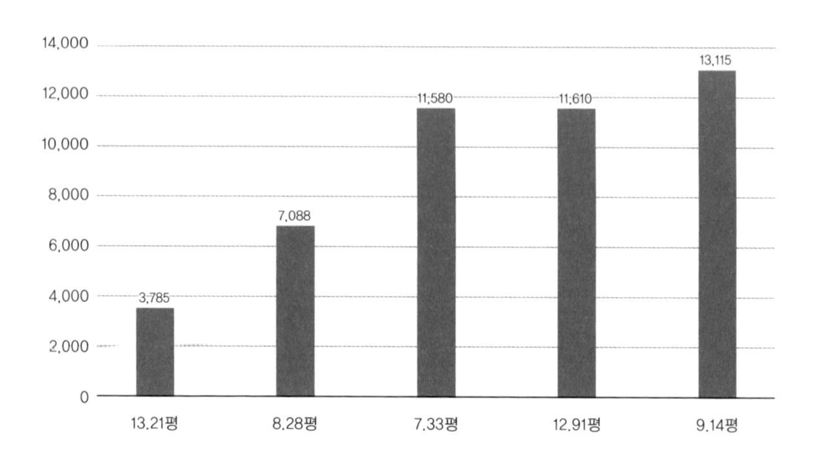

중계동 학원가는 2000년대 이후 점차 알려지기 시작했으며, 동북부 지역에서 학원 교육의 메카로 인식되어 있다. 높은 교육열로 인해 학부모들이 자녀를 좋은 학교에 보내기 위해 끊임없이 찾는 곳이다. 국내 유명 입시학원부터 예체능학원까지 다양한 학원이 자리 잡고 있어 학생 수가 많고, 학원가 특유의 분주한 분위기를 연출한다. 상권에는 다양한 분식집 브랜드와 국내 주요 식음료 브랜드들이 입점해 있다. 학교 수업이 끝나면 학부모와 학원차, 학생들로 붐비는 모습이 학원가의 열기를 실감케 한다.

분양 당시와 비교해 월세와 매매가가 꾸준히 상승하면서 투자에 대한 관심도 높다. 안정적인 임대수익을 원하는 투자자에게는 나쁘지 않은 선택이지만, 고금리 구조에서 대출이 많은 투자자라면 주의가 필요하다. 급매나 높은 수익률에 맞는 매물이 나올 때까지 기다리는 '낚시 투자'를 추천한다. 만약 저렴한 매물을 찾는다면, 일반 상가보다 실속 있고 가격이 저렴한 단지 내 상가를 고려해 볼 만하다.

■ 노원구의 다양한 상권 ■

노원구의 대표 상권으로는 노원역 상권, 중계 학원가 상권, 마들역 상권, 수락산역 상권, 상계역 상권 등이 있다. 이 중 필자가 개인적으로 매력을 느낀 곳은 마들역 상권이다. 배후에 상계주공 9단지부터 16단지까지 약 2만 세대의 영향권에 있는 상권이다. 마들역 주변만 따로 떼어 봐도 작은 신도시급 규모다.

필자는 아파트의 가격과 상권이 연동되는 경우가 많다고 주장하

▌ 마들역 상권 배후 세대

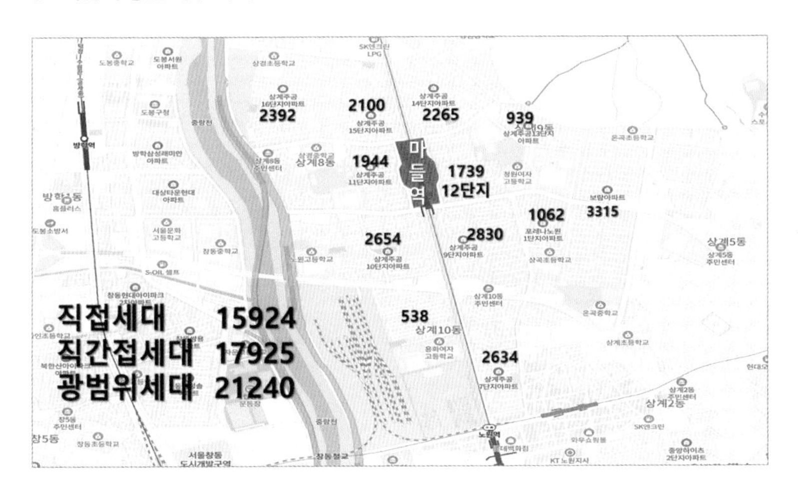

곤 했다. 그렇지만 이곳은 정반대의 성격을 가진 곳이다. 중소형 규모 위주로 복도형 아파트가 많은 곳이다. 가격도 그리 높지 않다. 재건축의 호재가 없던 2018년 이전까지 집값이 그리 높지 않은 아파트가 많았다.

마들역 상권은 안정적인 소비층 덕에 상권이 꾸준히 유지된다. 공실률이 낮고 임대료가 높은 편으로, 상가 투자에서 이상적인 조건을 갖추고 있다. 상권 배후에 주거단지가 있는 곳은 무조건 다다익선(多多益善)이다. 많은 세대수에서 나오는 기본 소비만 해도 상권이 유지되기에는 충분하기 때문이다.

건물 저층부에는 다양한 식음료점과 분식집, 축산 및 과일 가게들이 위치한다. 또 단지 내 상가와 역 출입구가 연결되어 생활 편의성이 높은 것이 특징이다. 지하에는 대형마트가 있고, 1층 단지 입구에는 치킨이나 먹자와 야장이 인상적이다. 중층대에는 다양한 병의원이나 음식점들이 입점해 있으며, 고층부에는 보습학원을 비롯한 여러 학원이 자리하고 있다.

마들역만의 독특한 특징 중 하나는 노점가판대에서 과일, 채소뿐 아니라 생선까지 판매하는 광경이다. 서울에서 노점가판대에서 생선을 파는 모습은 흔치 않아 진정한 생활형 상권의 모습을 보여준다. 시간대에 따라 주부, 학생, 직장인들이 다니며 각기 다른 모습을 보이는데, 이는 이 상권이 배후에 수만 세대의 주거지를 둔 덕에 안정적인 소비층을 확보하고 있기 때문이다.

마들역 상권의 임대료는 1층 기준 평당 20만~40만 원 선으로,

노원구 내 다른 지역과 크게 차이가 없다. 이 상권의 장점 중 하나는 건물이 많지만 상가 전용 건물이 상대적으로 적다는 점이다. 은행 전용 건물로 기업은행, 국민은행, 신한은행이 위치해 있으며, 인터넷 뱅킹 확산에도 불구하고 여전히 세 은행이 건물을 유지하고 있다. 따라서 지도상으로 보이는 것보다 상가 전용 건물이 적어 상권이 안정적이다.

노원구 상권의 또 다른 특징은 핵심 상권에 금융 빌딩이 있다는 점이다. 노원역 사거리에도 금융기관 건물이 자리하며, 신한은행, KB금융플라자, 교보생명 등이 위치하고, 하나은행은 외환은행 자리에 신축 중이다. 인구는 최정점에서 10만 명 이상 줄었지만, 여전히 노원구는 매력적인 투자 지역이다.

투자자 입장에서는 매력적인 상권이지만 최근 몇 년 사이 가격이 상당히 오른 만큼 신중한 접근이 필요하다. 급매나 가성비 좋은 매물이 나올 때까지 기다리는 끈기가 필요한 상권이다.

노원구의 상권 중 상대적으로 알려지지 않은 서울온천 상권이 있다. 상권 내에는 대형 랜드마크인 서울온천 건물이 자리 잡고 있으며, 이곳은 노원구에서 손꼽히는 대진고와 인접한 학원가 상권이다. 주변이 아파트 단지로 둘러싸여 생활형 상권으로 자리 잡았고, 건물의 중·고층부에는 학원가가 형성되어 있으며, 저층부에는 학생을 겨냥한 다양한 식음료 브랜드가 입점해 있다. 지도상으로 보면 건물이 많지만 실제 상가 건물은 5개 내외로, 적은 상가 밀도가 오히려 매력적이다.

수락산역 상권은 노원구의 또 다른 상권으로, 규모는 크지 않지만 수락산 등산객이 주요 유입층이다. 역 주변은 다른 곳과 다르게 로컬지역으로 중간중간 조성된 택지지구가 있다. 등산 후 즐길 수 있는 먹자골목이 형성되어 있으며, 한쪽에는 식음료와 병의원이, 다른 쪽에는 생활형 상가들이 조성돼 있다.

상계역 상권은 계획도시와 원도심이 섞여 있는 곳이다. 배후에 아파트 단지와 다세대, 다가구가 있다. 지하철 1·2·3번 출구 방면으로 먹자골목이 형성되어 있으며, 1,500세대의 벽산아파트 단지 내 상가가 규모를 더한다. 상계역 상권은 로컬과 단지 내 상가와 주상복합상가들이 어우러져 있다. 역 앞 먹자상권이 임대료가 높은 편이고 분위기도 나쁘지 않다. 역세권 단지 내 상가와 주상복합상가가 로컬 상권의 역할을 하고 있어 사업을 고려하는 사람에게는 매력적이다.

당고개역 상권은 뉴타운 지역으로, 역 주변은 환승이 활발하고 먹자골목과 작은 시장이 있으며, 점집이 많아 이색적인 분위기를 자아낸다. 최근 주변 개발이 진행되며 상권 분위기도 변화하고 있다. 접근 포인트로는 뉴타운 외 지역에 있는 상권과 가까운 곳을 추천한다.

노원구에서 특색 있는 골목 상권으로는 경춘선숲길이 있다. 필자가 처음 방문했을 때는 2017년으로, 연남동의 경의선숲길과 비슷한 곳을 찾다 발견했다. 당시에는 연남동에 비해 큰 변화가 없었으나, 시간이 지나면서 아기자기한 카페와 음식점들이 늘어나고 있다.

특히 서울과학기술대와 주거지역이 있어 상권으로서 잠재력이 크다. 신축된 꼬마빌딩의 매매가격이 평당 7천만~8천만 원 선에서 거래가 이루어지고 있기도 하지만 투자적으로는 여전히 더디게 진행되고 있다. 코로나19와 금리 상승으로 투자가 활발하지는 않지만, 소소한 변화들이 쌓이며 서울에서도 인지도를 갖춘 상권으로 발전할 가능성이 있다.

■ 노원구 상권의 유형 ■

노원구의 상권 유형을 분석해보겠다.

첫째, 역세권 상권이다. 노원구에서 가장 흔한 상권 유형으로, 역을 중심으로 오랜 시간 많은 사람들에게 사랑받아온 상권이다. 이 상권들은 다양한 전철역을 중심으로 형성되어 있다.

둘째, 쇼핑시설 연계 상권이다. 여러 택지지구가 확장되면서 각 지구에 쇼핑시설이 덧붙여졌고, 이 시설 주변으로 자연스럽게 상권이 형성되었다. 쇼핑시설과 함께 상권이 발전한 지역이다.

셋째, 아파트 단지 상권이다. 1기 신도시 이전에 조성된 계획도시들로, 당시에는 현재처럼 균형 잡힌 시설 구성이 이루어지지 않았다. 사거리 중심에 아파트 단지가 밀집한 곳들이 많아, 근린생활시설이 부족하고 상가가 드문 곳이 많다. 이로 인해 단지 내 상가가 높은 임대료를 형성하고 있으며, 일부는 실속 있는 투자처로 주목받는다. 단지 내 상가 임대료는 평당 20만~30만 원대에 형성되어 있다.

넷째, 원도심형 상권이다. 노원구는 넓은 로컬 지역에 부분적으로 계획도시가 들어선 형태다. 많은 계획도시가 있지만 로컬 지역도 여전히 존재한다. 하지만 상권은 그렇지 못하다. 많은 로컬지역이 계획도시와 붙어 있게 되면서 흡수되고 있다. 대표적인 로컬 상권으로는 상계중앙시장과 당고개역 주변을 꼽을 수 있다.

마지막으로 전철역과 관련해 정리해보겠다. 노원구는 면적이 넓고 전철역이 많아 역세권 상권을 세 등급으로 나눌 수 있다. 기준은 상권 및 쇼핑시설 유무로, 이해를 돕기 위해 상, 중, 하로 분류해보았다. 예를 들어 '하'에 해당하는 역세권은 상가나 쇼핑시설이 없고 아파트 단지만 있는 주거형 역세권이다. 이런 지역에서는 단지 내 상가가 특히 중요하다.

역 주변 상권 형성	역 주변 상권 약간 형성	역 주변 상권 약함
공릉역, 광운대역, 노원역, 당고개역, 마들역, 상계역, 석계역, 수락산역	광운대역, 공릉역	월계역, 중계역, 하계역(세이브존하나), 화랑대역, 녹천역

녹천역의 경우, 과거 상계주공 17, 18, 19단지가 위치해 있었으나 현재는 도봉구로 편입되어, 상계라는 이름 대신 '주공'으로 불리고 있다. 녹천역은 도봉구와 노원구의 경계에 위치하며, 주변에 운전면허시험장 외 별다른 시설이 없다. 노원구 상권에 관심 있는 투자자라면 이러한 분류를 참고해 특정 상권을 분석하거나, 새로운 투자처를 발굴하고자 한다면 전 지역을 폭넓게 살펴보는 것도 추천할 만하다.

노원구의 변화를 통해 본 투자하기 좋은 곳은 어디일까?

■ 원도심에 관심을 갖자 ■

노원구는 계획도시와 원도심이 공존하는 도시로, 두 지역 간 경계가 도로 하나로 나뉘어 한쪽은 상계신시가지로, 다른 한쪽은 로컬 분위기가 이어져왔다.

노원구 최고의 상권인 문화의거리도 원도심 지역에 위치하며, 이곳은 지구단위계획이 수립된 이후로 체계적인 개발이 이루어지고 있다. 상계역 방향은 대부분 원도심으로, 노후된 상가와 오래된 주택가가 남아 있다. 특히 상계중앙시장 주변에는 과거 '맥양집'이라고 불리던 방석집이 많이 있었고, 현재도 약 20곳 정도가 남아 있다.

❙ 노원구 원도심 지역

노원역에서 당고개역까지 이어지는 원도심 지역은 빌라와 다세대주택이 밀집해 있으며, 일부 아파트와 주상복합 오피스텔, 그리고 오래된 단독주택들도 볼 수 있다.

계획도시와 원도심이 마주 보고 있는 지역에서는, 계획도시의 아파트 가격이 상승할수록 원도심으로 이주하는 수요가 늘어나면서 다세대 및 원룸 수요가 증가한다. 이에 따라 원도심의 건축 수요도 꾸준히 유지되며, 건축이 가능한 단독 및 다가구주택은 시세 차익을 기대할 수 있다. 몇 년 사이 노원구 재건축 호재로 일부 지역 집값이 3배 이상 오르면서 전·월세 가격도 상승해 부담이 커지자, 원도심 지역에서 주택을 찾는 수요가 증가하고 있다.

특히 구축 또는 신축 다세대주택에 대한 수요는 지속적으로 증가할 가능성이 크다. 다세대주택에 대해 부정적인 시각이 있기도 하지만, 경·공매로 저렴하게 낙찰받을 경우 수익성 있는 투자처가 될 수 있다.

■ 개발 호재에 관심을 갖자 ■

현재 노원구의 가장 큰 호재 중 하나는 창동차량기지와 도봉면허시험장을 이전하고 그 부지를 개발하는 서울디지털바이오시티(S-DBC) 사업이다. 이 사업은 서울에 남은 마지막 대규모 개발지인 약 25만m^2(약 74,000평) 부지에 바이오 의료 단지를 조성하는 프로젝트로, 성공적인 사업 진행을 위해서는 반드시 도봉면허시험장의 이전이 선행되어야 한다.

이 사업이 중요한 이유는 노원구가 서울 중심부와의 거리가 있고, 기존의 서민 주거지 이미지를 탈피해 새로운 경제 중심지로 발돋움하기 위해 마곡지구와 유사한 성공 모델을 따라가려 하기 때문이다. 그러나 마곡과 달리, 노원구에는 대기업이 입주할 수 있는 100만 평 이상의 대규모 부지가 없기 때문에, 작지만 강력한 특화 사업이 필요하다. 바이오특화단지로 조성하려는 목적도 현재 시점으로 가장 미래전망이 밝은 사업 중 하나이기 때문이다.

노원구는 바이오특화단지 조성을 통해 성장성 높은 벤처와 중견기업을 유치하고, 서울의 바이오 산업을 선도하는 지역으로 자리 잡기를 목표로 한다. 서울시는 조성되는 부지에 많은 기업을 유치하기 위해서 열심히 공을 들이고 있다. 특히 조성원가에 부지를 공급하겠다는 파격적인 조건을 내걸었다. 이러한 조건은 입주하는 기업에 상당한 매력이며, 시세 상승 가능성을 높인다.

이 사업의 성공 여부는 인지도 높은 기업들이 얼마나 관심을 가지고 입주하는가에 달려 있다. 만약 대기업 위주로 세팅된다면 판교, 마곡, 송도와 같이 큰 주목을 받으며 성장할 가능성이 높다.

사업을 원활히 진행하려면 많은 자본이 필요하다. 이 프로젝트는 기업들에게 조성원가로 부지를 제공하기 때문에 직접적인 수입이 기대되기 어렵다. 따라서 호텔, 컨벤션 시설, 다양한 상업 편의시설 부지를 매각해 수익을 창출해야 한다. 이를 위해 매력적인 역세권 입지가 필수 조건이며, 그래야만 지속적인 인구 유입이 가능하고 상업용지 매각과 개발사들의 투자가 활발해질 것이다.

| 서울디지털바이오시티(S-DBC)

대규모 자본 투입이 필요한 만큼 주거시설이 포함될 가능성도 제기되고 있다. 주거시설이 들어서면 노원구의 랜드마크 시설로 자리잡을 수 있으며, 노원역 상권은 물론 서울 도심에서도 손꼽히는 상권으로 도약할 기회를 갖게 될 것이다. 이로 인해 노원구, 도봉구, 의정부 등 광범위한 배후지역 인구의 유입이 기대된다. 그러나 이를 위해서는 평범하지 않은 시그니처급 시설이 필수다.

이 사업이 성공적으로 결실을 맺으면, 인근 아파트 단지에도 강력한 호재가 될 가능성이 크다. 특히 대림과 임광아파트, 상계주공 7단지가 주목받을 것으로 보인다.

또한 노원구와 인접한 도봉구에는 창동아레나 공연장이 1만 8천석 규모로 건설 중이다. 서울 최초의 아레나 공연장이라 의미가 남다르다. 창동아레나의 사업은 카카오에서 주도하고 있다. 국내에 엔터

사업에서 영역을 확장하고 있는 카카오가 전용 공연장을 확보하게 된다면 다양한 프로그램으로 전 세계 많은 한류 팬을 노원역 주변으로 끌어들일 것으로 보인다. 공유숙박업을 비롯해서 지역의 부가가치가 증가할 것으로 예상된다.

서울디지털바이오시티와 창동아레나 두 프로젝트가 시너지 효과를 낸다면, 노원구는 서울의 끝자락에서 벗어나 새로운 매력적인 도시로 사람들에게 다가갈 수 있을 것으로 기대된다.

광운대역세권 개발사업은 서울 노원구 월계동 일대의 광운대역 인근 물류 부지를 재개발하여 주거, 상업, 업무 시설이 어우러진 복합단지를 조성하는 대규모 프로젝트다. 총면적 약 15만 6,581m^{2}에

광운대역세권 개발사업

달하는 이 부지에는 최고 49층 높이의 건물들이 들어설 예정이며, 3,032세대의 주거단지와 5성급 호텔, 업무 및 상업시설, 도서관과 체육센터 등의 공공시설이 포함된다.

이 사업은 2024년 10월 25일 착공식을 개최하며 본격적으로 시작되었다. HDC현대산업개발이 시행을 맡아 2028년 완공을 목표로 하고 있다. 특히 HDC현대산업개발은 본사를 이곳으로 이전할 계획이며, 일부 상업시설을 직접 보유·운영할 예정이다.

지금의 광운대역 주변은 오래된 건물과 인프라로 인해 다소 노후된 분위기를 띠고 있다. 그러나 광운대역세권 개발사업이 본격적으로 추진되면서 이 지역은 대규모 주거, 상업, 업무 복합 단지로 새롭게 탈바꿈할 것이다.

■ 석계역 주변에도 관심을 가져보자 ■

노원구에서 마지막으로 관심을 가져도 좋을 지역으로 석계역을 꼽고 싶다. 석계역은 광운대역과 신이문역 사이에 후발로 만들어진 역이다. 이후에 6호선이 개통되면서 환승역으로 업그레이드되며 이용자 수가 증가하게 되었다. 하지만 석계역 주변은 역세권으로 보기에는 지형 조건이 상당히 나쁘다. 역은 지상철로 약 3m 높이에 있으며, 그 옆으로는 우이천이 가로질러 흐르고 있다. 지상철이 가로 방향으로 단절을 시키고, 하천은 세로 방향으로 단절을 만든다.

이로 인해 지상철 위로 고가도로가 놓였고, 추가로 내부순환도로가 그 옆으로 만들어지면서 석계역 주변은 구조가 복잡해졌다. 방향을 잘못 잡으면 한참 돌아가야 하고, 처음 방문한 사람들은 길을 헤매기 일쑤다.

이런 구조적 문제로 인해 아무리 역세권이라고 해도 주변의 변화가 더디게 진행될 수밖에 없다. 다행히 역 앞에 대형 아파트 단지들이 있어 최소한의 상권은 형성되었지만, 단절된 구간이 많아 상권이 크게 발전하지 못하고 일부 지역에 자그마하게 몰려 있다. 조건이 워낙 나쁘다 보니 사람들의 관심도 끌지 못했고, 미래 성장성도 딱히 보이지 않는 곳으로 여겨졌다.

석계역 상권에도 변화의 바람이 불고 있다. 변화는 주변 지역의 재개발에서 시작되고 있다. 오랜 세월 변함없던 로컬 지역에 재개발이 진행되며 새로운 건물들이 속속 들어서고 있다. 장위뉴타운 지역에서 재개발이 진행 중이며, 세대수도 상당하다. 물론 장위뉴타운과 석계역 사이에는 거리가 있지만, 필자의 생각은 조금 다르다. 석계역과 가까운 곳에도 아파트가 들어서기 때문이다.

장위뉴타운은 돌곶이역(6호선)이 가장 가깝지만, 6호선은 서울 중심부나 강남과 직접 연결되지 않아 이용률이 높은 노선은 아니다. 반면 석계역은 1호선과 연결되어 있고 종로, 광화문과 바로 이어지는 주요 노선이다. 약간의 거리는 있지만, 버스 환승으로 쉽게 접근할 수 있고 일부 단지는 도보로도 이용 가능하다.

석계역 인근의 단독, 다가구, 다세대 지역은 수십 년간 큰 변화가 없었지만, 앞으로 4,800세대 이상의 아파트가 들어서면서 2025년 이후부터 순차적으로 입주를 시작한다. 이로 인해 석계역 반경 내 최소

1만 명 이상의 인구 증가가 예상되며, 이는 석계역의 이용객이 증가함과 더불어 주변 상권에도 큰 변화를 가져올 것이다.

오랜 시간 석계역을 지켜본 필자의 판단으로, 이곳 상권은 과거에 비해 꾸준히 성장하고 있다. 특히 석계역 아래의 음식문화거리는 예전에는 평범한 주택가와 소수의 고깃집 정도가 있던 곳이었지만, 성북구의 노력으로 점차 먹자 상권으로 자리 잡아가고 있다. 현재 상권이 어느 정도 형태를 갖추었으며, 앞으로도 성장이 기대되는 곳이다.

석계역 상권에는 부분적으로 야장과 먹자 상권이 형성되어 있어, 향후 재개발 입주가 이루어지면 더 많은 사람이 이곳을 찾을 것으로 보인다. 다만 아쉬운 점은 환승역임에도 불구하고 상업지역으로 지정된 곳이 없다는 점이다. 과거에는 상업지역으로 지정하기 모호했던 지역이었지만, 앞으로는 역 주변을 중심으로 종상향을 통해 상업 지역 지정이 이루어질 가능성이 크다. 이는 개발의 인센티브를 제공하고 투자를 유치하는 중요한 동력이 될 것이다.

상권은 인구 증감에 따라 쇠퇴와 확장을 반복하는 특성이 있는데, 석계역 상권은 현재보다 미래에 더 성장할 잠재력을 지닌 곳이다. 노원구에서 가장 낙후된 지역 중 하나이지만, 꾸준한 변화가 기대되는 상권이기도 하다. 석계역은 오랜 시간 천천히 성장해온 상권으로, 서울이나 전국적으로도 이런 장기적 상승세를 유지하는 곳은 흔치 않다.

고금리와 경기침체로 인해 주변 세대가 일부 이탈했음에도 불구하고 석계역 상권의 공실이 크게 증가하지 않은 점은 긍정적이다. 2025년 이후 주변이 완성되고 입주가 시작되면, 석계역 상권은 더 많은 변화를 맞이할 것이다. 노원구는 이 상권을 제대로 활성화시켜 광운대역세권과의 시너지를 기대하고 있으며, 이는 주변 지역에도 긍정적인 영향을 줄 것으로 보인다. 다행히 금리가 낮아지는 추세라 투자 분위기도 점차 개선되고 있으며, 석계역 상권의 변화는 당장보다는 시간을 두고 점진적으로 이루어질 것이다.

PART 4

미래를 준비하는 부동산 접근법

2025년 한국 부동산, 일본을 교훈 삼다

백승 노윤정

- 일본 부동산 컨설팅 전문가, 강사
- 저서 『서울을 팔고 도쿄를 샀습니다』(2023), 『작은 부자 방정식(가제)』(2025 출간 예정) 등
- 블로그 blog.naver.com/happyending10
- 카페 cafe.naver.com/nihonhudousan
- 멤버십 홈페이지 www.nihonhudousan.com

점이 모여 선이 된다. 반대로 이야기하면 선은 점이 모여 만들어진 집합이다. 한국의 전국 개별지 평균 가격 그래프를 보자. 당신은 그래프의 선에서 어떤 점이 눈에 들어오는가? 정확히 말하자면 그 점이 눈에 띈 이유는 무엇인가? 왜 하필 그 점인가?

찍혀 있는 점은 그대로인데 바라보는 사람들의 해석은 각기 다르다. 강남 지역의 아파트가 평당 1억 원을 기록했을 때의 점, 신축 아파트의 그래프 기울기가 급격히 상승했을 때의 점, 그리고 그 아파트 실거래가가 찍힌 마지막 점도 결국 하나의 선 위에 놓여 있을 뿐이다. 그러나 그것을 받아들이는 우리는 수많은 생각에 잠기게 된다. 2025년의 점이 추세선의 기울기를 따를지, 급격히 치솟을지, 아니면 갑자기 추락할지 등 여러 가지 가능성이 떠오른다.

한국 부동산을 이야기할 때 빠질 수 없는 주제가 일본 부동산이다. 일본은 한국과 비슷한 점이 많기 때문이다. 두 나라의 제도, 법률, 정책에서 유사한 부분이 많으며, 사용하는 언어나 생활 양식도 비슷

한국 전국 개별지 평균 가격

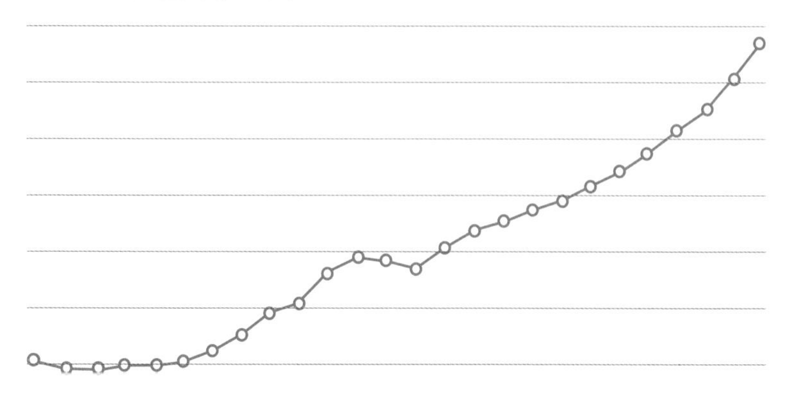

출처: 한국부동산연구원

하다. 여러 단체와 기관의 구분도 비슷한 카테고리로 나뉘어 있다. 실제 생활 모습도 닮았다. 사람들이 지하철을 타고 출퇴근하고, 가까운 편의점이나 슈퍼마켓에서 생활용품을 구입한다. 명품 매장이 입점한 백화점 앞 지하철역에는 천원숍(100엔숍)이 있다. 초·중·고의 유사한 교육제도 아래 자라난 우리는 비교적 안정적인 고용을 보장받는 회사에 다닌다. 이러한 점들이 한국과 일본이 상당히 유사한 라이프스타일을 공유하고 있음을 보여준다. 그러니 사람들이 생활하는 공간인 부동산 역시 마찬가지일 것이라는 판단이 들게 된다.

하지만 일본 부동산은 폭등과 폭락, 그리고 긴 침체기를 겪으며 극적인 역사가 담겨 있다. 버블 시기의 일본 전국 토지가격은 총

일본 전국 공시지가 평균 가격(전 용도)

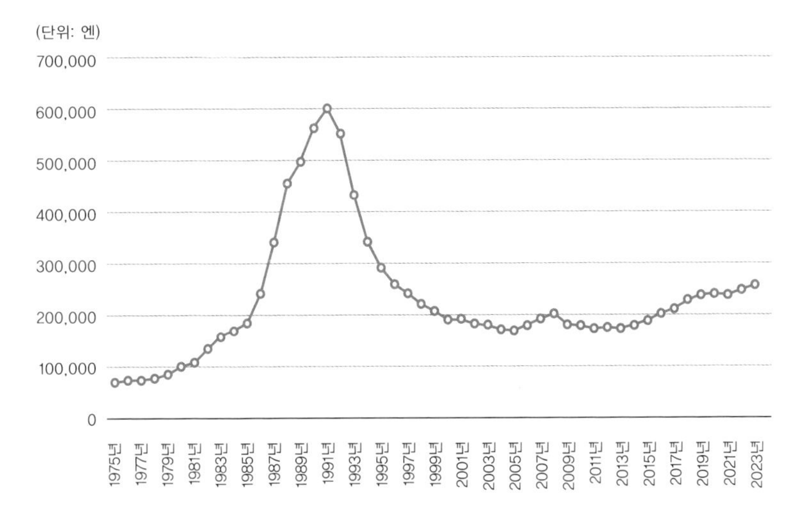

출처: '지가공시'(국토교통성)를 가공하여 작성

1,841조 엔으로, 미국 전국 토지가격의 2.5배 수준이었다. 엄청난 폭등이었다. 하지만 1992년부터 시작된 버블 붕괴는 참혹했다. 전국 땅값은 최고점 대비 약 70%나 하락했다(공시지가 기준으로 평당 1991년 1,587,212엔 → 2002년 512,246엔). '토지 신화'라 불리던 부동산 불패 신화는 와장창 무너졌고, 우리가 잘 아는 '잃어버린 30년'이 이어졌다.

남의 나라 이야기로 치부하고 관심을 두지 않기에는 사회 여러 부분에서 비슷한 점이 많다는 것을 알고 있는 우리로서는 은근히 신경 쓰이는 부분이 생긴다. 여러 부문에서 유사한 점이 많은 한국과 일본, 그렇다면 한국 부동산에서도 일본 부동산의 경험이 반복될 가능성이 있지 않을까? 그래서 폭등과 폭락 중 어느 시나리오를 믿든, 일본 부동산 그래프의 각 점에 자신의 이야기를 대입하는 사람들이 생겨난다. 1990년 전후의 폭등, 1992년의 폭락, 2013년의 회복, 2019년의 재폭등 등 그들은 그 점들 어딘가에 자신의 스토리를 투영한다.

"한국 집값은 일본 1992년 버블 붕괴 때처럼 폭삭 주저앉을 것이다."

"일본에서 제일 비싼 집이 200억 엔에 팔렸으니, 한국 집값은 아직 싸다."

"일본 대도시는 집값을 회복했지만, 지방은 그렇지 못하다. 한국도 마찬가지로 양극화된다."

그렇다면 한국과 일본의 부동산 시장이 정말 비슷한 걸까? 이 질문에 답을 찾으려다 보니 우리는 버블 전후 시기가 궁금해진다. 대체 어떤 일이 있었고, 그 시기 부동산 투자자들은 어떤 태도를 취했을까? 한국 부동산이 일본 부동산을 뒤따르게 될까?

우선 몇 가지 용어를 설명해두고자 한다. 이번 장에서 언급하는 일본 부동산의 '버블 시기'는 1980년대부터 1990년까지의 일본 부동산 가격 상승기를, '버블 붕괴 시기'는 1992년부터 시작되는 가격 하락기를 의미한다. 또한 일본 부동산의 가격을 설명할 때 사용하는 '땅값' 또는 '토지가격'은 일본 국토교통성과 각 지방자치단체에서 매년 발표하는 지가공시법에 근거한 공시지가(公示地価)를 사용했다.

일본의 다양한 경제 버블 현상을 이 글만으로 완전히 설명할 수 없다는 점을 미리 언급해둔다. 경제학자가 아닌 한국과 일본 부동산에 동시에 투자하는 부동산 투자자 관점에서 판단한 내용을 담았다. 최대한 사실에 부합하도록 많은 리서치를 보며 공부했으나, 혹여 확인되지 않은 오류가 있다면 미리 양해를 구한다. 잘못된 정보나 오류가 있다면 언제든지 연락해주시길 바란다.

버블 시기의 일본 부동산과 한국 부동산의 공통점

■ 목표 수익과 그 형태 ■

한국인인 우리가 부동산 투자를 할 때의 목표를 생각해보자. 대부분은 '시세 차익'을 우선으로 한다. 즉, 저렴할 때 사서 비쌀 때 파는 투자를 목표로 한다. 대다수 투자자가 '주거용 부동산'에 먼저 관심을 가진다. 그중 대표적인 아파트는 환금성이 높고 KB시세 등 객관적인 지표가 있어 가치 판단이 비교적 쉽다. 특히 실거주를 겸하는 투자는 내가 직접 거주하면서 투자의 포지션도 확보할 수 있고, 1세대 1주택 비과세 등 세금 혜택도 주어져 '투자를 안 할 수 없게 하는' 매력을 지닌다. 이처럼 아파트는 투자 접근이 쉬우면서도 수익성이 높아 인기가 많다.

또한 전세 세입자를 두고 매매가액의 차액만큼만 지불하는 갭투자도 아파트 투자에서 유리한 방식이다. 아파트는 전세금 비중(전세가율)이 높고 새로운 전세 세입자를 찾기도 용이하다. 전세금이 오르면 투자금 회수도 가능하고, 전세금은 이자를 지불하지 않아도 되는 일종의 사금융 역할을 하므로, 적은 자본으로도 자산 가치가 높은 아파트를 소유할 수 있다.

그다음으로 친숙한 주택 투자 형태는 오피스텔이나 다세대(빌라)로, 소액 경매로 취득하는 경우도 많다. 적은 금액을 투자해 단기간에 수익을 올리기도 하지만, 월세 수익을 위해 여러 채를 보유하며 수익형 투자를 지속하는 투자자도 많다.

어느 정도 규모를 키운 다음에는 여유 자금을 활용해 상가나 꼬마빌딩 같은 월세 수익형 투자로 방향을 잡는다. 투자 규모가 커질수록 받을 수 있는 월세도 커지는 스노우볼 효과를 톡톡히 누리는 것이 목표다. 규모가 클수록 속도도 빨라지기에 수익형 투자에서는 수익률이 높은 상가나 큰 빌딩을 선호하는 경향이 있다. 다만 서울·수도권 중심부처럼 땅값 비중이 큰 지역에서는 빌딩 투자 역시 월세 수익보다는 시세 차익을 목표로 하는 형태로 변한다.

이러한 특징을 볼 때, 한국인인 우리들은 대체로 시세 차익을 목표로 하는 ① 아파트 투자, ② 주거용 투자를 부동산 수익의 주된 수단으로 여긴다. 이후에는 월세 수익을 목표로 하는 ③ 상가와 빌딩 등의 투자를 택한다.

버블 시기의 일본 부동산 시장은 어땠을까. 일본은 1985년 플라

자 합의 이후 급격한 엔고가 진행되면서 수출이 잘되지 않는 불황에 직면했다. 경기를 살리기 위해 일본은행은 저금리 기조를 유지했고, 이 자금이 부동산 시장으로 흘러 들어갔다. 이때부터 일본인들은 저금리로 대출을 쉽게, 많이 받을 수 있게 되었고, 무리하게 부동산을 매입하기 시작했다. 일본인들은 매입한 가격보다 더 높은 가격에 팔아 시세 차익을 노렸고, 상승세는 끝을 알 수 없을 정도로 이어졌다. 일본에서는 부동산 관련 업계뿐만 아니라 일반 기업과 전 국민에게도 '부동산 가격은 하늘까지 오른다(不動産価格は天井知らず)'라는 인식이 퍼졌다. 그렇게 일본인들은 부동산 가격이 절대로 떨어지지 않는다고 믿었다. 수도권에서 시작된 땅값 상승은 곧 전국으로 확산되었다.

부동산 투자에 본격적으로 뛰어든 일본인들은 주택뿐 아니라 사업용 용지에도 손을 뻗었다. 창고나 공장과 같은 사업용 부동산을 마구 사들였다. 투자자들은 광대한 땅을 소유만 하면서 실질적으로 사용하지 않고, 추후 더 비싸게 사줄 사람을 모집하는 데만 혈안이 되어 있었다. 기업은 대형 주택지 개발을 거의 다 마무리한 후 리조트 사업으로 전환하며 더 규모를 키운 부동산 개발을 시작했다. 이후에도 수도권, 지방을 가리지 않고 대형 용지를 확보할 수 있는 곳이라면 어디든 골프장, 스키장, 리조트 맨션 등을 지으며 사업을 확장해 나갔다. 도쿄의 대표적인 관광지인 '도쿄 디즈니랜드' 역시 버블 시기의 일본 부동산 개발의 대표적인 결과물이기도 하다.

이런 모습으로 볼 때, 버블 시기의 일본에서는 ① 가계와 기업 모

❙ 상업지 최고 가격지의 버블 시대 증가배율(1983년=100)

위치	증가배율
삿포로 시(札幌市)	957
오사카 다카쓰키 시(高槻)	944
요코하마(横浜)	934
나고야(名古屋)	861
센다이(仙台)	789
가나가와 현 요코스카 시(横須賀)	740
치바(千葉)	733
치바 현 기사라즈 시(木更津)	728
사이타마 현 우라와 구(浦和)	711
교토(京都)	701

* 단위: 시가지 가격 지수(1936년부터 구 일본권업은행 및 일반재단법인 일본부동산연구소에서 측정한 전국 주요 200개 도시의 선정 택지의 가격을 지수화한 것)

출처: 'バブル期の地価高騰及び下落過程についての考察', 一般財団法人日本不動産研究所, 2017/6/20

두가 부동산 투자에 뛰어들었으며 ② 시세 차익을 목표로 하는 투자를 했고 ③ 용지 취득과 개발 사업을 통해 땅의 규모를 늘리면서 더 비싼 가격에 파는 것이 당연하게 여겨졌다는 것을 알 수 있다.

버블 시기의 일본인들과 지금의 한국인들이 부동산 투자를 할 때 시세 차익을 목표로 하는 데는 이유가 있다. 앞으로도 경제가 계속해서 발전할 것으로 생각하기 때문이다. 싸게, 많이 대출을 받아 자기 자본이 적어도 부동산을 매입할 수 있다. 철도망이 새로 생긴다거나 토지를 개발하면서 부동산이 위치한 곳들이 미래에도 더 좋아질 것이라고 생각한다. 이런 이유로 더 높은 가격에 팔 수 있을 것이라 기대한다. 실제로도 그랬다.

하지만 시세 차익형 투자는 부동산 시장의 변동성에 민감하다는 단점이 있다. 경제 상황, 금리 변동, 정책 등 외부 요인이 가장 큰 위협이 된다. 일본은 버블 시기를 거치며 악재들이 계속 터졌다. 일본 경제는 성장하지 않았다. 대출 금리가 급격히 올랐다. 대출 총량 규제와 업종 규제 등의 정책이 생기면서 더는 쉽게 대출을 받을 수 없게 되었다. 일정 이상의 토지를 가진 사람에게 부과하는 지가세(地価税), 재산세 중과 등의 정책도 도입되었다. 이런 악재들은 부동산 가격을 떨어뜨렸다. 다만 이것이 의도했던 '부동산 가격 정상화'를 넘어버렸고, 결국 버블 붕괴로 이어졌다.

우리가 자본을 가지고 투자를 하는 이유는 자본 소득을 얻기 위함이다. 자본은 스스로 가치를 창출하며 추가적인 자본을 만드는 것이 주요 목적이다. 그런데 버블 시기의 일본인들과 지금의 한국인들은 자본으로 부동산 투자를 통해 시세 차익이라는 자본 소득을 얻으려고 했다. 자본이 스스로 돌아가게 만드는 지속적인 현금 흐름, 즉 임대 소득은 그다지 고려하지 않았다. 시세 차익 투자가 훨씬 이익이 크고 효율적이기 때문이다. 이런 부분이 버블 시기의 일본과 지금의 한국에서 일어나는 부동산 투자 형태를 비슷하게 만든다.

■ 토지 신화와 수요 심리 ■

시세 차익을 목표로 하는 버블 시기의 일본 투자자들에게는 진리와도 같은 단어가 있었다. 그것은 바로 '토지 신화(土地神話)'였다. 정확한 정의는 '토지의 가격은 언제나 상승한다(土地は値上がりするもの)'라는 것이다. 실제로 이 단어는 1975년에 출판된 『토지 신화의 붕괴: 땅값은 반값으로 떨어진다?!(土地神話の崩壊: 地価は半値に下がる?!)』[이즈미 사부로(泉三郎) 지음, 国際商業出版, 1975]에서 처음 등장했다.

한국 전쟁(1950년), 도쿄 올림픽(1964년), 베트남 전쟁, 오사카 엑스포(1970년) 등 여러 이벤트로 인해 일본은 1955년부터 연평균 10% 이상의 고도성장기를 맞이하게 된다. 고도성장기에 급여와 물가는 당연히 함께 올라야 하는 것으로 여겨졌다. 도쿄의 사무실 공실률은 0%에 가까워졌고 부동산 시장은 저금리 대출을 활용한 자금이 흘러들며 과열되었다. 최고조에 달했던 1989년에는 부동산 대출 잔고가 약 200조 엔에 이르렀다(당시 일본의 GDP는 약 390조 엔). 호황기 동안 부동산 가격은 사이클을 거치며 오르락내리락했지만, 약 40년 동안 지속적인 우상향을 보였다.

경제가 성장하고 자금의 흐름이 원활하며 사람들은 기꺼이 이 흐름에 동참했다. 적극적으로 경제 활동을 하며 새로운 가치를 창출한 것이다. 일본에서 경제성장이 영구적이었다면 토지 신화는 계속되었을 것이다. 그러나 1992년을 지나며 토지 신화는 막을 내렸고, 붕괴된 부동산 시장은 20여 년간 회복하지 못했다.

한국인 투자자들이 자주 하는 말이 있다. "집값은 떨어져도 땅값은 절대 안 떨어진다." 이는 버블 시기의 일본과 비슷한 분위기를 반영하는 듯하다. 1970년대부터 산업 구조가 고도화되면서 서울 올림픽(1988년), 저달러·저유가·저금리로 불리는 3저 현상(1989년) 등으로 한국 역시 고도 경제성장기를 맞았다. IMF 금융위기가 오기 전까지 연평균 10% 성장의 호황기가 이어졌으며, 한국은 2010년이 될 때까지도 5% 이상의 성장률을 기록하며 산업화 이후 약 40년의 호황을 이어왔다.

당시의 일본과 현재의 한국에서 '땅값은 무조건 오른다'라는 생각은 오랜 직간접 경험과 함께 축적된 것이다. 부모가 겪었거나 자신이 겪은 경험을 통해 부동산 불패 신화가 형성되었다. 지난 40여 년간 임금이 오르고, 물가가 상승한 것도 당연하게 받아들여졌고, 한국인들에게 '부동산 불패' 역시 자연스러운 일이 되었다.

사람들은 계속해서 실사용 목적이 아닌 부동산을 '원한다'. 사고 싶은 심리, 수요 심리가 계속해서 퍼진다. 부동산 시장은 등락의 사이클을 겪더라도 많은 대기 수요자가 "집값이 어느 정도까지 떨어지면 사야지."라고 말한다. 부동산에 대한 믿음, 토지 신화, 부동산 불패 신화가 자연스럽게 만들어낸 심리다.

똑같은 일이 벌어진 곳은 바로 일본이었다. 당시 일본인들에게는 '토지 신화'가 당연한 일이었다. 어떤 일이 있더라도 땅은 배신하지 않는다는 믿음이 강했다. 실제로 버블 붕괴 시기에 땅값이 1/3로 폭락했지만, 일본인들은 다시 회복할 것이라 믿으며 자신들이 가진 부동산을 팔지 않았다. 그들의 마음속에서 '토지 신화는 영원할 것이기 때문에, 팔지 않아도 괜찮다'라고 여긴 것이다. 그렇게 기어코 보유한 부동산은 일부 도심부를 제외하고는 아직도 가격이 하락한 상태로 남아 있다. 팔지 않고 부둥켜안고 있던 그 집들은 인구 감소와 함께 빈집이 되어 골칫덩이 유산이 되었다. 이제 일본인들에게는 더 이상 토지 신화가 없다.

버블 시기의 일본과 지금의 한국은 ① 시세 차익을 목표로 하는 투자 흐름, ② 부동산 가격은 무조건 오른다고 믿는 신념, ③ 이로 인

▎일본 전국 공시지가 평균 가격(전 용도)(1980~1999년)

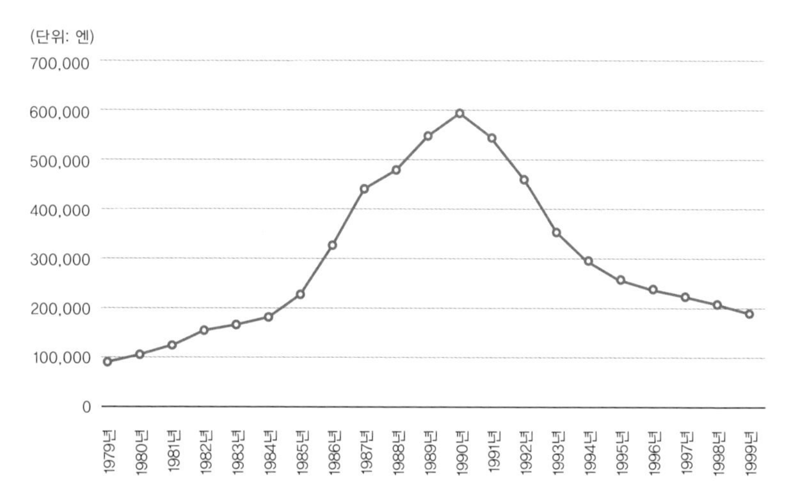

출처: '지가공시'(국토교통성)를 가공하여 작성

해 부실한 부동산을 기어코 개인의 채무로 이어 가는 경향이라는 비슷한 모습을 보인다. 여기에 더해, 국가 전반적으로 ① 고도성장기, ② 정책적 지원, ③ 저금리라는 공통된 환경도 존재한다.

두 나라는 너무나 닮았다. 그래서 한국 부동산을 부정적으로 전망하는 사람들은 한국 부동산이 일본의 버블 붕괴와 비슷한 길을 걷게 될 것이라고 주장한다. 그들이 보는 그래프의 점은 1992년 일본의 급격한 하락을 떠올리게 하는 지점이다.

부동산 투자자인 우리는 걱정이 앞선다. 그러나 다행스럽게도 지금의 한국 부동산은 버블 시기의 일본 부동산과는 큰 차이를 보이는 부분도 있다는 점이다.

버블 시기의 일본 부동산과 한국 부동산의 차이점

■ 주 투자 상품이 다르다 ■

현재 한국의 부동산 투자자들은 주된 투자처로 '주택'을 선택한다. 대표적으로 아파트, 오피스텔, 다세대(빌라)가 있다. 이곳에는 '살기 위한' 사람들이 임차로 들어온다. 즉, 주택은 사람들이 꼭 필요로 하는 의식주 중 '주'를 충족시키는 필수재로, 누군가에게 반드시 필요한 존재다.

대한민국 국민은 꼭 대한민국의 집에 살아야 한다. 어떤 상황에서도 몸을 뉠 곳이 필요하다. 이는 주민등록제도 때문이기도 하다. 만약 집이 없는 노숙인이 되면 주민등록이 말소되어 '대한민국 국민이 아닌' 상태가 된다. 주민등록을 유지하기 위해서라도 국민 5,100만 명에게는 반드시 집이 필요하다.

2020년 기준으로 한국의 자가점유비율(일반가구 중 자신이 소유한 주택에 거주하는 비율)은 57.3%다. 아직도 약 40%의 국민은 자신이 소유하지 않은 주택에서 임차로 거주하고 있다. 이들은 집을 꼭 빌려 살아야 하며, 이러한 수요로 인해 주택의 공실률이 낮아지면서 부실화 가능성도 줄어든다.

또한 한국인 투자자들은 전세 세입자를 맞춰 아파트 여러 채를 매입하는 갭투자를 주로 한다. 임대인 입장에서는 전세자금을 통해 사실상 무이자로 자본을 마련할 수 있어 적은 자본으로도 안전한 투자처인 아파트를 늘릴 수 있었다. 이러한 투자가 성행하자 다주택자에게 불리한 정책이 많이 도입되었지만, 한국의 부동산 정책이 자주 바뀐다는 점을 아는 투자자들에게 이는 큰 위협이 되지 않는다. 부동산 경기가 나빠지면 다주택자에게 가해졌던 규제가 다시 완화될 것이라는 그간의 경험이 있기 때문이다. 다수의 주택을 전세 보증금이라는 무이자 차입금으로 보유하며, 충분한 대기 수요와 환금성이 좋은 아파트에 집중하는 한국 투자자들은 리스크를 줄이는 똑똑한 전략을 취하고 있다고 할 수 있다.

버블 시기의 일본인들의 주된 투자 상품은 토지, 즉 땅이었다. 대다수 투자자는 쉽게 대출받아 주택 용지를 매입하고 그 자리에 주거 건물을 신축했다. 한국의 다가구주택에 해당하는 일동아파트, 일동 맨션이었다. 당시 부동산은 '안전 자산'으로 여겨졌기 때문에 대출을 저렴하게, 많이 받을 수 있었다. 이로 인해 자기 자본을 0~10%만 투입하고도 투자가 가능했다. 최소한의 자본만 들여 주거 건물을 지어 더 높은 가격에 팔면, 90% 이상의 대출금과 건축비를 상환하고 남는 금액이 투자자의 이익이 되었다.

이후 주택지뿐 아니라 상업용 토지에도 투자자들의 관심이 확장되었다. 창고나 공장 부지, 리조트 용지 등으로, 실제로 본인들이 사용할 계획이 없더라도 시세 차익을 노린 의도였다. 당시 분위기는 대출을 많이 받아 자기 자본을 최소화하고 더 비싼 가격에 팔아 이익을 얻을 수 있다고 믿었다. 운 좋게 타이밍을 잘 맞춘 사람들은 큰 이익을 얻었지만, 그렇지 못한 이들은 사용하지도 못할 토지를 떠안게 되었다.

이러한 투자는 외부 요인 변화에 따라 급격히 흔들리기 쉽다. 토지를 매입하고 건축을 위해 빌린 대출금은 금리 변화에 민감하게 노출되며, 금리가 오르면 이자 부담이 크게 늘어난다. 또 일본에는 전세 제도가 없어서 반드시 월세를 받아야 하는데, 경기가 나빠질수록 세입자들은 더 저렴한 월셋집을 찾아 이사하고, 이로 인해 공실이 발생한다. 월세 수입이 줄어들면 이자 부담에 허덕이고, 부동산 가격이 떨어져서 팔아도 대출금을 상환할 수 없는 상황에 이른다. 결국 다른 금융기관에서 돈을 빌려 대출을 갚는 악순환이 발생한다. 마치 페달을 밟지 않으면 쓰러지는 자전거처럼 빚을 갚고 다시 빌리는 상황이 반복되는 '자전거 조업 상태(自転車操業状態)'에 빠지게 되는 것이다.

또한 주택은 월세를 낮추는 등 약간의 손실을 감수하면서 세입자를 찾을 수 있지만, 상업용 토지는 그렇지 않다. 금리가 오르고 경기가 악화되면 기업들조차 새로 사업을 확장하기 위해 토지를 찾지 않기 때문에, 사용하지 않는 땅이 되어버린다. 그 손실은 고스란히 투자자의 몫이다.

버블 시기의 일본인들과 현재의 한국인들은 공통적으로 시세 차익을 목표로 삼았다. 하지만 시세 차익을 노린 투자 상품이 달랐다. 일본인들은 금리와 경제 상황 등 외부 요인에 고스란히 노출되는 토지에 투자했다. 그들은 주택용 토지를 매입해 건물을 신축해 비싸게 팔거나 기업들에게 상업용 토지를 비싸게 파는 전략을 선택했다. 모든 것이 성장하는 시기에는 문제가 되지 않았지만, 경제 상황이 악화되고 규제 정책이 도입되면서 이 전략은 손쓸 틈 없이 무너져버렸다.

반면 현재의 한국인 투자자들은 비교적 안정적인 투자재인 아파트를 확보했다. 수천만 명의 후보 세입자들이 남아 있는 상황에서 많은 이가 선호하는 아파트를 선점했다. 갭투자를 선택한 아파트 투자자들도 살아남을 여지가 있다. 전세 보증금이라는 안전망이 있기 때문이다.

전세대출은 서민 상품으로 인식되어 2022년에는 가계 대출 총량 관리에서 제외되기도 했고, 금리 인상 시기에는 정책 금리 혜택이 적용되기도 했다. 그 덕분에 금리 인상의 여파에도 비교적 타격을 덜 받는 편이다. 이로 인해 외부 요인이 있더라도 아파트 매매가는 전세가율이 하방 지지선 역할을 해주며 버틸 수 있었다. 실제로 2022~2023년 사이 아파트 가격이 상당히 하락했지만, 2024년 현재 다시 전고점을 회복한 아파트 시장을 맞이하고 있다. (물론 2024년 현재 회복한 아파트와 그렇지 않은 아파트가 있다는 점은 후술할 예정이다.)

■ 경제를 둘러싸고 있는 상황이 다르다 ■

일본은 버블이 꺼지면서 완전히 다른 세계로 접어들었다. 그들은 그 당시 '잃어버린 30년'이 시작될 것이라고는 상상조차 하지 못했다. 버블 붕괴 이후 30년 동안 일본의 실질 성장률 평균은 0.94%에 그쳤다. 이는 2008년 리먼브라더스 사태로 극단적 침체를 겪은 2009년(-5.69%)을 제외한 수치다.

단순히 거품이 끼었던 경제가 무너진 것만으로 이 상황을 설명하기는 어렵다. 가장 근본적인 이유는 버블이 붕괴되고 있을 때, 일본이 과거 전성기를 당연하게 여기며 경제가 다시 살아날 것이라 믿었던 점이었다. 변화의 필요성을 일찌감치 인식하지 못한 것이다. 산업구조 전환도 늦어졌다. 컴퓨터, 인터넷, 모바일 산업이 미국을 주도로 확산할 때도 일본 기업들은 제대로 대응하지 못했다. 더 정확히는 대응하지 않은 것이다. 그 사이 일본은 중국과 한국에게 세계 공급망의 자리를 내주게 되었다.

게다가 부실 채권과 부실 기업도 과감히 정리하지 못했다. 은행

일본 경제성장률 추이

연도	%	연도	%	연도	%	연도	%	연도	%
1980	3.18	1990	4.84	2000	2.77	2010	4.1	2020	-4.15
1981	4.26	1991	3.52	2001	0.39	2011	0.02	2021	2.56
1982	3.28	1992	0.9	2002	0.04	2012	1.38	2022	0.96
1983	3.63	1993	-0.46	2003	1.54	2013	2.01	2023	1.92
1984	4.41	1994	1.08	2004	2.19	2014	0.3	2024	0.86
1985	5.16	1995	2.63	2005	1.8	2015	1.56		
1986	3.29	1996	3.13	2006	1.37	2016	0.75		
1987	4.65	1997	0.98	2007	1.48	2017	1.68		
1988	6.66	1998	-1.27	2008	-1.22	2018	0.64		
1989	4.93	1999	-0.33	2009	-5.69	2019	-0.4		

* 용어 정의: 경제성장률 = {(금년도 실질 GDP - 전년도 실질 GDP) ÷ 전년도 실질 GDP} × 100
출처: IMF – World Economic Outlook Databases

들은 부실 기업에게 계속 금융 지원을 해주었고, 그 결과 스스로 생존할 능력은 없으나 자금 지원으로 간신히 연명하는 '좀비 기업'의 비율이 늘어났다. 1996년에는 이 비율이 35%에 달할 정도로 심각했다. 은행의 파산도 증가했다.

버블이 붕괴된 후 정상화할 수 있는 기회를 놓쳐버린 일본은 부동산 시장에서도 같은 모습을 보였다. 경제성장이 정체되고 디플레이션이 지속되니 자산 가격도 오르지 못했다. 임금은 그대로인 상태에서 비싼 가격에 매입한 주택의 대출 이자는 계속 갚아야 하니 사람들의 재정 상황은 점점 더 팍팍해졌다. 생활이 나아지지 않으니 더 나은 집으로의 이동도 어려웠고, 그저 낡아가는 집에서 계속 살았다. 자연히 소비와 투자에도 소극적으로 변하며 악순환을 초래했다. 완전히 침체되어버린 일본의 경제 상황은 부동산 시장에도 영향을 미쳐, 부동산 가격은 20여 년 동안 제자리걸음을 했다.

하지만 한국은 일본과는 다른 모습을 보인다. 다행히도 한국 경제는 ICT 산업을 기반으로 하는 성장 산업에 집중되어 있다. 한국의 기업들도 사람들이 원하는 변화에 발 빠르게 대응하고 있다. 최근 몇 년간 체감 경기 자체는 어려웠지만, 대기업들이 성과급 잔치를 할 만큼 이익을 올렸다는 점은 성장 산업이 한국에 튼튼히 자리매김했고, 지금도 현재 진행 중이라는 이야기다.

또한 한국은 1997년 IMF 외환위기, 2008년 리먼브라더스 사태, 2020년 코로나19 팬데믹 등의 위기를 겪고 이를 극복하며 위기 대응 능력을 축적해왔다. 즉, 힘든 일이 생기면 빠르게 대응한다. 개인에게는 구조조정이 불행한 일이지만, 국가적으로는 경제의 건전성을 유지하는 과정이므로 긍정적이다. 일본이 부실화를 정리하지 못하고 좀비 기업을 만들어내며 잃어버린 30년을 맞이한 것을 생각하면 더욱 그렇다.

한국은 높은 디지털 경쟁력도 보유하고 있다. 한국인의 디지털

❙ 한국과 일본의 연도별 경제성장률 추이

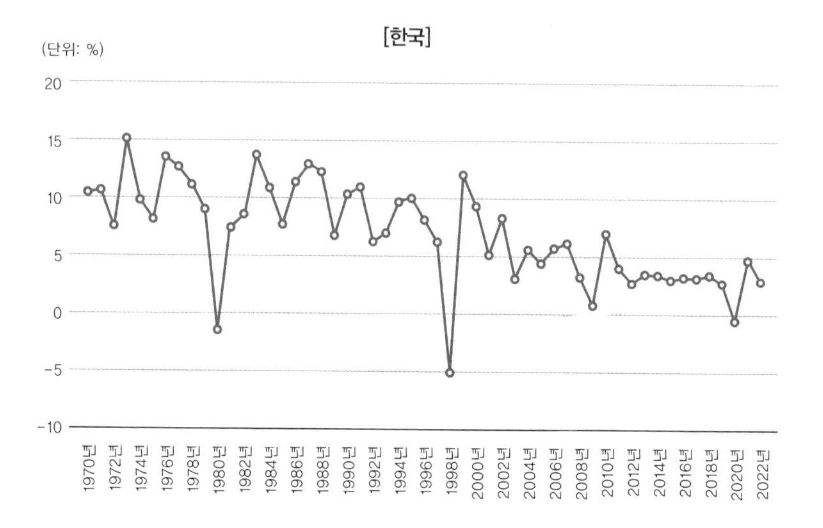

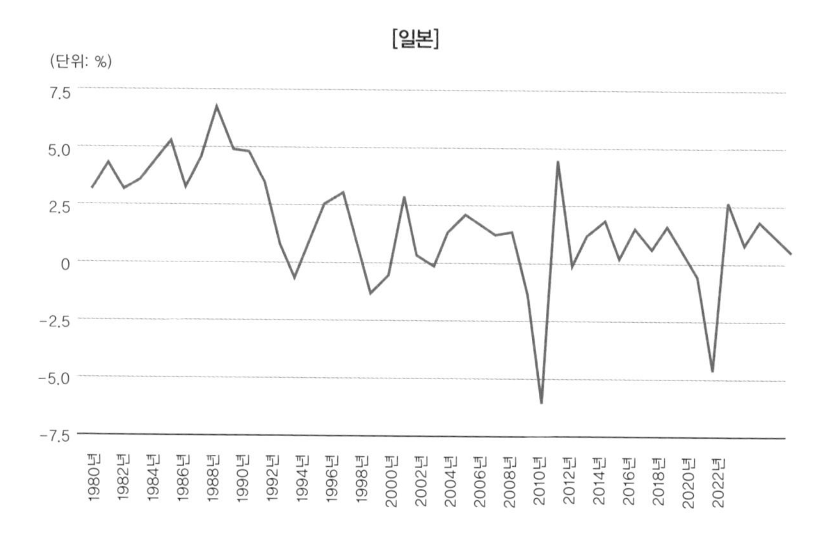

* 용어 정의: 경제성장률 = {(금년도 실질 GDP - 전년도 실질 GDP) ÷ 전년도 실질 GDP} × 100

출처: 한국은행, 「국민계정」, '日本の経済成長率の推移(1980~2024年)', 世界経済のネタ帳

적응력이 세계 1위라는 통계도 있는데, 이는 국가와 국민이 모두 변화에 빠르게 대응할 수 있다는 것을 의미한다.

물론 한국 경제 상황이 장밋빛 미래인 것만은 아니다. 한국도 성장률이 크게 줄어들며 저성장 국가로 접어들고 있다. 저출산과 고령화로 소비 여력이 감소하고 있으며, 서비스업보다는 제조업 비중이 높은 점은 버블 붕괴 시기의 일본과 유사한 부정적인 지표이기도 하다.

하지만 일본이 단 한순간의 버블 붕괴로 급격히 꺾였다면, 한국은 오랜 기간에 걸쳐 점진적으로 성장률이 낮아지는 '선진국형 저성장'을 겪고 있다. 또한 한국은 여전히 성장할 수 있는 동력도 남아 있다. 경제성장은 임금 인상을 의미하기도 하며, 부동산 가격은 사람들의 임금에 따라 움직이는 경향이 있다. 대기업 맞벌이 부부의 연봉이 1억 5천만~2억 원에 이를 정도로 소득이 높아졌다는 점은 소득 대비 우량 아파트의 가격이 아직 안전하다는 신호이기도 하다.

한국인들은 유연하게 대응할 수 있는 '빨리빨리'의 민족으로, 세계 어느 나라와 비교해도 매우 똑똑하고 현명한 사람들이다. 부동산 투자에서도 마찬가지로, 안전한 자산을 똑똑하게 민첩하게 투자하고 있다.

① 토지가격에 크게 좌우되는 투자를 선택한 일본 vs. 비교적 안전한 투자처인 아파트를 선택한 한국

② 실질 임금이 오르지 못했던 일본 vs. 성장 산업이 있고 임금이 상승

하는 한국

③ 침체되는 경제에 제대로 대응하지 못하고 부실화된 일본 vs. 수차례 위기를 겪으며 빠르게 대응하고 구조조정을 진행하는 한국

이러한 점들이 버블 시기의 일본과 현재의 한국을 다르게 바라보게 만드는 대표적인 요소다. 물론 위험 요인은 존재하지만, 국가적 대응과 개인들의 빠른 움직임이 이를 잘 대처하여 버블 붕괴로 이어지지 않게 할 것이다.

한국 부동산의 미래를 긍정적으로 보는 사람들은 지금의 한국이 일본의 버블 붕괴와는 다른 상황임에 주목한다. 한국 부동산은 일본의 전철을 밟지 않을 것이다. 그들은 그래프에서 잃어버린 30년을 지

일본 전국 공시지가 평균 가격(전 용도)(2013~2024년)

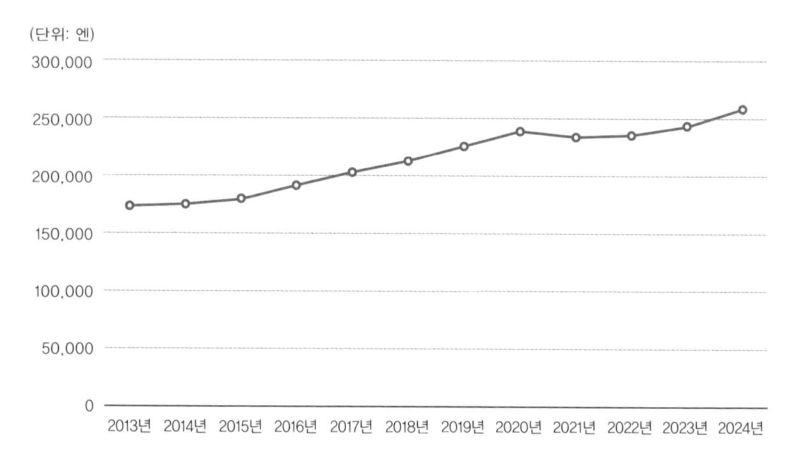

출처: '지가공시'(국토교통성)를 가공하여 작성

나 우상향을 재개한 2013년의 점을 보고 있다.

나는 2014년부터 한국 부동산 투자를 시작했다. 오피스텔 월세 투자, 아파트 갭투자, 상가 투자 등을 경험했다. 2019년에는 아파트 1채를 남기고 모두 처분해 마련한 5억 원을 들고 일본으로 건너가, 도쿄 신주쿠에 상가 주택을 매입했다. 월세를 조금씩 올려 월 800만 원의 수익을 달성한 후, 다시 그 수익으로 한국에서 주택 소액 투자를 조금씩 늘려갔다. 2024년에는 일본 건물을 갈아타기에 성공해 상업용 건물을 운영하고 있다. 한국에서는 주로 시세 차익을 위해 투자하고, 일본에서는 수익형 투자로 접근하는 전략을 취하고 있다. 이렇게 나는 한국과 일본 부동산을 모두 투자하는 개인 투자자가 되었다.

이런 투자자의 눈에 들어오는 그래프의 점은 어디였을까? 한국 부동산이 일본과 같은 잃어버린 30년에 들어갈지 아니면 다시 우상향할지 바라보게 된다. 나는 현재 한국이 버블 시기의 일본과는 다른 양상을 보이고 있기에 1992년 일본의 버블 붕괴와 같은 상황은 일어나지 않을 것이라고 생각한다.

양국의 투자자는 모두 시세 차익을 목표로 삼았지만, 일본인들이 토지 투자를 집중적으로 선택한 반면 한국인들은 아파트를 주요 투자처로 선택했다. 앞서 언급한 여러 이유로 아파트는 상대적으로 안전한 투자처임을 확인했다. 한국인들 또한 일본인들의 '토지 신화'와 같은 '부동산 불패 신화'를 가지고 있지만, 중간중간의 하락기마다 재빠르게 대응해 부실한 부동산은 손절하고 우량한 부동산은 유지해왔다. 이러한 전략은 한국에 전 세계에서 유일한 전세 제도가 있었기에 가능했다.

또한 한국 부동산의 사이클이 오르고 내리는 동안 추세선은 꾸준히 우상향을 그렸다. 상승기의 기울기도 버블이라 할 만큼 급격하지 않았으며, 물가와 실질 임금도 꾸준히 함께 올랐다. 게다가 LTV(2002년), DTI(2005년), DSR(2018년) 등의 제도를 사전적으로 도입하며 대출 한도를 미리 제한해, 투자자들이 무리한 대출을 받지 못하도록 했다.

그러나 여전히 마음속에서 외면하기 힘든 '가시'가 있다. 한국과 일본이 안고 있는 유사한 사회 문제, 즉 저출산, 고령화, 인구 감소, 수도권 집중 같은 이슈들이다. 마치 일본의 지난 20년이 한국의 미래로 이어지는 듯하다. 한국의 고령화는 일본의 10년 전 모습, 인구 감소는 일본의 15년 전, 수도권 집중은 현재 일본과 비슷하다. 이러한 문제들 때문에 일본 부동산 역사를 무시한 채 한국 부동산의 미래를 긍정적으로만 보기는 어렵다.

2025년
앞으로 나아갈 길

과연 2025년 한국 부동산은 과연 어떻게 될 것인가? 버블 붕괴와는 다른 상황에 있다고 해도 분명 비슷한 문제를 가지고 있는 지금,

앞으로는 투자자들은 어떤 태도를 취해야 할까?

■ 자생력이 있는 부동산에 주목하라 ■

일본 부동산 시장이 오랜 침체를 거쳐 회복세를 보이는 과정에서 나타난 트렌드 중 하나는 '좋은 곳이 더 좋아지는' 현상이다. 일본 인구는 2005년부터 감소했지만, 도쿄권과 나고야권 등 주요 도심 지역은 인구가 오히려 늘어났다. 일본에서는 이러한 현상을 '도쿄 일극집중(東京一極集中)'이라고 한다. 일본 부동산 업계가 주목한 곳은 결국 '도심부'였다. 경제·정치·문화의 중심지가 되는 도심부로 사람과 기업이 몰리는 경향이 강해졌다.

도쿄와 수도권(가나가와현, 사이타마현, 지바현), 나고야권(아이치현, 기후현, 미에현), 오사카권(오사카부, 효고현, 교토부, 나라현) 같은 도심부로 자본과 자원이 집중되면서 경제 활동이 활발히 이루어지고 자연스럽게 수요가 창출된다. 이러한 현상은 일본 내국인뿐 아니라 전 세계에서 몰려드는 외국인들에 의해서도 강화된다. 일본은 세계 4위의 경제 대국이고, 아시아 지역에서 일자리, 관광, 국제 교육 등을 위해 많은 외국인이 찾는 곳이다. 자연히 일본에 정착하고자 하는 외국인들이 인프라와 일자리가 몰려 있는 도심부에 집중된다.

버블 붕괴와 양극화 등 부동산 시장에서 다양한 경험을 해온 일본은 이제 도심부에서 해답을 찾은 듯하다. 일본은 1960년대 초반부터 뉴타운 개발을 통해 대규모 신도시를 건설했지만, 현재는 인구 감소와 빈집 문제로 인해 완전히 다른 방식의 부동산 개발을 추진하고 있다. 일본은 이제 더 비싼 땅에 더 좋은 주택을 공급하며, 기존의 20층이 넘는 오피스 빌딩도 가차 없이 철거해 새로운 대형 빌딩으로 재개발한다. 이러한 재개발은 수요가 충분히 보장된 '좋은 곳'을 더욱 발전시키는 형태로 이루어지며, '진짜 수요'와 '확정된 수익'에 집중하고 있다.

이러한 변화로 인해 일본 부동산 시장에서는 '좋은 곳이 더 좋아지는' 양상이 더욱 뚜렷해지고 있다. 도심부는 자생적인 수요 창출이 가능한 지역이다.

도쿄라는 메가시티는 서울과 놀랍도록 닮아 있다. 약 1천만 명이 거주하며, 경제·문화·정치의 중심지다. 다양한 인프라와 인구가 집중된 만큼 일자리와 교육, 교통 여건도 우수하다. 오사카와 나고야 같은 도심부도 한국의 광역시들과 비슷하게, 지방의 소도시 수요를 흡수하면서 자체적으로 성장해왔다. 운동선수가 연습을 거듭하며 더 나아지듯, 원래 지표가 좋았던 도시는 점점 더 좋아진다.

한국의 인구 감소와 고령화 문제는 약 10~15년 후 본격적으로 다가올 것이다. 출산율이 계속 낮아진다면 이 시기는 더 빨라질 수 있다. 부동산은 환금성이 낮고 거래에 시간이 걸리기 때문에 변화에 민첩하게 대응하기가 쉽지 않다. 금리 인상이나 주변 아파트 전세가 하락 같은 변화가 생겨도, 오늘 결심해 내일 바로 팔 수 있는 자산이 아니다. 따라서 부동산 투자를 할 때는 10~15년 후의 상황까지 염두에 두어야 하고, 이를 5년 내의 투자 행동으로 보여야 한다.

이런 점에서 인구 감소가 진행 중인 일본에서 나타나는 도심 집중 현상과 부동산 시장 변화를 미리 생각해보는 것은 의미가 크다. 지금부터 우리는 '좋은 곳이 더 좋아지는 곳'에 관심을 가져야 한다. 여기서 말하는 자생력 있는 부동산이란 해당 지역이 외부 자원에 크게 의존하지 않고도 경제적·인프라적 생명력을 유지하며 스스로 살아남을 수 있는 지역을 뜻한다.

서울의 신축 아파트들은 (조금 과장해서 말하자면) 수천만 명의 대기 수요자를 가졌다. '돈만 있으면' 누구나 살고 싶어하는 곳이기에 가치를 유지할 수 있으며, 서울 내 신축 아파트 공급이 줄어든다는 통계가 명확히 있는 이상 가치는 점점 높아질 수밖에 없다.

수천 세대의 아파트 배후 수요를 가진 구축 상가들도 마찬가지다. 아파트라는 훌륭한 거주지가 있으면 그곳에는 사람들이 계속 살아가고, 그들은 필수 소비를 하기 때문에 상가의 가치는 유지된다. 상가는 신축일 필요도 없고, 대기업 건설사나 화려한 규모도 필요 없다. 그저 상가를 이용할 확정 수요만 있다면 충분하다. 배후 세대가 탄탄하고 동선이 좋은 구축 상가는 이러한 측면에서 자생력을 유지할 수 있다.

반면 지방에 있는 구축 아파트들은 학군이나 특정 산업 지역 등과 같은 특별한 수요가 없는 이상 자생력을 갖기 어렵다. 인구 감소가 본격화되면 이러한 문제는 더욱 두드러질 것이다. 예비 수요자들은 주변의 신축 아파트나 광역시로 이동하면서 지방의 구축 아파트는 가치를 유지하기 어렵다.

대형 오피스 빌딩도 예외가 아니다. 특히 지식산업센터(아파트형

공장) 같은 경우 산업이 자리 잡지 못하거나 교통이 불편한 지역에서는 일자리가 충분히 늘어나지 않아 공실이 발생할 가능성이 높다. 이상하게도 이런 단점이 있는 곳에는 공급조차 많다. 예상 수요보다 과도하게 공급된 이러한 시설들은 자생력을 갖기 힘들다.

한국에서도 인구 감소와 도심 집중 현상이 가속화된다면, 텅 비어가는 부동산 문제를 마주할지도 모르는 일이다. 투자자들은 앞으로 스스로 자생할 수 있는 부동산, 이미 좋은 위치에서 더 좋아질 가능성이 있는 부동산에 주목하자.

■ 양극화(兩極化)를 넘은 삼극화(三極化)가 시작된다 ■

버블 시기의 일본에서는 전국적으로 부동산 가격이 상승했지만, 상승 폭은 지역에 따라 달랐다. 수도권과 대도시의 부동산은 상대적으로 큰 상승을 보였고, 그 외 지역은 상승이 크지 않았다. 그럼 버블 시기에 많이 오르지 않았던 도시의 부동산은 어떻게 되었을까? 버블 시기에 많이 오른 지역과 적게 오른 지역 모두 가격이 크게 하락했다. 상대적으로 적게 오른 지역이 더 큰 타격을 받은 셈이다. 많이 올랐던 곳에서는 '정상화'의 과정을 겪었다고 본다고 쳐도, 그다지 많이 오르지 않은 곳까지 내려앉아 버린 것이니 말이다.

이런 일이 발생한 이유 중 하나는 일본인들의 부동산에 대한 인식 변화 때문이다. 버블 붕괴 이후 땅을 바라보는 관점이 완전히 뒤바뀌었다. 일본인들은 토지와 부동산에 대한 수요 심리를 크게 잃었고, 이는 모든 지역의 부동산 가치에 영향을 미쳤다. 이전에 거품이

❙ 일본 전국 지역별 공시지가 추이

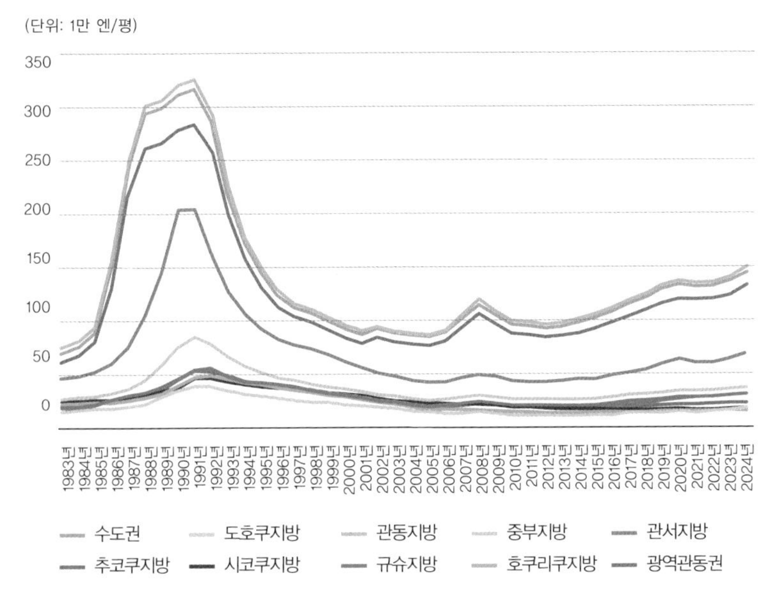

출처: 국토교통성의 데이터에 근거해 토지대데이터(土地代データ)가 산출

라고 인식하지 않았던 부분까지 사라지며, '안전한 자산'으로 여겼던 부동산마저 값어치를 잃었다.

20여 년이 지나 처음으로 땅값을 회복한 지역은 도쿄였으며, 이를 필두로 수도권과 대도시 중심이었다. 이러한 회복 경향은 지금도 계속되고 있으며, 일부 지역은 버블 시기의 전고점보다 높은 가격을 기록하고 있다. 그러나 이러한 상승세는 약 10~15%의 특정 지역에 국한되어 있고, 나머지 대부분의 지역에서는 겨우 가격을 유지하거나 완만한 하락세를 보이고 있다. 심지어 상승 기조에 있는 지역에서도 특정 조건을 충족하지 못하는 부동산은 감가상각되는 자산으로 남게 되었다.

이러한 부동산 시장의 양극화는 더욱 명확해졌다. 회복하는 지역과 그렇지 않은 지역의 차이가 뚜렷해졌으며, 지방 도시의 대다수 부동산은 여전히 어려운 상황이다. 일본에는 약 900만 호의 빈집이 있으며, 지방 도시에서는 빈집이 계속해서 증가할 것으로 보인다. 임금이 오르지 않는 저성장 산업이 집중된 지방 도시는 앞으로도 이 문제를 벗어나기 어려울 것이다.

일본과 비슷한 문제를 안고 있는 우리나라 지방 도시들은 현재 일본의 부동산 시장에서 일어나고 있는 상황을 피해가기는 어려울 것이다. 비록 비교적 안전한 투자재로 아파트를 선택한 한국인 투자자들이지만, 약 1,100만 호에 달하는 모든 아파트가 우량하다고 할 수는 없다. 아파트 내에서도 등급이 나뉘며, 일본의 사례처럼 가격 상승 지역과 그렇지 않은 지역, 그리고 가격이 유지된 주택의 조건과 그렇지 않은 조건 등으로 대입해볼 수 있을 것이다.

한국에는 여전히 부동산 불패 신화가 강하게 자리 잡고 있기에, 급격한 수요 감소가 없는 한 부동산 양극화가 심각하게 벌어지지는 않을 것이다. 그러나 오히려 이 신화가 더 큰 문제를 일으킬 수도 있다. 한국 부동산에는 양극화를 넘어선 삼극화가 오고 있을지도 모른다는 우려가 있다. 오르는 곳은 계속 오르고, 횡보하는 곳은 계속 제자리, 그리고 떨어지는 곳은 더욱 가파르게 하락하는 현상이다.

2024년 9월 현재, 서울의 우량 아파트 가격은 끝을 모르고 치솟고 있다. 이미 수십억 원대를 호가하는 신축 대단지 아파트, 하이엔드 아파트 등은 대부분 전고점을 뛰어넘었다. 100억 원 전후의 하이엔드 아파트는 최근 실거래가를 비웃기라도 하듯 거래가 신고가를 경신하며 자산가들의 '심볼'이 되어버렸다. 이러한 아파트는 대출 규제나 금리 인상과 같은 악재들과는 거리가 멀다. 이런 자산가를 대상으로 하는 우량 아파트의 수요는 오히려 더 부족한 실정이다. 현재 이런 아파트들이 위치한 지역이나 향후 재건축·재개발로 공급될 곳은 삼극화의 최상위에 위치할 것이다.

반면 현재 시가로 10억 원 초중반대의 아파트 중에서는 위험한 구석이 있는 곳들이 눈에 띈다. DSR 기준으로 보면 '대기업에 다니는 40대 부부'가 '영끌 대출'로 진입할 수 있는 아파트들인데, 이러한 중간층 아파트는 외부 요인에 민감하다. 물론 대기업 부부의 근로 기간이 10~15년 남아 있고 선호도가 높은 지역이라 전부 부실화되지는 않겠지만, 고성장이 아닌 저성장 국면에서 근로소득이 계속 오르기에는 한계가 있다. 또한 DSR 규제로 대출이 제한되고, 자산가들이 선호하는 하이엔드 아파트로 탈바꿈할 여지도 적다. 이로 인해 중간층 아파트들은 삼극화에서 상위권으로 보기엔 무리가 있다.

그리고 가장 큰 문제는 '사람들이 원하지 않는 곳'에 있는 부동산이다. 고령화가 심화되고 전출이 가속화되는 지방 소멸 도시나 개선 여력이 없는 오래된 동네 또는 단지들은 수요 감소로 인해 자생력을 상실할 위험이 높다. 이러한 지역들은 삼극화의 최하위권에 머무르게 될 것이다.

물론 이러한 변화가 1~2년 안에 급격하게 나타나지는 않을 것이다. 앞서 말했듯 부동산은 거래 속도가 느린 자산이기 때문이다. 그러나 모든 국민이 부동산 불패 신화를 마음속에 가지고 하위~최하위권의 아파트를 계속 끌고 간다면, "언젠간 부동산 가격이 회복할 것"이라며 믿던 일본 투자자들의 말로와 비슷해질 수도 있다.

삼극화 중에서도 상위권에 주목해야 한다. 한국의 경제 변화 속도는 생각보다 빠르게 흘러가고 있다.

전 세계 많은 경제학자가 극적이고도 독특한 일본 버블의 사례를 연구하고 있지만, 그 원인과 결과를 하나로 정의하지 못한 이유는 경제 현상이 여러 복합적 요소가 얽혀 있기 때문이다.

이번 주제를 결정하는 데는 많은 고민이 있었다. 나는 경제학자도 아니고, 역사에 정통한 일본인도 아니다. 그저 한국과 일본의 부동산을 동시에 투자하는 사람일 뿐인데, 이런 이야기를 풀어도 될지 망설임이 있었다. 그럼에도 이 주제를 다루기로 한 이유는, 일본에서 일어났거나 현재 일어나고 있는 다양한 상황을 한국 투자자들이 미리 이해한다면 큰 도움이 될 것이라는 확신이 있었기 때문이다. '잃어버린 30년'으로만 치부했던 일본 부동산을 깊이 들여다보니, 예상 밖의 양상들이 있었다. 이를 발견하며 내가 일본 부동산 투자에서 많은 수익을 낸 것처럼[올라잇 부동산 매거진 3호(2023.06), 6호(2024.07)에서 소개한 바 있다], 한국 투자자들이 일본의 사례를 충분히 알고 한국 부동산을 바라본다면 투자 선택에서도 자신의 기준을 현명하게 확립할 수 있을 것이라 믿는다.

부동산 버블과 한순간의 붕괴, 그리고 잃어버린 30년을 지나 현재의 일본. 그 속에는 어쩌면 한국의 데자뷔가 있다. 한국 부동산은 일본의 경험을 교훈으로 삼을 부분이 많다. 당신은 그래프 속의 어떤 '점'이 마음에 와닿았는가? 비슷하게 출발했지만 새로운 결말을 향해 나아갈 한국 부동산의 앞날을 함께 지켜보자. 이 책을 읽는 모든 독자가 잃지 않는 투자를 할 수 있기를 응원한다.

농촌체류형 쉼터로 본 2025년 토지 투자 전략

시루 양안성

- 시루캠퍼스 대표
- 『월급으로 당신의 부동산을 가져라』(2017)
- 『2020 부동산 시그널』(공저, 2019)
- 『시루의 대체불가 토지 투자법』(2022)
- 『2024 결국은 부동산』(2023)

농촌체류형 쉼터의 부상과 배경

2021년 3월, 부동산 개발 등을 하는 모 공기업의 일부 직원들이 3기 신도시 등 재직 중인 회사의 사업과 관련 있는 지역에 부동산 투기를 한 사건이 있었습니다. 이 사건 이후에 부동산 불법 투기에 대한 처벌이 강화되었고 「공직자의 이해충돌 방지법」 등의 법률이 제정되었습니다.

당시 투기 대상이 주로 농지였기에 이후 「농지법」에 대한 규제도 강화되었습니다. 농림축산식품부에서는 2022년 2월부터 2024년 2월까지 여섯 번의 보도자료를 내고 농지이용의 효율화를 높이면서 「농지법」을 강화했습니다. 그 내용을 보면 다음과 같습니다.

농가 단위 농지원부가 4월 15일부터 필지 단위로 바뀝니다. (2022.02.15)

농지 소유·이용 관리 강화를 위해 농업인 기준으로 작성되던 농지원부를 2022년 4월 15일부터 농지별로 작성·관리되도록 전환했습니다.

농지원부 주요 제도개선 추진 방향

- 공부명칭: 농지원부 → 농지대장
- 작성기준: 농업인 세대 → 농지 필지별
- 작성대상: 1,000m^2 → 모든 농지
- 관할행정청: 농업인 주소지 → 농지 소재지
- 관리방식: 직권주의 → 신고주의

※ 신고주의: 임대차 계약 발생·변경 시 소유자에게 변경신청 의무 부여

5월 18일부터 농지취득자격 심사를 대폭 강화합니다. (2022.03.04)

보도자료의 주요 내용을 정리하면 다음과 같습니다.

- 농업경영계획/주말·체험영농 계획 서식 개편 → 영농경력, 영농거리, 영농착수시기, 수확시기, 자금조달계획 등 추가
- 증명서류를 구체화 → 농업인확인서, 개인은 재직증명서, 공유약정서 등

- 불법 전용농지의 농지취득자격증명 발급 제한 → 3개월 이내 복구 시 가능
- 농지위원회 심의대상 구체화 → 토지거래허가구역, 농업법인, 관외 거주자, 3인 이상 공유 취득 소재지
- 지자체가 매년 소유·이용 실태 조사 → 5년 이내 취득, 관외취득자, 공유취득, 농업법인, 토지거래허가구역
- 농지대장 변경 신청 방법 구체화 → 임대차, 사용대차, 농막, 고정식 온실, 축사, 가설건축물 등

8월 18일부터 「농지위원회 심의제도, 농지 임대차 신고제」 시행
(2022.08.17)
– 농지 임대차·시설설치 신고제 미이행 시 과태료 부과

투기 목적의 농지 취득을 방지하기 위해 시·구·읍·면에 농지위원회를 설치하고 (조건에 해당하는 경우) 농지 취득 시 농지위원회의 심의를 거치도록 했습니다. 아울러 농지 임대차 계약을 체결·변경·해제하는 경우와 농지에 농막, 축사 등 시설을 설치하는 경우에는 농지 소재지 시·구·읍·면을 방문해 농지대장 변경신청을 해야 합니다.

농지위원회 심의대상

- 토지거래허가구역에 있는 농지를 취득하는 경우
- 농업법인이 농지를 취득하는 경우

- 1필지의 농지를 3인 이상의 공유지분으로 취득하는 경우
- 농지소재지 시·군·자치구 또는 연접한 시·군·자치구 내에 거주하지 않으면서 그 관할 시·군·자치구에 소재한 농지를 2022년 8월 18일 이후에 처음으로 취득하는 경우
- 외국인·외국국적 동포가 농지를 취득하는 경우

※ 신청 후 14일 이내에 농지취득자격증명을 발급받을 수 있음

농지대장 변경신청 대상 및 첨부서류

신청대상	첨부서류
농지 임대차(임대차계약 체결·변경·해제 시)	임대차 또는 사용대차 계약서
농축산물생산시설(농막, 축사, 고정식온실, 버섯재배사, 곤충사육사) 설치	건축물 또는 가설건축물관리대장
토지 개량시설(수로, 제방) 설치	서류, 사진, 도면자료 등

농지대장 변경사유가 발생했음에도 변경신청을 하지 않거나 거짓으로 신청한 경우에는 그 위반 횟수에 따라 100만 원에서 최고 500만 원의 과태료를 부과합니다.

농지대장 변경신청 관련 과태료 부과 기준

위반행위	근거조문	과태료(만 원)		
		1차	2차	3차
「농지법」 제49조의2에 따른 신청을 거짓으로 한 경우 → 농지 임대차 및 시설설치 거짓신고	「농지법」 제64조 제1항제2호	250	350	500
「농지법」 제49조의2에 따른 신청을 하지 않은 경우 → 농지 임대차 및 시설설치 미신고	「농지법」 제64조 제2항	100	200	300

불법 농막, 엄정하게 관리하겠습니다. (2023.05.11)

– 농막 설치를 위한 연면적 기준 구체화, 주거판단 기준 제시 등

– 감사원 감사 후속조치로 불법 농막 근절을 위한 철저한 사후관리 추진

농림축산식품부는 문제가 되고 있는 농막 불법 증축, 별장 사용 등 법을 위반하는 사례를 예방하기 위해 「농지법 시행규칙」 개정안을 마련해 입법예고를 했습니다.

농막은 농작업에 직접 필요한 농자재 보관, 수확 농산물 간이처리 또는 농작업 중 잠깐 휴식을 취하기 위해 설치하는 시설(연면적 20m² 이하)로서 주거는 할 수 없는 시설입니다. 당시 감사원은 전국적인 '가설건축물(농막) 설치 및 관리실태' 감사를 실시한(2022.04.12) 후 '농막 형태기준 마련 등 농막 설치요건 보완' 등이 필요함을 농식품부에 통보했습니다.

이에 감사원 감사 결과 지적된 사항과 그동안 지자체 등이 제도 개선이 필요하다고 건의한 사항들을 바탕으로 「농지법」 개정을 추진했습니다. 「농지법」상 농막 관련 규정을 명확하게 정비해 농막이 입법 취지에 맞게 활용되도록 하는 한편, 지자체의 농막 사후관리의 한계점을 개선·보완하려는 취지입니다.

농막 관련 주요 개정 내용

- 주거목적으로 사용금지
  - 농막으로 전입신고 금지
  - 일시휴식을 벗어나는 행위 금지
  - 내부 휴식공간이 바닥면적의 25% 초과 금지
- 농지로 원상복구가 가능한 「건축법」상 가설건축물로 신고
- 농막의 불법 증축 방지
  - 테크, 테라스 등 부속시설의 연면적 포함
- 별장 등 사실상 주거목적 농막을 설치 금지
  - 비농업인에 한해 농지 면적에 따른 농막 면적 기준을 마련

한편 농림축산식품부는 「농지법 시행규칙」 개정 내용과는 별개로 농막이 많이 설치되고 있는 지역을 위주로 지자체와 합동으로 농막 설치 실태를 점검했습니다(2023.03.06~24). 그 결과 점검대상 총 252개 농막 중 51%에 해당하는 129개 농막이 주거용으로 불법 증축

되었거나 농사는 제대로 짓지 않고 정원이나 주차장 등으로 불법 활용되고 있음을 확인했습니다.

농막 제도개선 사항, 사실은 이렇습니다. (2023.06.13)

농막을 농업 활동과 무관하게 주거용으로 활용하거나 전원주택 단지와 유사한 형태로 농막 단지를 형성하는 등 제도를 악용하는 사례가 다수 확인되어 농림축산식품부는 이를 예방하기 위해 제도개선을 추진하고 있습니다.

일례로 큰 면적의 농지를 330m^2 이하 소형농지로 분할해 농막단지를 구성하는 사례가 있으며 2022년에 설치된 농막 3만 8,277건 중 411건이 30m^2 이하 농지에 설치되었습니다.

농막은 가설건축물로서 주택과 달리 「소방시설법」상 소방안전기준을 적용받지 않아 화재 등 안전사고에 취약합니다. 이번 제도개선

I 용도와 다르게 사용 중인 농막

출처: 감사원 감사결과보고서

은 농막을 농업 활동과 무관하게 주거 목적으로 활용하는 것은 제한하려는 취지입니다. 도시민이 주말농장이나 영농체험 목적으로 설치하는 농막은 활용하는 데 불편함이 없도록 할 계획입니다.

토지이용 자유 확대를 통한 국민생활 제약 해소 및 지역경제 활력 제고
(2024.02.20)
– 농지이용규제 합리화 → 전용절차 없이 농촌체류형 쉼터 설치 허용

2024년 2월 20일에는 국무조정실 국무총리비서실에서 '국민과 함께하는 민생토론회'라는 보도자료를 냈습니다. 여기에 농촌체류형 쉼터 도입에 관한 내용이 있습니다.

농촌체류형 쉼터는 도시민이나 주말체험영농인 등이 농촌지역에 체류할 수 있는 임시거주시설입니다. 이를 도입하는 이유는 최근 도시민들의 5도 2촌 등 도농 복합생활 수요가 증가하고 있는 상황에 맞춰 도시민 등이 농촌에 굳이 집을 사거나 큰 비용을 들이지 않고 농촌 생활을 경험할 수 있게 함으로써 생활 인구를 늘리고, 궁극적으로는 농촌에 새로운 활력을 불러일으켜 농촌소멸 위기에서 벗어나기 위함입니다.

농촌체류형 쉼터란 무엇인가?

■ 개념 ■

농촌체류형 쉼터는 도시민의 주말·체험 영농과 농촌 체류 확산을 위한 임시숙소 등으로 활용하기 위한 시설을 의미합니다. 2024년 12월부터 시행됩니다. 농업인의 농업경영 목적을 포함하고 본인이 직접 사용하는 것을 원칙으로 합니다. 임대차는 불가합니다.

■ 시설규모 및 도입방법 ■

시설규모는 연면적 33m^2 이하로, 부속시설 설치에 대해서는 아래에서 다시 설명하겠습니다.

지자체가 단지를 조성해 개인에게 임대할 수도 있습니다. 지자체가 지정한 특정구역 내에 개인이 농촌체류형 쉼터를 설치하는 방법입니다.

일정면적 이상의 영농활동은 의무입니다. 농지로의 이용은 쉼터와 테크나 정화조 등의 부속시설을 합산한 면적의 두 배 이상이어야 합니다. 이 중 쉼터와 부속시설 제외 농지는 영농활동이 의무입니다. 가령 1,000m^{2}의 농지에 쉼터와 부속시설을 합해 40m^{2}를 설치했을 경우, 960m^{2}는 영농활동에 이용해야 합니다.

농촌체류형 쉼터는 숙박은 가능하지만 숙박업으로 활용할 수는 없습니다. 에어비앤비나 팬션 등으로 활용이 금지됩니다. 아울러 부

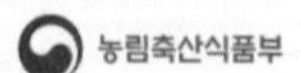

농촌체류 생활인구 확산 및 농촌소멸 대응을 위한

농촌체류형 쉼터 도입

농촌체류형 쉼터

➢ 도시민의 주말·체험영농과 농촌 체류 확산을 위한 임시숙소 등으로 활용하기 위한 시설

시설규모 연면적 33㎡이하 (데크·정화조 등 별도)

- (처마) 외벽 중심선에서 1m 이내 허용
- (데크) 가장 긴 외벽에 1.5m를 곱한 면적까지 허용
- (주차장) 주차장법에서 정한 주차장 1면 허용

☞ 처마, 데크가 없는 경우

영농의무 일정 면적 이상 영농활동 의무화

- (부지) 쉼터와 부속시설(데크·정화조등) 합산의 두 배 면적
- (영농) 쉼터와 부속시설 제외 농지는 영농활동 의무

☞ 처마, 데크가 있는 경우

제한지역 최소한의 안전확보 및 영농 피해 방지 목적

- 붕괴위험지역 등 특정 지역에 설치 제한

쉼터로 전환 가능한 농막

- 농촌체류형 쉼터 입지 기준 충족
- 쉼터 면적 기준(연면적 33㎡이하) 부합
- 쉼터설치신고, 농지대장 등재

⇒ 전환 기간(3년) 내 쉼터로 신고 시 양성화

농막 제도 개선

- 연면적 20㎡ 이하(데크·정화조 등 별도)
- 주차장 1면 설치 허용
- 농지대장 등재 의무화

⇒ 유예 기간(3년) 이후 불법 농막 처분

출처: 농림축산식품부

부가 각각 여러 필지의 농지를 소유하고 있더라도, 1가구당 1채만 설치할 수 있습니다.

■ 제한지역 ■

이러한 농촌체류형 쉼터는 아무 곳에나 설치할 수는 없습니다. 최소한의 안전확보 및 영농피해 방지 목적으로 붕괴위험지역 등 특정지역에는 설치가 제한됩니다.

농촌체류형 쉼터 설치 제한지역

- **방재지구**(국토의 계획 및 이용에 관한 법률)
- **붕괴위험지역**(급경사지재해예방법)
- **자연재해위험개선지구**(자연재해대책법)
- **엄격한 방류수 수질기준 적용 지역**(하수도법)
- **지자체 조례로 정한 지역**(지자체 조례)

■ 사용기간 ■

가설건축물의 안정성·내구연한 등을 감안해 최대 12년 이내로 제한하고 있으며, 가설건축물이 3년마다 연장하는 것을 고려 최대 3회까지 연장할 수 있습니다. 존치기간인 12년 도래 후에도 '안전, 기능, 미관, 환경'을 해치지 않는 범위에서는 지자체 건축조례로 존치기간을 연장할 수 있도록 했습니다(농림축산식품부 보도자료, 2024.10.29).

■ 세제특례 ■

가설건축물 형태의 쉼터는 비주택으로 부동산 관련 세제인 양도소득세와 종부세 등은 부과하지 않습니다. 다만 약간의 취득세(10만 원)와 재산세(연간 1만 원)는 부과합니다. 양도소득세와 종부세를 부과하지 않는다는 것은 농촌체류형 쉼터를 주택으로 보지 않는다는 의미입니다. 농촌체류형 쉼터는 주택이 아니라 가설건축물임을 기억해두길 바랍니다.

■ 부속시설 ■

농촌체류형 쉼터에는 부속시설 설치가 가능합니다. 데크와 처마, 정화조 등입니다. 이는 「건축법 시행령」 제119조에서 제시한 '면적 등의 산정방법'을 적용합니다. 처마는 외벽 중심선에서 1m를 허용하고, 데크는 가장 긴 외벽에 1.5m를 곱한 면적까지 허용합니다. 주차장은 「주차장법」에서 정한 주차장 1면을 허용합니다.

■ 설치절차 ■

인근 영농 영향·토사유출·화재 등 피해방지계획서를 제출하면 입지 등 지자체의 사전 확인을 거쳐 가설건축물 축조 신고를 한 후 농지대장에 등재합니다.

농촌체류형 쉼터가 토지 시장에 미치는 영향

농촌체류형 쉼터에서 중요한 부분은 시설·입지·안전 기준입니다. 시설 기준은 「건축법 시행령」 제119조 제1항에 의해 연면적 33m² 이하이어야 합니다(하나의 필지에 쉼터와 농막을 동시 설치할 경우 각 시설물 연면적의 합계 33m² 이하로 제한합니다). 농촌체류형 쉼터 설치 농지는 농촌체류형 쉼터의 연면적과 그 부속시설의 면적을 합한 면적의 최소 두 배 이상 확보해야 합니다.

중요한 건 설비기준입니다. 농촌체류형 쉼터가 온전한 역할을 하기 위해서는 전기와 수도, 정화조 등의 시설이 필요합니다. 그런데 전기와 수도 정화조는 「농지법」에서는 다루지 않고 「건축법」, 「수도법」, 「하수도법」, 「개발제한구역법」, 「소방시설 설치 및 관리에 관한 법률」 등 각각의 관련 법령 및 조례에 따라 설치해야 합니다. 예를 들어보겠습니다.

다음은 특정 토지의 토지이용계획 확인서입니다. 참고로 토지이용계획 확인서는 토지이음(www.eum.go.kr)에서 확인할 수 있습니다. 이 토지는 지목이 '전'으로 농지에 해당하고, 면적은 1,351m²로 농촌체류형 쉼터의 연면적인 33m²의 두 배 이상에 해당합니다. 따라서 농촌체류형 쉼터의 설치는 가능합니다. 이렇게 토지를 볼 때 농촌체류형 쉼터 자체 설치가 가능한지 먼저 확인해보는 게 좋습니다.

그런 다음 전기와 수도, 정화조·소화기 설치가 가능한지 확인해

토지이용계획 확인서

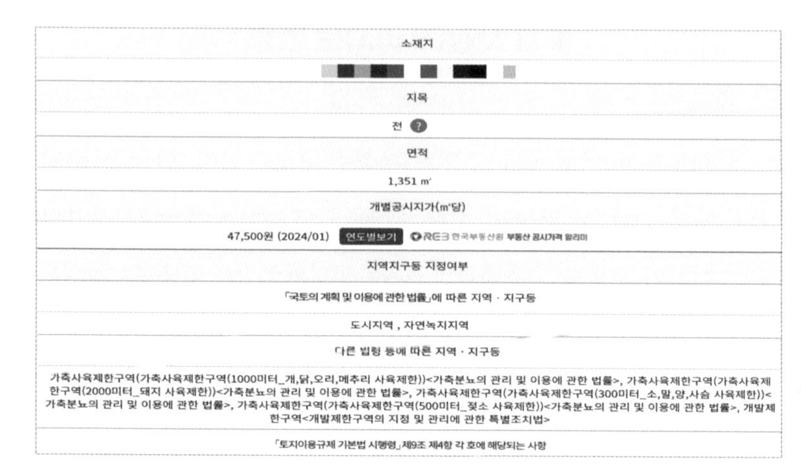

소재지
지목
전 ?
면적
1,351 m'
개별공시지가(m'당)
47,500원 (2024/01) 연도별보기 REB 한국부동산원 부동산 공시가격 알리미
지역지구등 지정여부
「국토의 계획 및 이용에 관한 법률」에 따른 지역 · 지구등
도시지역 , 자연녹지지역
다른 법령 등에 따른 지역 · 지구등
가축사육제한구역(가축사육제한구역(1000미터_개,닭,오리,메추리 사육제한))<가축분뇨의 관리 및 이용에 관한 법률>, 가축사육제한구역(가축사육제한구역(2000미터_돼지 사육제한))<가축분뇨의 관리 및 이용에 관한 법률>, 가축사육제한구역(가축사육제한구역(300미터_소,말,양,사슴 사육제한))<가축분뇨의 관리 및 이용에 관한 법률>, 가축사육제한구역(가축사육제한구역(500미터_젖소 사육제한))<가축분뇨의 관리 및 이용에 관한 법률>, 개발제한구역<개발제한구역의 지정 및 관리에 관한 특별조치법>
「토지이용규제 기본법 시행령」제9조 제4항 각 호에 해당되는 사항

보겠습니다. 토지이용계획 확인서를 보면 토지는 개발제한구역임을 알 수 있습니다. 그렇다면 「개발제한구역의 지정 및 관리에 관한 특별조치법」에 의해 해당 토지에 전기와 수도, 정화조·소화기 설치가 가능한지 다시 검토해야 합니다. 2024년 9월 현재 법령으로 보면 개발제한구역에서 정화조 설치는 불가합니다. 「개발제한구역의 지정 및 관리에 관한 특별조치법 시행령」 제19조 7의3에는 "농업인이 이동식 간이 화장실을 설치할 때도 신고해야 한다."라고 규정하고 있으며, "바닥 면적은 5제곱미터 이하이고 콘크리트 타설 및 정화조 설치를 하지 않은 경우로 한정한다."라고 규정하고 있습니다.

다음은 입지기준입니다. 「농어촌도로 정비법」에 의한 면도·리도·농도 또는 현황도로에 접한 농지이어야 합니다. 이런 요건이 있는 이유는 사람이 거주하므로 비상시 소방차와 응급차 등의 통행이 가능해야 하기 때문입니다.

여기까지의 내용을 정리해보겠습니다. 농촌체류형 쉼터를 온전한 주거 공간으로 활용하기 위해서는 농촌체류형 쉼터를 설치하고, 전기와 수도, 정화조·소방시설을 설치해야 합니다. 또 비상시를 대비해 소방차와 응급차가 통행할 수 있어야 합니다. 그런데 이러한 내용을 모두 「농지법」에서 다루지는 않고 있어서 각각에 해당하는 법령과 조례를 검토해야 합니다. 그러니 아무 농지에서나 농촌체류형 쉼터를 설치할 수 있다고 생각해서는 안 됩니다.

이런 점들을 고려하면 농촌체류형 쉼터를 설치할 수 있는 농지가 그렇게 많지는 않습니다. 전체 농지의 50% 미만으로 생각합니다. 따라서 2025년에는 농촌체류형 쉼터를 설치할 수 있는 농지가 그렇지 않은 농지에 비해 각광을 받을 것이며, 농촌체류형 쉼터의 설치가 온전히 가능한 농지의 가격이 더 비쌀 수밖에 없습니다. 이러한 점을 인지하고 농지를 선택하면 좋겠습니다.

농촌체류형 쉼터에 맞는 최적의 토지 찾기

농촌체류형 쉼터 설치가 가능한 토지는 다음의 3단계로 검토하면 됩니다. 체크리스트 형태로 만들어서 하나씩 체크하면서 검토하도록 합니다.

1단계		
항목	체크 (○, ×)	비고
공부상 농지인가?		
농지의 면적은 적정한가?		
소방차와 응급차의 통행이 가능한가?		

※ 공부상 지목이 전·답·과수원을 농지라고 합니다.

※ 이론상 농촌체류형 쉼터의 연면적인 33m²의 두 배 이상이면 됩니다.

※ 「농어촌도로 정비법」에 의한 면도·리도·농도 또는 현황도로에 접하면 됩니다.

2단계		
항목	체크 (○, ×)	비고
농촌체류형 쉼터의 설치가 불가능한 지역인가?		
- 방재지구		국토의 계획 및 이용에 관한 법률
- 붕괴위험지역		급경사지재해예방법
- 자연재해위험개선지구		자연재해대책법
- 엄격한 방류수 수질기준 적용 지역		하수도법
- 지자체 조례로 정한 지역		지자체 조례

※ 위의 표에서 지정한 설치제한지역이 아니면 설치 가능합니다.

※ 해당 토지가 위에서 정한 설치제한지역에 해당하는지는 토지이용계획 확인서를 확인하면 됩니다.

※ 토지이용계획 확인서는 토지이음(www.eum.go.kr)에서 확인할 수 있습니다.

<table>
<tr><th colspan="4">3단계</th></tr>
<tr><th>항목</th><th>체크
(○,×)</th><th colspan="2">비고</th></tr>
<tr><td>전기 인입은 가능한가?</td><td></td><td>건축법</td><td rowspan="4">개발제한구역의
지정 및
관리에 관한
특별조치법</td></tr>
<tr><td>수도 설치는 가능한가?</td><td></td><td>수도법</td></tr>
<tr><td>정화조 설치는 가능한가?</td><td></td><td>하수도법</td></tr>
<tr><td>소화기 설치는 가능한가?</td><td></td><td>소방시설
설치 및 관리에
관한 법률</td></tr>
</table>

※ 전기 인입은 지역에 있는 전기공사 업체에 문의하면 됩니다. 지역에 따라 다르기는 하지만 통상적으로 기존 전신주에서 200m까지는 무료이고, 그 이상의 거리는 사비가 들어가는데 보통 1m당 5만~6만 원 정도의 비용이 들어갑니다. 따라서 토지를 볼 때 전신주가 어디 있는지 확인하는 것도 중요합니다.

※ 수도는 상수도 시설본부와 같은 곳에 문의하면 됩니다. 역시 기존에 설치된 상수도관에서 멀리 떨어져 있다면 추가 비용이 들어갈 수 있습니다.

※ 정화조 설치 역시 업체에 문의하면 되는데 수백만 원 정도의 비용이 발생합니다. 그전에 정화조 설치가 가능한 지역인지 확인하는 게 중요합니다.

※ 소화기 설치는 특별한 어려움이 없을 것으로 생각합니다. 관련 법에서 정한 소화기 요건을 갖추면 됩니다.

실전 가이드
3단계로 토지 검토하기

■ 사례 1 ■

❙ 사례 1 토지

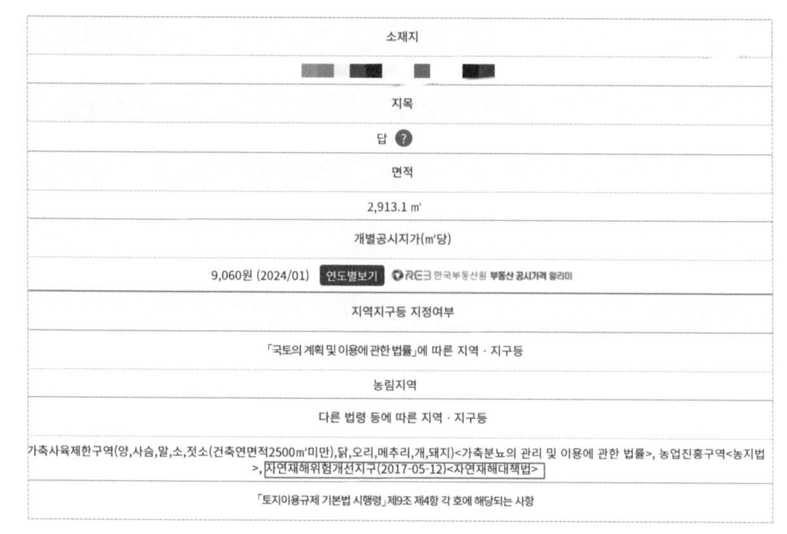

소재지
[illegible]
지목
답 ?
면적
2,913.1 ㎡
개별공시지가(㎡당)
9,060원 (2024/01) 연도별보기 REB 한국부동산원 부동산 공시가격 알리미
지역지구등 지정여부
「국토의 계획 및 이용에 관한 법률」에 따른 지역 · 지구등
농림지역
다른 법령 등에 따른 지역 · 지구등
가축사육제한구역(양,사슴,말,소,젖소(건축연면적2500㎡미만),닭,오리,메추리,개,돼지)<가축분뇨의 관리 및 이용에 관한 법률>, 농업진흥구역<농지법>, 자연재해위험개선지구(2017-05-12)<자연재해대책법>
「토지이용규제 기본법 시행령」제9조 제4항 각 호에 해당되는 사항

1단계		
항목	체크 (○,×)	비고
공부상 농지인가?	○	
농지의 면적은 적정한가?	○	
소방차와 응급차의 통행이 가능한가?	○	

먼저 1단계 검토 내용을 보겠습니다. 공부상 지목이 '답'이므로 농지에 해당합니다. 이론상 농촌체류형 쉼터의 연면적인 33m²의 두 배 이상이면 되는데, 면적이 2,913.1m²이므로 적정합니다. 확인도면을 보면 남쪽 방향으로 농로에 접하므로 소방차나 응급차 등의 이동이 가능합니다.

1단계는 모두 통과했으니 2단계로 넘어가겠습니다.

2단계		
항목	체크 (○,×)	비고
농촌체류형 쉼터의 설치가 불가능한 지역인가?	○	
- 방재지구	×	국토의 계획 및 이용에 관한 법률
- 붕괴위험지역	×	급경사지재해예방법
- 자연재해위험개선지구	○	자연재해대책법
- 엄격한 방류수 수질기준 적용 지역	×	하수도법
- 지자체 조례로 정한 지역	×	지자체 조례

위 토지의 토지이용계획 확인서를 보면 "자연재해위험개선지구(2017-05-12)〈자연재해대책법〉"이라고 표기되어 있습니다. 그렇다면 이 농지는 「자연재해대책법」에서 정한 자연재해위험개선지구이고, 이는 농촌체류형 쉼터의 설치제한지역에 해당하므로 위 토지에는 농촌체류형 쉼터를 설치할 수 없습니다. 2단계에서 막혔으니 3단계로 넘어갈 필요도 없습니다.

■ 사례 2 ■

▎사례 2 토지

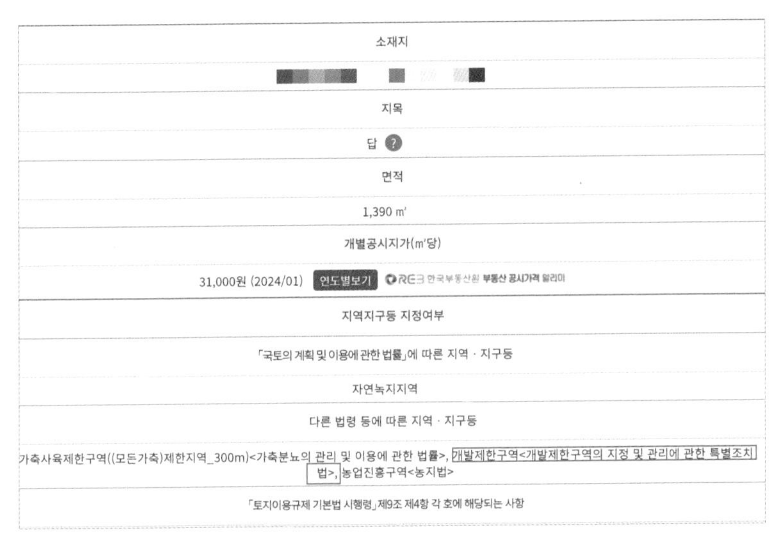

소재지
[illegible]
지목
답 ?
면적
1,390 ㎡
개별공시지가(㎡당)
31,000원 (2024/01) 연도별보기 REB 한국부동산원 부동산 공시가격 알리미
지역지구등 지정여부
「국토의 계획 및 이용에 관한 법률」에 따른 지역 · 지구등
자연녹지지역
다른 법령 등에 따른 지역 · 지구등
가축사육제한구역((모든가축)제한지역_300m)<가축분뇨의 관리 및 이용에 관한 법률>, 개발제한구역<개발제한구역의 지정 및 관리에 관한 특별조치법>, 농업진흥구역<농지법>
「토지이용규제 기본법 시행령」제9조 제4항 각 호에 해당되는 사항

1단계		
항목	체크 (○,×)	비고
공부상 농지인가?	○	
농지의 면적은 적정한가?	○	
소방차와 응급차의 통행이 가능한가?	○	

공부상 지목이 '답'이므로 농지에 해당합니다. 이론상 농촌 체류형 쉼터의 연면적인 33m^{2}의 두 배 이상이면 되는데, 면적이 1,390m^{2}이므로 적정합니다. 확인도면을 보면 1시 방향으로 농로에 접하므로 소방차나 응급차 등의 이동이 가능합니다.

1단계는 모두 통과했으니 2단계로 넘어가겠습니다.

2단계		
항목	체크 (○,×)	비고
농촌체류형 쉼터의 설치가 불가능한 지역인가?	×	
- 방재지구	×	국토의 계획 및 이용에 관한 법률
- 붕괴위험지역	×	급경사지재해예방법
- 자연재해위험개선지구	×	자연재해대책법
- 엄격한 방류수 수질기준 적용 지역	×	하수도법
- 지자체 조례로 정한 지역	×	지자체 조례

토지이용계획 확인서를 보면 농촌체류형 쉼터 설치가 불가능한 지역에 해당하지 않습니다. 따라서 2단계까지 잘 통과했습니다. 2단계까지 통과했으면 농촌체류형 쉼터 자체는 설치가 가능한 것으로 판단해도 됩니다.

마지막 3단계입니다.

3단계			
항목	체크 (○,×)	비고	
전기 인입은 가능한가?	△	건축법	개발제한구역의 지정 및 관리에 관한 특별조치법
수도 설치는 가능한가?	△	수도법	
정화조 설치는 가능한가?	×	하수도법	
소화기 설치는 가능한가?	△	소방시설 설치 및 관리에 관한 법률	

위 토지는 개발제한구역에 해당합니다. 개발제한구역이면 일단 정화조 설치는 불가능합니다. 나머지 전기와 수도, 소화기 설치는 관련 기관에 별도 문의해야 합니다.

그런데 농촌체류형 쉼터에 정화조가 없으면 어딘가 이상합니다. 인근에 공용화장실이 있다면 그곳을 이용해도 되지만, 농촌체류형 쉼터는 그 자체가 주거용이므로 정화조는 반드시 필요합니다. 이런 걸 감안하면 정화조 설치가 안 되는 개발제한구역은 대상 토지에서 제외하는 게 좋아 보입니다.

이렇게 3단계까지 모두 통과했다고 하더라도 추가로 검토해야 하는 사항들이 있습니다. 전기 인입은 용이한지, 상수도 설치는 가능한지, 정화조 설치는 가능한지, 소방시설 설치는 가능한지, 토지의 방향은 남향인지, 조망은 나오는지, 토지의 위치가 도로보다 높은지, 주변에 송전선이나 축사 같은 혐오시설은 없는지 등입니다.

토지의 위치가 도로보다 낮으면 비가 올 때 토지에 물이 차거나 배수가 잘 안 될 수 있습니다. 이런 것까지 고려하면 '답'보다는 '전'이 좋아 보입니다. 용도지역까지 고려하면 관리지역의 도로 접한 '전'이 농촌체류형 쉼터로 활용하기에는 제일 좋을 듯합니다.

■ 사례 3 ■

❙ 사례 3 토지

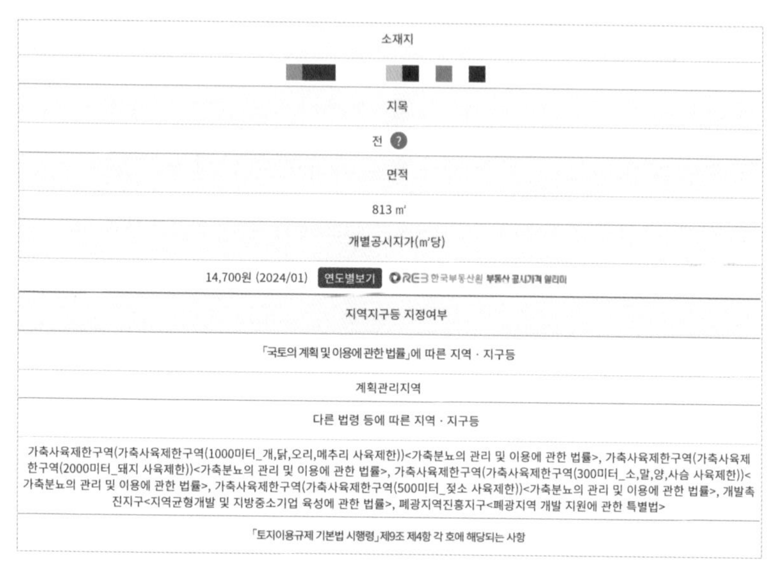

소재지
[illegible]
지목
전 ?
면적
813 ㎡
개별공시지가(㎡당)
14,700원 (2024/01) 연도별보기 REB 한국부동산원 부동산 공시가격 알리미
지역지구등 지정여부
「국토의 계획 및 이용에 관한 법률」에 따른 지역 · 지구등
계획관리지역
다른 법령 등에 따른 지역 · 지구등
가축사육제한구역(가축사육제한구역(1000미터_개,닭,오리,메추리 사육제한))<가축분뇨의 관리 및 이용에 관한 법률>, 가축사육제한구역(가축사육제한구역(2000미터_돼지 사육제한))<가축분뇨의 관리 및 이용에 관한 법률>, 가축사육제한구역(가축사육제한구역(300미터_소,말,양,사슴 사육제한))<가축분뇨의 관리 및 이용에 관한 법률>, 가축사육제한구역(가축사육제한구역(500미터_젖소 사육제한))<가축분뇨의 관리 및 이용에 관한 법률>, 개발촉진지구<지역균형개발 및 지방중소기업 육성에 관한 법률>, 폐광지역진흥지구<폐광지역 개발 지원에 관한 특별법>
「토지이용규제 기본법 시행령」제9조 제4항 각 호에 해당되는 사항

이 토지는 며칠 전에 답사를 다녀온 물건입니다. 지도를 보니 북쪽과 동쪽으로 마을길이 있고 지대도 약간 높아 보여 조망도 괜찮을 걸로 생각했습니다. 서류를 보면 면적도 813m²로 농촌체류형 쉼터로 활용하기에도 좋아 보였고, 계획관리지역의 '전'이었습니다.

계획관리지역에서는 건폐율 40%로 건축을 할 수 있고, 거의 모든 건축물을 지을 수 있어 보전관리나 생산관리, 그 외 농림지역이나 자연환경보전지역보다도 활용도가 뛰어납니다. 이런 점이 추후 매도 시 유리하게 작용합니다. 당연히 토지의 가격 상승세도 다른 용도지역에 비해 두드러집니다.

현장에서 봤더니 예상했던 것보다 조망이 좋았고, 해당 토지 뒤쪽으로는 이미 전원주택이 지어져 있었습니다. 마을과는 약간의 거리가 있어 더 좋아 보였습니다. 뒷집이 있다는 건 전신주와 상수도관이 인근에 있어 전기 인입과 수도 설치가 더 용이하다는 의미이기도 합니다.

2025년
토지 투자 전략

2025년부터 농촌체류형 쉼터 제도가 시행됩니다. 기존의 농막제도를 확대 개편한 것으로 농촌경제를 활성화하고 영농활동과 국민편의 증진을 기대하고 있습니다. 농촌체류형 쉼터는 농막과 달리 주거용으로 사용이 가능하고, 종부세와 양도세 계산 시 주택 수로 계산하지 않아 세제 등에서 불이익이 없으며, 농지전용 없이 비교적 간단한 절차와 소액의 비용으로 전원생활이나 농촌에서 체류해볼 수 있는 경험을 제공합니다.

그런데 농촌체류형 쉼터를 아무 농지에서나 할 수 있는 건 아닙니다. 도로여건, 입지여건 등을 고려했을 때 전체 농지 중 농촌체류형 쉼터가 가능한 농지는 50% 이하일 것으로 생각합니다.

이를 바꾸어 말하면 농지에 투자하려면 농촌체류형 쉼터가 가능한 토지에 투자하는 게 낫고, 그러한 토지를 선별하는 기준을 가져야 합니다. 따라서 다음의 조건을 갖춘 토지에 투자하는 게 좋습니다.

■ 1,000m^2 이하의 관리지역의 농지 중 지목이 '전'인 토지 ■

농촌체류형 쉼터는 농지에 설치하는 가설건축물입니다. 농지를 취득하기 위해서는 농지취득자격증명서라는 서류가 필요한데, 이는 해당 농지를 취득해 어떤 용도로 사용할지를 확인하는 제도입니다.

그런데 세대당 소유 농지가 1,000m²를 넘어가면 농업경영계획서 등을 작성해야 하며, 조건에 따라 농지위원회 심의를 받아야 할 수도 있습니다. 그런데 관리지역의 1,000m² 이하의 농지는 농업진흥지역의 1,000m² 이하의 농지와는 달리 주말·체험 영농 목적으로 취득이 가능합니다. 주말·체험 영농 목적으로 농지취득자격증명 신청 시 원거리라도 농지취득자격증명 발급도 용이합니다.

또한 관리지역이 농림지역이나 자연환경보전지역보다는 지을 수 있는 건축물의 종류가 많아 토지의 활용도가 높으며, 이러한 점은 추후 토지 매도 시에도 이점으로 작용합니다. 지가 상승 역시 농림지역과 자연환경보전지역보다 높습니다.

■ 경매나 공매 활용하기 ■

최근에 답사를 다녀온 토지는 모두 경매나 공매에 나온 물건들입니다. 대략 6필지 정도의 토지를 보고 왔는데, 그중 마음에 드는 토지는 한두 필지 정도였습니다. 경매나 공매로 토지를 취득하면 일반매매보다 최소 20~30% 정도 저렴하게 취득할 수 있습니다. 최근에 지인이 500평이 넘는 토지를 경매로 취득했는데, 3년 정도 물건을 검색하고 답사를 다녀오는 과정을 반복했다고 합니다.

탱크옥션에서 물건 검색하기

TANK AUCTION 경매검색 ❶ 공매검색 신탁공매 지도검색 탱크정보광장 탱크교육 부가서비스 고객센터 마이페이지 양안성님

종합검색 홈 〉 경매검색 〉 종합검색 검색방법 ?

경매사건 전체 타경

종합검색 ❷
법원별검색
소재지검색
기일별물건
예정물건
역세권검색
차량검색
이해관계인
용도지역
취하변경 안내
조회수TOP30
결과보고서
매각통계
샘플물건

지도검색 추가안내 HUG 임차권 인수조건변경
탱크옥션 이용방법
경매생활 및 요금안내
앱설치 후 5,000P 받자

주소선택 주소 법원 충남 ❸ -시/구/군- -읍/면/동- 추가
건물명칭
물건종류 -선택- 단일선택
사건번호 -선택- 타경
물건종류 복수선택 전체보기

주거용: 아파트, 다가구주택, 연립주택, 도시형생활주택, 다세대주택, 기숙사, 오피스텔(주거), 상가주택, 단독주택

상업 및 산업용: 근린생활시설, 목욕탕, 의료시설, 지식산업센터, 분뇨및쓰레기처리, 오피스텔(상업), 업무시설, 교육연구시설, 창고시설, 근린상가, 노유자시설, 묘지관련시설, 위험물저장및처리, 숙박시설, 문화및집회시설, 기타시설, 자동차관련, 숙박(콘도등), 종교시설, 공정, 동물및식물관련

토지 ❹: 전(✔), 잡종지, 사적지, 주유소용지, 종교용지, 염전, 답(✔), 도로, 묘지, 창고용지, 제방, 유지, 과수원(✔), 주차장, 목장용지, 철도용지, 하천, 양어장, 임야, 공원, 공장용지, 수도용지, 구거, 대지, 유원지, 학교용지, 체육용지, 광천지

차량 및 중장비: 승용차, 덤프트럭, 승합차, 기타중기, 버스, 화물차, 기타차량

기타: 선박 ❺, 어업권, 광업권, 기타

진행상태 진행물건 유찰 -선택- ~ -선택-
매각기일 ~
감정가격 -선택- ~ -선택- 원
토지면적 ❻ ~ 1000 ㎡ 평
최저가격 -선택- ~ -선택- 원
건물면적 ~ ㎡ 평

추가검색 +
용도검색 +

특수조건: 적용 안함 / 선택 1개 이상 포함 ? / 선택 모두 포함 ? / 선택 제외 ? (◉) ❼

권리: 유치권, 선순위 가등기, 유치권 배제, 선순위 가처분, 법정지상권, 지분입찰 물건(✔), 분묘기지권

임차인: 임차인우선매수신고, 대항력 있는 임차인, 선순위 전세권 설정, 전세권만 매각, 선순위 임차권 설정, HUG 임차권 인수조건변경, 임차권 등기

물건현황: 맹지, 반값 경매물건, 토지별도등기인수조건, 경매/공매 동시 (진행/과거), 위반건축물, 토지건물 일괄매각, 건물만 입찰 물건, 최근 2주 주요변동 물건, 오늘 공고된 신건, 대지권미등기, 토지만 입찰 물건, 재매각 물건, 토지별도등기 있는 물건, 감정시점 1년 지난 물건

자격: 공유자우선매수, 항고사건, 농지취득자격증명, 임금채권자, 채권자매수청구, 대위변제

형식적경매: 유치권에 의한 형식적경매, 공유물분할을 위한 형식적경매, 청산을 위한 형식적경매, 기타 형식적경매

즐겨쓰는검색추가 다시 검색 ❽

즐겨쓰는 검색열기 최근 검색열기 나만의 즐겨쓰는 검색, 최근검색 조건을 확인 할 수 있습니다. (유료서비스)

검색된 물건수 : 79건 ❾

탱크옥션(www.tankauction.com)과 같은 유료사이트에서 ① 경매검색, ② 종합검색, ③ 지역선택, ④ '전' '답' '과수원' 체크, ⑤ 진행물건, ⑥ 면적 선택, ⑦ 지분입찰물건 선택 제외 체크, ⑧ 검색을 하면 ⑨ 79건의 물건이 진행 중임을 알 수 있습니다. 이 중 1~3단계를 적용해 농촌체류형 쉼터가 가능한지 검토해보면 됩니다.

■ 대도시 인근 ■

최근 농촌체류형 쉼터 용도로 사용할 농지를 찾아달라는 주변 지인들의 요청이 많습니다. 그런데 이들은 모두 대도시 인근의 농지를 원합니다. 대도시의 인프라를 누리면서 수시로 왕래하고자 하는 것입니다. 거리는 편도 30분 정도가 적당하고 이보다 멀어지면 자주 가기가 힘들어집니다. 대부분 사람이 비슷한 생각을 하다 보니 이런 조건을 갖춘 토지의 수요가 늘어날 것은 당연해 보입니다.

추후 토지 검토 시 이런 점들을 고려하면 좋겠습니다.

2025년은 농촌체류형 쉼터 시행의 원년입니다. 그동안 강화되어 왔던 농지 규제도 차츰 완화될 것으로 보이며, 좋은 조건을 갖춘 토지는 희소해서 그 가치가 변하지 않습니다. 독자분들 모두 원하는 토지를 소유할 수 있기를 소망합니다.

부동산 절세, 2025년 상반기를 주목해야 하는 이유

제네시스박 박민수

- (주)더스마트컴퍼니 대표
- 네이버프리미엄 '제네시스박의 부동산 절세노트'
- 유튜브 '채널 제네시스박'
- 저서『부동산 절세 무작정 따라하기』

"부동산 절세는 사전 준비가 중요하다." 정말 귀가 따갑도록 자주 들은 말이다. 하지만 2025년 상반기는 특히 더 그러할 것으로 예상된다. 여기에서 중요한 건 '2025년'보다는 '상반기'라는 점이다. 이유가 무엇일까? 그전에 현재 부동산 시장 상황을 잠깐 들여다보자.

현시점의 부동산 시장 상황

현재 부동산 시장에서 가장 큰 문제는 '공급 부족'이다. 이는 이전 정부에서부터 수년간 해결되지 않은 문제로, 현 정부 역시 2024년 8월 공급대책을 통해 이를 자인한 바 있다. 이 상황에서 2024년 9월 단행된 미국의 금리 인하는 수요자들의 심리에 긍정적인 요소로 작용해, 서울 중심지를 시작으로 주택가격이 오르고 있는 형국이다.

다만 몇 가지 변수가 있는데, 그건 바로 정부의 대출 규제와 부동산 세금 정책이다. 대출 규제는 정책 수장의 발언으로 혼선이 거듭되고 있으며, 정부 입장에서도 과거 특례보금자리론 같은 파격적인 상품을 선보이기는 당분간 힘들 것으로 보인다.

대출과 관련해 중요한 건 부족한 자금을 자력으로 마련해야 하는 상황에서, 필히 가족 등 특수관계자로부터 차용하는 경우가 늘어날 것이라는 점이다. 즉, 이에 대한 자금출처와 편법 증여 이슈를 꼭 짚고 넘어가야 한다.

다음으로 부동산 세금 정책을 보자. 현 정부 들어 양도세 비과세 완화, 종부세 중과 일부 폐지 등 규제 완화 중심의 세금 정책이 시행되고 있지만, 여전히 취득세 중과세율은 남아 있는 상황이다. 이는 2020년 8월 지방세법 개정으로 시행된 정책인데, 이로 인해 '똘똘한 한 채' 심화 현상이 고착화되어 가는 형국이다. 즉 세제 측면에서 주택 수가 적을수록 유리하니 지방보다는 서울을, 외곽보다는 중심지를 선호하는 현상이 심해지고 있으며, 여기에 각종 대내외 환경(고금리, 경제 불안 등)까지 더해져 '결국 좋은 물건 하나만 가지고 있자'라는 생각이 커진 것이다.

현재의 부동산 시장 양극화 요인 중 하나로 이 취득세 중과가 상당한 영향을 끼쳤다고 할 수 있다. 현 정부는 이에 대해 최고세율 50% 인하라는 방안을 2022년 12월에 세웠지만, 현재까지도 개정은 되지 않았으며 관련해서 별다른 소식이 없다.

그렇다면 이상의 내용과 2025년 상반기가 중요하다는 것과 어떤 관계가 있을까? 이는 매수자와 매도자, 양쪽을 구분해서 살펴보는 것이 바람직하다.

먼저 매수자를 살펴보자. 매수자는 내 집 마련을 하는 실수요자, 즉 무주택에서 1주택자가 되거나 기존 1주택을 처분하고 다른 주택으로 갈아타는 경우를 중심으로 살펴본다. 2주택에서 추가 취득 시 최소 8%의 취득세를 부담해야 하는데, 이런 경우는 그렇게 많지 않다. 그래서 현재 주택 시장은 실수요자 중심의 장이기도 하다.

그럼 실수요자들은 어디에, 어떤 주택을 매수하려고 할까? 어차피 1주택만 보유하는 것이 여러모로 유리하니 가급적 여력이 되는 선에서 좋은 물건, 그리고 이왕이면 연식이 얼마 되지 않은 신축 혹은 준신축을 선택할 가능성이 높다.

또 하나, 해당 주택을 매입해서 실제 거주하는 경우도 있겠지만, 세를 끼고 미리 사두는 경우도 있을 것이다. 이렇게 해야 같은 자금이라도 더 좋은 입지에 있는 물건을 매수할 수 있기 때문이다. 이상의 내용을 종합해보면 '비록 조정대상지역이라도 좋은 입지에 있는 준신축 아파트를 세 끼고 매수하는 것'이 좋은 전략이라는 것을 알 수 있다.

상생임대주택 비과세 특례

하지만 조정대상지역의 경우 향후 비과세를 받으려면 반드시 2년 거주를 해야 하는데, 세를 끼고 매수한다면 거주 요건을 채우지 못해 비과세를 받을 수 없다. 그런데 이러한 주택도 비과세를 받을 수 있는 정책이 있다면 꼭 알고 있어야 하지 않을까? 그 방법이 바로 '상생임대주택 비과세 특례'다. 이를 제대로 활용하려면 반드시 2025년 상반기 안에 요건을 갖추는 것이 중요하다. 왜 그럴까? 사례를 통해 살펴보자.

❙ 상생임대주택 사례

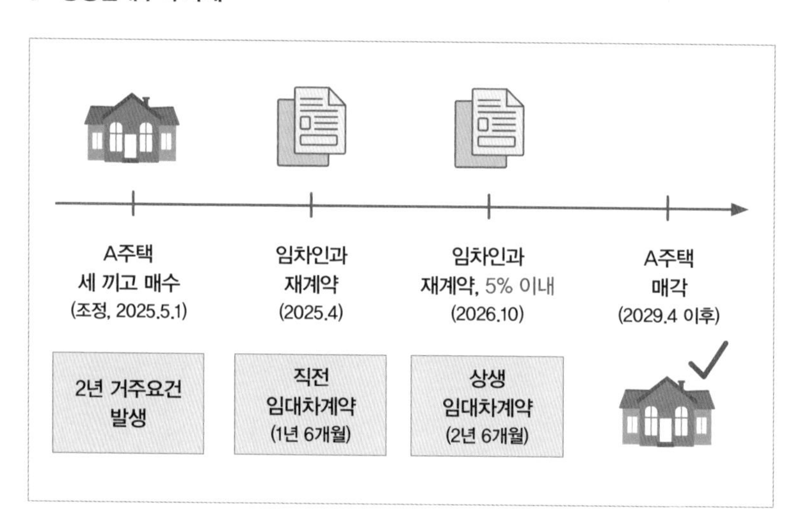

어떤 사람이 2025년 1월에 조정대상지역에 위치한 A주택을 세를 끼고 매수했다고 하자(단, 토지거래허가구역은 이 방식 불가). 세를 끼고 매수했다는 것은 기존 임대차계약이 진행 중이라는 것인데, 해당 계약 만료일은 2025년 4월이라고 가정한다. 그렇다면 이 사람은 언젠가 A주택에서 2년 거주를 해야 양도세 비과세를 받을 수 있지만, 그렇지 않더라도 비과세를 받을 수 있는 방법이 있다.

먼저 기존 임대차계약이 만료되는 2025년 4월에 최소 1년 6개월 이상의 기간으로 임대차계약을 맺는다. 이걸 '직전 임대차계약'이라고 한다. 이때 임차인은 기존 임차인 여부와 무관하다. 그리고 해당 임대차계약이 만료되는 2026년 10월에 2년 이상의 기간으로 임대차계약을 맺으면 된다. 단, 직전 임대차계약의 보증금보다 5%를 초과하지 않는 선에서 임대료를 증액해야 한다. 이를 '상생 임대차계약'이라고 한다.

사례에서는 상생 임대차계약을 2년이 아닌 2년 6개월로 했다. 왜 그럴까? 이는 직전 임대차계약을 통상의 2년이 아닌 1년 6개월로 했기 때문이다. 즉, 직전 임대차계약을 1년 6개월로 하고 이후 상생 임대차계약을 2년 6개월로 함으로써 임차인 입장에서는 4년 임대차기간을 확보했고, 임대인 입장에서는 2026년 말까지 체결해야 하는 상생 임대차계약 조건을 만족할 수 있기 때문이다. 이렇게 한 후 상생 임대차계약이 종료되는 2029년 4월 이후 해당 주택을 매각하면 2년 거주를 하지 않아도 양도세 비과세가 가능하다.

이는 매우 큰 혜택인데, 한 가지 혜택이 더 있다. 그건 바로 12억

❙ 상생임대주택 비과세 특례 개요

구분		기존	개선
상생임대인 개념		직전계약 대비 5% 이내 임대료 인상(신규, 갱신)한 임대인	좌동
상생임대인 인정요건		임대개시 시점 1세대 1주택 + 9억 원(기준시가) 이하 주택	폐지(임대개시 다주택이나 향후 1주택자 전환 계획이 있는 임대인도 혜택)
혜택	비과세	조정대상지역 양도세 비과세 2년 거주요건 중 1년 인정	조정대상지역 양도세 비과세 2년 거주요건 면제
	장특공제	없음	1세대 1주택 장기보유특별공제 적용을 위한 2년 거주요건 면제
적용기한		2022.12.31	2024.12.31 → 2026.12.31 연장 예정

원 초과 고가주택인 경우 12억 원 초과분에 대해 최대 80%까지 가능한 '장기보유특별공제'를 받을 수 있다는 점이다. 물론 실제 2년 거주를 한 것은 아니기 때문에 상생임대주택 비과세 특례를 갖추고 10년 보유한다면 최대 40%의 장기보유특별공제가 가능하다.

이상의 두 가지 혜택을 모두 받을 수 있는 제도가 바로 상생임대주택 비과세 특례다. 최근 세법 개정으로 상생 임대차계약 체결일을 종전 2024년 12월 31일에서 2026년 12월 31일까지 2년 더 연장했다.

다만 특정 주택을 취득하고 무조건 5% 이내에서 증액하는 것

❙ 상생임대주택 절세효과 계산사례

구분	상생임대 미적용 시 (비과세 불과, 장특공 표1 적용)	상생임대 미적용 시 (비과세 불과, 장특공 표2 적용)
전체 양도차익	10억 원	10억 원
과세대상 양도차익	10억 원	4억 원 = 10억 원× {(20억 원-12억 원)/20억 원}
장기보유 특별공제	10억 원×20%(10년×2%)= 2억 원	4억 원×40%(10년×4%)= 1.6억 원
기본공제	250만 원	250만 원
과세표준	7.975억 원	2.375억 원
세율 (누진공제)	42% (3,594만 원)	38% (1,994만 원)
양도세 (지방소득세 포함)	3.29억 원	0.77억 원
차액비교	약 2.52억 원	

이 아닌 해당 주택을 '취득 후' 맺은 임대차계약을 직전 임대차계약(최소 1년 6개월)이고, 다시 여기에서 2년 이상의 상생 임대차계약을 2026년 12월 31일까지 체결해야 하므로 아무리 짧더라도 3년 6개월의 시간이 소요된다. 그렇기에 2025년 상반기까지가 이 방법을 활용할 수 있는 '절세 유통기한'이 되는 것이다.

장기보유특별공제

<table>
<tr><th rowspan="3">구분</th><th colspan="2">표1</th><th colspan="4">표2(1세대 1주택 고가주택)</th></tr>
<tr><th rowspan="2">2018년 까지</th><th rowspan="2">2019년 이후</th><th rowspan="2">2019년 이전</th><th rowspan="2">2020년 (2년 거주)</th><th colspan="2">2021년 이후 (2년 거주)</th></tr>
<tr><th>보유 기간</th><th>거주 기간</th></tr>
<tr><td>2년 이상 3년 미만</td><td>–</td><td>–</td><td>–</td><td>–</td><td>–</td><td>8%</td></tr>
<tr><td>3년 이상 4년 미만</td><td>10%</td><td>6%</td><td>24%</td><td>24%</td><td>12%</td><td>12%</td></tr>
<tr><td>4년 이상 5년 미만</td><td>12%</td><td>8%</td><td>32%</td><td>32%</td><td>16%</td><td>16%</td></tr>
<tr><td>5년 이상 6년 미만</td><td>15%</td><td>10%</td><td>40%</td><td>40%</td><td>20%</td><td>20%</td></tr>
<tr><td>6년 이상 7년 미만</td><td>18%</td><td>12%</td><td>48%</td><td>48%</td><td>24%</td><td>24%</td></tr>
<tr><td>7년 이상 8년 미만</td><td>21%</td><td>14%</td><td>56%</td><td>56%</td><td>28%</td><td>28%</td></tr>
<tr><td>8년 이상 9년 미만</td><td>24%</td><td>16%</td><td>64%</td><td>64%</td><td>32%</td><td>32%</td></tr>
<tr><td>9년 이상 10년 미만</td><td>27%</td><td>18%</td><td>72%</td><td>72%</td><td>36%</td><td>36%</td></tr>
<tr><td>10년 이상 11년 미만</td><td rowspan="6">30%</td><td>20%</td><td rowspan="6">80%</td><td rowspan="6">80%</td><td rowspan="6">40%</td><td rowspan="6">40%</td></tr>
<tr><td>11년 이상 12년 미만</td><td>22%</td></tr>
<tr><td>12년 이상 13년 미만</td><td>24%</td></tr>
<tr><td>13년 이상 14년 미만</td><td>26%</td></tr>
<tr><td>14년 이상 15년 미만</td><td>28%</td></tr>
<tr><td>15년 이상</td><td>30%</td></tr>
</table>

그렇다면 상생임대주택을 통해 받을 수 있는 세제 혜택은 얼마나 될까? 예를 들어 현재 조정대상지역인 송파구에 위치한 주택을 10억 원에 취득하고 10년 후 20억 원에 매각한다고 가정해보자. 단순히 보유만 하고 매각하면 약 3억 2,900만 원의 양도세를 부담해야 하지만, 상생임대주택 비과세 특례를 활용하면 약 7,700만 원으로 줄어, 무려 2억 5천만 원가량 절세할 수 있다(앞 페이지 표).

따라서 이왕이면 좋은 주택을 한 채 보유하되, 사정상 세를 끼고 사두는 경우라면 2025년 상반기가 지나기 전까지 꼭 상생임대주택 요건을 갖추도록 하자. 상생임대주택 비과세 특례는 임대 당시 다주택이라도 무방하지만, 최종 매각 시에는 1세대 1주택 혹은 일시적 2주택 비과세 등 비과세 요건을 갖춘 상태에서 매각해야 혜택을 받을 수 있다.

이상의 내용과 장기보유특별공제에 대한 표, 상생임대주택 비과세 특례 신청서도 참고하길 바란다.

내 집 마련이나 갈아타기를 준비 중인 매수자라면 2025년 상반기까지 상생임대주택 비과세 특례 적용 여부를 꼭 확인하자. 물론 그 이전에 취득한 경우도 마찬가지다. 모르고 넘어가면 과세 당국에서 비과세 혜택을 챙겨주지 않으니 말이다.

상생임대주택에 대한 특례적용신고서

■ 소득세법 시행규칙 [별지 제83호의4서식] <신설 2022. 3. 18.>

상생임대주택에 대한 특례적용신고서

※ 뒤쪽의 작성방법을 읽고 작성하시기 바랍니다. (앞쪽)

접수번호	접수일

신고인 (양도자)	① 성명	② 주민등록번호
	③ 주소 (전화번호 :)	

상생임대주택 (양도주택)	④ 소 재 지	
	⑤ 주택 면적(㎡)	⑥ 토지 면적(㎡)
	⑦ 취득일	⑧ 양도일
	⑨ 양도가액	⑩ 거주기간(년 월 일 ~ 년 월 일)
	⑪ 상생임대차계약체결일(년 월 일)	⑫ 임대개시일 당시 기준시가

임대내역(⑬)

구 분	임차인		임대료		임대기간		
	성명	생년월일	보증금	월세	개시일	종료일	기간
직전 임대차계약							
상생 임대차계약							

「소득세법 시행령」 제155조의3제4항에 따라 상생임대차계약에 대한 특례적용신고서를 제출합니다.

년 월 일

신고인 (서명 또는 인)

세무대리인 (서명 또는 인)

(관리번호)

세무서장 귀하

첨부서류	뒤쪽 참고	수수료 없음

매수자의 자금출처 및 편법증여 이슈

매수자가 챙겨야 할 사항이 하나 더 있으니 바로 자금 출처와 편법 증여 이슈다.

앞서 주택가격 상승이 지속될 경우 대출 규제가 당분간 유지될 수 있다고 했는데, 이 과정에서 부족한 자금을 융통하기 위해 가족 등 특수관계자에게 차입하는 경우가 더 늘어날 것으로 보인다. 예를 들어 대출을 5억 원 정도 생각하고 있었는데 갑자기 가능 금액이 4억 원으로 줄어들면, 부족한 1억 원을 부모 등으로부터 빌리려고 하지 않을까? 이때 단순히 차용증만 작성한다고 해결될 일은 아니다. 물론 차용증 작성이 중요하긴 하나 '만병통치약'은 아니라는 뜻이다.

금전대차계약서 양식을 살펴보면 당사자, 금액, 이자, 변제기일 및 방법 등 금전대차거래에 대한 상세하고 구체적인 내용을 기입하도록 되어 있다. 여기서 중요한 몇 가지 사항을 짚어보자.

첫째, 이자는 연 4.6%로 설정하되, 이보다 높거나 낮을 경우 그 차액은 연간 1천만 원을 넘지 않도록 한다. 예를 들어 3억 원을 부모로부터 빌렸는데 법정이자율 4.6%가 아닌 무이자로 했다면, 이로 인한 차액은 1,380만 원(=원금 3억 원×이자율 차이 4.6%)이 된다. 만약 1% 이자를 받는다면 이 차액은 1,080만 원(=원금 3억 원×이자율 차이 3.6%)으로, 1천만 원을 초과해 증여 이슈가 발생한다. 따라서 가급적 법정이자율을 준수하되, 이자율을 조정한다면 이자액 차이를 연간

금전대차계약서

금전대차-1(일반형)

금 전 대 차 계 약 서

당사자의 표시

대여인(빌려주는 사람)

이름(회사이름과 대표자) : ____________

주소(회사의 본점이 있는 곳) : ____________

주민등록번호(사업자등록번호) : ____________

전화번호: ____________

차용인(빌리는 사람)

이름(회사이름과 대표자) : ____________

주소(회사의 본점이 있는 곳) : ____________

주민등록번호(사업자등록번호) : ____________

전화번호 : ____________

대여인(빌려주는 사람)과 차용인(빌리는 사람)은 다음과 같이 금전대차계약을 맺는다.

제1조(금액)

대여인은 차용인에게 ____________원(₩____________)을 빌려주고 차용인은 이를 빌린다.

[받은 사람의 확인: ____________(서명 또는 인)]

제2조(이자)

위 차용금(빌리는 돈)의 이자는 월금에 대하여 년___할___푼(___%)의 비율에 의하여 지급하기로 한다.

제3조(변제기일 및 변제방법)

차용인은 위 차용원금을 ______년___월___일까지, 이자는 매월___일까지 모두 갚기로 하여, 대여인의 주소지로 가지고 가서 지급하거나 또는 대여인이 지정하는 아래 계좌에 송금하여 지급한다.

지정은행 : ____________

계좌번호 : ____________ 예금주 : ____________

제4조(기한의 이익상실)

다음의 경우 차용인은 변제기일(갚기로 정한 날) 이전이라도 원금과 이자를 갚으라는 대여인의 요구를 거절하지 못한다.

1. 이자를 2개월 이상 지급하지 않았을 때
2. 차용인이 제3자로부터 압류 또는 가압류를 받거나 파산선고를 받았을 때

제5조(특별히 정하는 사항)

____

____

200__년___월___일

대여인 ____________ (서명 또는 인)

대리인 ____________ (서명 또는 인)

(대리인의 주민등록번호 : ____________)

차용인 ____________ (서명 또는 인)

대리인 ____________ (서명 또는 인)

(대리인의 주민등록번호 : ____________)

출처: 서울중앙지방법원

1천만 원 이내로 조정하는 것이 좋다.

둘째, 무이자보다는 소액이라도 이자 지급을 하는 것이 유리하다. 여기서 '그럼 무이자로 할 수 있는 원금은 얼마일까?'라는 생각이 들 텐데, 앞의 내용을 참고해 역산하면 대략 2억 1,700만 원 정도가 된다. 그렇다고 하더라도 무이자로 하기보다는 단돈 10만 원이라도 이자 지급을 권장한다. 그리고 이체할 때 계좌이체 메모란에 '이자지급'이라고 표기하면, 과세 당국의 소명 요청이 있을 때 유용한 '증거'가 될 수 있다.

셋째, 상환 기간은 가급적 5년 이내로 설정하는 것이 좋다. 이에

대해 정해진 기준은 없지만, 과거 상환 기간을 30년으로 하고 무이자로 거액의 자금을 차용한 경우 금전대차거래가 아닌 편법 증여로 보고 조사에 들어간 사례가 있다(국세청 보도자료, 2021년 9월). 현실적인 상환 기간을 설정하는 것이 필요하다.

이렇듯 내 집 마련이나 갈아타기를 하려는 배수지들은 ① 상생임대주택 비과세 특례를 고려하면서 ② 부족한 자금은 차용증과 이자 지급 등 객관적인 증거를 남기는 것이 중요하다는 점을 잊지 말자.

매도자라면
양도세 중과 여부 확인

매도자가 조심해야 할 사항은 무엇일까? 매도자는 '2025년 5월 9일'이라는 날짜를 꼭 기억해야 한다. 이날을 기점으로 양도세 중과 여부가 결정되기 때문이다.

다주택자 양도세 중과는 모든 경우에 적용되는 것은 아니다. 다음 세 가지 조건을 모두 충족하는 경우에만 양도세 중과가 적용되며, 이 경우 세 부담이 급격히 늘어난다.

① 양도 당시 세대 기준으로 다주택 상태일 것

② 조정대상지역 주택을 매각할 것

③ 해당 주택이 양도세 중과 배제 사유에 해당하지 않을 것

따라서 조정대상지역에 있는 주택이라도 매각 당시 세대 기준으로 1주택 상태라면 양도세 중과는 적용되지 않는다. 주택 수가 아무리 많아도 비조정대상지역 주택을 매각하면 역시 중과 대상이 아니다. 또한 다주택자라도 조정대상지역 주택을 매각할 때 중과 배제 사유에 해당하는 경우 중과는 적용되지 않는다.

예를 들어 다주택 상태에서 현재 조정대상지역인 서초구의 아파트를 매각한다고 하더라도 양도세 중과가 적용되지 않는다. 위의 ①번과 ②번 요건을 충족해도 ③번 요건에서 중과 배제 사유에 해당하기 때문이다. 즉, 2025년 5월 9일까지는 2년 이상 보유한 주택에 대해 양도세 중과가 적용되지 않는다(2년 미만 보유 시 60%, 70%의 단기 양도세율 적용). 이를 '양도세 중과 한시 배제'라고 한다.

그러나 양도세 중과 한시 배제는 그 기간이 계속해서 1년 단위로 연장되었으며, 2025년 5월 9일을 기점으로 연장 여부가 불투명한 상황이다. 만약 연장되지 않고 양도세 중과가 시행되면 어떻게 될까?

가령 양도차익이 1억 원인 경우, 2년 이상 보유 후 일반과세가 적용되면 양도세는 약 2천만 원 정도다(단독명의 가정, 필요경비 및 보유기간에 따라 달라질 수 있음). 그런데 3주택 중과가 적용되면 같은 조건에서 양도세 부담은 5천만 원이 넘는다. 양도차익이 5억 원으로 올라가면 세 부담은 더욱 커지는데, 일반과세는 약 1억 9천만 원이지만 3주

❙ 양도차익에 따른 양도세 중과 세 부담

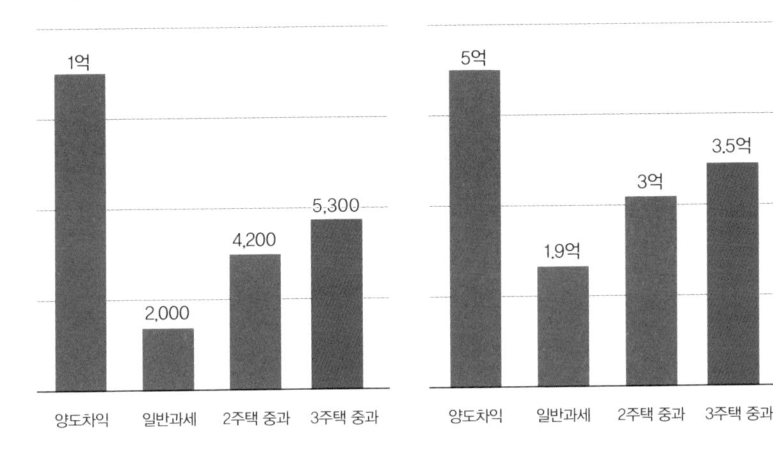

택 중과가 적용되면 무려 3억 5천만 원에 달한다.

따라서 양도세 중과는 가급적 피하는 것이 좋다. 이를 피하려면 양도세 중과 한시 배제 기간이 더 이상 연장되지 않는다고 가정할 때, 2025년 5월 9일 이전에 매각하거나(단, 2년 이상 보유 필요), 양도세 중과가 적용되지 않을 때까지 장기 보유하는 전략이 필요하다.

현 정부는 '중과 폐지'를 계속 주장하고 있다. 개인적으로는 양도세 중과 한시 배제 기간이 연장될 가능성이 크다고 보지만, 서울 중심지 주택가격이 계속 오르는 상황에서 연장 여부를 장담하기 어렵다.

따라서 조정대상지역 주택을 다수 보유하고 매각 여부를 고민 중이라면 우선 '보유세'를 체크해보길 권한다. 가장 최악의 시나리오는 양도세 중과가 시행되어 다주택자의 퇴로를 막은 다음 보유세를 인상하는 것이다. 부동산 세금 정책은 시장 상황에 따라 바뀔 수 있으며, 정부의 부동산 시장에 대한 관점에 따라 달라질 수 있다. 여기에 앞서 언급한 취득세 중과까지 고려하면 역시 '똘똘한 한 채'가 취득, 보유, 양도 등 모든 단계에서 상대적으로 유리하다는 점을 다시 한번 확인할 수 있으며, 당분간 이 기조는 계속될 것으로 보인다.

2025년 상반기에 절세를 위해 꼭 확인할 것

정리해보자. 2025년은 특히 상반기가 중요한 시기다.

매수자의 경우 상생임대주택 비과세 특례를 활용하려면 직전 임대차계약을 최소 2025년 6월까지는 체결해야 한다. 또한 다주택자이면서 조정대상지역 주택을 보유한 매도자는 양도세 중과 한시 배제 연장 여부를 확인하고, 필요시 2025년 5월 9일까지 매도 잔금을 치러야 한다.

부족한 자금을 특수관계자로부터 차용해 주택을 매수할 때는 자금 출처와 편법 증여 이슈를 예방하기 위해 차용증 작성과 이자 지급 등의 절차를 철저히 해야 한다.

양도세 중과를 피하기 위해 일부 물건을 내놓는 다주택자들은 2025년 5월 9일까지 매도 잔금을 마쳐야 한다. 계약 기간 등을 고려할 때 이러한 물건들은 2024년 하반기부터 2025년 초에 시장에 나올 가능성이 높다. 바로 지금이 그 시기다.

이렇듯 부동산 시장에서 매수자와 매도자는 서로의 전략과 생각을 이해하는 것이 유리하다. 이제 막 내 집 마련을 생각 중인 실거주자라도 다주택자의 입장과 부동산 세금에 대해 알아야 하는 이유가 바로 여기에 있다. 2025년 한 해, 여러분 모두의 건승을 기원한다.

보통의 세금,
상속세 정말 개편될까?

이장원 세무사

- 세무법인 리치 대표 세무사
- 한국세무사회 세무연수원 연수교수
- KDB생명·대한중소병원협회 등 다수 협회 공식 자문 세무사
- 다수 공공기관 및 언론사 부동산 자산관리 및 세금 강의
- 저서 『부의 이전』 외 8권
- 유튜브 '두꺼비TV_이장원 세무사'

드디어 세제 개편안이 발표되었다. 논란이 많은 상속세 및 증여세는 크게 두 가지가 개편되었다. 첫째는 상속세 및 증여세의 최저 과세표준과 최고세율 조정이며, 둘째는 상속세에서 자녀 공제금액이 1인당 5천만 원에서 5억 원으로 10배 상향된 점이다.

뉴스에서 연일 보도되는 상속세 개편안이 왜 논쟁의 중심이 되는지, 개편안이 나오게 된 배경과 이 개편안이 내 가족의 슬기로운 부의 이전에 어떤 영향을 미칠지 자세히 살펴보자.

당신도 경험하게 될 '보통의 세금' 상속세

■ OECD 회원국 중 상속세 및 증여세 1위는 대한민국 ■

OECD 38개국 중 17개국에서는 상속세가 없거나 폐지할 예정이

OECD 주요국의 총 조세수입 중 상속세 및 증여세 비중 (단위: %)

구분	한국	벨기에	일본	미국	독일	OECD 평균
2019	1.59	1.45	1.31	0.40	0.52	0.35
2020	1.93	1.531.31	1.31	0.46	0.67	0.38
2021	2.42	1.72	-	0.47	0.69	0.42

출처: OECD Statistics, 4300 Estate, inheritance and gift taxes, Tax revenue as % of total taxation.

다. 상속세가 있더라도 직계 상속에 대해서는 대부분 낮은 세율을 부과하고 있다. 그러나 한국은 총 조세수입 중 상속세 및 증여세 비중이 2.42%로, OECD 회원국 중 가장 높다. OECD 평균인 0.42%와 비교해봤을 때 5.7배 이상 높은 수치다.

상속세에 대해 어떻게 생각할지 모르겠지만, 상속세가 '부자'에 국한된 것으로 부의 재분배로서 필요하며 오히려 더 높여야 한다는 의견도 있을 것이다.

하지만 부의 재분배라는 이유만으로 상속세를 현 상태로 유지해야 할지에 대해서는 생각해볼 문제다. 상속세는 단순히 '부자'만의 문제가 아니라 서울 등 수도권에 아파트 한 채만 있어도 납세자가 될 수 있기 때문이다. 만약 '본인'이 상속세를 내는 상황이라면 스스로 '부자'로 받아들일지, 그리고 자신의 부를 사회적으로 재분배하는 데 동의할지 고민해보아야 할 것이다.

■ 집 한 채만 있어도 상속세가 발생한다는 건 이제 상식 ■

'본인'은 '부자'인가? 상속세는 부자만 내는 세금이라고 하지만, '본인'이 집 한 채만 갖고 있다고 해서 남의 일로 여길 수 있을까? 2024년 대한민국에서는 이미 수도권에 집 한 채만 있어도 상속세가 부과된다는 사실이 상식이 되었다. 혹시 몰랐다면 상속세를 계산해 본 적이 없거나 그 사실을 애써 무시하고 있었을 수 있다. 그럼 이제 상속세를 한 번 계산해보자. 상속세로 인해 그동안 쌓아온 재산의 절반을 자녀가 아닌 국가에 헌납해야 할 수도 있기 때문이다.

불과 10년 전만 해도 상속세를 납부하는 사람이 있으면 그 사람과 친하게 지내라는 말이 나올 정도로, 대한민국에서 상속세는 부자만 내는 세금이라는 인식이 강했다. 하지만 이제 상속세는 보편적인 세금이 되었다.

근로소득자나 사업소득자는 매년 소득과 세금을 신고하면서 다음 해의 세금을 준비하고 공부한다. 근로자들은 연말정산 절세 팁을 포털사이트에서 검색하기도 한다. 하지만 상속세는 피상속인의 죽음에서 비롯되는 문제이기 때문에 대부분의 사람들은 이를 남의 이야기처럼 받아들인다. 현재 국민 대부분이 잠재적인 상속세 신고대상자임에도 상속세에 대한 상식이나 이해가 부족하다. 그 결과 많은 상속인이 사전 상속 절세 계획을 세우지 않아 고액의 상속세 부담을 고스란히 짊어지게 된다. 세무사로서 이를 지켜보며 절세를 도와줄 방법이 없어 안타까울 뿐이다.

한국부동산원의 R-ONE 부동산통계뷰어에서 확인한 2023년

▎ 최근 8년간 지역별 아파트 매매 평균 가격 (단위: 천 원)

지역	전국	수도권	지방권	6대광역시	9개도	서울
2016년 12월	283,287	379,107	192,294	235,385	225,187	562,278
2017년 12월	313,552	427,909	205,138	257,439	238,036	659,905
2018년 12월	325,014	454,751	202,019	258,723	240,882	717,749
2019년 12월	351,787	501,863	210,622	270,787	255,283	827,228
2020년 12월	396,418	564,152	238,600	313,976	297,085	893,100
2021년 12월	514,584	758,448	294,172	399,441	400,376	1,151,469
2022년 12월	468,130	686,826	270,466	356,918	363,242	1,067,590
2023년 12월	449,530	665,377	254,740	333,839	346,039	1,051,458

출처: R-ONE 부동산통계뷰어, 한국부동산원

12월 '전국 주택가격 동향 조사'에 따르면 서울 아파트의 평균 매매 가격은 최근 조정되어 약 10억 5,100만 원이다. 7년 전보다 약 1.9배 가까이 상승했으며, 다른 지역 역시 큰 폭으로 상승했다.

주택가격 상승은 어떤 사람에게는 기쁨이지만, 다른 사람에게는 절망으로 다가올 수 있다. 특히 50대 이상의 주택 소유자에게는 상속세 준비의 필요성을 알리는 신호가 되기도 한다. 상속세는 배우자가 있다면 10억 원, 없다면 5억 원까지는 과세되지 않는다. 그

❙ 상속세 신고인원 및 총상속 재산 총액

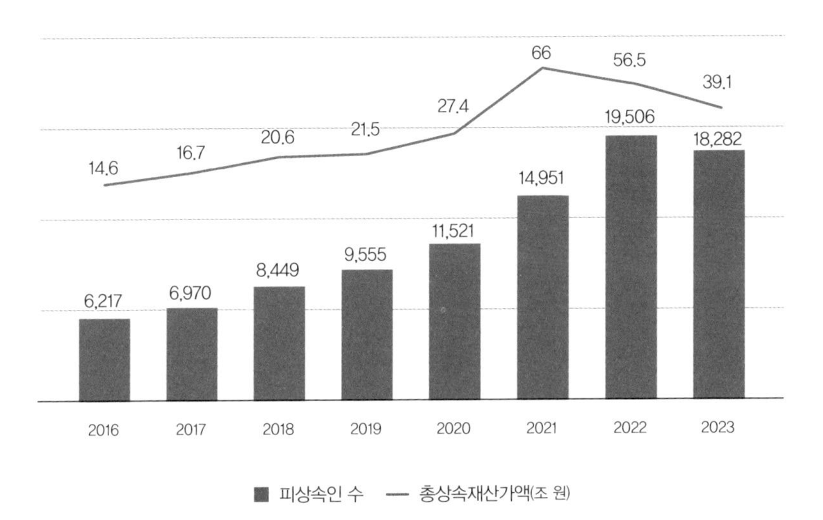

출처: 국세 통계 포털

러나 그 이상이라면 과세대상이 된다. 현재 서울 아파트 평균 매매 가격만 봐도 아파트 한 채만 가지고 있어도 상속세 납부 대상자가 되는 상황이다.

국세 통계에서도 최근 몇 년 동안 상속세 신고인원과 총상속재산액이 크게 증가한 것을 확인할 수 있다. 2022년 상속세 신고인원은 1만 9,506명, 총상속재산액은 약 56조 5천억 원으로, 2016년과 비교해 상속세 신고인원은 약 3.1배, 총상속재산액은 약 3.85배 증가했다. 연도별 사망자 수에 따른 상속세 신고인원도 눈에 띄게 늘었다.

이 통계치에서 주목할 부분은 상속세가 이제 '보통의 세금'이 되

사망자 대비 상속세 납세 인원(피상속인 수) 비율

구분	사망자 수	상속세 신고 인원 수	비율
2016년	28.1만 명	6,217명	2.2%
2017년	28.6만 명	6,970명	2.4%
2018년	29.9만 명	8,449명	2.8%
2019년	29.5만 명	9,555명	3.2%
2020년	30.5만 명	11,521명	3.7%
2021년	31.8만 명	14,951명	4.7%
2022년	37.3만 명	19,506명	5.2%
2023년	35.27만 명	18,282명	5.2%

출처: R-ONE 부동산통계뷰어, 한국부동산원

고 있다는 점이다. 연간 사망자 중 5.2%가 상속세 신고를 한다는 것은 연간 사망자 100명 중 5명꼴로 상속세를 신고한다는 뜻이다. 서울·경기·광역시의 주택 소유자라면 상속에 대한 고민을 할 때가 된 것이다. '고작 5%가 내는 세금 가지고 호들갑을 떠냐'라고 할 수 있지만, 상속세 신고인원이 매년 0.5~1%p 정도 증가한다면 5년 후에는 10명 중 1명이 상속세 신고를 해야 할 것이다. 물론 이 책을 읽을 독자도 예외가 아닐 것이다.

상속세 및 증여세 최고세율 및 과세표준 조정

현행		개정안	
상속세 및 증여세 세율 및 과세표준		최고세율 인하 및 하위 과세표준 조정	
과세표준	세율	과세표준	세율
1억 원 이하	10%	2억 원 이하	10%
1억 원 초과 5억 원 이하	20%	2억 원 초과 5억 원 이하	20%
5억 원 초과 10억 원 이하	30%	5억 원 초과 10억 원 이하	30%
10억 원 초과 30억 원 이하	40%	10억 원 초과	40%
30억 원 초과	50%		

첫 번째 개정안은 두 가지 주요 변경사항을 포함하고 있다. 하나씩 살펴보자.

우선 과세표준 1억 원 이하에 대해 10% 세율을 적용하던 기준이 2억 원 이하까지로 확대되었다. 이 세율은 상속세뿐만 아니라 증여세에도 적용되어 상속세와 증여세 완화하는 목적이 있다. 기획재정부 보도자료에 따르면, 1997년 이후 물가가 2배 상승했고 주택가격 역시 전국 2.2배, 수도권 2.8배 상승한 점을 고려해 이러한 여건 변화를 반영하고자 과표를 조정했다고 밝혔다.

증여세 실무 측면에서는 소액이지만 자녀의 결혼 및 출산을 지원하는 취지로 보인다. 현재 결혼 및 출산 지원 정책으로 '결혼 및 출산 증여공제'가 신설되면서 결혼 및 출산 시 1억 원, 직계비속 증여 시 10년간 5천만 원까지 공제받을 수 있다. 이를 통해 신랑과 신부 각각 1억 5천만 원씩, 총 3억 원의 자금으로 결혼 준비가 가능해진 것이다.

그러나 더 큰 금액이 필요할 경우 증여세 부담이 있었다. 주택취득자금 소명이나 전월세 신고제에 따른 조사 때 증여세 이슈가 불거지며 세무조사가 이루어지기도 했다. 이런 점을 고려해 하위 과세표준을 조정한 것으로 보인다. 실제 실무에서도 신혼부부들이 주택취득자금 소명과 전월세 신고제에 대한 증여세 해명자료 요청을 자주 받는다.

이런 이유로 과세표준을 좀 더 완화해 3억 원 또는 5억 원까지 10% 세율을 적용했으면 하는 바람이 있다. 이번 국회에서 통과되지 않더라도, 미래에는 상속세와 증여세 과세표준에 따른 세율이 더 완화되기를 기대한다.

또한 과세표준 30억 원 초과 부분에 대한 세율이 기존 50%였는데 이 구간을 없애고 최고세율 구간을 10억 원 초과 40% 구간으로 조정했다. 이는 고액 상속세를 부담하는 납세자들에게 큰 변화다. 특히 이번 개정안에 최대주주 등 보유주식의 할증평가 폐지 부분도 맞물려 살펴보면 의미가 크다. 기존에는 대기업 총수의 상속이 발생할 경우, 최고세율 50%에 최대주주 할증평가 20%가 더해져 60%[50%

× 1.2(할증)]라는 높은 세율이 적용되었다. 하지만 이번 개정으로 최고세율 50% 구간이 사라지고 최대주주 할증평가가 폐지되면 최고세율이 40%로 낮아져 세 부담이 크게 줄어들 전망이다. 다만 이로 인해 부자 감세 논란이 일고 있어 국회 통과 여부를 지켜봐야 할 것이다.

상속세 자녀 공제액이 5천만 원에서 5억 원으로 확대

이번 개정의 핵심은 상속세 인적공제 중 하나였던 자녀 공제액이 1인당 5천만 원에서 5억 원으로 무려 10배 증가했다는 점이다. 이 개정은 중산층 및 다자녀 가구의 세 부담을 낮추기 위한 것으로, 세제 개편에서 세수를 줄이는 방향으로 '10배' 공제를 늘려주는 것은 매우 드문 사례라 할 수 있다. 이 파격적인 개정안이 얼마나 큰 변화를 가져오는지 상속세 계산구조를 간단히 살펴보며 확인해보자.

상속세 계산구조를 요약하면 총상속재산가액에서 채무 등을 빼고, 10년간의 사전증여를 더한 금액이 상속세 과세가액이 된다. 이 글을 읽고 있는 독자도 본인의 상속세 과세가액을 한 번 구해보자.

이제 공제를 적용할 차례다. 필자는 강의할 때마다 배우자가 없는 경우 5억 원, 배우자가 있는 경우 10억 원을 차감해 간단히 계산해보라고 한다. 약식 계산으로 자신의 예상 상속세액을 미리 파악하는

상속세 계산구조

상속재산가액	상속개시일 현재 시가 평가(시가 없을 시 보충적 평가)
본래 상속재산가액	피상속인의 사망 당시부터 피상속인에게 귀속되는 경제적·재산 적 가치가 있는 모든 재산가액
(+)간주 상속재산가액	피상속인의 사망으로 지급 받는 사망보험금, 생명보험금, 신탁재산, 퇴직금 및 이와 유사한 것
(+)추정 상속재산가액	피상속인의 사망 전 일정 금액에 대해 사용처가 불분명한 인출금, 재산 처분액 및 채무 인수액
(=)총 상속재산가액	
(-)비과세 재산가액	국가 등에 유증한 재산, 「문화재보호법」에 따른 일정한 재산, 선조 제사를 위한 일정한 묘토 등
(-)과세가액불산입액	종교·자선·학술 등을 위한 공익법인에 출연한 재산
(-)공과금, 장례비, 채무	사망일 현재 피상속인에게 귀속되는 의무로서 상속인이 실질적으로 승계하는 공과금, 채무액 등
(+)사전증여재산가액	상속개시 전 10년 이내 상속인 또는 상속개시 전 5년 이내 상속인 이외의 자에 대한 증여재산가액
(=)상속세 과세가액	
(-) Max (① 기초공제 + 인적공제, ② 일괄공제)	- 기초공제: 거주자 또는 비거주자의 사망 시 2억 원 공제 - 인적공제: 상속인 중 자녀, 연로자, 장애인, 미성년자가 있는 경우 상속인별로 일정액 공제 - 기초공제와 인적공제를 합한 공제액과 일괄공제 5억 원 중 큰 금액을 선택하여 공제, 대부분 일괄공제 5억 원이 더 큰 공제가 됨
(-)배우자상속공제	피상속인의 사망 당시 법률혼 배우자로 인정되는 자로서 실제 상속받는 금액 중 30억 원을 한도로 최소 5억 원을 공제

<table>
<tr><td>(-)금융재산공제</td><td colspan="3">피상속인의 금융재산가액에서 금융채무가액를 차감한 순금융재산가액의 20%를 2억 원 한도로 공제</td></tr>
<tr><td>(-)동거
주택상속공제,
가업상속공제,
영농상속공제 등</td><td colspan="3">피상속인의 사망일부터 소급하여 10년 이상 계속하여 동거한 직계비속이 1세대 1주택인 주택을 상속받는 경우 6억 원 한도 적용받는 동거주택상속공제 외 가업상속공제 및 영농상속공제 등</td></tr>
<tr><td>(-)감정평가수수료</td><td colspan="3">- 부동산과 서화·골동품 등 유형 재산은 각각 500만 원 한도
- 비상장주식 평가수수료는 평가대상법인, 의뢰기관 수별로 각 각 1,000만 원 한도</td></tr>
<tr><td>(=)상속세 과세표준</td><td colspan="3"></td></tr>
<tr><td rowspan="6">(x)세율(%)</td><td>과세표준</td><td>세율</td><td>누진공제</td></tr>
<tr><td>1억 원 이하</td><td>10%</td><td></td></tr>
<tr><td>1억 원 초과~5억 원 이하</td><td>20%</td><td>1천만 원</td></tr>
<tr><td>5억 원 초과~10억 원 이하</td><td>30%</td><td>6천만 원</td></tr>
<tr><td>10억 원 초과~30억 원 이하</td><td>40%</td><td>1억 6천만 원</td></tr>
<tr><td>30억 원 초과</td><td>50%</td><td>4억 6천만 원</td></tr>
<tr><td>(-)증여재산공제</td><td colspan="3">상속재산가액에 가산한 증여재산가액의 중복과세 방지를 위해 당초 증여 당시 증여세 산출세액 공제</td></tr>
<tr><td>(-)신고세액공제 외</td><td colspan="3">상속세 신고기한 이내 상속세 신고의무 이행 시 산출세액에서 공제세액 등을 제외한 금액에서 3% 공제</td></tr>
<tr><td>(=)상속세 납부세액</td><td colspan="3">일정 요건 충족 시 납부금액의 분납, 연부연납, 물납 가능</td></tr>
</table>

것은 슬기로운 부의 이전을 위해 꼭 필요한 과정이므로 추천한다.

이렇게 공제를 차감한 금액이 상속세 과세표준이 되고, 여기서 세율과 누진공제를 차감해 최종 세액을 구한다. 예를 들어 상속세 과세표준이 7억 원이라면 예상 상속세액은 다음과 같다.

7억 원 × 30% – 6천만 원 = 1억 5천만 원

처음 상속세를 계산해본 납세자는 자신이 상속세 납부 대상자라는 점에서 한 번 놀라고, 높은 예상 세액에 또 한 번 놀라게 된다. 그러나 이번 공제제도 개편으로 인해 이러한 부담이 상당히 줄어들 것으로 보인다. 공제제도를 간단히 살펴보면 다음과 같다.

- **MAX(① 기초공제 2억 원 + 그 밖의 인적공제 합계액*, ② 일괄공제 5억 원)**

  *** 그 밖의 인적공제 합계액**

  ① 자녀 공제 1인당 5천만 원

  ② 미성년자 공제 1인당 1천만 원 × 19세가 될 때까지 연수

  ③ 연로자 공제 1인당 5천만 원

  ④ 장애인 공제 1천만 원 × 기대여명 연수

실무에서는 미성년자, 연로자, 장애인 공제를 적용받는 경우가 드물고, 자녀 공제로 5억 원 이상 일괄공제를 받으려면 자녀가 7명은 되어야 했다. 기초공제 2억 원에 자녀 공제 3억 5천만 원을 합쳐야

5억 5천만 원이 되었기 때문이다. 현실적으로 자녀가 그렇게 많은 경우는 드물어 대부분 일괄공제 5억 원을 적용받아왔다. 그래서 필자도 강의할 때 '배우자가 없다면 일괄공제 5억 원을 빼보라'고 간단히 설명하곤 했다.

하지만 이번 개정으로 자녀 공세가 인당 5억 원으로 상향되면 상황은 크게 달라진다. 현재 상속이 발생하는 피상속인의 자녀 수를 살펴보면 개정안의 영향이 얼마나 큰지 짐작할 수 있다. 피상속인 나

❙ 나이대별 피상속인 수

(단위: 명)

구분	2019년	2022년	2023년	2023년 비율
합계	9,555	19,506	18,282	100%
40세 미만	63	124	90	0.49%
40세 이상	212	469	367	2.01%
50세 이상	689	1,274	1,116	6.10%
60세 이상	1,221	2,575	2,277	12.45%
70세 이상	2,356	4,801	4,286	23.44%
80세 이상	4,991	10,237	10,104	55.27%
기타	23	26	42	0.23%

출처: 국세 통계 포털

1970년부터 1983년까지 연도별 합계 출산율 (단위: 명)

연도	1970	1971	1972	1973	1974	1975	1976
합계	4.53	4.54	4.07	3.77	3.43	3.00	2.99

연도	1977	1978	1979	1980	1981	1982	1983
합계	2.61	2.90	2.82	2.57	2.39	2.39	2.06

출처: 통계청

이대와 그 나이대의 합계출산율을 살펴보자. 누적해서 계산해보면 60대 이상이 91.1%, 70대 이상이 78.7%, 80대 이상이 55.2%나 된다. 즉 고령이 되어야 상속이 이루어지는 것이 일반적인 것을 알 수 있다. 이 피상속인들이 자녀를 낳은 시기를 기준으로 1970~1983년까지의 합계출산율을 살펴보면 평균 3.27명이었다.

이렇게 평균 자녀 수가 3명이라고 가정하면 공제액은 자녀 공제 15억 원(3명×5억 원)에 기초공제 2억 원을 더해 총 17억 원에 달한다. 그렇다면 개정된 공제로 상속세 신고대상이 얼마나 줄어들지를 예상해볼 수 있다. 2023년 과세표준별 상속세 신고인원 수 자료를 보자.

기존의 일괄공제 5억 원에서 자녀 2명 기준 공제액은 12억 원으로 7억 원이 증가한다. 이에 따라 과세표준 5억 원 이하인 피상속인

2023년 기준 과세표준별 피상속인 상속세 신고인원 수 (단위: 명)

과세표준	피상속인 수	피상속인 비율	비율 누적
1억 원 이하	3,199	17.50%	
3억 원 이하	4,321	23.64%	41.13%
5억 원 이하	2,712	14.83%	55.97%
10억 원 이하	3,542	19.37%	75.34%
20억 원 이하	2,469	13.51%	88.85%
30억 원 이하	862	4.72%	93.56%
50억 원 이하	549	3.00%	96.56%
100억 원 이하	389	2.13%	98.69%
500억 원 이하	216	1.18%	99.87%
500억 원 초과	23	0.13%	100.00%
합계	18,282		

출처: 국세 통계 포털

의 경우 상속세가 발생하지 않는다. 이는 기존 상속세 신고인원의 약 60%가 해당된다.

합계출산율로 계산한 자녀 3명을 기준으로 계산하면 공제액은 17억 원이 되어, 기존 일괄공제 5억 원 대비 12억 원이 증가한다. 이 경우 과세표준 10억 원 이하인 피상속인의 약 75% 이상이 상속세를 면제받게 된다. 사실상 상속세 신고대상이 거의 80% 줄어들어 중산층에게는 더 이상 부담이 되지 않는 세금이 될 가능성이 높다.

예를 들어 상속세 과세가액이 25억 원이고 배우자가 있는 경우, 자녀 수에 따라 상속세 부담이 얼마나 줄어드는지 확인해보면 상속세 부담이 눈에 띄게 낮아지는 것을 알 수 있다.

▎ 자녀 수에 따른 현행과 개편안의 상속세 차이 비교

구분		상속재산	공제액	상속세액
1자녀	현행	25억	10억	4.4억
	개편안	25억	12억	3.5억
	차이	-	+2억	-0.9억
2자녀	현행	25억	10억	4.4억
	개편안	25억	17억	1.7억
	차이	-	+7억	-2.7억
3자녀	현행	25억	10억	4.4억
	개편안	25억	22억	0.4억
	차이	-	+12억	-4억

출처: 국세 통계 포털

하지만 이처럼 상속세 개편이 단순히 부담 완화에만 그칠까? 그렇지 않다. 이번 개정이 가져올 다양한 변화를 예측하고, 자신의 자산관리 전략을 어떻게 조정할지에 대한 대비가 필요하다.

상속세 개편안의 영향

■ 상속세 개편안은 출산율을 높이라는 메시지 ■

이번 공제 한도 개정은 27년 만에 이루어진 매우 큰 변화로, 필자와 같은 세금 제도의 과거와 현재를 알고 있는 사람들에게 '그렇다면 다음 개정은 과연 언제일까?'라는 의문을 던지게 한다. 다음 개정 시점을 예측할 수 없으므로 이번 공제가 생애 마지막 개편일 수도 있다는 불안감이 있다.

이번 개정은 자녀 공제를 통해 출산율을 높이고자 하는 정책적 메시지를 내포한 것으로 보인다. 상속공제액이 늘어났으니 미래에 상속세 절감을 원한다면 출산을 장려하는 의도가 담겨 있는 셈이다. 다만 이는 자산 증가가 예상되거나 가까운 미래에 상속이 예정된 이들에게만 해당되는 이야기일 것이다.

물론 60년 후 사망 시점에 자녀들이 공제를 받을 예정이라 해도, 그때까지 상속세 제도에 개편이 없으리라는 보장은 없어 쉽사리 결정을 내리기는 어려울 것이다. 이미 여러 커뮤니티에서는 자녀 공제

금액 인상으로 아이를 낳을지에 대해 찬반이 갈리고 있다. 최고세율 구간에 해당하는 상속인은 상속공제 5억 원의 증가로 인해 50%인 2억 5천만 원의 상속세가 미래에 절세될 것이므로 이를 태어나는 아이의 양육비로 쓰자는 논리가 합당한지에 대한 논란도 있다.

필자는 이를 보며, 출산율에 미치는 영향이 미미할 것으로 예상했다. 찬반 의견이 갈린다는 것은 고민한다는 뜻이다. 수십 년간 출산율 하락에 대해 고민해왔지만, 모두가 공감할 대책이 필요하다는 점에서, 이번 개정안은 큰 효과를 기대하기 어려워 보인다.

출산율을 높이기 위한 자녀 공제 개편이 필요하다면, 필자는 다음과 같이 개정해주면 좋지 않겠냐는 생각을 해본다.

- **자녀 1인일 때, 1인당 자녀 공제 3억 원 + 기초공제 2억 원 = 5억 원**
- **자녀 2인일 때, 1인당 자녀 공제 5억 원 + 기초공제 2억 원 = 12억 원**
- **자녀 3인일 때, 1인당 자녀 공제 7억 원 + 기초공제 2억 원 = 23억 원**

이 정도 자녀 공제금액을 상향한다면 다자녀 가구가 늘어날 유인이 생길 가능성이 있다고 본다. 나아가 입양 제도에 대한 고민도 필요하다. 입양자에게 자녀 공제를 적용할 가능성도 있으며, 일본에서는 손자를 아들로 입양해 절세한 사례가 유효로 인정된 바 있다.

실무에서는 결혼하지 않은 피상속인의 경우 상속이 형제에게 우선순위가 가지만, 조카를 자녀처럼 아끼며 유증을 통해 상속하는 경우가 많다. 이 경우 조카를 자녀로 입양해 자녀 공제 5억 원을 받으려는 시도도 있을 수 있다. 이렇듯 앞으로 다양한 가족 형태의 논의가 펼쳐질 것으로 보인다.

■ 유산 취득세로의 발판이 될 것인가? ■

이제 상속인 수에서 자녀의 중요성이 부각되면서, 이에 대한 데이터가 쌓일 것으로 보인다. 국세청 내부 데이터에는 이미 관련 자료가 있을 수 있지만, 현재 국세 통계 포털 자료로는 상속세와 관련해 상속인이 몇 명이고, 그중 자녀가 몇 명인지를 파악할 수 없는 상황이다.

이런 가운데 자녀 공제가 핵심이 되면 상속인 중 자녀 수에 대한 데이터가 확보되고, 이를 통해 사회적 변화도 인식할 수 있을 것이다. 나아가 이러한 데이터는 현행 유산 과세형에서 유산 취득세로의 개정으로 나아가는 발판이 될 수 있다.

현재 상속세는 유산 과세형으로, 피상속인이 보유한 모든 상속재산을 기준으로 세액이 계산된다. 이로 인해 누진세율에 따라 고율의 세금이 부과될 수 있으며, 상속인들은 본인이 상속받은 재산에 비례해 세금을 부담하지 않아도 된다. 그러나 유산 취득세로 전환되면 상속인이 받은 재산을 기준으로 개별 상속세가 산정된다. 이 경우 다른 공제가 변하지 않는다면 상속세 부담이 줄어들고, 상속인은 자신의 상속분에 비례해 세금을 납부하게 되어 상속인 간 다툼을 줄일 수 있다.

다만 유산 취득세로 전환되면 현행처럼 재산 총액에 공제를 적용할 수 없고, 상속인의 특성에 맞춘 공제 적용이 필요하다. 따라서 유산 취득세로의 변화는 즉각적 적용보다는 점진적 변화로 이루어질 가능성이 크다.

■ 배우자에 대한 재산 분배가 소극적으로 변경 ■

2024년, 지금까지 상속세 절세 전략에서 가장 기본적으로 활용해 온 방식은 배우자 상속공제를 최대한 활용하는 것이었다. 배우자에게는 최소 5억 원에서 최대 30억 원까지, 배우자에게 실제 상속하는 재산과 법정 상속재산 비율을 비교해 공제를 적용할 수 있다. 이를 통해 고액의 상속세 부담을 줄이기 위해 배우자에게 상속공제 가능액만큼 재산을 분배하고, 배우자가 최대한 많은 상속세를 부담하도록 하는 방식으로 공제를 극대화해왔다. 그 결과 배우자의 상속세 납부로 상속재산이 대폭 줄어들면서, 이후 배우자의 사망 시 상속세 부담을 미리 줄이는 효과도 있었다.

그러나 배우자에게 분배되는 상속재산의 액수가 클 경우 배우자가 사망하면 자녀들은 큰 부담을 안게 된다. 배우자가 없으므로 배우자 상속공제를 적용받지 못해, 상속세가 큰 폭으로 증가할 수 있기 때문이다.

하지만 이번 개정안대로 자녀 공제가 대폭 증가해 상속세가 과세되지 않는 경우가 생긴다면, 굳이 배우자에게 상속재산을 많이 분배할 필요가 있을지 고민하게 될 것이다. 이는 배우자보다는 자녀에게 재산을 분배해 사회로의 재투자, 재생산에 기여할 수 있는 긍정적인 면이 있는 반면, 배우자의 노후에 대한 재정적 고민을 덜어줄 수 없다는 점에서 상속 가정의 새로운 고민이 될 것으로 보인다.

■ 상속세 개편안 바로 적용받을 수 있을까? ■

상속세 개편안 발표 이후 가장 많이 받는 질문은 "지난달에 돌아가신 아버지의 상속세에도 개편안이 적용되나요?"이다. 지금까지 발표된 상속세 및 증여세 개편안은 2025년 1월 1일 이후 상속이 개시되거나 증여받는 경우부터 적용되므로, 2024년에 상속이 발생하거나 증여를 받은 경우에는 적용되지 않는다는 점을 명확히 할 필요가 있다.

물론 입법 과정에서 국회가 소급 적용을 결정해 2024년 하반기 사망자부터 새로운 공제액을 적용하도록 변경할 가능성도 있겠지만, 이는 쉽지 않아 보인다. 또한 이번 개편안은 예상 밖의 내용이 포함되어 있어, 입법 과정에서 이 안이 그대로 확정될지, 아니면 공제 금액의 변동이나 다른 형태로 조정될지 지켜봐야 한다.

세제 개편안 발표 당일 더불어민주당 기획재정위원들은 2024년 세법 개편안에 대한 입장문에서 자녀 공제 대신 일괄공제를 기존 5억 원에서 10억 원으로 상향하는 방향을 제시했다. 현재 국회 과반수 의석을 차지하고 있는 야당의 의견인 만큼, 정기국회에서 상속세 개편안이 어떤 방향으로 진행될지 지켜볼 필요가 있다.

상속세는 이제 신경 안 써도 될까?

이제 상속세 공제액이 커졌으니, 공제액 이하의 상속재산을 가진 납세자는 상속세 납부세액이 발생하지 않아 가만히 있어도 상속재산을 지킬 수 있을까? 그렇지 않다.

먼저 상속세에 대한 기본 이해가 필요하다. 피상속인이 사망한 날을 기준으로 상속재산뿐 아니라 과거 10년간 상속인에게 증여한 내역과 5년간 상속인 외의 사람에게 증여한 내역도 상속재산에 포함된다. 따라서 상속개시일에 상속재산이 상속공제액보다 적더라도, 과거 증여 내역이 합산되면 상속세 과세대상이 될 수 있다.

또한 상속개시일로부터 1년 내 2억 원, 2년 내 5억 원의 인출액에 대해 소명하지 못하면 이 금액들도 상속재산에 포함된다. 이를 '추정

상속재산에 포함되는 사전증여재산가액

피상속인	수증자	사전증여재산가액
거주자	상속인	상속개시일 전 10년 이내에 증여한 국내외 재산가액
	상속인 아닌 자	상속개시일 전 5년 이내에 증여한 국내외 재산가액
비거주자	상속인	상속개시일 전 10년 이내에 증여한 국내 소재 재산가액
	상속인 아닌 자	상속개시일 전 5년 이내에 증여한 국내 소재 재산가액

상속재산'이라고 부른다. 이 제도는 상속개시일 전에 상속재산을 현금으로 전환해 상속인에게 몰래 증여하거나 은닉해 상속세를 회피하려는 행위를 방지하기 위해 도입된 것이다. 추정상속재산이 되기 위한 요건은 다음과 같다.

① 상속개시일 전 재산처분액 등 요건

- **상속개시일 전 1년 이내 재산종류별로 계산한 금액이 2억 원 이상인 경우**
- **상속개시일 전 2년 이내 재산종류별로 계산한 금액이 5억 원 이상인 경우**
- **상기 금액이 대통령령으로 정하는 바에 따라 용도가 불분명한 경우**

* '재산종류별'이란 다음의 재산별로 구분한다. 특정 재산 종류만 소명대상이 될 수 있다.

1) 현금·예금 및 유가증권

2) 부동산 및 부동산에 관한 권리

3) 위 외의 기타 재산

② 상속개시일 전 채무부담액 요건

- **상속개시일 전 1년 이내 채무부담액의 합계액이 2억 원 이상인 경우**
- **상속개시일 전 2년 이내 채무부담액의 합계액이 5억 원 이상인 경우**
- **상기 금액이 대통령령으로 정하는 바에 따라 용도가 불분명한 경우**

③ '용도가 불분명한 경우'

- 피상속인이 재산을 처분하여 받은 금액이나 피상속인의 재산에서 인출한 금전 등 또는 채무를 부담하고 받은 금액을 지출한 거래상대방이 거래 증빙의 불비 등으로 확인되지 아니하는 경우
- 거래상대방이 금전 등의 수수사실을 부인하거나 거래상대방의 재산 상태 등으로 보아 금전 등의 수수사실이 인정되지 아니하는 경우
- 거래상대방이 피상속인의 특수관계인으로서 사회 통념상 지출 사실이 인정되지 아니하는 경우
- 피상속인이 재산을 처분하거나 채무를 부담하고 받은 금전 등으로 취득한 다른 재산이 확인되지 아니하는 경우
- 피상속인의 연령·직업·경력·소득 및 재산 상태 등으로 보아 지출 사실이 인정되지 아니하는 경우

사전증여와 추정상속재산에 신경 쓰지 않고, 상속재산이 공제액보다 낮아 상속세 신고가 필요 없다고 생각하는 경우가 많다. 그리나 사전증여 내역과 추정상속재산이 공제액을 초과해 세무조사를 통해 상속세가 추징되는 사례가 자주 발생한다.

이 경우 상속세 신고를 하지 않아 원래 추징되는 원 세액에 무신고 가산세 20%가 추가된다. 예를 들어 원 추징세액이 1억 원이라면 가산세로 2천만 원을 더 내야 하며, 여기에 매년 8~9% 수준의 납부불성실가산세까지 포함되면 상당한 금액이 추가될 수 있다. 따라서 상속재산가액이 공제액과 비슷해 상속세 경계에 있는 상속인이라면

이러한 부분을 검토하고 상속세 신고를 하는 것이 필수다.

이러한 가산세가 오히려 세무사 수임료보다 더 큰 부담이 되어 억울해하는 상황을 많이 접하게 된다. 상속 문제는 평생 몇 번 경험하기 힘든 일인 만큼 경험이 많은 세무사의 조언이 필요하다.

또 다른 이유로 상속세 신고가 필요한 경우가 있다. 바로 공제액이 넉넉할 때 상속재산가액을 '높이는 전략'을 통해 미래 양도소득세를 줄이려는 것이다. 공제액이 늘어나 대부분의 상속인들이 상속세를 내지 않게 되는 상황에서는, 상속세 부담이 없을 때 오히려 부동산가액을 최대한 높여 신고하는 것이 유리하다.

예를 들어 일괄공제가 10억 원으로 상향된 상황에서 부동산의 시가 또는 평가액이 5억 원이라면, 상속 후 6개월 이내에 감정평가를 받아 이 가액을 바탕으로 상속세 신고를 하는 것이 좋다. 상속세가 발생하지 않으니 신고가 필요 없다고 여길 수 있지만, 이는 부모님의 소중한 재산을 준비 없이 상속받는 것과 같아 미래에 더 큰 손실을 초래할 수 있다.

제때 상속재산가액을 올리지 않고 상속세 신고도 하지 않으면, 상속세는 나오지 않겠지만 해당 부동산의 상속취득가액은 5억 원으로 고정된다. 이후 이 부동산을 10억 원에 양도한다면 5억 원의 차익에 대해 약 1억 8천만 원의 양도소득세가 발생한다.

반면 상속 개시 후 6개월 이내에 상속재산을 시가에 맞춰 감정평가하여 취득가액을 10억 원으로 올린다면, 상속세는 여전히 0원이고 미래 양도소득세 역시 0원이 된다. 만약 감정평가로 10억 원까지는

상속재산가액이 기준시가 5억 원인 경우 (단위: 백만 원)

상속세		양도소득세	
항목	가액	항목	가액
상속재산가액(기준시가)	500	양도가액	1,000
상속공제액	1,000	취득가액(상속재산가액)	500
상속세	-	양도소득세	180

상속재산가액이 기준시가 8억 원인 경우 (단위: 백만 원)

상속세		양도소득세	
항목	가액	항목	가액
상속재산가액(기준시가)	800	양도가액	1,000
상속공제액	1,000	취득가액(상속재산가액)	800
상속세	-	양도소득세	55

안 나오더라도 8억 원으로 평가된다면, 양도소득세는 약 5,500만 원으로 대폭 줄어든다. 감정평가 수수료가 150만 원 내외인 것을 고려하면, 이를 상속세 신고서에 반영해 미래의 양도소득세를 줄일 수 있는 것이다.

이처럼 작은 지식으로도 큰 세금을 줄일 수 있으니, 상속세가 나오지 않는다고 방심하지 말고 소중한 상속재산을 지키기 위해 공부하고 대비하는 자세가 필요하다.

여기서 가장 중요한 점은 상속재산을 시가로 평가할 때, 매매가액·수용가액·공매가액·감정가액이 평가기준일 전후 6개월 이내(증여재산의 경우 평가기준일 전 6개월부터 후 3개월까지)에 해당하는지를 확인해야 한다는 점이다. 또한 시가로 보는 가액이 둘 이상 있을 경우, 평가기준일에 가장 가까운 날의 가액(둘 이상이면 평균액)을 적용한다. 이를 기준으로 적용되는 날짜는 다음과 같다.

① 매매가액: 매매계약일

② 감정가액: 가격산정 기준일과 감정가액평가서 작성일

③ 수용가액·경매가액: 보상가액·경매가액 또는 공매가액이 결정된 날

즉 상속개시일로부터 6개월 이내에 감정평가를 완료하고 이를 바탕으로 상속세 신고를 해야 한다는 것이다. 일부 납세자는 미래에 양도할 시점에 감정평가를 하면 된다고 생각하지만, 과거에는 이를 소급감정으로 인정해주었으나 현재는 법 개정으로 인해 적용되지 않는다.

따라서 상속이 시작되면 6개월 이내에 감정평가를 받아 그 평가서를 기준으로 상속세 신고를 기한 내에 완료하는 것이 최선의 방법이다.

상속세 공제액수 커지면 부모 죽을 때까지 기다리란 건가?

이번 개정에서는 증여세가 논의되는 바는 없었다. 여러 커뮤니티에서도 상속공제가 늘어나 상속 부담이 줄어들었지만, 살아생전 자녀에게 지원하는 부분에 대해서는 여전히 고민이 크다는 의견이 많았다. 필자 역시 이에 깊이 공감한다. 증여세 상담을 오는 납세자들은 주로 세 가지 이유로 증여를 고민한다.

■ 1. 상속세 절세를 위한 사전 증여 활용 ■

일부 납세자들은 상속세 부담을 줄이기 위해 10년 또는 5년 내 증여를 계획한다. 상속인에게는 10년, 상속인 외에는 5년이 지나면 증여가 상속재산에 포함되지 않기 때문이다. 그러나 상속공제가 자녀 수에 따라 크게 증가하고 전반적으로 공제액이 상향됨에 따라, 상속세 부담이 줄어들어 미리 증여할 필요성도 대폭 줄어들 것으로 보인다.

■ 2. 증여자, 즉 부모의 세금을 줄이기 위한 증여 ■

많은 경우 부모가 다주택자일 때 주택을 자녀에게 증여함으로써 종합부동산세나 양도소득세 부담을 줄이려는 목적이 있다. 예를 들어 부모가 3주택 이상 보유해 종합부동산세 중과세율을 적용받는 경우, 자녀에게 주택을 증여해 과세표준을 낮추는 방식이다.

또한 주택 수를 줄여 취득세 중과를 피하거나 1세대 2주택 비과세 기간인 3년 이내에 매도해 절세를 실현하고자 자녀에게 증여하는 경우도 많다.

■ 3. 자녀의 마중물을 마련해주기 위한 증여 ■

상속은 상속이 일어나야만 가능하며, 평균 수명이 늘면서 상속인이 상속을 받을 때의 나이도 고령화되고 있다. 그러다 보니 상속재산을 크게 필요로 하지 않는 경우가 많다. 반면 지금의 20~40대에게는 사회에서 시작하기 위한 마중물이 절실하다. 창업이나 투자, 결혼, 육아 등 여러 면에서 자금이 필요하기 때문이다.

최근 결혼 및 출산 증여재산공제가 신설되어 기존 10년 내 5천만 원 공제에 추가로 1억 원 증여가 가능해졌지만, 결혼 및 출산에 국한되어 있어 창업이나 투자를 원하는 자녀는 혜택을 받기 어렵다. 이러한 상황에서 모든 자녀에게 혜택이 될 수 있도록 증여 기본공제가 상향되기를 바라는 목소리가 크다. 다음 개정에서 증여세 공제의 상향이 이루어지기를 기대한다.

앞으로 상속세 및 증여세가 어떻게 개편될지 주의 깊게 지켜보며 슬기로운 자산 관리를 통해 부의 이전을 준비하길 바란다.

독서감상툰
『사피엔스』

김로사

- 라우앤와우 대표
- 유튜브 '다독다독'
- 인스타그램 @rosa_kim_
- 저서 『부자의 독서』(공저)

사피엔스

만화로 요약해드림

02

안녕하세요!
예루살렘 히브리대학교
역사학교수로 재직중인
유발 하라리입니다

03

반가워요! 유발 작가님!
책 이야기에 앞서,
이 책을 추천하는 분들의
영상을 보실까요?

04

05

작가님 클라스.....후덜덜...

책이 궁금해져요
사피엔스, 어떤 책인가요?

06

<사피엔스>가
우리는 누구이고 어디서 왔는지,
어떻게 해서
이처럼 막대한 힘을 얻게 되었는가를
이해하는데 도움이 되길 바랐어요

그 이해 덕분에
생명의 미래에 대해
우리가 현명한 결정을 내릴 수 있기를
소망하는 마음으로 썼습니다

07

역사의 진로를 형성했다는
인지혁명, 농업혁명, 과학혁명 중
인지혁명에 대해 이야기해 볼까요?

08

전 원시인류는 **단일계보**인 줄 알았어요
호모 에렉투스가 **네안데르탈인**을 낳고

네안데르탈인이 진화해서
호모 사피엔스가 된 거 아닌가요?

09

놉!
많은 분들이 그렇게 알고 있는데
그렇지 않아요
몇만년전의 지구에는
적어도 **6종의 인간**이 살고 있었죠

그러나 지난 1만년에서 현재까지
지구상의 인간종은
호모 사피엔스가 유일하죠

10

다른 종들은
다
어디갔죠?

11

서로 다른 종이 서로 끌려 하나가 된
교배이론과
사피엔스가 다른 종을 학살했다는
교체이론이 있어요

연구가 진행중이지만
사피엔스가 새로운 지역에 도착하자마자
토착인류가 멸종했다는 것은 사실입니다

12

Q

사피엔스는
홀로 어찌그리
우월해진걸까요?

아마도
우연히 일어난
유전적 돌연변이가
사피엔스 뇌의
외부배선을
바꾼 듯해요

13

사피엔스는 **도구**를 발명하고
예술품도 만들었어요
종교과 상업, 사회의 계층화도 시작되었죠

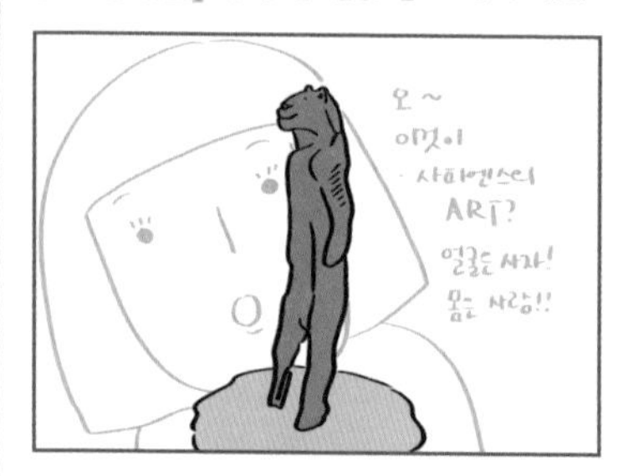

이렇게 약 7만년전부터 3만년전사이
출현한 사고방식과 소통방식을
'인지혁명'이라고 합니다

14

사피엔스 인지혁명의 중심에는
언어가 있잖아요
그들의 언어, 무엇이 특별했나요?

15

바로... **뒷담화**입니다
호모 사피엔스는 **사회적 동물**이죠
협력은 생존과 번식에
핵심적 역할을 해요

누가 누구를 미워하는지,
누가 서로 잠자리를 하는지,
누가 정직한지,
많은 숫자가 협력하려면
뒷담화는 반드시 필요해요

16

어쩐지...
뒷담화 안하면
입이 근질근질하더라니...

그동안의 뒷담화가 헛되지 않은
느낌이네요

17

우리 언어의 진정한 특이성은
허구를 말하는 능력이죠

18

이것은 단순한 상상을 넘어
집단적 상상을 가능하게 했죠

공통의 신화들 덕에
사피엔스는 **집단으로 모여**
유연하게 협력할 수 있었죠
심지어 이방인 마저도요

19

신, 국가와 기업, 법등도
정확히 같은 기반에서 작동합니다

모든 사람들이 믿으면
'가상의 실재'가 됩니다

20

그리고 신화가 바뀌면
인간의 **협력방식**도 바뀌죠

프랑스의 경우에는 그림처럼 바뀌었죠

이러한 **행태의 변**화는
사피엔스가 성공할 수 있었던
핵심요인입니다.

21

호모사피엔스가
생태계의 연쇄살인범이라고
하셨는데...

22

우리가 산업혁명 이후에
생태계를 파괴한 것으로 알고있지만

호모사피엔스는 그전부터
모든 생물 중
가장 많은 동물과 식물을 멸종하게 한
가장 **치명적인 종족**입니다

23

자유롭게 돌아다니는
수렵채집인이었던
사피엔스가
약 1만년전부터 **농업**을 시작했죠?

농협혁명!
어떻게 보시나요?

24

농협혁명은
사기에요!
덫이에요!!

25

식량의 총량이 늘어난 것은 맞아요
하지만 **하루종~~~일 일해도**
늘 **열악한 식사**만 했어요

수렵채집인이었던 시절보다
삶의 질이 확 낮아졌죠

26

흑흑.. 전 2024년에 사는데
삶의 질이 왜 이모양인거죠?

27

역사적으로도
사람들이 **오류를 범하는 이유**는
늘 같아요

자신의 선택이 가져올 결과를
전체적으로 파악하는
능력이 없어요

28

그래도 농업혁명 덕에
인간과 인간이 기른 가축은
개체수가 많이 늘었어요

이거 **진화적 성공**이라 할 수 있죠?

[2015년 지구상의 생명체의 무게 총량]

29

소와 돼지, 닭 등은
인간 덕에 **가장 많은 개체수의 동물**이지만

인간의 잔혹함은
가축에겐 **재앙**이자 **고통**이었어요

30

농업혁명으로
사피엔스는 어떻게 살게 되었죠?

31

잉여식량과 **수송기술**,
그리고 **신화**로
강력한 제국이 만들어졌어요

32

강력한 제국은
강력한 **신화**로 결속되었고
신분이 만들어졌죠

33

그리고 **쓰기**와 **숫자**,
즉 **문자체계**가 만들어졌고

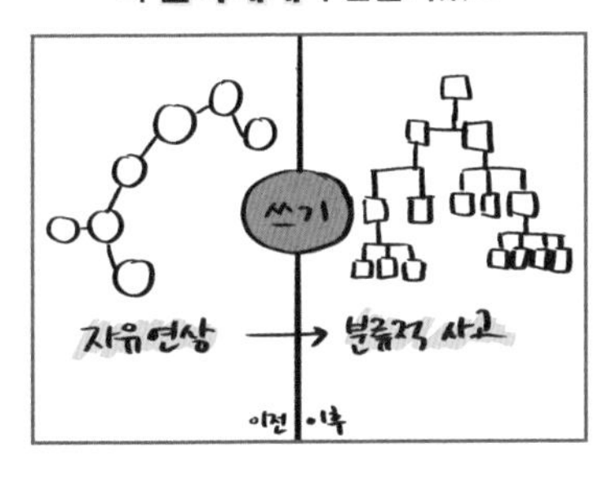

그 충격은
**인간이 세계를 생각하고 보는
방식을 바꾸었죠**

34

Wow!
화살을 타고 역사를 따라가는 기분
이런게 **빅히스토리**라는거군요!

이제 **3장 인류대통합**으로
가보아요!

35

ㅋㅋ 이제 반 왔네요
아프리카 구석에서 살던
중요치 않은 동물 중 하나였던
우리, **사피엔스**

농업혁명 이후
현재까지의 행보를 볼까요?

36

세번째 챕터를
'인류의 통합'이라고 하셨네요
We are the world~인가요?

이노래 아는사람.. 옛날 사람.. ㅋㅋ. 나도... TT

37

그렇죠
사피엔스는
지구적 통일 과정을 거쳐왔죠

바로 **돈, 정치, 종교**에
의해서죠

38

돈을 예로 들어보면
여러 종류의 화폐는 결국

국경과 문화를 초월한
단일화폐가 되고
단일 경제권역이 되게 했죠

39

하나가 되어가는
지구의 역사
우리는 더 잘살고
있는거겠죠?
글쎄요
역사는
개인의 행복엔
관심없는 것
같아요
40

지난 500년간,
인간의 힘은 유례없이
경이적으로 커졌죠?
Ⅳ. 과학혁명
네, 바로
과학혁명을
통해서죠
41

작가님,
갑자기 과학이 왜 이렇게
발전한 건가요?
휘적~
휘적~
휘적~
42

모른다
네? 잉?
왜이러..
ㅋㅋ
바로
무지에의 인정
때문이죠
아!~~
이런
장난꾸러기!
43

현대과학은 **무지**를 발견하면서
과거와 완전히 다른 **탐구**를 시작했죠

그리고 **과학이 새로운 힘**이 된다는 걸
알게된 **부자와 정부**는
기꺼이 **과학에 투자**하게 되었어요

44

특히 **유럽**에서
현대과학이 많이 발전했어요
왜죠?

45

유럽인들은 원래
과학적이고 자본주의적인 방식으로
생각하고 행동했죠

그리고 탐욕적으로
미지의 세계를 탐구했죠
그를 통해 **세계의 주인**이 되고자 했어요

46

작가님은
과학혁명에 의한 진보도
하나의 아이디어라고 하셨는데..

47

맞아요
과학혁명 이전엔
진보란 개념이 없었어요

진보는 미래에 대한
신뢰를 만들었죠

48

그 **신뢰**는
신용을 창조하고

신용은 현실경제를 성장시키고
더 **큰 신용**을 불러들였죠

49

이렇게 **자본주의**는
경제성장이 최고의 선이라는
신조아래

만인의 종교가 되어
축복인지, 또 하나의 사기인지 모를
행보를 이어가고 있어요

50

과학혁명 하나로
500년 이전과 이후는
극명하게 다른 세상이 되었네요!

51

그래요
그런데 이러한 발전에 의해
우리는 더 행복해졌을까요?

52

행복이요?
이 모든 것은
행복을 위한 발전이
아니었던건가요?

아닌게 맞나봐요 ㅠㅠ

53

내말이..
사실 **역사보다 중요한 건 행복** 아닌가요?
그렇담 일단은 행복에 대해 알아봐야겠죠?

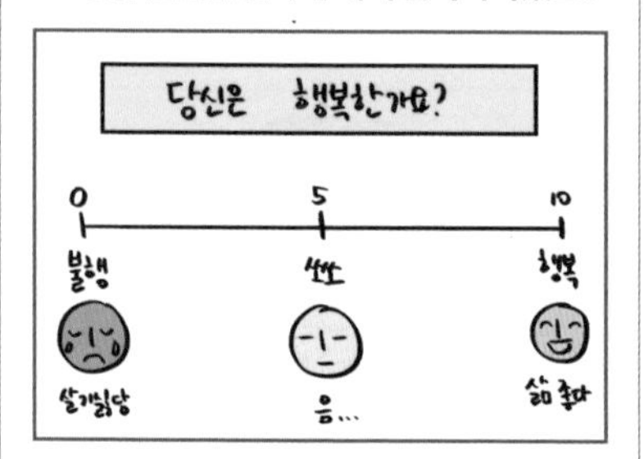

일반적으로 행복은
'주관적 안녕'이라고 정의하죠

54

연구해본 결과,
행복은 부나 건강, 공동체 같은
객관적 조건이 아닌
개인의 기대에 의해
결정된다고 합니다

55

이렇게 **행복은 주관적**이기에
과학자들은 접근을 못했던거죠

56

그런데 생물학자들은
행복을 측정하기 시작했어요
바로 **생화학적 반응**으로 말이죠

그럼
세로토닌 수치를 확 높여주면
행복해지는 거죠?

57

그게 다는 아니에요
실제 **삶이 힘들어도 가치있다고 여긴다면**
행복하다고 생각하는 것이
사피엔스 입니다.

슬프게도
이 **행복은 자기기만**이라고
볼 수 있는 거죠

58

아... 행복을 얘기하는데
왜 자꾸 슬퍼지죠? ㅠㅠ

59

그래요?
좀 다른 행복에 대한 생각도 있어요
불교에서는 행복을
영원하지 않은 감정에의 집착을 멈추고
진정한 자기 자신을 아는데 있다고 보았죠

60

근데 갑자기 너무
행복얘기만 하는거 아닌가요?

빅히스토린줄 알았는데
행복전도사 되신줄..?

61

행복을 얘기하는 이유는
이제 사피엔스는
가장 중요한 결정을
앞두고 있기 때문이죠

62

이제 사피엔스는
40억년 동안의 자연선택적 진화를 넘어서
지적인 설계를 시작했어요

63

호모 사피엔스는
스스로 신이 되어
호모 사피엔스의 시대를
끝내려고 하고 있어요

64

그동안의 사피엔스는
힘을 얻는것만 생각했지
그 힘을
진정한 행복으로 전환하는 것엔
능하지 못했습니다

65

사피엔스의 신기술은
천국을 만들어줄까요?
지옥을 만들어줄까요?

이제 현명한 선택은
우리의 손에 달려있습니다

66

유발 하라리 작가님의
깊은 통찰과 재미난 스토리텔링!
전 팬이 되고 말았네요!

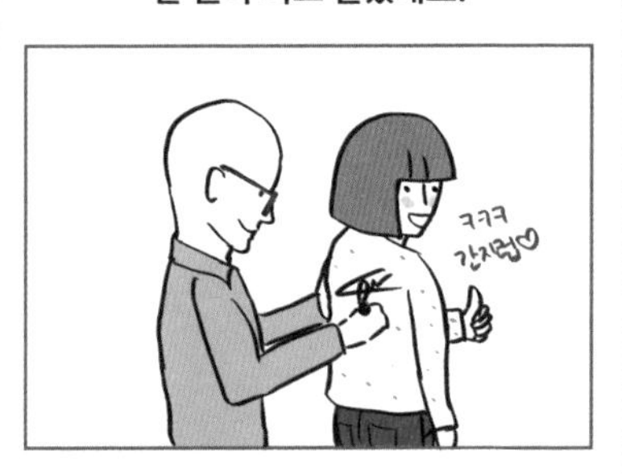

만화로 요약한 사피엔스 어떠셨나요?
시대를 읽을 수 있는 시선은
결국 투자에도 연결되지 않을까요?
끝까지 보아주셔서 감사합니다!

END

2025 결국은 부동산

초판 1쇄 발행 2024년 12월 2일

지은이 올라잇 칼럼니스트 20인
펴낸곳 원앤원북스
펴낸이 오운영
경영총괄 박종명
편집 최윤정 김형욱 이광민
디자인 윤지예 이영재
마케팅 문준영 이지은 박미애
디지털콘텐츠 안태정
등록번호 제2018-000146호(2018년 1월 23일)
주소 04091 서울시 마포구 토정로 222 한국출판콘텐츠센터 319호 (신수동)
전화 (02)719-7735 | **팩스** (02)719-7736
이메일 onobooks2018@naver.com | **블로그** blog.naver.com/onobooks2018
값 32,000원
ISBN 979-11-7043-592-1 03320

※ 잘못된 책은 구입하신 곳에서 바꿔 드립니다.
※ 이 책은 저작권법에 따라 보호받는 저작물이므로 무단 전재와 무단 복제를 금지합니다.
※ 원앤원북스는 독자 여러분의 소중한 아이디어와 원고 투고를 기다리고 있습니다.
원고가 있으신 분은 onobooks2018@naver.com으로 간단한 기획의도와 개요, 연락처를 보내주세요.